张红·著

基本权利与私法

第二版

法律出版社
LAW PRESS·CHINA

献给我敬爱的父亲、母亲

我们需要的法律人是能够宽广的、不拘泥于文义的、合乎人道的，秉持充分的社会认识，去适用法律，并在适用之际，知道如何去补充法律，促进法律发展的人。……教此辈法律人，实在是国家大部分希望之所寄。

—Ernst Zitelmann (1852 - 1923) *

* Ernst Zitelmann: Lücken im Recht (Rede, gehalten bei Antritt des Rektorats der Rheinischen Friedrich - Wilhelms - Universität zu Bonn am 18. 10. 1902 von Ernst Zitelmann), Leipzig , 1903, S. 37. 原文为：Wir brachen männer, die die Gesetze weit frei, humann, mit vollendem sozialen Verständnis anzuwenden und in der Anwendung zu ergänzen und weitzubilden wissen. Rechtsfachschulen können hier nicht helfen, die Universitäten, ihrem universalen Charakter nach, können es, wenn sie recht benutzt werden Auf dem Wege der Erziehung der solcher Juristen liegt ein groβer Teil unserer nationaler Hoffenungen. 中文翻译参见王泽鉴：《法律思维与民法实例》，中国政法大学出版社 2001 年版，第 250 ~ 251 页。

正、提高,不负学者初心。此次修订,CCI团队李伟平、黄绍坤、邓沁婷、王家骏、袁野诸君贡献巨大,特别致谢。

张　红

2018年5月4日

初版王泽鉴序

基本权利与私法系公法与私法在比较法上及理论与实务中的重要问题，在中国亦有若干典型案件，引起学说上热烈的讨论，产生了许多深刻且具有学术价值的论著。这其中包括了张红的中国政法大学 2009 年度的博士学位论文：基本权利与私法，以法律行为无效规则和私权救济规则为中心。

张红的论文系以民事裁判中的基本权利为命题，从私法出发，研究宪法的进路。其以民事裁判作为基本权利实现的手段，凸显了私法的中国宪政意义。本论文深入研究基本权利的功能及理论构造，澄清法院对宪法解释的问题，并在现行法制下开展中国宪法基本权利的操作方法，提出三点具有创设性的见解，即(1)将基本权利作为《民法通则》第 58 条第 5 款后段意义上的善良风俗，来规范法律行为的效力。(2)以《民法通则》第 106 条第 2 款肯定人格权，并以之作为保护受教育权等基本权利的规范基础。(3)在现行法制上，宪法虽不能在民事判决主文中引用，但得在说理部分引证宪法并加以解释，使基本权利得通过民事判决而获实现。

特别值得指出的是，张红的博士论文的一个重要特色，即综合运用法解释学、比较法及判例研究方法，分析讨论中国现行法律解释适用的问题，而能提出具有比较法基础，得纳入现行法规范体系的见解，有助于法律的发展。此等方法的运用，展现了作者对德国法律的认识、把握及应用，使其具备了更上一层研究的基础。

本书是一本具有学术价值的著作，有明确的问题意识，善于运用法学方法，并提出具有创意，详为论证的法律见解。从此等著作，我们看到了中国年轻法学者的努力,中国法律教育的成就及未来中国法律的发展,得以基本权利为基石,构建及实践一个以维护人之尊严及人格自由发展的法律秩序。

王泽鉴

2009年12月于清华大学法学院

初版冯巴尔序

受邀为基本权利和私法的关系这项研究写序言，我感到非常荣幸。中国私法通过渐进式部分法典化的方式进行的革新是一项引人注目、广受国际关注的工程。中国用这项令每位来访者都惊讶不已的工程，为经济和文化注入了强大的发展动力。

基本权利起初是作为对抗过于强大的国家而设计的纯粹的防御权。这种理念在过去的几十年间逐渐发生了变化。这不仅仅是由于现代国家将保护公民权利作为自己的义务接受下来，更由于人们认识到，基本权利提供了一个渗透整个法律秩序的价值秩序。这一价值秩序也型塑着私法的展开和进一步发展。在每个人所享有的安排自己生活的自由的框架内，公民互相之间也必须在这一框架内尊重基本权利的价值秩序。正确地理解现代侵权法的一个最为重要任务，就在于保护基本权利和人权免受其他自然人和法人的侵害。尤其是法人经常积聚了如此大的权力，以致个体的权利必须要对之提供抗衡。

经常出现的一种情形就是，原始的法律规则在其传统上所调整的社会领域丧失其效用，从而必须用新的方式去“重新发现”它们。一个古老的家庭法规则便是一例。依据这项规则，没有收入来源的妻子不得为从事经营事业的丈夫充当保证人。如今，这项规则必须基于如下的观念而被复活，即类似保证因违反善良风俗而无效，这种悖俗性的判断依据就在于基本法对婚姻和家庭的基本权利保护。在不少国家，媒体企业强烈坚持自己的言论自由，然而坚持自己的言论自由的同时，必须同样尊重那些人的尊严，那些他所报道的人的尊严，那些其命运被他曝光的人的尊严。

我很高兴,张红在他的中国博士论文中研究了基本权利和私法的关系这个相当复杂的命题。其大量的法律比较研究必能为更好地理解德、中两国的法律状况作出贡献。

Christian von Bar

Osnabrück, im Oktober 2009

Vorwort

Ich freue mich über die Einladung, ein Vorwort zu dieser Studie über das Verhältnis von Grundrechten und Privatrecht zu schreiben. Die Erneuerung des chinesischen Privatrechts in sukzessiven Teilkodifikationen ist ein eindrucksvolles Projekt, das auf weltweites Interesse stößt. Der Volksrepublik bringt es, das kann jeder Besucher voller Bewunderung bestaunen, einen großen Entwicklungsschub, ökonomisch und kulturell.

Grundrechte waren ursprünglich als reine Abwehrrechte gegen den übermächtigen Staat konzipiert. Dieses Konzept hat sich in den vergangenen Jahrzehnten allmählich verändert, nicht nur, weil der moderne Staat die Pflicht akzeptiert hat, die Grundrechte seiner Bürger zu schützen, sondern auch, weil man erkannt hat, dass die Grundrechte eine das ganze Rechtssystem durchziehende Werteordnung geschaffen haben. Sie prägt auch die Ausgestaltung und Fortentwicklung von Privatrecht. Im Rahmen der jedem Einzelnen zustehenden Freiheit zur Gestaltung seines Lebens müssen auch die Bürger in ihrem Umgang untereinander die Werteordnung der Grundrechte beachten. Recht verstanden, besteht deshalb die Aufgabe des modernen Deliktsrechts vorwiegend darin, die Grund – und Menschenrechte vor Verletzungen durch andere Menschen und durch juristische Personen zu schützen. Vor allem in den Letzteren ballt sich oft eine so große Macht, dass ihnen die Rechte des Einzelnen entgegengesetzt werden müssen.

Nicht selten verhält es sich zudem so, dass uralte Rechtsregeln in ihrem traditionellen Umfeld ihre Wirksamkeit verloren haben und nun mit neuen Mitteln „wiederentdeckt“ werden müssen. Ein Beispiel liefert die alte familienrechtliche Regel, unter der sich die nichtverdienende Ehefrau nicht wirksam für die Schuldenihres im Geschäftsleben stehenden Mannes verbürgen konnte. Heute muss diese Regel über das Konzept der Sittenwidrigkeit solcher Bürgschaften wiederbelebt werden, und das Urteil der Sittenwidrigkeit findet seine Quelle in dem Grundrechtsschutz von Ehe und Familie. Presseunternehmen bestehen in nicht wenigen Ländern oft lautstark auf ihrer Pressefreiheit-aber wer auf dieser Freiheit besteht, muss eben auch die Würde derjenigen beachten, über die er berichtet und deren Schicksal er in das Licht der Öffentlichkeit zerrt.

Ich freue mich, dass Zhang Hong in seiner chinesischen Dissertation das komplizierte Thema des Verhältnisses von Grundrechten und Privatrecht aufgegriffen hat. Mögen seine zahlreichen rechtsvergleichenden Analysen auch zu einem verbesserten Verständnis der Rechtslage in unseren beiden Ländern beitragen.

Christian von Bar

Osnabrück, im Oktober 2009

缩略语

《中华人民共和国宪法》	《宪法》
《中华人民共和国民法通则》	《民法通则》
《中华人民共和国民法总则》	《民法总则》
《中华人民共和国合同法》	《合同法》
《中华人民共和国物权法》	《物权法》
《中华人民共和国侵权责任法》	《侵权责任法》
《中华人民共和国消费者权益保护法》	《消费者权益保护法》
《中华人民共和国婚姻法》	《婚姻法》
《中华人民共和国民事诉讼法》	《民事诉讼法》
《中华人民共和国人民法院组织法》	《人民法院组织法》
《中华人民共和国教育法》	《教育法》
最高人民法院《关于贯彻执行〈中华人民共和国民法通则〉若干问题的意见(试行)》	《民通意见》
最高人民法院《关于审理名誉权案件若干问题的解答》	《名誉权解答》
最高人民法院《关于审理名誉权案件若干问题的解释》	《名誉权解释》
最高人民法院《关于审理触电人身损害赔偿案件若干问题的解释》	《触电人身损害赔偿案件解释》

最高人民法院《关于确定民事侵权精神损害赔偿责任若干问题的解释》	《精神损害赔偿解释》
最高人民法院《关于解放前劳动人民之间宅基地租赁契约是否承认和保护问题的批复》	《宅基地租赁契约批复》
最高人民法院《关于审理人身损害赔偿案件适用法律若干问题的解释》	《人身损害赔偿解释》
最高人民法院《关于适用〈中华人民共和国合同法〉若干问题的解释（一）》	《合同法解释（一）》
最高人民法院《关于适用〈中华人民共和国合同法〉若干问题的解释（二）》	《合同法解释（二）》
最高人民法院《关于雇工合同“工伤概不负责”是否有效的批复》	《雇工合同案批复》
最高人民法院《关于以侵犯姓名权的手段侵犯宪法保护的公民受教育的基本权利是否应承担民事责任的批复》	《受教育权案批复》
最高人民法院《关于废止 2007 年底以前发布的有关司法解释（第七批）的决定》	《废止 2007 年前司法解释的决定》
最高人民法院《关于在刑事判决中不宜援引宪法作论罪科刑的依据的复函》	《刑事判决不宜援引宪法复函》
最高人民法院《关于人民法院制作法律文书如何引用法律规范性文件的批复》	《引用法律规范性文件的批复》
最高人民法院《关于废止 1979 年底以前发布的部分司法解释和司法解释性质文件（第八批）的决定》	《废止 1979 年以前司法解释的决定》
最高人民法院《关于印发〈人民法院民事裁判文书制作规范〉〈民事诉讼文书样式〉的通知》	《民事裁判文书制作规范》
最高人民法院、最高人民检察院《关于地方人民法院、人民检察院不得制定司法解释性质文件的通知》	《地方法院不得制定司法解释通知》
最高人民法院《关于裁判文书引用法律、法规等规范性法律文件的规定》	《裁判文书引用规范的规定》

简目

繁

目

第一章　导　论

第一节　问题源起

宪法所确认的公民基本权利，是人之为人所不可或缺的权利，体现着人的基本尊严与价值，其实现程度是一切国家政治架构及国家行为正当、合法与否之根本判断标准。法制/法治的终极任务在于实现其治下人民的基本权利，法律制度是基本权利具体化和可接近的依据，法律治理的根本目的在于保护和发展公民基本权利。任何法制/法治建设皆应首尾兼顾——立法与司法，民法自不例外。民事立法为基本权利实现提供规范依据，指引人民合法维护自身基本权利和为基本权利争议裁判提供依据；民事裁判须贯彻基本权利保护宗旨，妥善解释适用基本权利规范，并以此补充民事立法之不足，来保护公民基本权利，以善尽国家保护基本权利之义务。民事立法与民事裁判二者配合无隙，方能使基本权利在民法保护上备至周全。

然我国现行民事立法体系尚未健全，对基本权利保护遗有诸多缺漏；民事裁判方法紊乱、说理不透，对宪法基本权利规范适用几无章可循，同案不同判之现象频现。此外，我国现制上无专司守护宪法基本权利之宪法机构（如宪法法院），为我国民法中实现基本权利保护的另一大障碍。由于没有专司基本权利守护之责的专门机构，使本应由此类机构执行的任务转而不得不由普通法院承担，特别是其中的民事庭。但是，此与普通法院传统职能难免扞格，并导致其应对失措，尤其是对于普通法院在民事裁判中应如何解释适用基本权利规范（宪法）这一问题，就目前最高人民法院的司法解释及各级法院实践而言，多有相互矛盾、前后不一致的表现，难谓章法井然。如此种种，是为我国现实中通过民事法律制度保护基本权利的困境所在。

如何在现有法制和政治权力配置的基础上，突破上述困境，使公民基本权利通过民法得到有效保护,这应该是民法解释学的当然任务。因为在立法缺漏和专门机构缺失的情况下,我们只能盼望依据现行法,在现行机构中实现对公民基本权利的保护,而民法解释学恰恰可以帮助我们达成此一目的。民法解释学之任务在于根据现制和已有的司法经验,参酌比较法,为民法裁判提供解释规则,使其能够弥补民法规范漏洞,周全保护公民基本权利。民法解释学为了实现此任务,必须要处理好基本权利与私法的关系,因为此二者分属不同的法律位阶,其任务、调整对象与法学方法皆差别甚大,二者的互动亦关系整个法律体系的整合。因此,本书立论在基本权利与私法关系的框架内来探讨民法中的基本权利保护问题,此为基本权利与私法关系本身的核心问题域,亦为当前民法学重要议题之一。

一、实务案例

(一)案例1:张连起、张国莉诉张学珍损害赔偿纠纷案〔1〕

本案基本案情是,被告雇主承包拆除厂房工程,因违章施工发生事故,致雇工受伤,感染败血症死亡。原告死者的亲属要求被告雇主支付赔偿金。被告雇主以招工登记表中规定有“工伤概不负责”条款、死者签约时对此已经认可为由抗辩。本案最后以调解结案,但法院在调解书中认定该免责条款无效。

本案适用法律问题关键在于招工登记表中规定的“工伤概不负责”是否有效?根据《民法通则》第58条第1款第5项之规定,民事行为违反法律或者社会公共利益的无效。但检索当时法律、法规,并未有明文禁止当事人约定“工伤概不负责”之类免责条款无效的规定,而且当时法律对于一般格式条款之规定亦属阙如,因此很难说“工伤概不负责”违反法律。但法院又考虑到,如果采纳被告抗辩,显然有违社会正义,因此请示最高人民法院。最高人民法院应此请示,发出《雇工合同案批复》:

> 经研究认为,对劳动者实行劳动保护,在我国《宪法》中已有明文规定,这是劳动者所享有的权利,受国家法律保护,任何个人和组织都不得

〔1〕参见天津市塘沽区人民法院(1987)津塘法民调字第517号民事调解书,又可参见“张连起、张国莉诉张学珍损害赔偿纠纷案”,载《最高人民法院公报》1989年第1期。

任意侵犯。张学珍、徐广秋身为雇主,对雇员理应依法给予劳动保护,但他们却在招工登记表中注明"工伤概不负责任"。这是违反宪法和有关劳动保护法规的,也严重违反了社会主义公德,对这种行为应认定无效。

审理法院根据《雇工合同案批复》,调解如下:

我国《宪法》明文规定,对劳动者实行劳动保护。这是劳动者所享有的权利,受国家法律保护,任何个人和组织都不得任意侵犯。被告张学珍身为雇主,对雇员理应依法给予劳动保护。但她却在招工登记表中注明:"工伤概不负责"。这是违反宪法和有关劳动法规的,也严重违反了社会主义公德,属无效民事行为。依照《民法通则》第106条第2款的规定,被告由于过错侵害了张国胜的人身安全,应当承担民事责任。依照《民法通则》第119条的规定,被告应承担赔偿张国胜死亡前的医疗费、家属误工减少的收入和死者生前抚养的人的生活费等费用。

本案最大特色是法官在遇到法律漏洞(Rechtslücke)时,通过请示最高人民法院作出批复来填补。最高人民法院直接引用《宪法》中的劳动权规定,认为本案招工登记表中的"工伤概不负责"违反法律与社会主义公德(公序良俗),因此无效。此实际上是直接引用《宪法》来否认法律行为之效力。虽然《雇工合同案批复》及本案调解书皆未有直接引用《宪法》第42条之表述,[1]但并不影响人们将《宪法》此条理解为本案的定案依据之一。也许正因如此,该案被誉为"我国法院采用合宪性解释方法的第一个判例"。[2]值得注意的是,最高人民法院和审理法院在作上述论证时并未援引《民法通则》第58条第1款第5项作为《宪法》适用于民法法律行为判断标

---

〔1〕《宪法》第42条:"中华人民共和国公民有劳动的权利和义务。国家通过各种途径,创造劳动就业条件,加强劳动保护,改善劳动条件,并在发展生产的基础上,提高劳动报酬和福利待遇。劳动是一切有劳动能力的公民的光荣职责。国有企业和城乡集体经济组织的劳动者都应当以国家主人翁的态度对待自己的劳动。国家提倡社会主义劳动竞赛,奖励劳动模范和先进工作者。国家提倡公民从事义务劳动。国家对就业前的公民进行必要的劳动就业训练。"

〔2〕梁慧星:《最高法院关于侵犯受教育权案的法释〔2001〕25号批复评析》,载中国民商法律网:http://www.civillaw.com.cn,2008年12月30日最后访问。

准的引致条款,而是直接依据《宪法》认定法律行为无效,换言之,《宪法》成为法律行为是否有效的判定标准之一。

(二)案例2:齐玉苓诉陈晓琪等以侵犯姓名权的手段侵犯宪法保护的公民受教育的基本权利纠纷案[1]

被告陈晓琪冒名顶替原告齐玉苓去山东省济宁商业就读而后就业,原告齐玉苓以其受教育权被侵害为由提起民事诉讼,列陈晓琪及陈克政(陈晓琪之父)、滕州八中、济宁商校、滕州市教委为被告,要求被告陈晓琪停止侵害,并与其他被告一同赔偿原告的经济损失和精神损失。一审法院认为:

> (1)根据《民法通则》第99条的规定,公民享有姓名权,有权决定、使用和依照规定改变自己的姓名,禁止他人干涉、盗用、假冒。被告陈晓琪在其父陈克政策划下盗用、假冒齐玉苓姓名上学,是侵害姓名权的一种特殊表现形式。
>
> (2)原告主张的受教育权,属于公民一般人格权范畴。它是公民丰富和发展自身人格的自由权利。但是,本案证据表明,齐玉苓已实际放弃了这一权利,即放弃了上委培的机会。其主张侵犯受教育权的证据不足,不能成立。故据《民法通则》第120条判决被告停止对原告姓名权的侵害、赔礼道歉和赔偿精神损失费。[2]

二审期间,《受教育权案批复》指出:"根据本案事实,陈晓琪等以侵犯姓名权的手段,侵犯了齐玉苓依据宪法规定所享有的受教育的基本权利,并造成了具体的损害后果,应承担相应的民事责任。"二审法院根据《宪法》第46条,[3]《教育法》第9条、第81条(2015年修订后为第9条、第83条,后文《教育法》皆指1995年版),《民法通则》第120条、第134条和《受教育权案批复》,判决此案:

---

[1] 参见"齐玉苓诉陈晓琪等以侵犯姓名权的手段侵犯宪法保护的公民受教育的基本权利纠纷案"(后文简称"齐玉苓案"),载《中华人民共和国最高人民法院公报》2001年第5期。

[2] 参见山东省枣庄市中级人民法院(1999)枣民初字第8号民事判决书。

[3] 《宪法》第46条:"中华人民共和国公民有受教育的权利和义务。国家培养青年、少年、儿童在品德、智力、体质等方面全面发展。"

> (1)责令陈晓琪停止对齐玉苓姓名权的侵害;(2)陈晓琪等四被告向齐玉苓赔礼道歉;(3)齐玉苓因受教育权被侵犯造成的直接经济损失7000元和间接经济损失41,045元,由陈晓琪、陈克政赔偿,其余被告承担连带赔偿责任;(4)陈晓琪等被告赔偿齐玉苓精神损害赔偿费50,000元。〔1〕

2008年12月24日《废止2007年前司法解释的决定》已将《受教育权案批复》废止。

受教育权位于我国《宪法》基本权利清单第46条,为公民基本权利,但却未被《民法通则》确立为民事权利。有学者认为,未被《民法通则》确认为民事权利的法益不能被民事侵权法所保护,故受教育权不能通过民法获得保护。〔2〕 而本案《受教育权案批复》却认为,被告行为侵犯原告受教育权,应承担相应民事责任。据此表明,最高人民法院将受教育权列为民法侵权法保护对象,侵犯受教育权亦是一种民法上的不法行为。如此使《宪法》成为民事不法行为——侵权行为的判定标准。

二、问题导出

上述两则案例均为我国法制重建30余年来具有开创性的重大案件,堪为民事法律行为领域和民事侵权行为领域内的典型案件(leading case, grundurteil),值得深入探讨。在案例1中,最高人民法院直接引用《宪法》第42条——基本权利规范,认定作为法律行为的"工伤概不负责"条款无效,使宪法基本权利——劳动权得以保护,申言之,基本权利通过否定侵害其之法律行为而得到保护。案例2是新中国司法史上的"传奇"案件,各界对其报以空前热忱,各种理论百花齐放、百家争鸣,对此关注度仅就中国人

〔1〕 参见山东省高级人民法院(1999)鲁民终字第258号民事判决书。

〔2〕 参见梁慧星:《最高法院关于侵犯受教育权案的法释〔2001〕25号批复评析》,载中国民商法律网:http://www.civillaw.com.cn,2008年12月30日最后访问。

文社科杂志类的最高“指挥棒”——《中国社会科学》的论文数量就可见一斑。[1] 并且,由于本案《受教育权案批复》及山东省高级人民法院(1999)鲁民终字第258号民事判决书直接引用《宪法》第46条,使本案成为公、私法学“交叉”的研究课题。毋庸置疑,本案作为民事领域中的宪法案件,是基本权利——受教育权通过民法侵权救济机制保护的著名案例。

案例1、案例2两种情形是当基本权利遭受合法行为(法律行为)或者不法行为(侵权行为)侵害时,可以通过否定法律行为效力与侵权损害救济机制来实现对其保护。此二者皆为中国宪法基本权利通过私法保护之例证。那么,此两种基本权利保护方式又在当前基本权利保护方式中占有何种地位或者其在可能的诸多基本权利实现方式中居于何种权重呢?为此,还需一定的案例定量分析才能明确。

有学者研究表明,从1987年至2002年,我国法院共有33件案件援引了《宪法》。[2] 此外,笔者自行收集了若干宪法诉讼案件,如2002年通信自由权第一案、[3] 2002年范志毅案、[4] 2008年宪法自由权第一案、[5] 2008年“人肉搜索”第一案[6]与2009年姓名权第一案。[7] 从《宪法》在这些案件中的作用来看,有的是作为两造主张权利的依据;有的是作为判决说理的论证依据;有的是作为直接判决的依据。[8] 依据此三项标准来界定宪法诉

---

〔1〕 参见季卫东:《合宪性审查与司法权的强化》,载《中国社会科学》2002年第2期;夏勇:《中国宪法改革的几个基本理论问题》,载《中国社会科学》2003年第2期;强世功:《宪法司法化的悖论》,载《中国社会科学》2003年第2期;王磊:《宪法司法化的几个问题——齐玉苓案中的几个宪法问题》,载《中国社会科学》2003年第2期;蔡定剑:《中国宪法实施的私法化之路》,载《中国社会科学》2004年第2期。

〔2〕 参见王禹编著:《中国宪法司法化:案例评析》,北京大学出版社2005年版,前言第1页。

〔3〕 参见《科技日报》2007年3月30日,但本案最终无果而终,法院未作出判决。作者感谢本案代理律师寇明国先生馈赠资料。

〔4〕 参见上海市静安区人民法院(2002)静民一(民)初字第1776号民事判决书。

〔5〕 参见王建:《中国宪法自由权第一案》,载《民主与法制》2008年第9期。

〔6〕 参见北京市朝阳区人民法院(2008)朝民初字第29276号、第29277号民事判决书。

〔7〕 参见《中国首例姓名权案二审赵C被判更改名字》,载新华网:http://www.148com.com/html/4/453939.html,2009年2月26日最后访问。

〔8〕 实际上就目前的统计而言,在民事判决主文部分直接引据《宪法》条文并明确指出具体条文的只有三个案件:上海市第二中级人民法院(1998)沪二中民终字第2300号民事判决书(《宪法》第38条)、齐玉苓案(《宪法》第46条)及浙江省慈溪市人民法院(2001)慈民初字第1862号民事判决书(《宪法》第44条、第45条第1款)。

讼案件，由此或可得出结论，我国自“文化大革命”后法制重建几十年以来，真正的宪法诉讼案件亦不过40余件（本书图表权重统计以40件为基数）。

下面的统计分析将分为三个步骤：第一，在这些宪法性案件中有多少是涉及基本权利以及都涉及哪些基本权利？第二，在这些基本权利案件中三大诉讼机制各占多少权重？第三，通过民事诉讼实现的基本权利主要借助私法中的哪些规则？通过此三个步骤统计分析得出结论，证立论题——基本权利与私法的现实基础。

（一）何种基本权利

需要说明的是，名誉权虽作为人格权中的一种，但由于名誉权的侵害往往与言论自由不可分割，因此，在图1－1中与言论自由有关的名誉权全部归为言论自由这一类，而人格权则包含人身自由、人格尊严、姓名权、身体权、健康权、隐私权等。

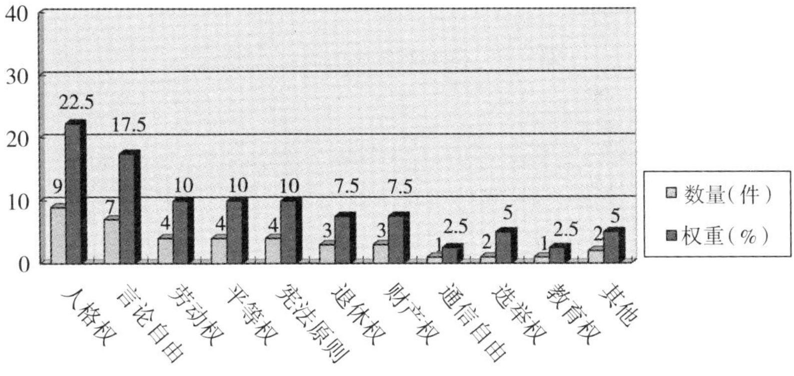

图1－1　基本权利案件统计

由此可见，在所谓的适用《宪法》的诉讼中，主要运用到《宪法》中的基本权利条款，并且即使是宪法原则，也主要是与基本权利相关的原则，如权利义务相一致原则和下位法不得与上位法相抵触原则。因此，宪法诉讼，其实就是基本权利诉讼。另外，由图1－1亦可知，在基本权利诉讼中，有关人格权、言论自由、劳动权、平等权等几种权利的诉讼是占大多数的。

(二)何种诉讼机制

由图1－2可知,在三大诉讼机制中,民事诉讼(民法)是基本权利通过诉讼实现的最主要途径。由此可见,基本权利主要是通过民事裁判而得到保护,宪法诉讼主要都是民事诉讼。

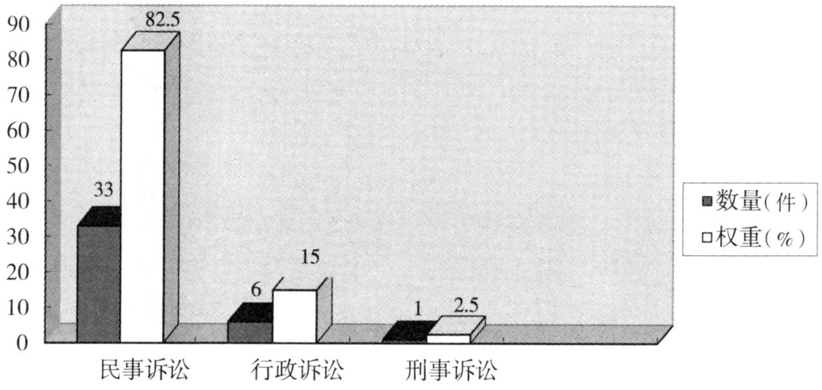

图1－2　基本权利案的诉讼机制

(三)何种私法规则

由图1－3可知,在民法领域,基本权利主要借助法律行为和侵权救济机制得以实现,更确切地讲,是借助法律行为规范体系中的无效法律行为规则和一般侵权行为类型中的权利侵害类型规则来实现对基本权利的保护。因此可以肯认,基本权利与私法的关系、基本权利诉讼或者宪法诉讼在中国目前其实主要是民法问题,是宪法之于民事诉讼中的"宪法＋民法"解释适用问题。因此,民法需要着重解决的是在无效法律行为规则和权利侵害类型侵权规则两个领域中如何建立妥善的规范机制以保障基本权利通过民事裁判而实现。

基本权利的保护是整个法制/法治的目的和任务,甚或是民主政治的终极目标。民法在当下中国法制语境下既然已经悄然承担了如此重要的任务,民法解释学当然就再也不能忽视或回避这一问题,反而应该以更积极的姿态去回应。是以,本书试图从宪法与私法关系的整体框架出发,通过私法制度的设计和法学方法上的考量,来探索建立中国法上基本权利通过私法实现的妥帖规范机制。

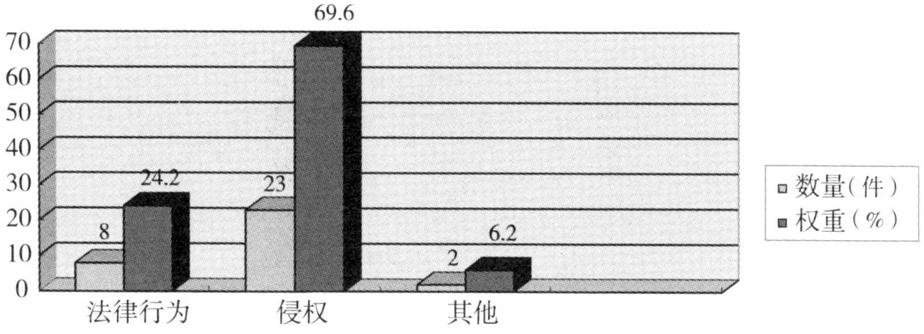

图 1－3　基本权利的私法救济机制

现代民主政治与法制/法治的目的在于实现基本权利。从立法层面观之,基本权利可以通过各种宪法之下的基本法具体规范而得到保护,如选举权和被选举权等参政权通过《全国人民代表大会和地方各级人民代表大会选举法》《村民委员会组织法》等落实;诉讼权通过"三大诉讼法"落实;劳动权通过《劳动法》及《劳动合同法》落实;自由权、平等权、财产权和人格权等通过民法中的各相应部分得到保护等。对比域外立法,我国存在立法不健全的问题,这是法的历史发展阶段性问题,是法解释学所难以包容的问题,故本书将不予讨论。

三、中国意义

从司法角度看,基本权利诉讼包括宪法法院的诉讼与普通法院的诉讼,如在德国司法上实现基本权利的途径有三种:(1)通过普通民事诉讼,当事人可依据基本权利规范针对侵害其基本权利的行为在普通法院提起民事诉讼,普通法院可根据基本权利规范作成判决;(2)当事人认为普通法院终审判决侵害其基本权利时,可依据基本权利规范就该判决向宪法法院提出宪法诉愿(Verfassungsbeschwerde);(3)人民认为宪法之下的法律违反基本权利,可向宪法法院提出违宪审查,要求废弃该违宪法律。

实际上,绝大多数现代法治国家均设有专司宪法审查之宪法法院,[1]

---

〔1〕 如 1929 年《奥地利宪法》第 140 条及第 140 条之一、1947 年《意大利宪法》第 134 条及第 136 条及 1978 年《西班牙宪法》第 161 条至第 163 条等国之宪法法院。

未专设违宪审查之司法机关者,该权力往往由普通法院行使。[1] 因此,在这些国家,上述三种基本权利实现途径配合适用,构筑了完整的基本权利保障司法体系。[2] 但在我国,由于各种深层次原因,设置专司宪法审查的类似宪法法院的机构目前还没有可预见的前景。[3] 故在其他国家司法中的第二种、第三种基本权利保护或者实现机制在我国却付之阙如,由此使普通法院完全承担了基本权利的保护任务,更确切地讲主要是由普通法院中民事审判来承担这一任务。由此可见,本书研究致力于在普通民事裁判中保护宪法基本权利,具有非常重要的中国特色和现实意义。

(一)宪法和基本权利

宪法和基本权利是两个不同的范畴。宪法是规定国家政治架构和公民基本权利义务的根本大法,在一国法律体系中,居于金字塔的顶端,统领法律体系全局,是一切立法、执法、司法的根本准则。[4] 基本权利是宪法的两大组成部分(宪法的另一大部分是国家权力配置规定)之一(我国《宪法》第二章、《德国基本法》第一章),是被宪法所确认的人之为人的最基本的权利。与民法上的民事权利主要用于对抗私人、划定私人之间行为界限不同,基本权利主要是防御国家公权力侵害私人的防御权,用于划定国家行为的界限。在我国学术话语体系中的“宪法司法化”[5]“宪法私法化”[6]“宪法

---

[1] 如美国 Marbury v. Madison 案开创联邦最高法院的违宪审查制度、《日本 1946 年宪法》第 81 条也规定日本最高法院违宪审查权。

[2] 一般而言,规范审查是贯彻法治国原则(Rechtsstaatlichkeit)的必要手段,其作用在于维持规范之层级(Normenhierachie),最终保障人民享有宪法上的基本权利。Vgl. Brunner Georg, Vergleichende Regierungslehre, Bd. Ⅰ, 1979, S. 317f.

[3] 参见张翔:《两种宪法案件:从合宪性解释看宪法对司法的可能影响》,载《中国法学》2008 年第 3 期。

[4] 我国《宪法》序言最后一段指出:“本宪法以法律的形式确认了中国各族人民奋斗的成果,规定了国家的根本制度和根本任务,是国家的根本法,具有最高的法律效力。全国各族人民、一切国家机关和武装力量、各政党和各社会团体、各企业事业组织,都必须以宪法为根本的活动准则,并且负有维护宪法尊严、保证宪法实施的职责。”

[5] 王磊:《宪法实施的新探索——齐玉苓案中的几个宪法问题》,载《中国社会科学》2003 年第 2 期;强世功:《宪法司法化的悖论》,载《中国社会科学》2003 年第 2 期。

[6] 蔡定剑:《中国宪法实施的私法化之路》,载《中国社会科学》2004 年第 2 期。

司法适用"[1]"合宪性审查"[2]"宪法改革"[3]等,皆是指宪法中的基本权利这部分内容与民法/私法的关系,而非整部宪法。因为,我们很难想象《宪法》序言、第一章"总纲"、第三章"国家机构"、第四章"国旗、国歌、国徽、首都"等内容,会与私法发生什么直接或间接的联系。因此,"宪法司法/私法化"等也绝不会是这部分内容的"司法/私法化"。当然,如果从整个法制体系建设上来看,宪法的实施当然既包括宪法对基本权利的有效保护,也包括对国家政治权力按照宪法规定合理配置,但是对后者的研究并非法解释学所能胜任,也不是一个纯粹的法学问题。然而,毋庸置疑的是,国家权力的合理配置也是以保护人民宪法基本权利为目的的。

本书对基本权利与私法关系的研究,立足从法解释学的立场探讨宪法基本权利通过民事裁判建立有效保护机制,不仅将在民事司法层面为基本权利的保护提供精确的裁判规则,而且是一项将宪法变得更具可接近性的有益探索。长期以来,由于缺乏宪法适用的专门机构,导致我国宪法长期被司法实践所搁置,才有诸如"消费宪法""宪法走下神坛"以及各种形式的宪法适用的口号出现。这代表现实对宪法的渴求,宪法对于社会治理的重要性日益凸显。但宪法的实施兹事体大,更需要理性的法技术来转介、实现这种渴求。如果忽视对现有法制的妥善解释变通,不厘清宪法与基本法律的关系,不懂得宪法的"可为"和"不可为",进而模糊宪法适用的界限,一味主张宪法大张旗鼓进入法制各个领域,来满足大众对所谓"公平、正义"的诉求,后果将是非常吊诡和危险的。因为宪法并非万能的达摩克利斯之剑,也并非天然的、放之四海而皆准的正义之神,而仅仅只是一纸法律文本,通过不同的解释可以为不同的利益服务。因此,只有在传统宪法解释框架下,秉持充分的法治精神与社会正义,尊重各部门法的具体适用规则,并将宪法与部门法结合,糅合理性与经验,进行细致、准确的法释义学构造,使普世正义原则与具体个案结合,才有可能使宪法成为真正的正义之神,维护宪法基本权利成为国家和人们行为的内在准则。这才应是宪法实施的真谛

[1] 童之伟:《宪法司法研究适用中的几个问题》,载《法学》2001 年第 11 期。
[2] 季卫东:《合宪性审查与司法权的强化》,载《中国社会科学》2002 年第 2 期。
[3] 夏勇:《中国宪法改革的几个基本理论问题》,载《中国社会科学》2003 年第 2 期。

所在。

(二)私法

私法规则表现为法典(含单行法)和判例,但无论是法典,还是判例,抑或法典加判例的私法规则体系,都不可能是天衣无缝的。法律漏洞始终存在,私法的规则应当以社会发展、人们价值观念变迁而不断发展。自从有宪法以来,无论是民法典在宪法典之前(如德国),还是宪法典在民法(典)之前(如中国),各国私法规则的发展都无不与宪法息息相关,特别是宪法基本权利对私法规则的形塑,影响重大。这是因为私法规则是宪法基本权利保护的重要途径。我国现行《宪法》制定于 1982 年,其第二章详细列举了公民各项基本权利,与其他国家宪法基本权利清单相比毫不逊色。1986 年《民法通则》第五章“民事权利”,列举了财产所有权、债权、知识产权和人身权等诸项重要民事权利,是《宪法》第二章“公民基本权利”中相应基本权利的具体化。但是,《民法通则》第五章或者说整个现行私法规则体系,并未穷尽《宪法》第二章的所有基本权利,是以才有 1994 年《劳动法》出台之前的《雇工合同案批复》引用《宪法》劳动权规定来保护当事人被侵害的劳动权;才有由于 1995 年《教育法》对公民受教育权被侵害救济乏力的情况下,《受教育权案批复》引用《宪法》第 46 条来保护当事人被侵害的受教育权等。

最高人民法院的此类司法解释是在宪法基本权利缺乏具体私法规则救济的情况下,通过对《宪法》相关基本权利规范解释,使《宪法》成为私法裁判规则,进而达成救济宪法基本权利之目的。同时,最高人民法院的这类司法解释也客观上发展了私法规则,并催生了后来的相关立法,弥补了宪法基本权利在私法救济上的规范漏洞。从上述意义来看,通过对宪法基本权利规范的解释适用,可以填补私法规范之漏洞,发展私法规范。本书对基本权利与私法关系的研究,以宪法基本权利保护为终极目标,通过将宪法基本权利引入相应私法规则,以宪法基本权利的价值解释相应私法规则,来充实私法相应私法规则的内涵,扩充其适用范围,使宪法基本权利规范与相应的私法规则一起构成裁判规则,来保护尚未被私法规则所涵盖的宪法基本权利。这本身亦是一项发展私法规则的有益探索。

（三）法学方法

中国是继受法国家，法制的科学与法治的实效不仅有赖制度的生产与引进，更期待法学方法的成熟。只有培育出成熟的法学方法，才能将比较法与本国国情有机结合，才能在本国法治实践中不断发展出自己的法制，并有所知识贡献。基本权利与私法的关系处理，牵涉宪法解释与法律解释关系、最高法院与普通法院的关系、宪法与私法/司法的关系。在私法方法运用上，最直接的体现是私法规范漏洞的发现及其填补。法学的一项重要使命就在于不断发现现行法之漏洞而填补之。对基本权利与私法关系的处理无疑是训练吾辈法律人发现法律漏洞与填补法律漏洞的重要途径。

在“张连起、张国莉诉张学珍损害赔偿纠纷案”中，彼时“工伤概不负责”之类的格式条款，并无法律明文规定否定其效力，但如果仅以此而承认其有效，则难免陷当时之法律体系于“恶法”之窘境。因为这有违社会一般的正义标准，也间接证明当时的法律是有漏洞的。如果当时的法律要对这种有违一般社会正义观念的行为进行制裁，那就必须从整体法秩序来解释此种行为是非正义的，并找出制裁的实在法依据。于是《宪法》中的劳动权便成为此种解释的依据，《宪法》中的劳动权规范亦成为制裁此种行为的规范依据，法律体系的此项漏洞则因最高人民法院运用《宪法》第 42 条而得到填补。同理，在“齐玉苓案”中，私人之间的受教育权被侵害案件并无实在法律可供裁判遵循。于是法院从整体宪法秩序出发，认为此种侵害受教育权的行为有悖《宪法》中受教育权之宗旨、客观上违反了《宪法》第 46 条的规定，因而是侵权行为。从而该判定扩充了侵权法的保护范围，发展了侵权法规则。本案也是运用宪法基本权利精神和宪法规范来弥补私法规范之漏洞的做法。

第二节　研究综述

一、中德比较

通过民事裁判实现基本权利无疑是一个公、私法的交叉课题，需要公、私法学协力方能促成妥帖规范的建立。[1] 但是,综观中外研究现状,对此问题公法研究甚强于私法研究。即使是这一问题解决最好的德国,私法对此问题的研究亦难以与公法比肩。就我国而言,公法研究更居绝对优势,似乎此问题乃公法专有领地。但是,这一现状正在逐步改变。

(一)中国

在我国,以"齐玉苓案"为契机,公法学者对此论题进行了持续的研究,如夏勇、[2]季卫东、[3]强世功、[4]童之伟、[5]王磊、[6]蔡定剑、[7]林来梵、[8]刘志刚、[9]张翔、[10]邢斌文[11]等都发表了相关论文集中探讨这一问题。目前,随着《受教育权案批复》被废止,以及新的受教育权侵权案件的出现,[12]公法学界对此又掀起了新一轮的讨论。[13] 同时,自从受教育权

[1] 对于法律体系的公私法二元划分及其当代交融,请参见[德]迪特尔·梅迪库斯:《德国民法典总论》,邵建东译,法律出版社2001年版,第5页;龙卫球:《公法和私法的关系——"现代立法理论"研究材料之五》,载全国人大常委会办公厅研究室编:《研究资料》2004年第17期。

[2] 参见夏勇:《中国宪法改革的几个基本理论问题》,载《中国社会科学》2003年第2期。

[3] 参见季卫东:《合宪性审查与司法权的强化》,载《中国社会科学》2002年第2期。

[4] 参见强世功:《宪法司法化的悖论》,载《中国社会科学》2003年第2期。

[5] 参见童之伟:《宪法司法研究适用中的几个问题》,载《法学》2001年第11期。

[6] 参见王磊:《宪法实施的新探索——齐玉苓案中的几个宪法问题》,载《中国社会科学》2003年第2期;王磊:《宪法的司法化》,中国政法大学出版社2000年版。

[7] 参见蔡定剑:《中国宪法实施的私法化之路》,载《中国社会科学》2004年第2期。

[8] 参见林来梵等:《错位与暗合——试论我国当下有关宪法与民法关系的四种思维倾向》,载《浙江社会科学》2007年第1期。

[9] 参见刘志刚:《宪法"私法"适用的法理分析》,载《法学研究》2004年第2期。

[10] 参见张翔:《基本权利在私法效力上的展开:以当代中国为背景》,载《中外法学》2003年第5期。

[11] 参见邢斌文:《法院如何援用宪法——以齐案批复废止后的司法实践为中心》,载《中国法律评论》2015年第5期。

[12] 参见《当冒名顶替上学案连环爆出时》,载新华网:http://www.hb.xinhuanet.com/zhuanti/2009-05/18/content_16556499.htm,2009年5月24日最后访问。

[13] 如《法学》就于其2009年第3期、第4期连续两期专门就此组织了名为"废止齐玉苓案'批复'与宪法适用之关系"的笔谈,国内重量级宪法学者几乎全部云集,论文达19篇之多,足见该议题之重要性。

案以来,私法学者对本题的研究也方兴未艾,如梁慧星、[1]张新宝、[2]龙卫球、[3]姚辉、[4]徐涤宇、[5]谢鸿飞、[6]王涌、[7]于飞、[8]李海平[9]等都有重要论述,改变了公法学者对此独霸天下的局面,并产生了重大影响。

以上是对公、私法学界一些重要论文的统计,同时,近年来,我国也出现了若干以基本权利命名的专著:(1)张翔:《基本权利的规范建构》,该书主要研究了基本权利的属性、功能,属于基本权利的一般理论研究。[10](2)李秀群:《宪法基本权利水平效力研究》,该书主要研究了基本权利在私人之间如何产生效力的问题,是基本权利第三人效力的另一种表达。[11](3)郑贤君:《基本权利研究》,该书是一本论文集,涉及基本权利方方面面的问题。[12] (4)周伟:《宪法基本权利:原理·规范·应用》,该书是作者近年来开设基本权利课程的讲义,从学科设置角度论证基本权利应成为一门相对独立的学科[13]。(5)秦奥蕾:《基本权利体系研究》,该书主要以我国《宪法》文本为依托,研究现行《宪法》基本权利体系构造。[14](6)何永红:《基

---

[1] 参见梁慧星:《最高人民法院关于侵犯受教育权案的法释〔2001〕25号批复评析》,载中国民商法律网:http://www.civillaw.com.cn,2008年12月30日最后访问。

[2] 参见张新宝:《民事法官能够直接引用宪法条文判案吗?——最高人民法院法释〔2001〕25号司法解释另解》,载《民商法前沿》(2002年1、2合辑本),吉林人民出版社2002年版。

[3] 参见龙卫球:《自然人人格权及其当代进路考察——兼论民法实证主义与宪法秩序》,载《清华法学》2002年第2期。

[4] 参见姚辉:《关于民事权利的宪法学思维——以一般人格权为对象的观察》,载《浙江社会科学》2007年第1期。

[5] 参见徐涤宇:《宪法上的所有权与民法上的所有权》,载《中外法学》2006年第1期。

[6] 参见谢鸿飞:《论法律行为生效的"适法规范"——公法对法律行为效力的影响及其限度》,载《中国社会科学》2007年第6期。

[7] 参见王涌:《宪法与私法的关系》,载吴汉东主编:《私法研究》,中国政法大学出版社2002年版。

[8] 参见于飞:《基本权利与民事权利的区分及宪法对民法的影响》,载《法学研究》2008年第5期;于飞:《民法典的开放性及其妥当实现》,载《中国法律评论》2015年第4期。

[9] 参见李海平:《基本权利间接效力理论批判》,载《当代法学》2016年第4期。

[10] 参见张翔主编:《基本权利的规范建构》,高等教育出版社2008年版。

[11] 参见李秀群:《宪法基本权利水平效力研究》,中国政法大学出版社2009年版。

[12] 参见郑贤君:《基本权利研究》,中国民主法制出版社2007年版。

[13] 参见周伟:《宪法基本权利:原理·规范·应用》,法律出版社2006年版。

[14] 参见秦奥蕾:《基本权利体系研究》,山东人民出版社2009年版。

本权利限制的宪法审查——以审查基准及其类型化为焦点》,该书主要研究基本权利的冲突和限制问题,如比例原则的运用。[1](7)饶志静:《基本权利的原理与运用》,该书将宪法基本权利分为公民权、政治权利、社会经济权利、文化权利。[2](8)徐爽:《公民基本权利的宪法和法律保障》,该书将宪法中公民基本权利分为中国《宪法》中的核心权利(包括人民自决权、参政权、相当生活水准),公民权利与政治权利,经济、社会、文化权利三大类。书中还考察了网络言论自由、劳动权、妇女平等权、留守儿童权利以及少数民族习惯的法律支撑和实现程度,提出了未来基本权利保障应注意的问题及改善途径。[3](9)汪进元:《基本权利的保护范围:构成、限制及其合宪性》,该书在权利各论部分,分解单个基本权利的构成要素、个别限制的特殊方式及其合宪性等,通过比较分析和法释义学解读等方法,探究了基本权利的核心内涵、价值基础和功能,论证了基本权利主观与客观两方面的功能。[4](10)刘志刚:《立法缺位状态下的基本权利》,该书从宏观和微观两个层面对基本权利在法律缺位场域的适用问题进行分析。结合法律缺位的具体场景,以行政审判、民事审判中面临的实证问题为切入点,围绕基本权利的适用这一主线,在宪法与行政法、宪法与民法关系的框架内进行拓展研究。[5] 这些研究各有侧重,共同构筑了我国当代基本权利研究的整体理论图景和话语体系。

此外,关于基本权利与私法的研究,值得关注和借鉴的是,我国宪法学界出现了以韩大元与林来梵两位学者主导的宪法解释学或曰规范宪法学的研究进路,[6]前者以韩大元(主)编著的《中国宪法事例研究》"三部曲"为代表,[7]后者以林来梵《从宪法规范到规范宪法:规范宪法学的一种前言》

---

[1] 参见何永红:《基本权利限制的宪法审查——以审查基准及其类型化为焦点》,法律出版社2009年版。

[2] 参加饶志静:《基本权利的原理与运用》,上海人民出版社2012年版。

[3] 参见徐爽:《公民基本权利的宪法和法律保障》,社会科学文献出版社2016年版。

[4] 参见汪进元:《基本权利的保护范围:构成、限制及其合宪性》,法律出版社2012年版。

[5] 参见刘志刚:《立法缺位状态下的基本权利》,复旦大学出版社2012年版。

[6] 参见韩大元、林来梵、郑磊:《宪法解释学与规范宪法学的对话(访谈)》,载正义网:http://linlaifan.fyfz.cn/art/330442.htm,2010年1月29日最后访问。

[7] 参见韩大元(主)编著:《中国宪法事例研究》(一、二、三),法律出版社2005年版、2008年版、2009年版。

一书为代表。[1] 此种研究思路从宪法文本出发,并结合宪法性案例进行精确的法释义学构造,对于“消费宪法”、激活宪法及宪法问题的讨论在宪法本身的场域进行(宪法不再缺场)具有重要意义,并为宪法学研究对话确立了一个共同的、牢固的平台。[2] 对于宪法基本权利的研究,应从宪法规定的文本出发,寻求解释学上的依据,并将其具体化。

对于宪法的私法适用问题,国内除少数学者支持基本权利直接效力说外,[3]通说主张普通民事法庭应采用间接效力说解决宪法基本权利条款的私法适用问题。[4] 但近些年来,国内学者的观点出现了极大的转向,不赞成宪法私法适用的观点越来越多,如李海平教授,其认为间接效力理论实质上是在民法概括条款“包装”下的变相直接适用。在实践后果上,该理论将本来约束国家权力的基本权利适用于私人之间,对私人自治构成较大威胁。公私法二元结构的偏离,则是该理论的根本问题所在。[5] 引入社会公权力概念,[6]确立基本权利对社会公权力的直接效力理论,是解决基本权利私人间效力问题的有效途径。也有学者主张宪法司法化之观点在我国难以成立,

---

〔1〕 参见林来梵:《从宪法规范到规范宪法:规范宪法学的一种前言》,法律出版社 2001 年版。

〔2〕 参见强世功:《文本、结构与立法原意:“人大释法”的法律技艺》,载《中国社会科学》2007 年第 5 期。

〔3〕 参见谢立斌:《论法院对基本权利的保护》,载《法学家》2012 年第 2 期。

〔4〕 参见童之伟:《宪法适用应依循宪法本身规定的路径》,载《中国法学》2008 年第 6 期;翟国强:《基本权利释义学的困境与出路》,载《当代法学》2015 年第 6 期;张善斌:《民法人格权和宪法人格权的独立与互动》,载《法学评论》2016 年第 6 期;胡筋、杜宇:《宪法私法化理念在中国的可行性研究》,载《云南大学学报》(法学版)2012 年第 4 期。

〔5〕 参见李海平:《基本权利间接效力理论批判》,载《当代法学》2016 年第 4 期。

〔6〕 “所谓社会公权力,就是指社会中的私主体凭借其占有的政治、经济、社会、文化等资源优势对其他特定或者不特定的多数私主体所具有的压制性和支配性的力量。在主体方面,社会公权力的主体是私主体,国家权力的主体是国家或者代表国家机关行使权力的国家机关组织或者被授权的社会组织。在权力来源上,社会公权力是一种事实性的权力,私主体凭借其社会强势地位而在事实上享有和行使权力,国家权力则是法律授予的权力,国家机关或者其他组织所享有和行使的权力源于法律的授予。在效力形式上,社会公权力的效力是事实上的影响力、支配力和压制力,而国家权力却是一种法律上的强制力,以国家暴力机器为后盾。”参见李海平:《基本权利间接效力理论批判》,载《当代法学》2016 年第 4 期。

而引入“宪法立法化”的概念,[1]借助具体的立法将抽象性的宪法规则予以具体化,保证宪法有效实施。还有学者认为“宪法私法化”在德国提出有其特定之情境,它是以宪法的公法性质和宪法司法化这一规范和实践为基础的,这一学说的走向在很大程度上依赖于德国联邦宪法法院的实践。而在我国并没有宪法司法化的规范和实践基础,用宪法的私法化理论来强化宪法司法化无疑是难以站得住脚的,也容易泛化基本权利的第三人效力的说法,强化了我们原本就已存在的宪法主要应通过立法具体化的方式得以实现的理念。[2]

在此之间,亦有学者对基本权利间接效力理论进一步进行反思,并指出进一步坚守这一理论的考量,值得我们深思:

> 各国对宪法在私法中的间接适用模式情有独钟,并非仅仅意味着对直接适用模式的简单否定,而是对人类未知的文明发展的深切关怀和呵护。毕竟,尊重人类已经取得的经验和智慧,对人类理性之不足保持清醒的认识,不随意摧毁迄今为止已经取得的重大社会治理经验,在无法预知远期效果的情况下,采取审慎的态度,勿走极端,结合国家实际情况,挑选既能解决现实问题,且其可预期的损害性又最小的模式,是最为明智的抉择。[3]

(二)德国

德国公法学者历来注重对此问题的研究,[4]从早期的杜伊西(Dürig)、[5]拉泽尔(Walter),[6]到中期的施瓦布(Schwabe),[7]再到现代

---

〔1〕根据作者的观点,宪法立法化,是指宪法(这里指的是成文宪法)需要通过制定一系列更加具体的法律才能具体化,并且通过具体法律的有效实施才能达到全面落实、有效实施的效果。参见古洪能:《宪法司法化还是宪法立法化?——论我国宪法实施的首要途径》,载《理论与改革》2014 年第 5 期。

〔2〕参见夏正林:《我国宪法适用体制的改革》,载《广东社会科学》2013 年第 2 期。

〔3〕翟国强:《基本权利释义学的困境与出路》,载《当代法学》2015 年第 6 期。

〔4〕由于本题是传统公法,特别是宪法学的必修课,研究成果汗牛充栋,故本文于此不再详列其研究成果,只是于后文相应部分涉及了再引证。关于德国基本权利理论的系统介绍,可参见张巍:《德国基本权第三人效力问题》,载《浙江社会科学》2007 年第 1 期。

〔5〕Dürig, Grundrechte und Zivilrechtsprechung, FS H. Nawiasky, 1956.

〔6〕Walter Leisner, Grundrechte und Privatrecht, 1960.

〔7〕Jürgen Schwabe, Die sogenannte Drittwirkung der Grundrechte, 1971.

的凯美瑞(Cremer),[1]以及当代德国法理和公法学界最具权威的阿列克西(Alexy),[2]都对此投入了相当的热忱。在私法学界,从早期的(Nipperday)[3]到当代最权威的两位私法学者卡纳里斯(Canaris)[4]和梅迪库斯(Medicus)[5]都对此投入了巨大心力,特别是卡纳里斯对于基本权利与私法关系的持续性研究,近二十年来在德国法学界产生极大共鸣,影响了诸多德国宪法法院的判决。[6] 此外,私法学界的策勒(Zöllner)[7]与迪德里希森(Diederichsen)[8]各自从不同的角度对基本权利与私法关系进行反思的研究成果也不容忽视。最新的一些新锐专著,也从不同的角度研究了本题。[9]

二、研究模型

基本权利与私法的内涵,从民法角度来看,是民法作为实现基本权利的一种手段,或曰民事法律作为基本权利保护的规范依据,特别是通过普通法院的民事诉讼保护被侵害的基本权利。但如果换位从基本权利的角度看,则是基本权利效力适用于私人之间的问题,是基本权利控制私人法律关系的表现,通常在德国被置于基本权利第三效力理论、基本权利水平

---

[1] Wolfram Cremer, Freiheitsgrundrechte-Funktionen und Strukturen, 2003.

[2] Alexy, Theorie der Grundrechte, 1985.

[3] Nipperdey, Grundrechte und Privatrecht,1961.

[4] Canaris, Grundrechte und Privatrecht, AcP, 1984; ders., Übermaßverbot im Recht der Geschäftsfähigkeit und im Schadensersatzrecht , JZ,1987; ders., Zur Problematik von Privatrecht und verfassungsrechtlichem Übermaßverbot , JZ,1988; ders., Grundrechtswirkungen und Verhältnismäßigkeitsprinzip in der richterlichen Anwendung und Fortbildung des Privatrechts, JuS,1989; ders., Grundrechte und Privatrecht: eine Zwischenbilanz,1998.

[5] Medicus, Der Grundsatz der Verhältnismäßigkeit im Privatrecht, AcP 1992(1992).

[6] BVerfGE 81, 242,252ff.; 89,214,232ff.

[7] Zölner, Regelungsspielräume im Schuldvertragsrecht: Bemerkungen zur Grundrechtsanwendung im Privatrecht und zu den sogenannten Ungleichewichtslagen, AcP 1996(1996).

[8] Diederichsen, Das Bundesverfassungsgericht als oberstes Zivilgericht: ein Lehrstück der juristischen Methodenlehre, AcP 198(1998).

[9] Z. B. Jörg Neuner (Hrg.), Grundrechte und Privatrecht aus rechtsvergleichender Sicht, 2007. Hannah Niessen, Die Wirkung der Grundrechte im deutschen und italienischen Privatrecht: Eine rechtsvergleichende Untersuchung,2005.

效力(Horizontalwirkung)[1]或者基本权利理论中被讨论。从世界范围来看,各国法制发展到今天,基本权利与私法之关系已经不再是是否(ob)的问题,而在于如何(wie)的问题了。[2] 因此,本书不再讨论基本权利通过私法实现的必要性,而是探讨在私法上建立何种规范模式来实现此种目的。

从上文研究现状的梳理中我们不难发现,学者们在研究本题时各有不同的切入点、研究素材和研究方法,形成了各具特色的论证思路或者研究模型。正如几何学上排列组合原理一样,作为文本构建方式的论证思路或者研究模型往往会对作者的观点表达和文本的整体说服力产生重大影响。因此,本书在构建基本权利与私法的研究模型上不得不慎重。为此,本书选取德国和我国台湾地区各一例对本题投入最多的私法学者的研究模型为标本,借以展示本题在现代私法体系中将如何展开,并以此对比彰显本书论证之优劣。

(一)卡纳里斯

卡纳里斯是当代德国无可争议的法学领袖之一,为德国债法现代化的重要推手,是现代德国商法的奠基人之一,是现代德国法学方法论发展的重要推动者,其所提倡的基本权利国家保护义务说成为当代德国基本权利的三大主流学说之一。[3] 卡纳里斯在近二十年间就此论题共发表了5篇文章以总结德国判例、学说,氏著否定基本权利第三人效力直接说,并以基本权利间接第三人效力理论为基础,提出了著名的国家保护义务说,在德国基本权利理论中独树一帜。由此亦使卡纳里斯成为横跨公、私法学的当代法学名宿,蜚声德国法学界。但需要指出的是,本书于此无法面面俱

---

[1] Suelmann, Die Horizontalwirkung des Art. 3 II GG, 1994, S. 14. 但也有学者从不同的角度认为,基本权利第三人效力与基本权利的水平效力尚有区别。比如,水平效力并不限于由私法规定的关系结构的影响,它还包括缔约国的额外措施,包括在其他措施不奏效的情况下采取刑事措施的义务。参见[奥]曼弗雷德·诺瓦克:《民权公约评注:联合国〈公民权利和政治权利国际公约〉》(上),毕小青、孙世彦主译,生活·读书·新知三联书店2003年版,第40页。

[2] 这一问题已经超越法系、宗教、传统和意识形态等,是一个货真价实的世界法学热题。参见张巍:《德国基本权利第三人效力问题》,载《浙江社会科学》2007年第1期。

[3] 关于卡纳里斯之生平、著作介绍,参见德国慕尼黑大学网:http://www.jura.uni-muenchen.de/personen/canaris_claus_wilhel/index.html,2009年10月23日最后访问。

到介绍卡纳里斯对于其宏大理论的论证思路和细节，只能就其前后两篇定调式的同名文章（1984 年文和 1998 年文）——基本权利与私法（Grundrechte und Privatrecht）的论证框架进行简单介绍，待后文相关部分必要时再介绍引证。

1. 1984 年文[1]

一、作为针对私法主体的干预禁令的基本权利："直接第三人效力"学说

（一）第三人效力直接说的核心内容

（二）对第三人效力直接说的批判

（三）第三人效力直接说的实践后果

二、基本权利作为私人之间的侵害禁止规范以及作为解释原则和基本规范：第三人效力间接说

（一）基本权利与私法规范

（二）基本权利与私法主体的行为

三、作为保护命令的基本权利

（一）教义学上的基础

（二）私法保护手段

四、解释学上的几点重要总结

2. 1998 年文[2]

一、导论

（一）问题现状

（二）问题的国际化

二、基本权利对私法的影响

（一）《德国基本法》第 1 条第 3 项和第 93 条第 1 项第 4a 规定对私法立法的效力

（二）基本权利及其效力作为侵害禁止和保护义务规范对私法立

---

〔1〕［德］克劳斯·威尔海姆·卡纳里斯：《基本权利与私法》，曾韬、曹昱晨译，载《比较法研究》2015 年第 1 期。

〔2〕本文是作者于 1998 年 6 月 10 日在柏林德国法学家协会演讲稿的进一步总结。

法者的间接约束

(三)基本权利效力修正

三、基本权利效力的私法应用和形塑私法

(一)《德国基本法》第1条第3项和第93条第1项第4a规定对私法司法的效力

(二)对Lüth判决批判性改造的尝试

四、基本权利对私法主体行为的效力

(一)对基本权利之规范承受者的区别:第三人直接效力说和间接效力说

(二)对基本权利对象检讨上的区别:国家行为和私人行为

(三)基本权利功能上的区别:侵害禁止与保护义务

五、一种实际的结果

(一)私法规范与基本权利上的侵害禁止:对法律上的损害赔偿简化条款的质疑

(二)法院判决与基本权利上的侵害禁止:Lüth判决对BGH于Photokina判决的影响

(三)保护义务功能和禁止尺度:以《德国基本法》第5条第1项为例

(四)基本权利冲突与进一步通过保护义务的具体化实现回旋:以基本权利认识的起源为例

六、保护义务功能释义学上的具体化与禁止尺度在私法上的开端

(一)是否保护与如何保护的区别

(二)保护义务接受的前提

(三)保护义务功能与简单权利

七、结论

(二)苏永钦

我国学者苏永钦长期致力于公、私法交叉问题研究,建树颇丰,前后撰写论文数篇论证于斯,本书将就其具有代表性的两篇论文结构予以介绍,以窥其论证理路。

1.《从动态法规范体系的角度看公私法的调和——以民法的转介条款

和宪法的整合机制为中心》[1]

前言
一、公私法多层而交错的关系
(一)多阶与多元规范的量产
(二)理念修正形成新兴法域
(三)管制与自治相互工具化
(四)公私法规范的接轨问题
二、民法的三个水平转介条款
(一)水平转介条款功能总论
(二)公法作为法律行为的界限
(三)公法作为事实行为的界限
(四)公法作为私有财产的界限
(五)小结
三、宪法的主要垂直整合机制
(一)垂直整合机制功能总论
(二)公私法规的合宪性控制
(三)人权规定的第三人效力
(四)合人权保障的法律解释
(五)小结
四、为动态的法规范体系奠基(代结论)
(一)价值宪法与中性民法典
(二)功能原则下的多元造法
(三)审判机关的分工与整合
(四)动态体系的新法学典范

[1] 苏永钦:《寻找新民法》(增订版),北京大学出版社2012年版,第309~352页。

2.《民事裁判中的人权保障》[1]

三、综合分析

从上述中德关于基本权利的文献梳理可见一斑,当代不同法域的众多私法学者都对这一问题投入了大量研究。这是现代私法学主动回应基本权利借助私法实现要求的明证,这是整个法制/法治宪政渴求的积极面向,这是私法学科领域内有意识的研究主题创新和方法论转变,它代表了一种新的私法研究范式,将为私法的现代化赋予新的生命和提供广阔的天地。实际上,如今的人类生活在一个空间复杂的世界中,垂直公法关系与水平私人关系纵横交错,你中有我、我中有你,难分泾渭。面对这样的现实,纯粹的、隔离的公法与私法都已不再可能,而相互关心与配合,以合作、务实的姿态去迎难而上应该成为法制发展的不二选择。

从目前的研究看,从私法中挑选一定的规范,作为保护基本权利的一种途径,已经达成一定程度上之共识,但对于如何通过私法实现基本权利,私

---

〔1〕 苏永钦:《寻找新民法》(增订版),北京大学出版社 2012 年版,第 375 ~ 430 页。

法学者论证方式各有不同,结论也互有出入。卡纳里斯的论证没有超脱德国法上五十多年来的各种基本权利理论之争的窠臼,性质上是各种基本权利理论中的一种。[1] 但卡纳里斯所建构的国家保护义务理论不但将基本权利与私人之间的关系有效解决,而且将传统基本权利第三人效力理论问题有效消融,使之不再成为一个独立的问题,而成为国家保护义务的分支功能。[2] 难怪后来的凯美瑞(Cremer)指出:

> 现在理论界讨论的众多基本权功能中真正独立的、对所有自由权有效的只有防御权功能和保护功能。原始给付请求权(originaere Leistungsansprueche)只在特殊领域有效,分享权(Teilhaberechte)属于平等权范畴。制度保障(Einrichtungsgarantie)应该彻底废弃,组织和程序(保障)权(Recht auf Organisation und Verfahren)从来不是一种基本权功能,而只是一种请求样态。不存在专门的基本权第三人效力,基本权依照《德国基本法》第 1 条第 3 款已经拘束民事立法者和民事法官,需要研究的只是基本权的防御权功能和保护功能如何在私法背景下发挥而已。[3]

卡纳里斯所建构的国家保护义务有立法和司法两层义务。从立法上看,国家应根据人民要求,制定一般法意义上的法律规范,使行政和司法保

---

〔1〕 Alexy, Theorie der Grundrechte, 1985, S. 475ff. ;Rupp, Die Unterscheidung von Staat und Gesellschaft, in: J. Isensee/ P. Kirchhof (Hrsg.), Handbuch des Staatsrechts, Bd. I, 1987, §28, S. 1187ff. ; Starck, in: v. Mangoldt/Klein/Stark, Das Bonner Grundgesetz, Band 1, Art. 1 Abs. 3 Rdnrn. 191 ff. ; Ramm, Drittwirkung undÜbermaßverbot (JZ 1988, 489); Wieser, Verstößt §105 BGB gegen das verfassungsrechtliche Übermaßverbot? ,JZ 1988, 193 ; Bleckmann, Drittwirkung der Grundrechte, DVBl. 1988, 938ff. ; Classen, AöR,1997,S. 65; Hager, JZ 1994, 373; Langner, Die Problematik der Geltung der Grundrechte zwischen Privaten, 1998; Lücke, JZ 1999, 377; Oeter, AöR 1994, 529; Ruffert, Vorrang der Verfassung und Eigenstaendigkeit des Privatrecht, 2001; Stern, StaatsR III/1, 1988, S. 1509 ff. 转引自张巍:《德国基本权利第三人效力问题》,载《浙江社会科学》2007 年第 1 期。

〔2〕 Alexy, Theorie der Grundrechte, 1985, S. 485ff. ; Canaris, Grundrechtswirkungen und Verhältnismäßigkeitsprinzip in der richterlichen Anwendung und Fortbildung des Privatrechts, JuS,1989,S. 161.

〔3〕 Cremer, *Freiheitsgrundrechte: Funktionen und Strukturen*,2003. 转引自张巍:《德国基本权利第三人效力问题》,载《浙江社会科学》2007 年第 1 期。

护公民基本权利有法可依。从司法上看,对于违反基本权利的一般规范和民事判决,都可借宪法诉愿(违宪审查程序)废弃之,并且通过基本权利拘束民事裁判而规范私人行为,保障基本权利。但是,卡纳里斯的研究进路没有脱离德国基本权利理论之争,没有以私法为本体去探讨这一问题,因此也就没有使这一问题成为一个真正的私法问题,未能开创私法在此一问题上的主体性意识。然而,卡纳里斯的研究进路将基本权利理论研究导向私法规范建构的分析,为私法上保护基本权利的请求权基础寻找提供可能和开辟新的道路。这一点对于我国私法上基本权利保护有重大借鉴意义。

苏永钦的研究进路从一开始就视野宏大,统摄公(垂直整合机制)、私(水平转介机制)两法,并横跨实体(公、私法内在规范互通)与程序(当事人进行与法官职权发动结合),且个中论述以私法为本,颇具新意也值得借鉴。苏永钦最核心的要点是认为:(1)在法律行为领域,违反强制或禁止规定的法律行为无效;(2)在侵权领域,违反保护他人法律致害者必究其责;(3)针对财产法领域,所有人于法令范围内,可自由使用、收益、处分其所有物,并排他干涉。并且,苏永钦对此三者关系作出如下论述:

> 这三个分别放在总则、债与物编的条文,因为规范的对象涵盖了形成私人间法律关系的主要原因,既有法效意思的法律行为,和一般人每天在社会上的各种作为与不作为,以及私有财产的保障,而现代国家广泛的公权力干预几乎也都触及这些问题,故若适当操作,对于公私法调和无疑可以发挥宏大的调和功能。[1]

但是,苏永钦却似乎忽视了:违反法律之法律行为无效条款与违背公序良俗之法律行为无效条款;故意违背公序良俗加害他人条款与违反保护性法律加害他人条款。这两组条款在引致基本权利规范、控制私人行为上的区别,致使苏氏在针对"单身条款"案件中的评论中竟然对法院为何适用背

---

[1] 苏永钦:《从动态规范体系的角度看公私法的调和——以民法的转介条款和宪法的整合机制为中心》,载苏永钦:《寻找新民法》(增订版),北京大学出版社 2012 年版,第 309 ~ 352 页。

俗条款而不适用违法无效条款转介存有疑问。[1] 实际上,为何适用背俗条款而不适用违法无效条款正是由于法院采纳基本权利第三人效力间接说,而非直接说之故。因此,似乎可以认为,苏永钦的研究对于“违反法律”与“违背公序良俗”此两种转介方式可能未作方法论上的仔细检讨,而对这一问题的检讨恰恰是通过私法实现基本权利的规范模式问题,属核心问题。

卡纳里斯在其研究中也谈到了《德国民法典》第134条与第138条是民事裁判保护基本权利的规范依据,此与苏永钦的研究进路颇为类似。可以说,以前者理论为基础的后者的研究较之前者,给人“百尺竿头更进一步”的感觉。因为,后者的研究没有陷入各种基本权利理论之争的窠臼之中,而是开篇即单刀直入地指出了民法上的预留给公法(基本权利)进入私法的管道(转介条款),这使对民法上这三条管道的研究成为一个独立的民法问题。从我国现有相关成果对苏永钦理论的青睐程度来看,氏之理论贡献巨大。从两位学者的理论脉络中观察,我们不难发现,从私法出发的基本权利理论研究已经在基本权利理论中获得了自主性,贴近私法规范的基本权利研究正在逐渐获得肯认。

诚如牛顿名言:“我之所以能有所成就是因为我站在巨人的肩膀上”,任何学术论文必要综述前人成果,方可确立自己之理论基础和检讨己身之得失,否则,何言传统?何言创新?但在综述前人研究成果时,我们又无法面面俱到,只能就自己所欲研究问题的相关部分代表性成果进行梳理,且对此种代表性成果亦只能做到宏观描述而无法细致入微。因为毕竟行文篇幅有限,且囿于个人阅读范围之限制,只能择其要者而为之。如此皆使本项资料整理工作,难免挂一漏万。对于缺漏部分,宜在内文相关部分论述时再做引证、比较与鉴别。是以,本书名为综述,实为简述,特此检讨。

---

[1] 参见苏永钦:《民事裁判中的人权保障》,载苏永钦:《寻找新民法》(增订版),北京大学出版社2012年版,第375~420页。关于本案详细论述参见本书第二章第二节。

第三节　论证方法

一、功能原则

外国立法例(判例学说),有助于提供解决特定问题之各种可能类型,故各国修订法律之际,常引以为参考,此为周知之事实无待详论。[1]中国法制与学说均继自他国,谈论比较法的必要性已经毫无必要。今天我们在进行本国法律研究的过程中,需要探究的是如何运用比较法的方法,来斧正我们的立法、判例和学说。比较法的运用是一项基本的研究方法和继受法国家法制发展的基础性工作,比较法的运用须以功能原则(Funktionalitätsprinzip)为导向。何为功能原则?对此王泽鉴先生有专论:

> 法律是一种社会规范,各国法律之概念体系虽有不同,但其基本功能,则无二致,均在衡量利益,判断价值,解决特定社会问题。因此惟有秉"功能性原则",始能突破各国法律之概念体系,进而探求各国法律为解决特定问题所设之法律规范。各国法律所以能够比较,乃是因为均在解决同一之问题,满足同一之需要。"功能性原则"是法律比较研究之出发点,也是法律比较研究之基础。[2]

由此可见,功能原则的要求之一在进行比较法研究之前,我们须找准本国法存在何种具体问题——是体系构建上的困难,还是具体法条解释适用上自相矛盾抑或是规范混乱等。这种本国法具体问题的得出,须考虑本国法现有的规范体系,并结合一定的判决和相关学说才能提炼出来。如果在进行比较研究之前,没有找准本国法上的问题,那无异于堂吉诃德与风车战斗。比较法研究切忌无的放矢的"开药铺"做法,以及外国法与本国法"两张皮"的问题。功能原则的另一要求是以我为主,即比较法引证应择其要

---

[1] 参见王泽鉴:《比较法与法律之解释适用》,载《民法学说与判例研究》(重排合订本),中国政法大学出版社 2015 年版,第 17 页。

[2] 王泽鉴:《比较法与法律之解释适用》,载《民法学说与判例研究》(重排合订本),中国政法大学出版社 2015 年版,第 24 ~ 25 页。

者,点到为止,不能文中大部分篇幅都是外法域的东西,而本法域的细致分析反而退居其次,此即反客为主、本末倒置。

二、德国法族

外国立法例之选择,理论上应视研究问题之性质及研究目的而定。实际上,其多受客观及主观因素(如语言及资料)之限制,但一般来说,应该选择同一法系或相近法系中具有代表性之法律。中国民法继受德国,始于19世纪清朝末年,这是百年来的不争事实。《德国民法典》实务与学说是中国民法知识谱系中的一个重要组成部分。在中国,对民法问题的研习,德国法族(Deutsch－Rechtsgruppe)的知识成为必要的知识储备,尤其是涉及比较法的问题,更为突出。对此梁慧星先生有精辟总结:

> 中国之继受外国民法,迄今已逾百年,可划分为三期:从20世纪初至40年代末为第一期,其继受目标是大陆法系的《德国民法典》,其立法成就是《中华民国民法》;从20世纪50年代初至70年代末为第二期,因为政治经济体制和意识形态的原因,将继受目标转向苏联民法,两次民法起草均以失败告终;从20世纪70年代末开始为第三期,可进一步区分为前期(80年代)和后期(90年代以来)。前期仍主要继受苏联民法和东欧社会主义国家民法,其立法成就是《经济合同法》和《民法通则》;后期主动调整继受目标,转向主要继受市场经济发达国家和地区的民法,其立法成就是统一《合同法》。[1]

中国法对德国法的继受是整个东亚地区法制对德国法继受的一部分。[2] 在东亚地区,除中国外,日本也是德国法的继受国家,并且日本继受德国法制早于中国。《日本民法典》于1896年施行,首采法国法制,后转而

〔1〕 梁慧星:《中国对外国民法的继受》,载中国民商法律网:http://www.civillaw.com.cn,2008年12月12日最后访问。

〔2〕 日本学者北川善太郎指出,日本、韩国、中国及中国台湾地区“民法”,均属于大陆法系中的德国法系。参见[日]北川善太郎:《民法总则》,有斐阁1993年版,第105页。转引自梁慧星:《中国对外国民法的继受》,载中国民商法律网:http://www.civillaw.com.cn,2008年12月12日最后访问。

依德国法制解释适用之。[1]

1930年《中华民国民法》是中国历史上第一部民法典,该法典以1910年《大清明律草案》、1925年《民国民律》为基础,采用《德国民法典》编制体例和概念体系,并参考日本、瑞士、苏联和泰国民法。[2] 该法典自生效之日起,一直实施至今(1949年后在中国台湾地区实施)。该法典"在台湾顺利实施,毫无障碍","获得人民信赖与尊重,并经由判例与学说协力,而能持续不断的成长与发展"。[3] 对此,关于比较法与中国民法发展的关系,戴炎辉教授之言可谓精当:

> 现行民法固曾保存其传统,惟因社会生活已经改变,故又采用外国尤其是欧洲大陆法系之思想及其立法技术。然其条文常尚有欠明了之处,而现今社会环境又与立法当时已有相当距离,故本书常用比较法制之方法,藉以阐明法文之本义,并求其能适应时代之潮流。[4]

因此,本书在资料选择上,除德国法律规定和判例学说之外,另参考中国台湾地区的相关规定和判例学说。德国法虽系罗马法之继受,但今天在一般制度性研究(非法制史研究)中已经无太大必要再如此溯源至罗马法。因此,本书以德国现行判例学说为起点。中国台湾地区相关制度、判例学说发展,广泛参酌了德国的判例学说,但又结合了中国的社会变迁、人情风俗和价值观念的差异。当然,之所以以德国为主要比较对象,另外的原因是基于一以贯之的理论体系考虑,故不将英美的法律纳入其中。同时,本书为了详加引证,囿于篇幅也不宜扩大到英美法系。

三、案例比较

比较法可分为宏观(总体)比较(Makrovergleichung)和微观(个体)比

---

〔1〕 参见[日]石川明:《德国民法典对日本民法及民法学的影响》,陈卫佐译,载《私法》2001年第2期。

〔2〕 梁慧星:《中国对外国民法的继受》,载中国民商法律网:http://www.civillaw.com.cn,2008年12月12日最后访问。

〔3〕 参见王泽鉴:《民法五十年》,载《民法学说与判例研究》(第5册),台北,三民书局1991年版,第8页。

〔4〕 戴炎辉:《亲属法》(1973年版)。转引自王泽鉴:《比较法与法律之解释适用》,载《民法学说与判例研究》(重排合订本),中国政法大学出版社2015年版,第17页。

较(Mikrovergleichung)。宏观(总体)比较研究以法律体系(Rechtssystem)及法系(Rechtskreis)作为研究对象,其目的在于发现各国法律之基本精神、特色及风格,并建立法系理论,如英美法(common law)与大陆法(civil law)之比较,资本主义法制与社会主义法制之比较。微观(个体)比较研究系以个别法律规定或制度作为研究对象,其目的在于发现解决特定问题之法律对策。微观(个体)比较运用最广泛的方法,主要可分为法条比较(Paragraphenvergleichung)和案例/判决比较(Urteilvergleichung),于此二者,法条比较是基础,案例比较是根本。案例是"活的法律"(living law),在法律比较上,法源应及于判例。拉贝尔(Rabel)教授曾言:"有法律而无相关判决,犹如仅有骨骼而无肌肉。通说理论系法律之神经。"[1]判例学说不但可以补充法律之不足,而且也经常修正变更法律之内容。例如,德国判例学说所设之 culpa in contrahendo(缔约上过失), positive Vertragsverletzung(积极侵害契约)及 Vertragmit Schutzwirkung für Dritte (附保护第三人作用之契约)三项制度,从根本上改变了德国之契约法。[2]

对于案例比较法方法,王泽鉴先生有精辟论述,他说:

> 传统上多采用法条比较,偏重分析各立法例的异同。例如,比较《法国民法典》《德国民法典》《日本民法典》关于侵权行为的一般规定。此种比较仅属基础研究,必须进一步落实到法律的解释适用,尤其是判例(广义包括判决),探讨如何处理具体的法律问题……在判例的比较研究,常可发现各民法条文规定不同,但解释适用的结果却相同;或条文虽同,但结论互异。此涉及立法体系结构、法律文化和社会发展。[3]

---

[1] "Ein Gesetz ist ohne die zugehörige Rechtssprechung nur wie ein Skelettohne Muskel. Und die Nerven sind die herrschenden Lehrmeinungen", Rabel, Aufgabe und Notwendigkeit der Rechtssvergleichung, 1925, S. 4. 转引自王泽鉴:《比较法与法律之解释适用》,载《民法学说与判例研究》(重排合订本),中国政法大学出版社 2015 年版,第 24 页。

[2] 参见王泽鉴:《比较法与法律之解释适用》,载《民法学说与判例研究》(重排合订本),中国政法大学出版社 2015 年版,第 24 页。

[3] 王泽鉴:《人格权、慰抚金与法院造法》,载《民法学说与判例研究》(重排合订本),中国政法大学出版社 2015 年版,第 636 页。

判决是法律的生命,是活的法律(living law),法制发展往往是判决先行,由判决提出问题,再由学说跟进斧正,进而填补法律空白,发展法律。判决往往是法律规范、法政策判断和社会道德伦理辐射等综合信息载体,针对具体案件判决的比较才能深入一国法制体系最深处,理解法官对个殊案件的种种考量。因此,只有明白这一过程,才能真正有的放矢地来解释中国现行法和在体系上再完善中国现行法。通过案例比较,异国法律规定、法典体系和判决推理方法都会自然显现,而且由于各国法院判决当中,典型的如德国,都会引用相关的、以前的判决及相关权威学者论著作为判决结论的支撑,因此了解判决也是了解该国有关这一主题系列判决和相关学说的良好途径。如此,则可深入观察,判决与学术如何协力推动法制发展,此于当今中国法制发展意义重大。

四、法教义学

法教义学(Rechtsdogmatik)之思考方法,为德国法精髓之一。关于该词的翻译,无论是“法教义学”,还是“教义学”等,从语词所对应的特定事物来看,似乎皆有偏差,因此采用描述性的方法能够更准确地认知。关于这一点,凯美瑞论述道:

> 法教义学是法学家从法院判决提炼出来的(实务规则),运用这些实务规范,依照一致的结构和概念,可以将法律规则类型化和典型化,进而为司法实务工作者在规范再应用过程中提供标准程序和标准观点,以达成规范再运用过程中减轻论证负担的一套理论。[1]

与此类似的,是法学方法论大师拉伦茨先生的一段论述,更能让我们清晰认识法教义学之本质:

> 法教义学及法院实务两者之间出于一种特殊的相互关系。一方面,Dogmatik 提供给实务界很多裁判基准,这些基准常常被实务界引用,有时经过修正而被引用,有时也会被误解。另一方面,司法裁判提供给 Dogmatik 大量的“材料”,由这些材料法学才能发展出新的基准。

---

〔1〕 Cremer, *Freiheitsgrundrechte: Funktionen und Strukturen*, 2003, S. 502.

司法裁判依其本质比 Dogmatik 更重视个案的联系,比较努力寻求"个案正义"。而教义学家显然较为留意事件的一般性及典型性……Dogmatik 的工作必须深入分析、比较大量裁判理由之后,才能认识具决定性的考量及司法裁判选择的方向究竟为何……事实上,一系列构成今日现行法"坚实部分"的法概念及裁判基准,均系以司法裁判及法教义学的合作为基础,才发展出来的。[1]

实际上,法教义学是一套从实践中来再到实践中去的法学论证理论,契合了国人所熟知的马克思主义认识论。依照 Dogmatik 思想方法,学者在提出自己的 Dogmatik 或者学说(Lehre)或者理论(Theorie)的时候,其基础都是实践中的大量法院判决,而不管这种推理是褒奖性的还是批评性的。如果学者所提出的理论与司法实践相去甚远,则依该学者所提出的这种理论。此时,就不再是 Dogmatik,而是该学者针对特定规范和法律问题的自己的解释(Auslegung)。对此,王泽鉴先生的《法律思维与请求权规范》一书结合实例有详细的解说。[2] 在《德国民法典》中,典型的法释义学结果如关于 § 242 BGB 诚实信用、§ 134 BGB 违反保护性法律的侵权行为、§ 138 BGB 违反善良风俗的法律行为等类型化的总结,这些都可以从权威学者的教科书及法典评释书(Kommentar)中找到。法释义学结论的得出需要运用法解释学的各种方法,二者的关系在某种层面可以说是手段与目的、方法与结果的关系。当然,法释义学的结果不是法解释学的唯一目的。对于 Dogmatik 的理解和运用必须结合实例,比较法上的代表论文为道勒(Dölle)的"Rechtsentdeckung"(法学上之发现)。[3] 该文详述了德国法上各种法典之外的规则的发现过程,如缔约上过失责任的产生等,皆为 Dogmatik 之功效体现。

关于教义学与法律史、法解释学的关系,本书有必要明确立场。法律史在统一的制定法之前是法学研究的主要素材和矿藏,如在德国,《德国民法

---

〔1〕 [德]卡尔·拉伦茨:《法学方法论》,陈爱娥译,商务印书馆 2004 年版,第 112 ~ 113 页。

〔2〕 参见王泽鉴:《法律思维与民法实例——请求权基础理论体系》,中国政法大学出版社 2001 年版。

〔3〕 王泽鉴:《法学上之发现》,载《民法学说与判例研究》(重排合订本),中国政法大学出版社 2015 年版,第 1 页。

典》之前的19世纪法学——历史法学派以研究罗马法为主要任务,从古代法中发现和提炼裁判规则,来构建法律体系和法律原则。在那样的时代,法律史的研究是法学研究的主流。但是,《德国民法典》之后,制定法成为唯一法源,法律实证主义取代法学实证主义,法学研究的主要任务转向对《德国民法典》本身的注释。对《德国民法典》具体条文的解释和应用是司法实践的需要,法律史的研究从此不再成为主流。与此相应地,法学院课程设置中的罗马法课程也大为缩减,因为法学教育的主要任务在于培养学生依据《德国民法典》来处理案件,在于教会学生法律职业的技术——法律解释和法释义学,而不是培养学生如何去处理史料和已经死去的法律。

法律解释与法释义学是不同的。法解释是解释法律的技术概称,如萨维尼所言的三大解释方法:文义、历史和体系解释。此外,还有目的、扩展、缩减等解释方法。法律不经解释无法运用,解释法律的过程也就是法律条文与案件事实不断来回穿梭的过程,解释者的眼光不断在此二者之间来回徘徊,进而依据法律得出裁判结果。法解释方法是科学判决结果得出的基础。法解释是一个法律应用的过程,也是一种法律应用的方法。司法参与者必须掌握良好的法解释能力,方能科学裁判。法学院教学的主要任务在于法解释的传授与演练。共同的法解释技术掌握也是法律职业共同体构建的一个基础和对话的平台。大众感觉并不宜成为裁判依据,专门的法解释技术使得法律适用是一门科学,司法应在这项技术的基础上保持独立。

法律史的研究是法律解释的一种重要方法,这一点萨维尼早就指出。法律史对于法之续造具有重要意义。法释义学的对象是现行有效的法及其判例,特别是最高法院的判例。诚然,法解释学是法律职业者的必备知识,也是其主要知识;法释义学是学者的主要任务,只有依靠法解释的各种方法来不断总结实践发展出更加细化、具体和可接近性的法释义学,法律条文才能保持相对的稳定性和开阔性,法律成长才变得可能,法律的生命力才得以实现。

但是法律史仍然无法忽略。诚然,在现代学术评价体系下及学术积累不断厚实的现实中,特别是囿于学术论文的篇幅限制,我们已经无法在一篇学术论文中对该论文所要研究的制度进行从罗马法以来的梳理,而且这也是不必要的。因为，这一任务应该交给法律史来完成，专门的制度史研究成果应该得到鼓励，因为它可以为法解释和法释义学形成提供基础。常常可以见到的学术论文对历史似乎梳理得比较清楚，但却对当下的问题或者文章本身要解决的问题寥寥数语，无法深入，史料与现实没有形成有效论证。为了克服这一问题，有必要重申法律史研究的必要性，特别是在中国这样的继受法国家。

法解释的擅长者不必强调法律史研究者不顾中国国情，没有中国问题意识，而视其为远离现实的“阳春白雪”。因为法律史即使研究的是外国的法律史，也是中国现代法制赖以建立的法律史，是人类共同的法律文化，因为法律技术及其原理、原则和观念具有一定的普适性。过度地强调“本土资源”无异夜郎自大，法学知识是普世性与地方性的统一。同样，法律史研究者也没有必要强调法解释者只是单纯的“奇技淫巧”，讥讽其过于忽视历史而没有深度。法律史研究者也不必要认为对策性研究不是学术、不是学问，因为生活在当下的人们需要对策性研究，毕竟当事人正在等待判决结果，法律审议机关正在等待科学的立法草案出台。法律是学，也是术。

法教义学之思考方法在侵权法中体现最为突出。侵权法是民法中最活跃的部分，某种程度上可以是我国的“判例法”，法官造法空间极大，留给学者的创造空间也很大。很多法学上之重大发现和经典判例都源自于斯。从《德国侵权法》来看，BGB 第 823 条，以其概括与涵摄功能之强，很大程度上成就了 BGB“圣经”的盛誉。在该条中，尤为值得揣摩的是后半句——“其他权利”（sonstige Rechte），后世德国联邦法院（私法上一般人格权）和联邦宪法法院（《德国基本法》上一般人格权）及法学家根据这一规定，创制了一般人格权制度，成为民事法官运用宪法基本人权条款对法律未明文之人格法益加以保护的“尚方宝剑”。并且，该条款是宪法“基本权利第三人效力”理论间接说的直接实现载体，使宪法基本权利与民事私权相互联通的“甬道”得以打通，宪法与私法之关系很大程度上得到协调。这是法教义学之思考方法的最大贡献之一。

通过法教义学之思考方法，我们发现不仅在公、私法的互化上，该条款具有“甬道”功能；且在民法典体系内部，该条款亦具有极强的融通之功效。该条款既是侵权法体系的一般条款，也是人格权法体系的一般条款，是连接此两大板块的杠杆。在这一点上,我国《民法通则》第 106 条第 2 款无疑是 BGB 第 823 条第 2 款的“西学中用”,深具侵权行为法一般条款之功用。同时,此两条款在侵权法上的概念形成和体系构造上具有极强的 dogmatik 的应用空间,是承载“德国式法学”思考方式的范式。

第四节　结构安排

诚如本章第一节所叙,当前中国宪法诉讼在内容上主要是宪法中的基本权利诉讼,形式上主要为民事诉讼。基本权利与私法关系研究目的在于在民事裁判中使民法规则与《宪法》条文相结合,共同实现保护民法尚未明文规定的宪法基本权利。为此,需要依次解决以下三个问题:(1)基本权利为什么可以在民事裁判中被适用?这是由基本权利的基本属性所决定的。(2)民法中有何种规则可供保护基本权利之用?这是由民法内部规范配置所决定的。(3)民事裁判中如何引用基本权利规范?这是由宪法适用规则所决定的。

基本权利不仅是人民针对国家的防御权;且是客观价值秩序,拘束立法、行政、司法及私人行为,具有第三人效力,能够成为私法关系的裁判规范。从基本权利与民事权利的关系看,基本权利中诸多权利类型皆可转换为民事权利获得民法保护。

私人间基本权利侵害一般通过适法行为(法律行为)或不法行为(侵权行为)进行。针对前者,应运用法律行为无效规则保护基本权利,即将相关基本权利视为公序良俗,使侵害基本权利的法律行为被视为违反公序良俗的法律行为,因而无效。针对后者,应运用一般侵权救济中的权利侵害类型救济方式,用民法上的一般人格权吸收相关基本权利的内涵,使侵害基本权利被视为侵害一般人格权,并承担侵权后果。

民事裁判保护基本权利必须引据《宪法》,而依我国现制,《宪法》条文不能被民事裁判所引据。但此种不能引据是指不能将宪法条文作为判决主文中的请求权规范——法律依据来引据,而非禁止在判决的其他部分不能引据。民事裁判援引《宪法》条文作为说理依据并不违反法律,且是依现制在民事裁判中引据《宪法》的合理途径和必要选择。如果民事裁判引据《宪法》是为了填补民法等宪法下位法的立法空白,则属宪法解释,且是司法性宪法解释。依我国司法国情,此种解释宜由最高人民法院统一针对个案作出,进而在全国范围内适用。

为了完成上述论题的论证任务,本书分为六章,除导论与结论外,另辟四章,以下分述此六部分之内容:

第一章导论引出问题、划定研究范围并证明问题的中国意义,资料综述表明了本论题的研究起点和所借鉴的理论模式。论证方法陈述本书四项立论基点,其内在思路为:比较法为主,但应在发现中国问题后再选取比较法素材,且比较法素材须注重关联性和精当性,不能本末倒置;比较法素材选取应以德国法族为主,这是本题性质决定的,也受制于作者语种;比较方法采案例为主,案例才是活的规范;以法教义学贯之全书论证,综合规范、实务与学说。

第二章基本权利与私法关系。从基本权利理论高度概览本题,设三节,分述基本权利理解、方法上如何通过民事裁判实现基本权利、实体上基本权利与民事权利之辩证关系。通过民事裁判实现基本权利涉及两大基本问题:一是方法问题,直接效力说与间接效力说究应有所选择;二是实体问题,因私法即权利法,而基本权利亦为权利,因此厘清二者的关系,明确哪些基本权利可以转化为民事权利,哪些民事权利与基本权利内涵相同,哪些基本权利是不能在私人之间主张的。

第三章通过法律行为无效规则实现基本权利。法律行为是基本权利通过私法实现的两大机制之一,究其实质是以消极否定法律行为效力的方式救济法律行为一方被另一方侵害的基本权利。但如何将基本权利与法律行为无效的规则结合起来,即到底是将基本权利规范作为法律行为违反法律无效的法律,还是将基本权利解释为公序良俗,使违反公序良俗的法律行为就是因侵害基本权利而无效?这是本章要解决的重要问题。此外,《民法通则》第58条规定法律行为因违反法律和违背公序良俗而无效,是否此二者是法律行为无效的共同要件?此亦是本章要回答的问题。

第四章通过权利侵害救济机制实现基本权利。基本权利通过私法实现的第二大机制是侵权救济机制,特别是一般侵权行为类型中权利侵害类型救济机制。因为另外两种一般侵权行为救济机制——违反保护他人法律的侵权行为类型和故意违背公序良俗加害他人的类型,都具有方法上不足之处。若干宪法下位法所未规范的基本权利可以通过将其价值投射到一般人格权而实现侵权法上的保护。为此,必须选定何种基本权利可以通过一般人格权得到侵权法的保护,此外,还须明确我国法制上一般人格权的请求权规范是哪一条。

第五章民事裁判中的基本权利规范适用。基本权利通过私法实现的方式是民事诉讼,因此在民事裁判中无法回避对基本权利规范(宪法)的解释适用。但由于我法制上有民事裁判中不得引用《宪法》条文作成判决的法制局限,因此如何通过法律解释变通二者矛盾,使本书设计的基本权利通过法律行为与侵权机制实现的规范模式具有实效,就成为本章的论述重点。本章将试图证明,在现有法制基础上,通过对基本权利的解释,可以使法官在不违现制的基础上通过民事裁判实现对基本权利的保护。

第六章结论部分将作出两项总结:一是本书各章主要观点总结;二是作者对本书的自我鉴定。

第二章　基本权利与私法关系之理论框架

第一节　基本权利理解

一、基本权利理解

（一）概念：定义 VS. 描述

基本权利非我国固有之观念或概念，此与英［1215 年《大宪章》（Magna Carta）—1628 年《权利请愿书》（Petition of Rights）—1679 年《人身保护法》（Habeas Corpus Act）—1689 年《权利典章》（Bill of Rights）］、美［1789 年宪法中的“权利清单”］、法［1789 年《人类与公民权利宣言》（Declaration des droits de I' homme et du citoyen）］等国先有各种权利典章或宣言，后有现代政治国家之不同架构。我国自清末以降，历代维新改革人士孜孜以求的立宪重点莫不着眼于政治体制改革，而对基本权利关心甚少。域外对基本权利之表述不尽相同，英语称为“基本权利”（fundamental rights），德国学者称为“基本权”，美国学者称为“基本的人权”（fundamental humanrights）。日本移植西方学说过程中，学者采人权、基本权、基本人权、宪法上权利等不同称谓。[1] 中国历史上第一份基本权利清单出现于 1912 年 3 月的《中华民国临时约法》，该法从第 5 条至第 15 条，规定了 12 种基本权利及纳税和兵役两种义务。两年后，民国《天坛宪草》完善之，达到较完整程度。[2] 1947

---

〔1〕 韩大元：《基本权利概念在中国的起源与演变》，载《中国法学》2009 年第 6 期。

〔2〕 参见吴庚：《“宪法”的解释与适用》，台北，三民书局 2003 年版，第 83 页。

年实施之《民国宪法》,其第二章使用“人民之权利”的称谓,但如今我国台湾地区学者论述和法官解释都已经使用“基本权利”或“基本人权”的称谓,亦有学者使用“人权”[1]或“宪法权利”[2]的称谓。我国《宪法》第二章使用的是“公民基本权利”的称谓,但一般学说皆认为,“人权”“基本权”“基本权利”“基本人权”等术语均属同义,只是使用习惯上的差别而已。[3] 本书采我国《宪法》文本上的称谓——“基本权利”。

虽然术语上的差别并不重要,但对于基本权利的定义,却是一个亘古常新的法学难题。此皆因其定义常因时、因地而异,给各种基本权利定义留下了多样的想象空间。对于崇尚自由主义的英、法、美诸国而言,由于洛克和卢梭的民权理论影响,主张基本权利先国家而存在,即“天赋人权”,是用来专门限制政府,并证成政府合法性的权利。而在没有经过如此自然法洗礼的国家,则一般采用法律实证主义的态度,认为基本权利是国法规定的权利,依据国法而产生。例如,德国1919年《魏玛宪法》虽然第一次规定了基本权利清单,特别是第一次在宪法基本权利中纳入社会经济基本权。[4] 不过当时的宪法学者普遍认为,基本权利不是真实的权利,而是一种方针规定,因而也就不致力于将其具体化。[5] 再如,德国早期伟大的公法学家耶林内克(Jellinek)认为,一切自由只有在法律限制之范围内才能获得承认。[6] 这种观点在当时具有代表性,但也有学者对此持不同意见。当时杰

---

〔1〕 苏永钦:《民事裁判中的人权保障》,载苏永钦:《寻找新民法》(增订版),北京大学出版社2012年版,第375~429页。

〔2〕 苏永钦:《宪法权利的民法效力》,载苏永钦:《合宪性控制的理论与实际》,月旦出版股份有限公司1994年版。

〔3〕 日本学者也对此持赞同态度。参见萧淑芬:《宪法上权利之概念——人权、基本与基本人权之意义与用法》,载《月旦法学杂志》2004年第1期。

〔4〕《魏玛宪法》第二编第二章“共同生活”(第119~134条),包括婚姻、家庭和母亲的保护权,子女受教育权,私生子保护,青少年保护;第四章“教育及学校”(第142~150条),包括艺术科学自由,受教育权(青年的受教育权、儿童接受义务教育的权利与义务、中等及高等职业教育权、私立教育权、艺术及文物保护权);第五章“经济生活”(第151~165条),包括财产权(所有权、继承权、土地所有权),著作权,发明权、美术权、劳动结社权、劳动报酬权、社会保险权、最低生活保障权、劳动保障权。国内对《魏玛宪法》的研究,可参见秦奥蕾:《基本权利体系研究》,山东人民出版社2009年版,第36~45页。

〔5〕 Vgl. Anschütz, Die Verfassung des Deutschen Reiches, 3 Aufl. ,1929, S. 452ff.

〔6〕 Vgl. Jellinek, System der subjektivenöffentlichen Rechte, 2 Aufl. , 1905,S. 103.

出的宪法学大家史密特(Schmitt)即持与主流相悖的观点,其从自由主义的观点来解释基本权利,认为在法治国中,基本权利仅是那些先国家或超越国家而存在的权利,并非国家依照其法律而赋予其国民的;国家法律仅仅是对已有的基本权利加以确认及保护。基本权利的范围只能进行原则性的规定,如果国家欲有所干预,则必须依明确规定的程序而为之。基本权利不是一种法益,而是一种广泛的自由,并以此产生各种权利,特别是防御权。〔1〕

"二战"后的《德国基本法》,一方面受到英、法、美等自由主义权利观影响,列举了诸如人格尊严与人格自由发展,言论、宗教、艺术等自由权利;另一方面又具有实现社会国的任务,保留了德国自《魏玛宪法》以来的一些传统社会基本权利。如从《德国基本法》中的自由权观之,基本权利可视为先国家而存在的个人权利,个人的自由、平等之实现、保障是国家存在的目的,也是国家权力服务的对象;而从《德国基本法》中的社会基本权利观之,则基本权利并非先国家而存在,基本权利的主体作为国民一分子而受国家保障,基本权利是国法确立人民所享有的权利。但即便是依后者的理解,基本权利仍然约束国家权力的行使。比如,对自由与财产的侵犯须按照法律实体和程序规定而实施,始为正当。〔2〕 于上述两种对于基本权利的不同理解而言,显然前者是将基本权利当作超越实证法的权利,后者则将基本权利看作国家法所赋予的权利。

从上述论证来看,基本权利确是一个不容易被界定的概念,《牛津法律大辞典》将之表述为"这是一个模糊的法律术语,是国民权利和自由权等必要、基本的权利的一般表达方式"。〔3〕 很多德国学者都诉诸描述而非定义的方法来界定基本权利的内涵,以免挂一漏万。正因如此,吴庚法官谓:"对于基本权利的描述,已经不是对基本权的定义,而是一种基本权理解(Grundrechtsverständnis)。"〔4〕当然,对基本权利放弃定义而转为理解,也是

〔1〕 Vgl. Schmitt, Verfassungslehre, 1928, S. 163.

〔2〕 Vgl. Pieroth/Schlink, Grundrechte, Staatsrecht Ⅱ, 13 Aufl., 1997, S. 13.

〔3〕 [英]戴维·M. 沃克:《牛津法律大辞典》,李双元等译,法律出版社 2003 年版,第 458 页。

〔4〕 吴庚:《"宪法"的解释与适用》,台北,三民书局 2003 年版,第 88 页。

当代法哲学领域中的一种重要方法的运用。[1]

在这种前见的指导下,德国学者各自给出了大同小异的基本权利理解。以杜尔西(Dürig)在1956年发表的《人之尊严的基本权利条款》为先导,该文率先提出“价值与请求权体系”,借助法教义学的基本方法,主张在基本权利篇章内通过封闭的请求权体系构建,来保障《德国基本法》第1条蕴含的人的尊严价值。[2] 凯森(Kesse)的基本权利双重性质理解(Der Doppelcharakter der Grundrechte),即基本权利既是个人主观的权利,也是社会共同体生活的客观秩序的基本要素。[3] 奥森布(Ossenbüh)的基本权利五种面向的解说:防御权、价值决定的基本规定、制度性保障、分享权与请求权基础。[4] 阿列克西(Alexy)的基本权利地位理论(Theorie der rechtlichen Grundpositionen),通过区分原则和规则作为规范适用的基本指引,原则是指符合规范目的的最优化指令,而规则则适用“全有或全无”。在发生冲突时须择一适用,基本权利应是一种原则性规范。[5] 当然,德国联邦宪法法院借助审判实践也发展出了自己的基本权利理解,即如Lüth案所宣示的那样:基本权利既是主观的防御权(Abwehrsrechte),也是客观的价值秩序(Wertsordnung)。[6] 更有德国学者迪特·格林总结了近65年来基本权利在德国判例法上的发展,主要包括以下几大方面:保护范围的扩张解释;对权利侵犯的宽泛解释;比例原则的运用;对个人权利的全面保护;由Lüth案产生的基本权利的价值导向;基本权利作为权利主张基础;保护义务的运用;通过组织和程序保护基本权利;特定基本权利的解释。[7]

---

〔1〕 参见[英]哈特:《法理学与哲学论文集》,支振锋译,法律出版社2005年版,第一篇“法理学中的定义与方法”。

〔2〕 Vgl. Günter Durig, Der Grundrechtssatz von der Menshenwürde, AöR1956, S. 119ff.

〔3〕 Hesse, Grundzüge des Verfassungsrechts der Bundesrepublik Deutschland,20 Aufl. ,1995,S. 127.

〔4〕 Ossenbühl, Die Interpretation der Grundrechte in der Rechtsprechung des Bundesverfassungsgerichts, NJW,1976, S. 2100(2106).

〔5〕 Alexy, Theorie der Grundrechte, 1985, S. 171ff. Alexy, A Theory of Constitutional Rights 44et seq. (2010).

〔6〕 关于本判决,详见本书第四章。

〔7〕 参见[德]迪特·格林:《基本权利在德国的地位——宪法裁判65年后的考察》,林彦译,载《华东政法大学学报》2017年第1期。

在日本，也存在与德国类似的情况，从自然法与实证法各自不同的角度来理解基本权利。部分学者依实证主义的观点，将基本权利解释为宪法或基本法所保障的权利；[1]也有学者从自由主义的观点来解释《日本宪法》上的基本权利。[2] 我国对基本权利的理解，最近也有若干力作，但与上述德国、日本等对于基本权利的理解大同小异。[3] 从实践来看，由于我国宪法诉讼机制阙如，无实践根基的基本权利理论尚处于介绍层次，无法深入探讨，从而也未建立自己的理论体系。

但值得注意的是，对于我国《宪法》上的基本权利理解，受到了传统因素的强烈影响或者制约。皆因中国没有欧美自由主义传统，未经历自然法之洗礼，所谓先国家而存在的基本权利并不被历代统治者和主流话语所认可，即使在孙中山的民权思想中，也明确反对天赋人权，而主张革命民权。权利来自法律赋予，自由在法律范围内为之的思想一直占主导地位，使国民性格的成长亦因此受到限制。

虽然传统不可不顾，但亦不可因循守旧而故步自封，时代的变迁、人民权利意识的增长和人权普世价值的推广，需要我们对基本权利的理解与时俱进。那么，如何对现有的《宪法》上的公民基本权利作与时俱进的理解呢？为此，在方法认知上我们必不能忽视，不管是今天或者将来，不同时代的人们在理解基本权利时都不是在探求制宪者的意思（Will der Verfassungsgeber），而是在探求宪法的本身意思（Will der Verfassung）。[4] 只有如此，才能使宪法不断与时俱进，才能使社会变迁、政治变革所带来的如此种种皆被宪法所吸纳，使宪法之树常青。

---

〔1〕 如美浓部达吉、我妻荣等。参见林纪东：《中华民国宪法释论》，台北，三民书局 1994 年版，第 76 页。

〔2〕 参见［日］户部信喜：《宪法》，李鸿喜译，月旦出版股份有限公司 1995 年版，第 98 页以下。

〔3〕 参见胡弘弘：《我国公民基本权利的宪法表述》，载《政法论坛》2012 年第 6 期；宋艳慧：《公共视野下的社会保障权研究》，中国民主法制出版社 2015 年版，第 11 页；韩大元：《基本权利概念在中国的起源与演变》，载《中国法学》2009 年第 6 期；张翔：《基本权利的双重性质》，载《法学研究》2005 年第 3 期；刘志刚：《人格尊严的宪法意义》，载《中国法学》2007 年第 1 期。

〔4〕 参见吴庚：《"宪法"的解释与适用》，台北，三民书局 2003 年版，第 88 页。

(二)本书的基本权利理解

基本权利虽是欧风美雨吹来的,但其确已属我国法制/法治的题中应有之义,亦是宪法的两大基础问题之一,[1]是整体中国法制/法治进程中不可回避的话题,私法研究当然也不应排除在外。需要注意的是,在当下中国的语境下来理解基本权利,必不能脱离我们的《宪法》文本、整体法制与政治生态环境,尤其要注意从我国《宪法》第二章"公民基本权利与义务"本身的规定出发。我国《宪法》第13条及第33~49条规定了公民享有广泛的基本权利,为我国《宪法》基本权利清单。这些清单上的基本权利虽然与英、法、美、德、日诸国的权利清单上的基本权利相比毫不逊色,但囿于我国的政治、法制/法治和社会现实,其实现程度却难与之比肩。

我国社会治理经历了长期无法制/法治的发展阶段,且自"文化大革命"后法制重建,率先取得重大成就的是民法、经济法和刑法等,宪法和行政法的发展相对落后。这就使长期以来国家权力运行缺乏必要的法制规制。在公权力未服膺法制/法治的环境下,国家权力侵害人民基本权利的案例时有发生。另外,由于缺乏宪法实施机制,使宪法之剑一直被"雪藏",人民的基本权利纵使遭受立法、行政和司法之侵害,亦难以得到及时、有效的救济。因此,宪法基本权利清单虽然是人民权利的"圣经",却在很大程度上仍然是纸上的"圣经",难以得到宪法的守护。诸此种种皆导致国家权力侵害基本权利的常态化,以及人民面对基本权利被侵害时无有效救济之法的后果。上述现实势必影响我们当下对基本权利的理解。

因此,在现实法制/法治发展阶段,本书认为,有必要对我国《宪法》中的基本权利作以下几个基本点的确认:

(1)基本权利是人皆有之的权利,是人之为人的权利,不以国家存在为前提,不以国法为依据,宪法只起确认和保护作用。

(2)基本权利为宪法规范,具有最高规范效力,一切国家权力皆应服膺于斯,亦是客观规范,可通过民法概括条款规范调整私人关系。

(3)基本权利的实现程度是评价政治作为和政体正当性的唯一基

[1] 宪法的另一大基础问题是权力配置问题,即国家的政治架构。

准，国家负有保障基本权利实现的主动义务。

(4)国法限制基本权利须有明确法律规定并经法律规定之程序，制宪者或修宪者如侵害基本权利视为破坏宪法行为。

以上基本权利理解是本书立论及论述展开的基本立场和理论基点。需要注意的是，上述基本权利理解仅为纲要，只是构成本书对基本权利的基本观点和立场，并非一般的基本权利理论。欲更深入理解基本权利，还须诉诸基本权利的功能与体系。一个相对完整的基本权利理论，应包括基本权利的概念、特性、目的或功能、体系及学说等，而这些都无法从《宪法》条文中直接得出。[1] 任何一个基本权利理论都无法回避基本权利与私法的关系，甚至有人断言，基本权利与私法的关系曾一度消解在各种基本权利理论的论战中，变成每一种基本权利理论都必须要处理的问题。[2] 本章不试图就基本权利一般理论进行探讨，只求厘清基本权利与私法关系的相关内容，以便为下文的展开奠定必要的基础。

为此，在对基本权利作出基本界定之后，尚需明确的是基本权利的体系与功能。基本权利的体系解决的是将各种基本权利如何归类及形成自洽的权利体系(Rechtssystem)的问题，而功能则是指各类型基本权利各自具备何种能力(Rechtsfähigkeit)的问题。由于不同基本权利有不同的功能，因此体系与功能往往密不可分。基本权利的功能是任何基本权利理论的基础性问题。传统理论认为将基本权利用于规范私人关系亦是其功能之一，本章亦由此导出基本权利第三人效力问题，这是处理基本权利与私法关系的方法，或曰程序。进而，本章再从权利性质与内涵的角度分析基本权利与民事权利的辩证关系，厘清此二者相互转化的可能和不可能情形，此为实体问题。借此方法/程序—实体两个维度，本章试图构建基本权利与私法关系的一般理论图景，为下文基本权利通过私法规范保护设定一个基本的理论框架。

---

〔1〕 Häbele, Die Wesensgehaltgarantie des Artikel 19 Abs. 2 Grundgesetz, 3 Aufl. , 1983, S. 342.

〔2〕 参见张巍：《德国基本权利第三人效力问题》，载《浙江社会科学》2007 年第 1 期。

二、基本权利功能

(一)主观权利:防御

基本权利是主观权利(Recht),具有对抗国家权力侵害的本质属性。基本权利首先是公民针对国家的防御权(Abwehrsrecht),自 Lüth 判决后,为德国联邦宪法法院一直所遵循。[1] 宪法之功能在于限制国家权力,维护人民基本权利。宪法保护人民权利的主要方法系在宪法中明文列举各种基本权利,如人民之选举权与被选举权、言论自由、居住自由、迁徙自由、信仰自由、财产权等,并设有基本权利概括条款吸纳新型基本权利,如"人身自由 + 人格尊严"——《德国基本法》第 1 条、第 2 条、"全体国民福祉"——《日本宪法》第 13 条、"国家尊重和保障人权"——我国《宪法》第 13 条第 4 款,借以加长基本权利清单。此外,为了防止人民基本权利被侵害,在宪法解释上还发展了有疑义时扩大解释基本权利的保障方法,以保护人民基本权利。例如,对于各国宪法中的财产权范围解释,就从物权(主要是土地房屋所有权)转向包含债权、知识产权及所谓的"经建立且营运的营业权利"(Recht am eingerichteten und ausgeübten Gewerbebtrieb),乃至公法上的财产请求权等。在现代社会治理国家管制手段不断加强的情形下,此即所谓的"透过防御干预以获取自由"(Freiheit durch Eingriffsabwehr)。[2]

实际上,人民基于基本权利之防御权所获得的是一种对抗国家权力的消极请求权(negatorische Anspruch),或所谓"不作为请求权"(Unterlassungsanspruch)。因此,从防御权的角度讲,基本权利划定了国家权力的行使界限,确保个人自由的空间,其所保护的法益乃是人类最基本的自由,包括自主形成生活、自主行为、自主信仰及发展人格等。质言之,防御权是古典自由权的功能,即"国家不必为自由权作任何行为",[3] 个人权利起始之处,就是国家权力止步之处。其与通常所言的权利救济权的重要区别在于,防御权是针对国家的消极义务,而权利救济权主要是国家的积极义务,且义务

---

〔1〕 BVerfGE 7,198 (204); 21, 362 (371f.); 39, 68 (70ff.); 50, 290 (327); 68, 193 (205).

〔2〕 Lübbe – Wolff, Die Grundrechte als Eingriffsabwehrrechte, 1988, S. 106ff.

〔3〕 张翔:《论基本权利的防御权功能》,载《法学家》2005 年第 2 期。

主体通常还包括除国家之外的社会团体、私人个体等。[1]

既然人民享有基本权利的防御功能,那么这种功能是如何实现的呢?一般来说,从现有制度设计来看,人民运用基本权利对抗国家权力主要通过两种途径实现:第一,针对立法、行政,如果立法及行政侵害了公民基本权利,则可启动违宪审查程序,否决法律、法规或行政裁决、命令的效力。此即通常意义上所言之违宪审查或司法审查。我国《宪法》第5条第3款虽然规定了"一切法律、行政法规和地方性法规都不得同宪法相抵触",但由于未建立专门审查机构,使该款几乎成为具文。第二,针对司法,如果人民认为法院终审判决侵害其基本权利,就可以通过行使宪法诉愿程序(Verfassungsbeschwerde),否决普通法院之终审判决。由上述防御权的性质和实现途径可知,基本权利之防御权功能并不涉及基本权利在私人之间的效力问题。

(二)客观秩序:规范

基本权利不仅是主观上的权利(Recht),还是客观意义上的有效规范——法律(Gesetz),一种由基本权利体系性构成的"客观价值秩序"(eine objektive Wertordnung)或"客观的基本规范"(objektive Grundsatznormen)。"客观价值秩序"的确立与"二战"后德国法学界自然法的复兴密切相关。基于基本权利乃先于国家的存在,国家应当通过立法权和司法权来保障基本权利这一普遍的客观价值。[2] 基本权利这一功能的法律依据即为《德国基本法》中的第1条第3款"基本权利为直接有约束力的规范,约束立法、行政和司法"。该规范成为立法权、行政权和司法权都必须遵守的准绳。通过客观秩序的不断丰富和发展,基本权利逐步从一项个体权利发展为一套具有多元功能的价值标准,重塑了国家和人民之间的关系。[3] 此与我国《宪法》第5条第4款的规定"一切国家机关和武装力量、各政党和各社会团体、各企业事业组织都必须遵守宪法和法律"颇为类似。此后,联邦宪法

---

〔1〕 参见张翔:《基本权利的规范建构》,法律出版社2017年版,第119~120页。

〔2〕 参见赵宏:《作为客观价值的基本权利及其问题》,载《政法论坛》2011年第2期。

〔3〕 Volker Epping, Grundrechte, Berlin u. a: Springer, 2005, S. 121 f.

法院通过一系列判决确定了这一功能作为基本权利的一项基本属性。[1]

基本权利的客观规范功能不仅约束立法、行政与司法,而且还扩散(Ausstrahlung)到私人之间,对私人之间的关系亦产生约束力。于此而言,国家机关(特别是民事法院)在解释和适用私法时,必须参酌并顾及基本权利所蕴含的价值决定,否则就将侵害人民的基本权利。并且,此种扩散效力不仅存在于民事裁判中,而且还扩散至国家及社会的整体秩序中,在其他法域中也得到体现,如德国的核能利用判决、[2]集会游行判决、[3]资讯自主判决[4]等行政法领域也普遍存在基本权利客观规范的应用。

德文中的基本权利(Grundrecht),既有权利(right)的含义,也有法律(law)的含义,因此,从字面解释 Grundrecht,即有权利和规范两种含义。对于此二者的关系可认为,权利是人民对国家的要求,规范是国家所应遵循的义务。简言之,权利属于人民,规范一般约束国家。当然,这也并非绝对。因为,规范也可适用于私人之间,如我国《宪法》第 13 条规定,公民合法的私有财产不受侵犯。国家依照法律规定保护公民的私有财产权和继承权。那么,对于国家而言,不侵害人民财产则是其应当恪守之准则。又如,我国《宪法》第 36 条规定:“任何国家机关、社会团体和个人不得强制公民信仰宗教或者不信仰宗教,不得歧视信仰宗教的公民和不信仰宗教的公民。”第 40 条规定:“除因国家安全或者追查刑事犯罪的需要,由公安机关或者检察机关依照法律规定的程序对通信进行检查外,任何组织或者个人不得以任何理由侵犯公民的通信自由和通信秘密。”第 41 条规定:“对于公民的申诉、控告或者检举,有关国家机关必须查清事实,负责处理。任何人不得压制和打击报复。”由此表明基本权利亦可规范私人关系。当然,此处的规范与基本权利作为客观的价值秩序规范,适用于私人之间又有不同,下文将详述。

---

〔1〕 Z. B. BVerfGE 7, 198 (204f.); 49, 89 (141f.); 56, 54 (73); 73, 261 (269); 84, 212 (227).

〔2〕 BVerfGE 49, 89(142).

〔3〕 BVerfGE 69, 315(350).

〔4〕 BVerfGE 65, 1(41ff).

（三）给付权/分享权

基本权利的防御功能是从人民对于国家消极身份的角度而言的，即国家不作为就可以满足防御权的要求；基本权利的客观规范功能主要是扩大基本权利的适用范围，除了约束国家权力之外，还应扩散至整个社会秩序，尤其是私法关系。但是，此两种功能一般皆只是从古典的自由权和平等权中派生而来，而对于基于法治社会国原则而发展出来的社会权，则还应有其他的功能方能实现，如受教育权、工作权（劳动权）、休息权及获得物质帮助的权利等。并且，即使对于自由权来讲，缺少国家的主动保护或者支持，也难以完全实现。这一切都促使国家不能只作为消极的"守夜人"而"袖手旁观"，还必须积极地为人民提供"给付"和"保护"，以实现人民的基本权利。因为，人民基本权利的实现程度是衡量国家存在或政府正当性的唯一基准。

所谓给付权（Leistungsgrundrechte）或给付功能（Leistungsfunktion），主要是指人民请求国家为一定给付，如人民请求国家给予司法救济的给付或者适用公共设施的权利；新闻媒体基于新闻自由对于国家机关享有所谓的"资讯请求权"（Informationsanspruch）；或人民基于游行集会自由权，享有使用街道及广场的请求权；人民基于财产权，请求国家立法禁止财产侵害等。

但对于所谓"社会基本权利"（soziale Grundrechte）如受教育权（Recht auf Bildung）、工作权（Recht auf Arbeit）、住宅权（Recht auf Wohnung）等，人民是否可以请求国家给付？如某人失业了，国家是否应当给付其工作，如果国家不给付其工作，国家应否担责呢？这是一个具有争议的问题。[1] 但一般观点认为，此种给付不是国家必须应尽的义务，国家只负有公平分配此种社会资源的义务，使人民能平等享有此种社会资源。[2] 此亦即所谓的"派生的分享请求权"（derivative Teilhabeanspruch）。

---

〔1〕 Krause, Die Entwicklung der sozialen Grundrechte, in: Günter Birtsch (Hrsg.), Grund- und Freiheitsrechte im Wandel von Gesellschaft und Geschichte, 1981, S. 402ff. 陈新民：《论"社会基本权利"》，载陈新民：《宪法基本权利之基本理论》（上册），元照出版有限公司 1990 年版，第 95 页以下。

〔2〕 参见李建良：《基本权利的理论变迁与功能——从耶林内克的"身份理论"谈起》（下），载《宪政时代》第 29 卷第 2 期。

另外值得指出的是,此种意义上的给付权也被称为分享权(Recht auf Teilhabe, Teilhaberecht)。分享权概念的提出来自德国联邦宪法法院的两个判决:"大学入学名额限制案"(Numerus – clausus – Urteil)[1]及"大学组织调整案"(Hochschule – Urteil)[2]。在前案中,宪法法院表示:申请就读大学是否本身有分享权的存在?它是否基于社会国的宪法任务?还是个人自始就有请求国家创造足够设施之权,以期有足够的大学就读?但是,判决未就此设问给出答案,留待学说论证。在后案中,法院则认为在目前的情况下,科学领域尤其是自然科学领域,事实上国家已经独占学术的经营,为保障《德国基本法》第5条第3项的学术自由、对国家的给付作为请求权,人民应享有分享权。但诚如上文所述,德国学界对分享权的范围尚无一致看法,对此一问题之争议也较大。本书认为,对于受教育权、劳动权(工作权)等社会基本权利,必须准确厘定所涉基本权利是否属于国家给付义务的涵盖范围,如劳动权中的休息、休假权的部分义务主体是人民所在单位而非国家。国家通过法律强制力保障其他义务主体对人民某些基本权利的履行则又牵涉下文中国家的"保护义务",这些严格来说都不属于给付权的请求范围。另外,基于现实考量,人民目前只能要求国家予以公平分配教育、劳动资源,而不能要求国家完全给付。当然,随着国家的不断进步,国家对于该类权利的给付范围和程度也将逐步提升。

(四)国家保护义务

所谓基本权利之保护义务(grundrechtliche Schutzpflicht),在于强调国家必须保障人民基本权利不受第三人侵害,即国家应该应个人的请求或者通过自主的行动来制定一般的法律,使行政或者司法部门能够依据这些一般的法律来保护私人权益或防止私人权益遭到侵害。[3] 广义上的"保护义务"包括国家的制度性保障、组织与程序保障义务以及其他排除妨害的义务。[4] 从某种意义而言,保护义务对国家提出了更高的要求,尤其在风险

---

[1] BVerfGE 33, 303,333.

[2] BVerfGE 35, 79,113.

[3] Lübbe – Wolff, Die Grundrechte als Eingriffsabwehrrechte, SS. 169, 174.

[4] 参见[德]Christian Starck:《基本权利之保护义务》,李建良译,载《政大法学评论》1997年第58期。

社会背景下,对于自由权的保护仅靠防御权和给付权难以满足国民基本权利保护和实现的需要,因此必须依靠保护义务来予以补全。[1] 国家保护人民基本权利不受他人侵害的方法,除积极制定私法,规范人民权利关系外,还运用其他手段,如行政许可、刑事制裁等。比如,国家为了保护人民之人格权中的名誉权不受他人侵害,在《民法通则》第101条、第129条规定了侵害名誉权的民事赔偿责任;在《治安管理处罚法》第42条规定了侵害名誉权的行政处罚措施;在《刑法》第246条规定了侮辱、诽谤罪。此外,针对来自国外的侵略或者国内自然灾害,如外国侵略掠夺人民财产、杀戮人民,地震、洪涝旱灾等非私人侵害基本权利,国家亦有义务保护之。

在德国释宪实务上,关于基本权利的保护义务,产生于20世纪后期联邦宪法法院前后两次关于堕胎的判决中。[2] 判决从《德国基本法》第2条第2项第一句(人人有生命与身体之不可侵犯权)对于生命权保护,推导出国家对于任何人类生命(包括胎儿)的保护义务。法院认为,此项义务之实施不问胎儿是否为基本权利之主体,皆应存在。关于基本权利国家保护义务的范围,视基本权利所保护的法益而定,法益之位阶越高,国家越须善尽其保护义务。国家如何善尽其保护义务,原则上仍应由立法机关决定。另外,在"布林克菲尔(Blinkfüer)案"中,联邦宪法法院将基本权利的保护义务扩展至法院,指出法院对于施普林格杂志(Springer)的侵权行为,并未考虑到《德国基本法》第5条第1款中人民表达自由的范围、意义及其性质,忽视了新闻自由对民主制度的重大作用,也未赋予诉愿人布林克菲尔任何形式的国家保护,致使布林克菲尔错失了与他人平等交流的机会,最终认定法院裁判侵犯了布林克菲尔的言论自由权。[3]

(五)基本权利竞合与冲突

基于基本权利功能的多样性和概念的开放性,基本权利竞合与冲突已成为不可回避的学界议题。例如,新闻自由与一般人格权的冲突、"城乡居民同命不同价"同时牵涉生命权和平等权等。概言之,基本权利的冲突与

---

〔1〕参见谢立斌:《自由权的保护义务》,载《比较法研究》2011年第1期。

〔2〕BVerfGE 69,1ff.; 88, 203ff. 参见李建良:《基本权利与国家保护义务》,载李建良:《宪法理论与实践(二)》,学林文化事业有限公司2000年版,第63~65页。

〔3〕BVerfGE 25, 256 = NJW 1969, 1161.

竞合通常作为基本权利限制(矛盾)的下位概念予以讨论,阿列克西的“内部理论”与“外部理论”对此奠定了学说基础。[1]

关于基本权利的冲突,以德国“雷巴赫案”(Lebach)为典型。该案中,广播电视的报道自由与一般人格权的保护使得基本权利保护陷入了紧张关系。联邦宪法法院在裁判权衡过程中立足于人的尊严和比例原则两大基点,最终得出“对于犯罪行为的、可识别的、过时的报道,犯罪人的再社会化利益相对于公众信息利益具有通常性的优先地位”。[2] 张翔教授进一步总结了德国、美国等对于解决基本权利冲突的代表性学说,包括“基本权利位阶理论”“具体规定优先于概括规定”“比例原则”“个案中的利益衡量”。[3]

而对于基本权利的竞合问题,学者柳建龙对此有较为全面的梳理和论述,主要学说包括“一般法与特殊法的适用规则”“效力强弱区分的优先说”“最大相关性理论”“基本权利的强化说”“累加适用说”。[4] 相较而言,不难看出学界对于两类不同情形的解决方案具有较大的相似性。要言之,一个更为通行的说法是,对于基本权利的冲突和竞合的解决方案,大抵都是从抽象规则和个案利益衡量两个层面着手。抽象规则方案主要包括“特殊先于一般”“不同基本权利的位阶强弱”“比例原则”等。基本权利的法释义学仍然是解决此两类情形的不二方法论。从这个层面而言,基本权利的竞合与冲突虽然并不属于本书重点研究范畴,但从其上位概念来看,本书的后续内容亦与此密切相关,兹此说明,不作赘述。

三、第三人效力作为基本权利功能

(一)第三人效力的概念澄清

基本权利第三人效力(Drittwirkung der Grundrechte),是指本属对抗国家权力的基本权利,在平等的民事主体之间亦产生效力,用于约束或者规范私人之间的关系。直观言之,传统上认为基本权利主体手持基本权利之利

[1] 参见张翔:《公共利益限制基本权利的逻辑》,载《法学论坛》2005 年第 1 期。
[2] 冯雷:《基本权利的紧张关系与权衡裁判》,载《交大法学》2017 年第 4 期。
[3] 张翔:《基本权利的规范建构》,法律出版社 2017 年版,第七章。
[4] 柳建龙:《论基本权利竞合》,载《法学家》2018 年第 1 期。

剑只能对抗或者向国家主张,在第三人效力理论的指向下,基本权利的权利主体手持基本权利之利剑不但可以对抗或向国家主张,还可以对抗或者向另一私法主体主张。易言之,基本权利第三人效力理论解决的是基本权利是否(ob)能在私人之间产生上述对抗或主张效力,以及如何(wie)产生和产生哪些(welche)效力的问题。[1]

传统上一直认为基本权利只有单一的防御功能,即对抗国家,保障个人自由完全实现,但是这种单一功能显然不能满足现实的需要。德国通过实践发展出来的基本权利客观规范功能认为,基本权利确立了一整套社会基本的价值秩序,拘束一切宪法主体,纠正了单一防御功能的弊端。但即使基本权利具备了此双重属性仍然不够。因为,此两种功能仍然难以解释,为什么人民基于社会权性质的基本权利可向国家主张给付或者分享国家和社会的公共资源。《德国基本法》第20条第3款作为德国的依法治国条款,依据该条规范本旨,司法裁判应同时受到法律(Gesetz)和法(Recht)的拘束,这里的“法”(Recht)涵盖了基本权利保护在内的宪法秩序,需要法官在实务裁判中通过法之续造弥补制定法的法律漏洞,实现基本权利的规范效力。例如,在“索拉雅(Soraya)案”中,联邦宪法法院明确指出,在制定法规则之外,还有“法”(Recht)的存在,其以整体宪制秩序为基准,在特定情形下具有补正实定法的功能,法官应注重基本法规范在个案中的具体化适用规则。[2]

此外,现代国家存在的合法性在于为人民提供安全和保障,即国家有保护人民的义务。从基本权利功能不断演化发展来看,基本权利作为人民的“保护伞”,也要求基本权利应因社会发展而具备新型的功能。事实上,在现代社会中,私人之间的基本权利侵害常有发生,而基本权利的上述权能根本无法应对。于是,理论和实践都认为,基本权利还应具备在私人之间适用的权能,即私人可以依据基本权利规定,向加害方主张因基本权利遭受侵害的赔偿请求权或者其他请求权。

---

〔1〕 Rüfner, Grundrechtsadressaten, in: Isensee/ Kirchhof (Hrsg.), Handbuch des Staatsrechts der Bundesrepublik Deutschland, Band V, Heidelberg 1992, §117, S. 551.

〔2〕 BVerfGE 34, 269 = NJW1973, 1221.

(二)第三人效力功能之必要性

基本权利第三人效力是基本权利的客观规范功能和保护义务的必然延伸。因为,基本权利既然为整个社会确立了价值准则和行为规范,这就不仅局限于拘束(binden)立法、行政和司法了,当然也应规范私人之间的关系。另外,有学者通过人类图像理论(Menschenbild)来佐证基本权利和私法规范中存在共通性,人的生命、自由、财产等基本法益是基本权利规范和私法规范需要共同守护的价值根基。[1] 此外,既然国家有保护人民基本权利的义务,那么,当一个人侵害了另一个人的基本权利时,国家就当然有义务主动或者应受害者请求来主持公道了。正是从这个意义上讲,诚如导论所述,德国目前有相当一部分学者已经将第三人效力作为国家保护义务的分支功能来看待了。[2] 不仅如此,在参酌德国法制/法治实践的基础上,国内已有部分学者主张将宪法(公法)上的比例原则在私法中加以适用,以期实现更为妥洽的利益衡量。[3] 因此,本书仍然认为,强调基本权利第三人效力的功能独立性仍然具有特殊的意义,特别是在我国现行的法制环境下。

申言之,在我现行法制上,并无专司违宪审查的宪法法院。因此,当人民的基本权利遭受侵害时,无论侵害是来自国家还是来自私人——特别是具有准国家权力的国有大型企业,其唯一可能得到的法律救济途径就是通过普通法院诉讼。而目前,对于单纯的依据《宪法》条文的诉讼,或曰“宪法诉讼”,法院一般不予受理。于是,人民基本权利的实现渠道就只能等待立法机关将基本权利通过宪法之下各种层次的下位法明确规定以后才能依法诉讼。显然,由于立法的滞后性和立法不可能面面俱到的特点,我国人民基本权利的保障在现有实践中存在重大漏洞。这种现状需要改变。

虽然人民基本权利诉讼可能发生在三大诉讼法领域,但从本书第一章

---

〔1〕 参见周云涛:《论宪法人格权与民法人格权:以德国法为中心的考察》,中国人民大学出版社2010年版,第68~71页。

〔2〕 Alexy, Theorie der Grundrechte, 1985, S. 485ff.; Canaris, Grundrechtswirkungen und Verhältnismäßigkeitsprinzip in der richterlichen Anwendung und Fortbildung des Privatrechts, JuS 1989, S. 161.

〔3〕 参见陈景辉:《比例原则的普遍化与基本权利的性质》,载《中国法学》2017年第5期;郑晓剑:《比例原则在民法上的适用及展开》,载《中国法学》2016年第2期;纪海龙:《比例原则在私法中的普适性及其例证》,载《政法论坛》2016年第3期。

导论中对于当前涉及基本权利或者宪法的诉讼来看,发生在私法领域内的占绝大多数。此种现状究其缘由,当与私法规范"从摇篮到坟墓"的特点、私法权利法的本质属性和当前法制中私法规范的发达密不可分。因此,诚如本书第一章导论所言,探究通过私法规范实现基本权利的保护,在当下中国法制语境下就具有特殊意义。正因如此,在我国现制下,强调基本权利的第三人效力功能确属必要。只有如此,才能解释为什么传统上主要是用于对抗国家权力的基本权利又如何能够用以规范私法关系了。这也是建构我国法制上基本权利理论与德国的重大差异之处。当然,基本权利适用于私人之间必须讲究一定的方法,否则将难以避免传统法制体系和法律解释方法出现混乱的局面。从比较法来看,对于基本权利适用于私法的方法,一般认为,有直接说和间接说两种。

第二节　基本权利第三人效力

一、直接效力说

(一)"单身条款案"

基本权利第三人效力直接说的实践首先是通过以下案件实现的。在本案中,一名年轻女士经过两年培训,并考试合格后正式成为一家疗养院护士。对于女性护士,根据北威州(Nordrhein – Westfalen)社会部 1950 年 3 月 1 日公布的Ⅰ B1b 号规定,疗养院要求原告在该项合同期内不得结婚,如果在职期间结婚,疗养院有权单方面解除合同。两造遂以此规定订立合同,约定如原告在此期间结婚,则被告可解除合同。1955 年 8 月 25 日,原告结婚,1955 年 8 月 31 日,疗养院解除其与原告的合同。原告认为,合同期内不能结婚是违法的,于是提起诉讼。联邦劳动法院于 1957 年 5 月 10 日认定,该合同因侵犯原告下述基本权利无效,其理由为:[1]

当事人所订立的是附解除条件之法律行为,约定于受雇人结婚时,

---

〔1〕 BAGE 1,185,193f. 本判决主笔为 Nipperdey。

劳动关系归于消灭,此项约定无效,并非因其违反善良风俗。《德国民法典》第138条规定,法律行为违反善良风俗者,无效,此不仅须以法律行为客观上违背社会共同感情为前提,尚须以契约当事人之行为应受道德上非难为要件。被告不但依照社会部部长之行政命令,与原告订立单身条款(Zölitatsklausel),而且相信此项条款之订立系为了维持疗养院程序,确有必要。被告此项见解客观上固属不当,但并不因此当然使该项订立单身条款法律行为之内容背于善良风俗而无效。此项单身条款之无效,乃是因为违反德国宪法之基本规范。

基本权利本来的目的在于保障个人之自由范畴免于遭受国家权力之侵害,但其意义已有变更及扩大。《德国基本法》上若干重要的基本权利不仅在于保障个人自由权,对抗国家权力,而且也是国民社会生活的秩序原则(Ordnungsgrundsätze),对于私法上交易亦具有直接规范性。私法上法律行为亦不能违背此项国家法律秩序之基本结构(Ordnungsgefuge)。

基于上述论证,法院最后判决,由于该"单身条款"约定违反了《德国基本法》第6条第1款中的婚姻自由、第1条人格尊严和第2条人格自由发展,因而属于违反法律规定的法律行为,根据《德国民法典》第134条"违反法律规定之法律行为无效"之规定,而认定该"单身条款"(Zölitatsklausel)无效。值得注意的是,本判决在最后着重强调了其适用《德国民法典》第134条之正确性。

该判决的推理过程是,首先认定"单身条款"违反《德国基本法》;其次按《德国民法典施行法》第2条、《德国民法典》第134条中的法律包括《德国基本法》,认定"单身条款"违反《德国基本法》而属于"违反法律";最后根据《德国基本法》第134条,"违反法律"的法律行为无效。由此可见,在这一推理过程中,法院尤其强调其没有借助《德国基本法》第138条中的"公序良俗"条款来否定法律行为效力,而是直接认定《德国基本法》就是法律,并进而直接援引《德国基本法》作出民事判决。此为典型的基本权利第三人效力直接说在法律行为领域内的适用方法和论证模式。从这一判决中可以看出,《德国基本法》第1条、第2条、第6条直接约束(binden)了原告、被告的法律行为。

（二）理论证成

基本权利的第三人效力直接效力说，是指私人之间的法律关系可以直接以基本权利条款作为规范基础或者请求权规范来判定是非。该学说的代表者是尼佩戴（Nipperdey），其在1950年《妇女同工同酬》一文中主张，宪法上的基本权利条款在私法关系中应当具有“绝对的效力”，在私法判决中可以被直接引用。理由在于，宪法上的基本权利条款是“最高的规范”（Normen hochsten Grades），如果它们不能在私法关系中被适用，那么，宪法上的基本权利之条款将沦为仅具有“绝对的宣示性质”（absoluter deklaratorische Charakter）的具文。另外，他还认为，《德国基本法》第1条第3项规定：“基本权利之规定，视为直接之法律，拘束行政、立法与司法”，这是宪法上基本权利条款直接适用于普通法院判决的宪法依据。所以，法官作为司法者就必须直接引用宪法基本权利之规定，而不必通过民事法律。[1]

但尼佩戴又认为：“即使不是所有基本权利，但是至少有一系列的重要基本权利不只是针对国家的自由权，而且是整个社会生活的秩序原则（Ordnungsgrundsaetze）”，[2]它们不需要法律（Gesetz）作解释性中介（interpretatorische Vermittlung），[3]对公民间的私法关系即具有直接效力。[4] 在现代社会，个人在面对具有强大的“社会强力”（Social Macht）时（如垄断性企业、工会、银行等）会像个人面对国家一样无力。在一个开放的、自由民主法治的国家里，无论是企业内部管理行为，还是公民间合同或者私人单方面所作出的法律行为都不得侵犯他人的基本权利。[5]

尼佩戴学说的核心概念在于基本权利对私法主体的“拘束”（Bindung）。其论据在于，一个可以直接施加义务的规范不需要进一步在规范性上更具体化（ohne weitere normative Konkretisierung），即可明确规定义务内容的规范。[6] 如果赞成基本权利拘束私法主体，就表明其承认私人对私人

〔1〕 Nipperdey, Gleicher Lohn der Frau für gleiche Leistung, RdA,1950, S. 121ff.

〔2〕 Nipperdey, FS Molitor, S. 17 (23).

〔3〕 Nipperdey, Grundrechte und Privatrecht, 1961,S. 14.

〔4〕 BAGE 1,185,193.

〔5〕 BAGE 1,185,193.

〔6〕 Floren,Grundrechtsdogmatik im Vertragsrecht,1999,S. 28.

有独立的要求尊重其基本权利的请求权基础(Anspruchsgrundlage)。在理论界,许多学者从不同的角度对尼佩戴的上述观点给予支持。[1]

在日本,虽然基本权利第三人效力间接说大行其道,[2]但"二战"后很长一段时间日本最高法院对此是持消极态度的。在"三菱树脂案"中,由于原告在被告招募时,于身份履历书上及面试时,隐匿了其曾参加学生运动及担任学生协同会理事之事实,故试用期满后,被告拒绝将其录用。原告不服,向法院申请确认劳动契约存在之诉。一审法院(东京地院昭和42、7、17判时498号66页)大致支持原告之请求。二审(东京高院昭和43、6、12判时523号19页)判决原告全面胜诉,但终审判决原告败诉。[3]

本案是"二战"后日本有关宪法权利适用于私人之间的最典型案例,此案涉及《日本宪法》第14条、第19条规定的基本权利能否用于判断劳动契约关系成立的问题。[4] 本案二审法院认定一审被告三菱公司因一审原告隐瞒其参加过学生运动及发表过过激言论的事实而拒绝录用原告,侵害了原告基于《日本宪法》第14条、第19条享有的思想、信仰自由,属于《日本民法典》第90条规定的违反公序良俗之法律行为无效之规定,因而判定被告解除契约的法律行为无效,此为基本权利第三人效力间接说的体现。但终审认定,基本权利不能适用或类推适用于私人之间。[5] 很多学者对此判决持批判态度,将其看作"近于无适用说的间接适用说"或"消极的间接适用说"。[6] 因其从原理上否定宪法基本人权规定的私人间适用,从而极大

---

〔1〕 Leisner, Grundrechte und Privatrecht, 1960; Ramm, Die Freiheit der Willensbildung-Zur Lehre von der Drittwirkung der Grundrechte und der Rechtsstruktur der Vereinigung, S. 38 ff. Gamillscheg; Gamillscheg, AcP 164 (1964), SS. 386 ff., 419 ff.; Gerhard Mueller, Die Drittwirkung der Grundrecht und das Sozialstaatsprinzip, in: Im Dienste der Sozialreform, Festschrift fuer Karl Kummer, Wien, 1965, S. 368/374; Walter Leisner, Grundrechte und Privaterecht, 1960, S. 389/394.

〔2〕 参见夏勇、信春鹰:《公法》(第三卷),法律出版社2001年版,第305页。

〔3〕 最高法院昭和48年(1973年)12月12日大法庭判决,昭和43年(才)932号。

〔4〕 参见[日]荒木尚志《日本劳动法》(增补版),李坤刚、牛志奎译,北京大学出版社2010年版,第48~49页。

〔5〕 参见[日]阿部照哉等编著:《宪法(下)——基本人权编》,周宗译,许志雄审订,元照出版有限公司2001年版,第58页。

〔6〕 [日]卢部信喜:《宪法》(第三版),林来梵等译,北京大学出版社2006年版,第97页。

地缩减了人权问题司法解释的通道。[1] 此判决直接影响了稍后的最高法院判决，最高法院在 1974 年的“昭和女子大学事件”[2] 中再次肯认，《日本宪法》第 19 条、第 21 条、第 23 条等所谓自由权等基本权的保障规定是专门规制国家及公共团体与个人之间关系的，关于私人相互之间的关系，不是当然适用乃至类推适用的。[3]

（三）简评

直接效力说的产生有其特定的社会背景，因为在社会化大生产的环境下，单个企业的实力已经达到可以与一些国家比肩的程度，如微软公司、中石油公司这样的巨型企业，其经济实力已经超过世界上许多国家的经济实力了，另外还有诸多的企业联合体、垄断集团等，也莫不如此。此现象在我国目前国有资本占绝对优势的形势下尤为突出，此类企业还具备准国家权力，在市场规则建立上具有重要话语权，性质上是遁入私法的公权力。因此，此种企业与其员工之关系，已经与国家与其国民之关系有类似之处，这也就是所谓的“社会强力”（social Macht）出现了。于是，原来只是用来对抗国家权力的基本权利转而被认为应该被私人用于对抗这些“社会强力”。有关此点，各国实践在劳工法领域表现最为充分，如“单身条款案”“工伤概不负责案”等。

此外，恰如德国学者施瓦伯（Schwabe）所言，社会权力出现并非基本权利第三人效力实现的充分条件，平等民事主体之间同样存在基本权利第三人效力的可能性。[4] 例如，德国联邦最高法院曾基于《德国基本法》第 11 条中的迁徙自由保障，宣告一对离异夫妇改变住所地的义务无效。[5] 拓言之，一些本来是以国家为利益对象的权利，即人民要求国家履行一定义务的

〔1〕 参见［日］小林直树：《最高法院的思想与逻辑——以三林树脂事件判决为中心》，载《法律时报》（46 卷 2 号），日本评论社 1974 年版，第 73 页。转引自张允起：《日本有关人权第三人效力的理论与实践》，载《宪政论丛》（第三卷），法律出版社 2003 年版。

〔2〕 最大判昭和 49 年 7 月 19 日民集 28 卷 5 号第 709 页。参见萧淑芬：《基本权基础理论之继受与展望——台日比较》，元照出版有限公司 2005 年版，第 104 页。

〔3〕 参见萧淑芬：《基本权基础理论之继受与展望》，元照出版有限公司 2005 年版，第 104 页。

〔4〕 Vgl. Schwabe, AöR 100 (1975), 461 f.

〔5〕 Vgl. BGH NJW 1972, 1414.

权利,如要求国家创造就业提供劳动条件的劳动权和要求国家兴办学校提供受教育机会的受教育权,也日益成为可以对抗私人的权利了,具有自由权的属性。在我国发生的“齐玉苓案”就是典型。于此种种,其理论依据在于,基本权利为宪法所规定,是一套客观的价值秩序,适用于国家、社会及私人层面的各种法律关系,即各种法律关系都应受这一套客观价值秩序的约束,不能逾越之。并且,这套价值秩序还约束实质意义上平等的主体之间的法律关系。这样,基本权利就由传统的单一防御权转为具有双重属性,人民既可以用之对抗国家权力,也可以用之对抗社会强力;其既是主观权利(Recht),又是客观法律(Gesetz)。

虽然直接说有上述社会背景和理论方面的正当性,但仍然不值得赞同。因为,基本权利辐射甚广,属于宪法范畴。宪法具有根本法属性,这就决定了其不同于普通私法,决定了其对于私人之间的关系不可能“事必躬亲”。而且,如果允许宪法全面、直接介入私人事务,将会导致“诉讼闸门”大开,“滥讼”出现,国家司法将面临“不能承受之重”。更有学者从过度干预私法自治、引发宪法责任冲突和导致公法秩序紊乱三大方面检讨了“直接效力说”在私法适用中的缺陷。[1]

尼佩戴还忽略了那些已经由法律具体化了的基本权利规范和那些立法者尚未顾及的基本权利条款对法官的拘束是有重大差别的。[2] 对基本权利规范进行了具体和明确化了的法律(强制性)要求法官既要尊重宪法又要忠诚于法律(《德国基本法》第20条第3款),但在适用时主要是依据法律而不是宪法。阿列克西将这一要求概括为,原则(Prinzip)——基本权利——宪法要通过(durch)法律规则(Regel des einfachen Gesetzes)——基本法律规范,而不是抵制(gegen)法律规则而适用。[3] 此外,直接说还严重破坏了法的稳定性和权力分立。因为,人民在商业活动中,将商品卖给谁或者不卖给谁,或者以什么价格出售,都是无法援引宪法上的平等权来决定的。“原本隶属于立法者的通过对宪法进行解释发生的社会形成权被转移

---

〔1〕 参见刘志刚:《基本权利对民事法律行为效力的影响及其限度》,载《中国法学》2017年第2期。

〔2〕 Floren, Grundrechtsdogmatik im Vertragsrecht, 1999, S. 30.

〔3〕 Floren, Grundrechtsdogmatik im Vertragsrecht, 1999, S. 30.

到司法机构”,立法机构被架空,“司法国家”(Justizstaat)产生了。[1] 直接说受到众多批评,趋于式微,自 1984 年起,联邦劳动法院也不承认直接第三人效力说。[2]

如果用五十多年前尼佩戴关于证成直接说的理论来检视我国当今关于宪法适用的理论构成,会发现二者几乎一样。关于“齐玉苓案”法治意义的最高呼声,体现于“宪法司法化”这一口号之中。因为,在本案二审判决中直接引用了《宪法》第 46 条。那么“宪法司法化”究又何指呢?[3] 所谓宪法司法化是指宪法可以像一般法律一样进入司法领域,作为裁决依据,并且法院可以就某些行为或者规范性文件是否抵触宪法,作出解释。[4] 该概念由王磊教授首倡,因“齐玉苓案”成为公共话题。[5] 其产生的背景是,《宪法》作为国家的根本大法,在其施行过程中,出现诸多违宪现象且得不到解决,宪法作为“母法”而被闲置,为解决这一问题,宪法司法化被提了出来。[6] 王磊教授认为,宪法司法化的基本含义就是宪法和普通法律一样应当被法官适用于具体的审判活动,其法律依据就在于:“宪法首先是法,其次才是根本法,否则,我们如果只是提宪法是根本法,而忘记了宪法的基本属性是法,其结果只能是将宪法束之高阁,使我们感觉不到宪法的存在。”[7] 大众媒体也认为,“宪法司法化”是指,“宪法可以像其他法律法规一样,进入司法程序,直接作为裁判案件的法律依据”,“以宪法的名义保护受教育

---

〔1〕 Ehmke, Wirtschaft und Verfassung, 1961, S. 79 f;表示类似担忧的还有 Hesse, Verfassungsrechtsprechung im geschichtlichen Wandel, JZ 1995, S. 265ff. (S. 268); Isensee, Bundesverfassungsgericht-quo vadis?, JZ 1996, S. 1085 ff. (1090)。

〔2〕 BAGE 47,363(374 - 376).

〔3〕 对于“宪法司法化”这一概念的内涵,在学界、实务界和社会大众存在两种不同的理解:一种理解认为,“宪法司法化”是法院援引宪法审理具体案件的司法判断问题;另一种理解认为,“宪法司法化”是国家政治权力之间制约的平衡问题。参见强世功:《宪法司法化的悖论》,载《中国社会科学》2003 年第 2 期。

〔4〕 参见许崇德:《许崇德全集·论文(2003 年 - 2008 年)》(第四卷),中国民主法制出版社 2009 年版,第 1284 页。

〔5〕 参见强世功:《宪法司法化的悖论》,载《中国社会科学》2003 年第 2 期。

〔6〕 参见王磊:《宪法的司法化》,中国政法大学出版社 2000 年版,第 147 ~ 148 页。

〔7〕 王磊:《感觉宪法的存在》,转引自强世功:《宪法司法化的悖论》,载《中国社会科学》2003 年第 2 期。

权”。[1] 但与尼佩戴不同的是,我国学者在作出上述论述时,并未在理论上有意识地倡导直接使用说,其虽然也要求直接使用宪法,但而尚无适用上方法意识及方法考量。

二、间接效力说

(一)Lüth 案[2]

基本权利第三人效力间接效力说也是借助一个案例而实现的。本案被告是汉堡媒体俱乐部主席,同时也是汉堡州议长(Senatsdirektor)的 Lüth(吕特),于 1950 年向影片发行与制作商发出呼吁,联合抵制纳粹时期一部著名反犹太人导演的新作——《不朽的爱人》(Unsterbliche Geliebte),禁止其在电影院播放。该电影的导演叫 Harlan(哈兰),在纳粹时期因导演了一部反犹太人的故事片电影——“Jud Süß”而声名鹊起,该电影是政府为反犹太人而向其定制的。Lüth 在文章中还称哈兰是“纳粹电影第一导演”(Nazifilm-Regisseur Nr. 1)。Harlan 及制片公司(Domnick-Film-Produktion-GmbH)等联合依据《德国民法典》第 826 条以 Lüth 违反善良风俗造成其损失为由起诉 Lüth。在民事法院环节 Lüth 被认定侵权,应赔偿原告名誉损失。联邦宪法法院推翻民事法院的判决,认为该判决侵犯了 Lüth 的言论自由权。联邦宪法法院为此论述道:

> 基本权利的主要功能固然是一种人民对抗国家的防御权,但《德国基本法》绝非价值中立的规范,并且,《德国基本法》在基本权利这一专章中也构建了一套客观的价值秩序。其中所欲传达的讯息便是,在原则上强化基本权利的效力。人格及其人格尊严能在社会共同体中自由发展,这一价值体系是宪法的基本决定,其必须适用于所有的法律领域。立法、行政和司法要从中获得指示(Richtlinien)与动力(Impulse)。它当然也影响民法,任何民事法规不得与它相冲突,每一条民法规定都必须依

[1] 资料来源:《中国青年报》2001 年 8 月 15 日。

[2] BVerfGE 7,198. 该判决作成于 1958 年 1 月 15 日,论述理由充分,长达十数页,其确立了多项宪法法院审查基本准则,被日后宪法法院多项裁判奉为圭臬,在法制史上具有显赫地位,鲜见可与其比肩之判决。

据其精神来解释。因此,法官在适用民事实体法的规定时,必须审查这些规定是否经由上述方式受到基本权利的影响。如果是的话,则法官在解释适用这些规定时,必须注意经由此一方式所导出、各该私法规定的特别解释取向。这特别适用于概括条款,也就是援引法律的标准诸如善良风俗等来评价人类行为的概括条款,如《德国民法典》第826条。

在作出本件判决时,联邦宪法法院面临两大基本问题:

1. 基本权利能在多大范围内保护私人之间的关系。(Der erste Senat des BVerfG ging zunächst der Frage nach, inwieweit Grundrechte auch Schutzrechte im Verhältnis von Bürger zu Bürger sein können.)对此,法院认为,基本权利是私人针对国家的权利,但其也构建了一套价值体系(Wertssystem),人格得以发现于其中,任何法律皆不得违反之,立法、行政和司法皆受其约束。所以,私人之间(Bürger zu Bürger)也适用这一价值体系。又因本件两造皆为私主体,故这一价值体系可适用之。以此,法院确立了基本权利于私法而言的"放射效力"(Die Ausstrahlungswirkung der Grundrechte auf das Privatrecht)。

2.《德国基本法》如何平衡该法第5条第1款的表达自由权和第5条第2款对表达自由权的限制。[Ein weiteres Grundsatzproblem der Entscheidung war die Frage, wie sich die grundgesetzlich garantierte Meinungsäuß-erungsfreiheit (Artikel 5 Absatz 1 GG) zu den Schranken des Freiheitsrechts (Artikel 5 Absatz 2 GG) verhalte.]表达自由会因一般法律(allgemeine Gesetze)、保护青少年和个人名誉的法律所限制。《德国民法典》第826条的故意背俗侵权就是一般法律,因此构成对表达自由的限制。但法院认为,《德国基本法》中的自由表达意见确凿无疑的是社会"第一位的人权"(eines der vornehmsten Menschenrechte überhaupt),是自由民主社会的基石。因此,如果不加深究,就对《德国基本法》第5条第1款中的表达自由加以限制,那是不正确的。

一般法律的各个方面都必须在基本权利的检验下予以解释适用,一般法律应当尊重《德国基本法》的价值。所以,虽然从字面上来看,一般法律可以限制基本权利,但实际上是相互影响的。因为,在自由民主体制下,一般法律要依据《德国基本法》的价值来解释。这就是著名的"相互影响说"

(Wechselwirkung zwischen Freiheitsrecht und seinen Schranken = Wechselwirkung zwischen Grundrecht und allgemeinem Gesetz)。由此可见,虽然根据《德国基本法》第5条第2款,作为一般法律的《德国民法典》第826条可以限制基于《德国基本法》第5条第1款的表达自由,但是反过来,该项表达自由也可以用来衡量《德国民法典》第826条是不是损害了表达自由这一自由民主社会的基石。

接下来,在"相互影响说"的指引下,法院开始检验Lüth的表达动机,即他的动机是否会优于一般法律的价值?Lüth基于政治和文化上考虑,认为如果播放哈兰的电影,首先会给外国造成影响,即在德国的文化生活中,反对犹太人的做法还没有得到改变。这恐会使德国的形象如纳粹残害犹太人一样得到损害。更重要的是,这会潜移默化地使德国丧失教育自己人民远离纳粹国家社会主义的良机(Opportunitätsgründen),还会使那种卑劣(Verwerflichkeit)的思想得以回流(Umkehr)。Lüth向来以建立一个德国人与犹太人和谐群居的社会为目标,因此他很担心哈兰的电影会导致历史悲剧的重演。但是,Lüth并没有权利来禁止这种电影播放,所以他只有基于责任心和合乎道德的行为(Verantwortungsbewusstsein und die sittliche Haltung)来诉诸言论,呼吁人民抵制这种电影。法院因此认为,Lüth言论所产生的影响具有重大公益性。相对于如此重大公益而言,作为私人的Harlan,其名誉权应该予以退让。因此,法院对《德国民法典》第826条的解释应当考虑《德国基本法》第5条第1项之价值放射。换言之,法官在本案中不能适用《德国民法典》第826条,否则其将没有照顾到《德国基本法》第5条第1款下的言论自由之价值对该条的放射,将会侵害被告的言论自由。因此,法院不能依据《德国民法典》第826条保护原告的名誉。质言之,如果言论形成了对普遍福利至关重要的公共舆论,那么私人,尤其是经济利益必须作出让步。

本件判决基于基本权利对私法的"放射效力"与基本权利与一般法律的"相互影响",发展出基本权利作为"法律秩序第一客观原则"(als oberstes objektives Prinzip der gesamten Rechtsordnung),并在私人之间具有间接效力(mittelbaren Drittwirkung)的理论。一切法规都必须依据基本权利的价值内涵去解释和应用(Alle Normen müssen im Geist der Grundrechte ausgelegt und angewandt werden)。本件判决提高了基本权利的地位,基本权利不仅是私人对抗国家的权利，而且国家还应以此向私人提供保护义务（Schutzpflicht），并且使基本权利不仅影响法律（Gesetz），而且还影响法律解释和应用（Rechtsauslegung und-anwendung）。在后来的"梅菲斯特（Mephisto）案"中，联邦宪法法院肯认了《德国基本法》第5条第3款第1项中的基本权利的客观价值属性，其不仅仅规范国家与艺术之间的关系，同时也应保障个人的自由权。但艺术自由亦有限制，即不得侵犯他人的人格权。在艺术自由与人格权保护发生冲突时，民事法院应以基本法所蕴含的价值秩序作为解释的出发点和立足点，且不能破坏基本价值体系中的一致性。[1]另外，在"瓦尔赫夫（Wallraff）案"中，联邦宪法法院指出，编辑工作的秘密性涉及《德国基本法》第5条第1款规定的出版自由的保护范围，社会抑或个人都可能侵犯编辑工作的秘密性，私法条款应根据出版自治的原则进行解释。基于此，法官在对瓦尔赫夫的行为进行认定时，需根据《德国民法典》第823条、第826条的规定对《德国基本法》第5条第2款进行限制性解释，且必须考虑以下两个因素：一是表达自由的目的，二是为行使表达自由所使用的手段。[2] 由此观之，基本权利中的客观价值规范是联邦宪法法院无法绕离的论述基点之一，普通法院在实务裁判中亦不可忽略符合宪法秩序的法律解释。

（二）理论证成

基本权利第三人效力间接说，是指基本权利不能直接适用于私人之间，基本权利的规范功能只能通过民法上的"概括条款"（Generalklauseln）适用而实现，宪法基本权利条款不能在民事判决中被直接引用作为裁判依据。此说的代表是杜尔西（Dürig），他认为基本权利本身所具有的"价值秩序"（Wertordnung）应该在对民法的概括条款——例如，诚实信用（《德国民法典》第242条）、善良风俗（Gute Sitten，《德国民法典》第826条）——的解释中受到关注，[3]只有通过概括条款的"中介"（Vermittlung oder Mediation），

---

〔1〕 BVerfGE 30, 173 = NJW 1971, 1945. 转引自许瑞超：《德国基本权利第三人效力的整全性解读》，载《苏州大学学报》（法学版）2017年第1期。

〔2〕 BVerfGE 66, 116 = NJW 1984, 1741. 转引自许瑞超：《德国基本权利第三人效力的整全性解读》，载《苏州大学学报》（法学版）2017年第1期。

〔3〕 BVerfGE 84, 192, 194.

基本权利才能对私法关系产生影响。如果法官因为疏忽或者理解错误,没有与基本权利保持一致地解释适用民法规范,即构成对《德国基本法》第1条第3项(基本权利条款拘束立法、行政和司法)的违反,侵犯了公民的基本权利,[1]公民有权提起“宪法诉愿”(Verfassungsbeschwerde)。但杜尔西又强调,私法相对于隶属于宪法的基本权利是并行的两个体系,基本权利客观价值秩序的引出不是要解体私法并以公法替代之,私法应保有独立性(Eigenständigkeit)。[2]

虽然基本权利对私法产生影响已是共识,但关于“如何产生以及产生何种影响”却从未达成一致意见,卡纳里斯甚至认为这是一个永远存在的、几乎不可能解决的基础问题。[3] 德国学界为这个问题投入了巨大的精力与热情。[4] 但主流学说皆认为对于基本权利在私人之间的适用应采取间接效力说。[5] 相对而言,司法界表现得比较理性,虽然其因循间接效力说的路径处理案件,但截至2002年2月,在联邦宪法法院的100多卷裁判中,涉及第三人的有220个,直接提到Drittwirkung(第三人效力)的只有两次。[6]

(三)简评

在日本,最高法院首次明确采纳基本权利第三人效力间接说的案例是1981年的日产汽车事件。该讼争事件为日产汽车公司的就业规则是否违

---

〔1〕 BVerfGE 7, 198, 207; 84, 192, 195.

〔2〕 Drüig, FS Nawiasky, S. 164.

〔3〕 Canaris, Grundrechte und Privatrecht, AcP 1984, SS. 201, 202.

〔4〕 Vgl. Alexy, Theorie der Grundrechte, 1985, S. 475ff.

〔5〕 Bachof, in: Grundrechte III/1, S. 155; Scholz, Koalitionsfreiheit als Verfassungsproblem, 1971, S. 5; Merten, NJW 1972, S. 1799; Reimers, Die Bedeutung der Grundrechte fuer das Privatrecht, S. 20; Wintrich, Zur Probematik der Grundrechte, S. 12; Vogt, Drittwirkung der Grundrechte, SS. 208 – 219; Flume, in: Festschrift DJT 1960 I, S. 135; Hueck, Der Grundsatz der gleichmaessigen Behandlung im Privatrecht, S. 96; Jellinek, BB 1950, S. 425; Gallwas, Grundrechte, Rdn. 359; Hesse, Grundzuege des Verfassungsrechts, Rdn. 356; Magen, Staatsrecht, S. 148, Abschnitt 16. 3; Otto, Personale Freiheit und soziale Bindung, S. 142; Pieroth/Schlink, Grundrechte, Rdn. 210; Schramm, Staatsrecht, Band II, S. 53. 引自张巍:《德国基本权利第三人效力问题》,载《浙江社会科学》2007年第1期。

〔6〕 参见张巍:《德国基本权利第三人效力问题》,载《浙江社会科学》2007年第1期。

法,原因在于该就业规则规定男性与女性之退休年龄相差5岁。在诉讼之初,男性为55岁,女性为50岁;诉讼中男性改为60岁,女性改为55岁。终审最高法院认定,仅以女性为唯一理由而推导出差别结果,属仅因性别原因而为不合理之差别,依照《日本民法典》第90条规定之解释,参照《日本宪法》第14条第1款(国民法律面前一律平等),《日本民法典》第1条第2款(诚实信用),应属违反公序良俗的法律行为,无效。[1] 此判决将《日本宪法》第14条之"国民法律面前一律平等"的平等权导入《日本民法典》第90条之"公序良俗",显然是间接说的做法。其实,日本最高法院作出此判决是以一系列相关下级法院判决为依据的,这些判决皆昭示年轻女性退职制与结婚、生产退职制违法,[2] 本判决是日本司法界转向间接效力说的标志。

德国学者提倡基本权利直接适用说,有其法制上之渊源及基础,1919年《魏玛宪法》设有特别规定(第118条、第159条),[3] 第二次世界大战后《德国基本法》亦然(第9条第3项第1款、第2条),尤其是《德国基本法》第1条第3项规定基本权利为直接有效的法律,拘束立法、行政及司法。

此外,周治平教授亦有类似论述,但略有不同:

> "宪法"之本质乃系对于国家的法律行为所提供之规范,原则上以国家为规范之对象,而非以个人为对象,其效力不能直接及于个人。同时,"宪法"为国内法之法源,其有关个人权利之保障与义务之赋予,皆须透过法律表彰其效力。惟"宪法"本身有如对于私人权利或义务为直接规定者,则例外可以承认其得直接适用于私人之特定事项。因而

[1] 最大判昭和56年3月24日民集第35卷第2号第300页。参见萧淑芬:《基本权基础理论之继受与展望——台日比较》,元照出版有限公司2005年版,第105页。[日]阿部照哉等编著:《宪法的基本人权》,许志雄翻订,周宗宪译,元照出版有限公司2001年版,第59页。

[2] 如东京地判昭和44年(1969年)7月1日劳民第20卷第4号第715页;盛冈地判昭和46年(1971年)3月18日劳民第22卷第2号第291页;静冈地沼津支判昭和48年(1973年)12月11日判时第756号第111页。参见[日]阿部照哉等编著:《宪法的基本人权》,许志雄翻订,周宗宪译,元照出版有限公司2001年版,第59页。

[3] 《魏玛宪法》第118条第1项及第159条的规定:"人民的'言论自由'不能被私人之间的工作契约所限制;且以劳工运动为目的的'结社自由'基本权利,也不得以私法关系而加以限制。"

认为间接效力说较合于今日团体主义之法律观。[1]

前已述及,就我国目前的研究观之,居于主流的学说都认为宪法应当被“消费”,被法院直接适用,但亦有学者指出,“宪法不是法”,进而认为,宪法不能直接进入民事判决当中,[2]但整体观之,对于宪法的适用方法的讨论仍显不足。

对于我国《宪法》第36条规定:“任何国家机关、社会团体和个人不得强制公民信仰宗教或者不信仰宗教,不得歧视信仰宗教的公民和不信仰宗教的公民”;第40条规定:“除因国家安全或者追查刑事犯罪的需要,由公安机关或者检察机关依照法律规定的程序对通信进行检查外,任何组织或者个人不得以任何理由侵犯公民的通信自由和通信秘密”;第41条规定:“对于公民的申诉、控告或者检举,有关国家机关必须查清事实,负责处理。任何人不得压制和打击报复”之解释适用,有学者认为这表明我国宪法与西方国家宪法不同,是可以直接约束私人的。[3] 还有学者认为,此表明了我国宪法效力已经“扩散到个人”。[4] 其实,诸此种种理解皆难谓妥当。因为,对于宪法明文规定约束私人的规范,其直接适用自无问题,而不会发生所谓的“扩散”或者第三人效力问题。因为基本权利“扩散”或者第三人效力问题的前提是宪法未直接规定其直接适用于私人之间。并且,此三条规定也只是极少数的例外基本权利规定,实务上运用甚为少见,因此应尽量避免由此得出以偏概全的结论。

三、总结

(一)宪法是否是直接之裁判规范

有关基本权利第三人效力问题的争点,从民事裁判方法上来看,在于普通法院法官是否能够直接援引宪法条文而无须借助私法中的概括条款并据

---

〔1〕 周治平:《宪法中保障人权规定对于私人之效力》,载《宪政论坛》1964年(第10卷)第7期。

〔2〕 参见强世功:《宪法司法化的悖论》,载《中国社会科学》2003年第2期。

〔3〕 参见王涌:《宪法与私法的关系的两个基本问题》,载吴汉东主编:《私法研究》(创刊号),中国政法大学出版社2002年版。

〔4〕 张翔:《基本权利的双重性质》,载《法学研究》2005年第3期。

此裁判？比如，在德国“单身条款案”中，法院借助《德国民法典》第134条“违反法律强制规定的法律行为无效”的规定，直接将《德国基本法》第6条中婚姻自由、第1条中的人格尊严和第2条中的人身自由，认定为该条意义上的强制规范，进而用这些基本权利规范直接否定作为“单身条款”的法律行为的效力，就是基本权利第三人效力直接说的运用。我国的“工伤概不负责案”亦是如此。如果适用间接说，在法律行为领域针对上述案件，则应该适用《德国民法典》第138条或我国《民法通则》第58条中的“违反公序良俗的法律行为无效”的规定来转介上述基本权利。简言之，后者是将基本权利视为公序良俗，如果违反了这种公序良俗，就是符合了“背俗法律行为无效”的要件，因此无效。

在侵权行为法领域，亦是如此。第一，《德国民法典》第823条第2款规定了“违反保护他人的法律”的侵权责任。因此，如果将宪法视为保护他人的法律，从而认定违反基本权利就构成侵权的话，即是直接效力说的运用。第二，而如果将违反基本权利的行为定性为《德国民法典》第826条“故意以违背善良风俗的方法加害他人”的侵权责任的话，则亦是将基本权利作为善良风俗，即基本权利间接透过善良风俗使行为人承担加损于他人之侵权责任。此即基本权利第三人效力间接说之运用。我国现行侵权行为法制尚未建立此两种一般侵权类型，但相关实务已经作出努力，本书后面相应部分会有详述。

（二）直接说与间接说是否非此即彼

从基本权利第三人效力直接说与间接说的划分标准不难看出，二者之间表面似乎已经构成了一个非此即彼的二元局面——基本权利要么直接适用于私法，要么间接适用于私法。这一划分是否界限分明而不可逾越呢？

从学说上看，卡纳里斯认为，“直接说”与“间接说”皆有不足之处，对于私法立法者而言，基本权利效力是直接的；对于私人主体之间而言，其主要通过保护命令来间接调整，其中包括但不限于借助私法规范中的一般条款来实现基本权利的间接效力。[1] 王泽鉴教授采基本权利第三人效力间接

---

〔1〕 参见［德］克劳斯·维尔海姆·卡纳里斯：《基本权利与私法》，曾韬、曹昱晨译，载《比较法研究》2015年第1期。

说,认为基本权利规范不能直接适用于私人关系之间,应通过私法中之概括条款,在具体个案中,实现其价值。

许庆雄教授对此有精辟区分:其一,(基本权利)其性质上不生效力者,不生第三者效力问题,诸如,裁判请求权、参政权;其二,(基本权利)其性质上属于私人间关系之人权者,具有第三者效力;其三,其他性质上不属于上述二类者,则须由宪法解释、判例及各种基准原则而个别判定之,似采间接效力说。[1] 为此,许教授更有详论:

> (1)宪法上的人权事项,若已在私法上制定相关法律保障者,则其具第三者效力应无问题。例如有关平等原则与工作权之保障,因订定《男女雇佣机会平等法》(如日本),使其保障效力及于第三者,即无疑义。
>
> (2)在性质上不适用于私人关系的人权,则无法产生第三者效力。例如裁判请求权、参政权、生活保障请求权等,都是限定于国民与国家间的人权。
>
> (3)宪法的人权条文中,已明确规定适用于私人间关系,或权利在性质上适用于私人间关系者,则当然具有第三者效力。例如劳工基本权,或为保障投票自由而规定"任何人不因其投票而承担任何公、私责任"等,皆属此部分。
>
> (4)不属于上述分类的人权。这类人权是否具有第三者效力,须由宪法解释、判例及各种基准原则来个别判定。

由上可知,直接效力说与间接效力说的二元格局并不是非此即彼的关系,而是要视具体的基本权利之特点而定,并且还要观诸基本权利与民事权利的关系,以及个案特殊情形而定。诚如张翔教授在分析基本权利的"主观权利"与"客观规范"二者关系中指出,客观规范系对主观权利的保障与促进,其在实现路径中会向主观权利转化,或者说个人法益保障会在公共法益保护中予以具象化。二者相互区别又彼此渗透。[2] 易言之,基本权利的

---

〔1〕 参见许庆雄:《宪法入门Ⅰ 人权保障篇》,月旦出版股份有限公司1999年版,第47~49页。

〔2〕 参见张翔:《基本权利的规范建构》,法律出版社2017年版,第256~259页。

双重属性本身便存在“你中有我,我中有你”的紧密联系,第三人效力仅为基本权利功能体系中的路径之一,在持续开放发展的法教义学模式的推动下,鲜能单独廓清第三人效力的二元格局。下文将分析基本权利与民事权利之辩证关系,以期为基本权利通过私法实现之实体内容作出证明。

第三节　基本权利与民事权利之辩证

一、不可能适用于私法关系的基本权利

有些基本权利,就其本质及历史渊源来看,是不可能适用于私法关系的。这些基本权利主要以国家为义务对象,是个人从国家获取利益或者要求国家为一定行为或不为一定行为的权利。这些基本权利的共性在于都需要国家动用一定的公权力才能将其落实,如立法、司法或行政措施。对于这些基本权利的实施,私人组织可以辅助或者配合,但是不可能独立承担。对于这些基本权利,可以分为以下几类:(1)社会性质的请求权:获得物质保障的权利,提供教育设施、工作条件的权利以及生存权等。(2)程序性质的权利:诉讼权,司法裁判等。(3)人民的统治权:参政权、选举权和被选举权。[1]

这些基本权利在实务操作上一般是不能适用于私法关系之间,否则会弄巧成拙,下面试举一则关于作为基本权利生存权的案例。

> 本件上诉人就其员工而言,系最后承揽人,上诉人就本件职业灾害之发生虽无过失,惟按职业灾害补偿乃对受到“与工作有关伤害”之受雇人,提供及时有效之薪资利益、医疗照顾及劳动力重建措施之制度,使受雇人及受其抚养之家属不至于陷入贫困之境,造成社会问题,其宗旨非在对违反义务、具有故意过失之雇主加以制裁或课以责任,而系维护劳动者及其家属之生存权,并保存或重建个人及社会之劳动力,是以

---

〔1〕 参见苏永钦:《民事裁判中的人权保障》,载苏永钦:《寻找新民法》(增订版),北京大学出版社2012年版,第401页。

> 职业灾害补偿制度之特质系采无过失责任主义,凡雇主对于业务上灾害之发生,不问其主观上有无故意过失,皆应负补偿之责任,受雇人纵使与有过失,亦不减损其应有之权利。

本判决对于最后承揽人之无过失责任原因之解释,援引其宪法上生存权条款,似有不妥。概因,生存权是基本权利,是一种无论从其本源还是本质来看,都是私人请求国家保障其生存的权利,是一种私人以国家为义务对象的权利,并无客观价值秩序之功能。如果按照本判决解释,则国家不仅应在立法上保障劳工之生存,而且还应该承担因劳工在劳动中所受损害的赔偿责任。因此,无论如何,从"宪法"上的生存权是不能解释雇主无过失责任缘由的。而且,这样做,反而会使人合理推出,劳工有向雇主主张生存权的结论。如此,则任何劳工面对雇主之限制或不利益时,皆可主张所谓宪法上之生存权。那么,雇主将如何适当管理而维系企业运转呢?[1]

其实,本条立法之目的,不在于课予最后承揽人以注意义务,而是基于衡平劳资双方,保证社会劳动力再建的社会法之价值取向,这也是无过失责任之利益衡平功能所在。基于此,法院在适用这一条时,只需还原立法者这一本意即可,无须上升到宪法基本权利之生存权的高度。

但是,诚如本章前述,对于受教育权,就目前的认识而言,我们似乎应该做更深一层次的认识。受教育权是一种社会权,教育为社会公共资源之一,人民享有受教育权即可向国家请求公平分配教育资源,而非请求国家给予足够的教育,比如人人都上大学,此为基本权利的给付/分享功能是也。然社会发展至今,受教育特别是高等教育已是一个人融入社会、成功实现自我的基本前提,倘若他人侵害此种权利,必将使受害人遭受精神和财产的双重损失,法律于损益公平角度衡量,不能不课以加害人责任,故受教育权被私人侵害,在一般侵权法上的损害赔偿规则缺位的情况下,仍有宪法上受教育

---

〔1〕 参见苏永钦:《民事裁判中的人权保障》,载苏永钦:《寻找新民法》(增订版),北京大学出版社2012年版,第402页。

权适用的余地。同理，劳动权也可能在私人之间适用，并且实务上多有案例。[1]

二、可以适用于私法关系的基本权利

（一）自由权

宪法上的自由权主要包括言论自由、学术自由、人格（人身）自由、宗教自由、结社自由、游行自由、迁徙自由和择业自由等。综观这些自由权，其无不具有一个共性，即这些自由权无一不是作为防御国家权力干预或侵害为目的而创设的，其产生皆源于国家的制度性钳制，比如，人民之所以要求言论自由，是因为国家或者当局限制言论自由之故。而众所周知，言论自由于个人而言是自由完整人格之体现，于社会及国家而言，亦可形成多元意见、监督施政、繁荣科学艺术，实为自由民主进步社会之基石。其他如迁徙自由、宗教自由等莫不如此。[2]

此类自由权在很多情况下可以适用于私人关系，用以衡平双方的利益。比如前述"单身条款"，就是限制了该单身女性的婚姻自由和人格自由发展。在 Lüth 案中，原告 Harlan 主张被告 Lüth 之言论系故意违反公序良俗侵害其利益——名誉和其他经济利益，而 Lüth 则认为其只是在行使言论自由的权利。普通法院判决原告胜诉，即是对其言论自由之侵害，故启动宪法诉愿程序，最后联邦宪法法院判决普通终审法院判决侵害了 Lüth 之言论自由。因为，衡诸双方利益，Lüth 之言论并非故意背俗侵害原告 Harlan 之利益。此一案例表明，诸如言论自由等自由权，可以适用于私人之间。

再如，我国《宪法》第 36 条规定："中华人民共和国公民有宗教信仰自由。任何国家机关、社会团体和个人不得强制公民信仰宗教或者不信仰宗

---

〔1〕参见湖北省宜昌市中级人民法院（2014）鄂宜昌中民三终字第 00206 号民事判决书；北京市第一中级人民法院（2012）一中民终字第 4560 号民事判决书；广东省广州市中级人民法院（2009）穗中法民三终字第 29 号民事判决书；广东省佛山市中级人民法院（2006）佛中法民三终字第 6 号民事判决书；"李林珍诉中国银行桐庐支行解除劳动合同纠纷案"，载《最高人民法院公报》1996 年第 3 期；四川省成都市中级人民法院（2010）成民终字第 2921 号民事判决书等。

〔2〕参见苏永钦：《民事裁判中的人权保障》，载苏永钦：《寻找新民法》（增订版），北京大学出版社 2012 年版，第 402 页。

教,不得歧视信仰宗教的公民和不信仰宗教的公民。"《宪法》第 40 条规定:"中华人民共和国公民的通信自由和通信秘密受法律的保护。除因国家安全或者追查刑事犯罪的需要,由公安机关或者检察机关依照法律规定的程序对通信进行检查外,任何组织或者个人不得以任何理由侵犯公民的通信自由和通信秘密。" 第 41 条第 2 款规定:"对于公民的申诉、控告或者检举,有关国家机关必须查清事实,负责处理。任何人不得压制和打击报复。"此三条规定皆明确,"任何个人不得……"即是宪法规定之基本权利适用于私人关系之明证。但须再三肯认,在此种情况下,基本权利第三人效力问题没有讨论的必要,因为第三人效力问题的前提是基本权利是公民对抗国家的权利。

但是,这些自由权并非在任何情况下都可以用来衡量私法关系,如果强行适用的话,将适得其反。例如,我国台湾地区解释信教自由时谓:

> 现代法治国家,宗教信仰之自由,乃人民之基本权利。所谓宗教信仰之自由,系指人民有信仰与不信仰任何宗教之自由,以及参与或不参与宗教活动之自由;国家不得对特定之宗教加以奖励或禁制,或对人民特定信仰给予优待或不利益,其保障范围包含内在信仰之自由、宗教行为之自由与宗教结社之自由。

如果在此种意义上理解宗教自由,并将其适用于私法关系之中。那么,以宗教自由权利为例,如果某企业赞助某一宗教,借以扶持该宗教发展,是不是会构成对其他不信仰此宗教人士之宗教自由的侵害呢?在我国,很多信佛人士捐资修筑寺庙,一掷千金,是不是会因此而侵害了信奉道教或其他宗教人士的基于宪法而享有的信教自由呢?本书认为,对于此问题,人们大概都是持否定答案的。因为,衡诸常理即可推知,此种行为并未造成对他人宗教自由之侵害。另外,假使此种捐资行为构成侵害其他信仰者的宗教自由,那么这恰恰是侵犯了捐资者自身的宗教自由,因为,人们不能因自己信仰此宗教就要反对他人信仰彼宗教。

再如,契约自由,契约自由亦为基本权利。其意旨在于对抗各种管制或干预私人交易的公权力,如地方政府基于地方保护,强制本地消费者购买本地企业之产品,或限制外地产品进入本地市场等。如果不善加体察此一意旨,而将基本权利意义上的契约自由擅用于私法关系之中,反而会限制契约自由。我国《合同法》第 215 条规定:“租赁期限六个月以上的,应当采用书面形式。当事人未采用书面形式的,视为不定期租赁。”该规定是否违宪呢?即如果当事人主张该条规定违反了其基于宪法上契约自由而享有的选择以自由形式缔结契约的自由,法院又该做何判断呢?循此一条之立法目的,我们不难发现,其立法政策目的在于保障长期租赁合同的交易安全,对于租赁合同双方当事人皆有利,且易于达成维护整个社会交易安全之目的,诚无不妥。因此,本条以此出发,对于缔约形式之限制,系对基本权利意义上之契约自由为法令范围之合理限制。此外,对于定型化契约或者其他限制后手之契约,如果皆以其违反宪法上之契约自由而予以否认的话,实际上将会在契约自由之旗号下大大限缩交易形式,反而使契约自由成为自由交易之限制。

(二)平等权

平等权是各国基本权利体系之重要组成部分,系为反对等级、种姓、特权而设立。如果以法条规定的顺序来判断其所规定之基本权利的重要程度的话,那么平等权在基本权利体系中位阶是很高的,因为,其在各国宪法基本权利清单中大多是规定在靠前的位置,如《德国基本法》第 3 条、《日本宪法》第 14 条、我国《宪法》第 33 条。平等权一般包括男女平等、民族(种族)、信仰平等。从比较法上来看,平等权适用于私法关系较多发生在劳工保护领域,典型的如劳动法上的“单身条款”及其他就业限制条款等。有关平等权在我国法制上之操作,尚有以下案件可资为证。

1. 男女平等案〔1〕

本案原告王玉伦(女)及其女儿李尔娴,均系新津县五津镇蔬菜村村民。1995 年年初,蔬菜村转让其部分土地后,其他村民都分得了土地转让费,而王玉伦、李尔娴却分文未得,因为该村“村规民约”有一条规定:“凡本地出嫁女子,除特殊情况外,必须迁走户口,拒绝迁走户口的,连同婚后所生子女,虽准予上户口,但不得享受一切待遇。”王玉伦、李尔娴不能分得土地转让费,为此,王玉伦、李尔娴以蔬菜村村民委员会为被告,向新津县人民法院提起诉讼。审理此案的合议庭认为,村规民约在性质上属民事协议,而民

〔1〕 四川省新津县人民法院(1995)新民初字第 118 号民事判决。转引自喻敏:《论男女平等的宪法原则在“民事领域”内的直接效力》,载《中国法学》1995 年第 6 期。

事协议亦应符合宪法,涉讼条款要求妇女结婚后就必须迁出户口,系对妇女的歧视性对待,有悖男女平等的宪法原则,因而无效,原告分得土地转让费的诉讼请求应予支持。鉴于合议庭明确而坚决的态度,被告蔬菜村村委会很快分给了二原告土地转让费各5000元。

本案法院认定,"村规民约"第1条之规定,"有悖于男女平等的宪法原则,因而无效",是男女平等的基本权利适用于私法关系之体现。须注意的是,本案是用《宪法》第33条第2款和第48条的规定,即用男女平等的基本权利否定了作为法律行为的"村规民约"的效力,虽然从宪法客观价值秩序的角度言之无可厚非,但是其在法律方法上显然是值得商榷的。此案与"工伤概不负责案"原理一样,皆为将宪法条文作为否定法律行为的依据,即将宪法作为规范使用。因为,此种做法实际上与基本权利第三人效力直接效力说无异,而直接效力说囿于其弊端,早已被抛弃。

2. 基于城乡差别的同命不同价案

2005年12月,重庆市3名不同户籍的女同学搭乘同一辆三轮车遭车祸身亡。肇事方向具有城市户籍的两名同学的家人各赔付20万元,而农村户籍的受害者家属,仅获得了5.8万元赔偿金。[1]

2007年10月,北京市第二中级人民法院判决外来工陶红泉因车祸死亡后,按北京市城镇居民标准赔偿死亡赔偿金。法院判决事实依据在于,陶红泉的经常居住地和主要收入来源均在北京。[2]

关于侵害生命权赔偿的法律依据,有学者对我国现行法做了详尽总结(见表2-1):[3]

---

〔1〕 资料来源:《中国青年报》2006年1月24日。

〔2〕 资料来源:《京华时报》2007年10月25日。

〔3〕 参见张新宝:《侵害生命权赔偿研究》,载《法学研究》2008年第5期。本书有改动。

表 2-1　侵害生命权的赔偿依据

法律、行政法规或司法解释名称及条文	死亡赔偿金	精神损害赔偿（抚慰）金	相关财产损失	被扶养人生活费	备　注
《民法通则》第119条	无规定	无规定	丧葬费、医疗费等，均无具体标准	有规定	1. 对死亡赔偿金和精神损害赔偿金均无规定 2. 相关财产损失的赔偿与抚养费可兼得 3. 相关财产损失予以赔偿
《侵权责任法》第16条、第17条、第22条	死亡赔偿金，因同一侵权行为造成多人死亡的，可以以相同数额确定死亡赔偿金	侵害他人人身权益，造成他人严重精神损害的，被侵权人可以请求精神损害赔偿	医疗费、护理费、交通费等为治疗和康复支出的合理费用，误工收入，丧葬费		
《最高人民法院民一庭关于经常居住地在城镇的农村居民因交通事故伤亡如何计算赔偿费用的复函》（〔2005〕民他字第25号）	死亡赔偿金应当结合受害人住所地、经常居住地等因素，确定适用城镇居民人均可支配收入或者农村居民人均纯收入的标准	无规定	无规定	无规定	死亡赔偿金与受害人住所地，经常居住地挂钩

续表

法律、行政法规或司法解释名称及条文	死亡赔偿金	精神损害赔偿（抚慰）金	相关财产损失	被扶养人生活费	备　注
《国家赔偿法》（2012 年修订）第 34 条	死亡赔偿金（及丧葬费），总额为国家上年度职工年平均工资的 20 倍	无规定	丧葬费、医疗费等，均有明确的计算标准	有规定	1. 死亡赔偿金或可理解为对死亡的精神损害赔偿金，二者不可兼得 2. 抚养费可兼得 3. 相关财产损失予以赔偿
《产品质量法》第 41 ~ 44 条	死亡赔偿金；标准无明确规定	无明确规定，但是第 44 条中的“其他重大损失”可解释为包含精神损害	丧葬费、医疗费等，均无具体标准	有规定	1. 死亡赔偿金与“其他重大损失”的赔偿金是相容的，可兼得 2. 抚养费可兼得 3. 相关财产损失予以赔偿
《消费者权益保护法》（2013 年修订）第 49 ~ 51 条	死亡赔偿金：标准无明确规定	无规定	丧葬费、医疗费等，均无具体标准	有规定	抚养费可与其他损失的赔偿金一起兼得

续表

法律、行政法规或司法解释名称及条文	死亡赔偿金	精神损害赔偿（抚慰）金	相关财产损失	被扶养人生活费	备　注
《医疗事故处理条例》第50条	无规定	精神损害抚慰金：按照医疗事故发生地居民年平均生活费计算。造成患者死亡的，赔偿年限最长不超过6年	丧葬费、医疗费等，均有明确的计算标准	有规定	1. 或可将精神损害抚慰金理解为死亡赔偿金，二者不可兼得 2. 抚养费可兼得
《工伤保险条例》（2010年修订）第39条	一次性工亡补助金标准为上一年度全国城镇居民人均可支配收入的20倍	无规定	丧葬补助金、医疗费等，均有明确的计算标准	有规定（供养亲属抚恤金）	1. 或可将死亡补助金理解为精神损害赔偿金，二者不可兼得 2. 抚养费可兼得
《国内航空运输承运人赔偿责任限额规定》第3条	对每名旅客的赔偿责任限额为40万元人民币	无规定	无规定	无规定	1. 概括赔偿，不单独赔偿死亡赔偿金、精神损害赔偿金、相关财产损失及抚养费 2. 旅客自行向保险公司投保航空旅客人身意外保险的，此项保险金额的给付，不免除或者减少承运人应当承担的赔偿责任

续表

法律、行政法规或司法解释名称及条文	死亡赔偿金	精神损害赔偿（抚慰）金	相关财产损失	被扶养人生活费	备　注
《铁路交通事故应急救援和调查处理条例》（2012年国务院令第628号）第33条	对每名铁路旅客人身伤亡的赔偿责任限额为人民币15万元	无规定	无规定	无规定	概括赔偿，不单独赔偿死亡赔偿金、精神损害赔偿金、相关财产损失及抚养费
《触电人身损害赔偿案件解释》（法释〔2001〕3号）（已失效）第4条	死亡补偿费：按照当地平均生活费计算，补偿20年。对70周岁以上的，年龄每增加1岁少计1年，但补偿年限最低不少于10年	无规定	丧葬费、医疗费等，均有明确的计算标准	有规定	1. 或可将死亡补偿费理解为精神损害赔偿金，二者不可兼得 2. 死亡赔偿费与抚养费可以兼得 3. 相关财产损失予以赔偿
《精神损害赔偿解释》（法释〔2001〕7号）第9条		精神损害抚慰金包括以下方式：致人死亡的，为死亡赔偿金		无规定	死亡赔偿金等同于死亡的精神损害抚慰金，二者不可兼得

续表

法律、行政法规或司法解释名称及条文	死亡赔偿金	精神损害赔偿（抚慰）金	相关财产损失	被扶养人生活费	备　注
《人身损害赔偿解释》第17条（法释〔2003〕20号）第17~30条	死亡赔偿金：死亡赔偿金按照受诉法院所在地上一年度城镇居民人均可支配收入或者农村居民人均纯收入标准，按20年计算。但60周岁以上的，年龄每增加1岁减少1年；75周岁以上的，按5年计算。赔偿权利人举证证明其住所地或者经常居住地城镇居民人均可支配收入或者农村居民人均纯收入高于受诉法院所在地标准的，残疾赔偿金或者死亡赔偿金可以按照其住所地或者经常居住地的相关标准计算	精神损害赔偿（无计算标准，指向法释〔2001〕7号）	丧葬费、医疗费等，均有明确的标准	有规定	1. 死亡赔偿金和精神损害赔偿金可以兼得 2. 死亡赔偿金与抚养费可以兼得 3. 相关财产损失予以赔偿
最高人民法院《关于审理涉外海上人身伤亡案件损害赔偿的具体规定（试行）》（法发〔1992〕16号）第3~4条（已失效）	收入损失，是指根据死者生前的综合收入水平计算的收入损失。收入损失=（年收入-年个人生活费）×死亡时起至退休的年数+退休收入×10。 死者年个人生活费占年收入的25%~30%	有规定：安抚费，是指对死者遗属的精神损失所给予的补偿	丧葬费、医疗费等，均有明确的计算标准	无规定	1. 涉外海上人身伤亡损害赔偿的最高限额为每人80万元人民币 2. 无抚养费赔偿 3. 相关财产损失予以赔偿

在这些法律规范中,《人身损害赔偿解释》第 29 条规定:“死亡赔偿金按照受诉法院所在地上一年度城镇居民人均可支配收入或者农村居民人均纯收入标准,按 20 年计算。”但 2006 年 3 月 28 日实施的《国内航空运输承运人赔偿责任限额规定》第 2 条第 1 款不区分农村还是城市户口,规定对每名旅客的赔偿责任限额皆为 40 万元人民币。此外,早在 1995 年《国家赔偿法》第 27 条第 3 款就不区分农村或城市户口,规定死亡赔偿金、丧葬费,总额为国家上年度职工年平均工资的 20 倍。由于上述规定的矛盾,实践中对于生命权被侵害,有的“同命同价”,有的则“同命不同价”。[1] 坚持前者判法最强有力依据是“法律面前人人平等”的宪法基本权利。但是,此类案件援引此项基本权利实为不妥。因为,死亡赔偿金并非生命之价格,生命是无价的。死亡赔偿金主要是对死者利益相关者的补偿,本质上是一种财产损害赔偿,而生活在城市与农村的死者利益相关者的抚养成本是不同的。并且,如果一味坚持“同命同价”,则农村户口人撞死了城市户口人,被告由于自身偿债能力的限制,往往无法赔偿“巨额”的死亡赔偿金。因侵权致死所引发的精神损害赔偿与死亡赔偿金是分别适用的,是为了补偿死者近亲属的精神损害,而不是死者生命的对价。因此,有学者主张平等权在死亡赔偿金判决中是不能适用的,[2] 值得赞同。由此可见,平等权也并非可以毫无限制地进入私法领域,法律面前人人平等应具体情况具体应用。

(三)解释适用

无论是从比较法上还是从我国现有的法制实践来看,基本权利适用于私法很多情况下皆是自由权与平等权的运用,但是,对于此二项基本权利在私法领域的适用,应遵循一定的解释适用方法,不得任意为之。此乃因为自由权与平等权人人享有,一方享有之即是对他方相应权利之侵害,因此从抽象角度无法断言优先保护何者之权利,只能在个案中运用利益衡量方法,综合考虑各种因素妥帖决定何者在特定情形下应予以退让,何者应优先保护。

---

[1] 《侵权责任法》并未原则上肯定“同命同价”,只是规定了在特定情形下的“同命同价”。参见该法第 17 条:“因同一侵权行为造成多人死亡的,可以以相同数额确定死亡赔偿金。”

[2] 参见张新宝:《侵害生命权赔偿研究》,载《法学研究》2008 年第 5 期。

此为法解释学上的难题，但也是法解释学的使命之一。

以上所举宗教自由与契约自由两例即足够说明，基本权利意义上的自由权虽然可以适用于私法关系，但是作为利益衡量和价值判断之基准，其并不是可以毫无限制地任意适用。如任意适用，效果将适得其反。因此，诚如苏永钦所言："宪法上的自由权直接用在私法关系上，一不小心会反过来侵蚀宪法自由权的落实，相当吊诡而危险。"[1]

三、基本权利与民事权利内涵相同

(一)人格权

宪法上的人格权是各国立宪以后的新型基本权利，因各国宪法鲜有明文将人格权列为基本权利清单的做法。[2]《德国基本法》第1条第1项之人格尊严和第2条第1项之人格自由虽然被后世宪法解释适用上称为宪法上一般人格权，但这也是立宪之初所未能料及的。此外，《德国基本法》第2条第1项中的生命权和身体权，只是具体人格权中的两种，并不具有一般意义上人格权的表征和适用功能。有学者指出，该项与基本法明文列举的基本权利条款构成"普通法与特别法之关系"，其规范领域包括基本权利主体的行为、状态与法律地位的保障，人格保护与自我决定权的保护。[3]我国《宪法》第37条规定人身自由，第38条规定人格尊严，但在立宪之初并未将其当作一般意义上的人格权。2004年修正增加《宪法》第33条第3款，国家尊重和保障人权，亦未明确人格权为人权之一种。由此可见，宪法上的人格权确属各宪法立宪之初未曾料及的新型基本权利，无论是先民法后宪法，还是先宪法后民法的情况，皆是如此。

---

〔1〕 参见苏永钦：《民事裁判中的人权保障》，载苏永钦：《寻找新民法》(增订版)，北京大学出版社2012年版，第402页。

〔2〕 参见王泽鉴：《宪法上人格权和民法上人格权》，载台湾大学法律学院第二届：《马汉宝讲座论文汇编》(2007年版)。

〔3〕 参见余军：《德国基本法上的概括性人权保障条款——〈基本法〉第2条第1项之功能地位、规范构造与规范领域》，载《公法研究》2018年第1期。

毋庸置疑,人格权是由实证民法而发展出来的一项民事权利。[1]《德国民法典》囿于传统学说原因,未规定一般意义上的人格权,但《德国民法典》制定之后即发现此漏洞,后经联邦最高法院和联邦宪法法院的判决不断增补,终于形成了现今完整的人格权法体系。[2]《瑞士民法典》第28条规定了一般"人格"的保护,但未规定人格权。我国《民法通则》虽制定于1986年,专设民事权利一节,被誉为"中国的人权宣言",规定了姓名、名誉、身体、健康、肖像等具体人格权,同时第101条规定"公民的人格尊严受法律保护",为民法中一般人格权的请求权基础提供了可能性。

诚如学者所言,人格权的当代发展要求突破狭隘实证民法的空间,以期在广阔的宪法秩序下寻找规范基础。[3] 在现代法制的整体图景下,人格权已经不仅仅是传统民法的固有领地,人格权应该在宪法的基本权利清单中占有一席之地。德国实务上由民法上一般人格权发展到宪法上一般人格权,我国相关人格权的宪法诉讼,[4]也证明了这一点。由此可见,人格权是由民法创设规范,而后上升为宪法上基本权利的,二者的内涵应无本质区别。[5] 在解释适用宪法上人格权之时,我们不能忽视民法上对人格权的"前理解"或"前见"(Vorständnis)。[6]

从宪法文本看,《德国基本法》基本权利首要条款与我国《宪法》基本权利首要条款都是人格权,说明人格权居于基本权利体系之首,具统率地位,

---

〔1〕 参见王利明:《人格权制度在中国民法典中的地位》,载《法学研究》2003年第3期;王利明:《试论人格权的新发展》,载《法商研究》2006年第5期;徐国栋:《人格权制度历史沿革考》,载《法制与社会发展》2008年第1期;徐国栋:《人身关系流变考》(上、下),载《法学》2002年第6、7期;徐国栋:《寻找丢失的人格》,载《法律科学》2004年第6期;马俊驹、刘卉:《论法律人格内涵的变迁和人格权的发展——从民法中的人出发》,载《法学评论》2002年第1期。

〔2〕 参见本书第五章。

〔3〕 参见龙卫球:《自然人人格权及其当代进路考察——兼论民法实证主义与宪法秩序》,载《清华法学》2002年第2期。

〔4〕 参见钱缘案判决书,上海市第二中级人民法院(1998)沪二中民终字第2300号民事判决书。

〔5〕 学者有主张人格权本质上系宪法权利的观点,难谓赞同。参见尹田:《论人格权的本质》,载《法学研究》2002年第5期。

〔6〕 关于对文本的前理解和前见的理论,参见徐涤宇:《无因理论研究》,中国政法大学出版社2005年版,方法论部分。

由此亦足见人格权实为整个法制之中心任务与终极目标。人格权发端于民法，本为民事权利，但民法绝非能凭一己之力而保人格权于万全，特别是在民法上人格权遭遇国家权力侵害时，民法往往无能为力。此外，基本权利体系中攸关人格利益的基本权利，如尚未落实到具体法律中来的，亦可借民法上一般人格权为通道，实现民法上的保护。2017 年《民法总则》第 109 条明确将“人格自由、人格尊严”作为民法的保护对象。由此形成了我国规范体系中宪法上的一般人格权和民法上的一般人格权不同的请求权基础。二者既联系紧密，在适用上又各有区别。[1] 故为周全人格权保护，宜建立民法上人格权与宪法上人格权之互化机制，将本属于宪法的基本权利通过民法一般人格权得到民事侵权救济；将本属民法权利的人格权上升至宪法基本权利，以防御国家权力并请求国家履行保护义务，如此使人格权保护得以在民法和宪法两个维度展开，并由于宪法的介入使整个法制体系于人格权保护上更加协调自洽。[2]

（二）财产权与继承权

财产权是另一种典型民事权利与基本权利内涵相同的权利。从比较法上看，无论是英、美，还是德、法，都是首先在民法上发展出成熟的财产权理论和规范之后，才有宪法上的财产权立法，故宪法上的财产权概念也自然地就吸收了传统民法上的财产权的概念体系和构造方法。并且，当民事财产权成为宪法上财产权，民法变成财产权的制度性保障时，宪法财产权的解释就再也难以摆脱民法解释的限制。[3]

从比较法上看，各民法对于财产权的规定自无须多言。就宪法规定而言，《德国基本法》第 14 条规定：(1)保障财产权和继承权。有关内容和权利限制由法律予以规定。(2)财产应履行义务。财产权的行使应有利于社会公共利益。(3)只有符合社会公共利益时，方可准许征收财产。对财产的征收只能通过有关财产补偿形式和程度并依据法律进行。确定财产补偿

---

〔1〕 参见王锴：《论宪法上的一般人格权及其对民法的影响》，载《中国法学》2017 年第 3 期。

〔2〕 关于宪法上人格权与民法上人格权的互相转化问题参见本书第四章第三节部分的论述。

〔3〕 参见苏永钦：《民事裁判中的人权保障》，载苏永钦：《寻找新民法》（增订版），北京大学出版社 2012 年版，第 397 页。

时,应适当考虑社会公共利益和相关人员的利益。对于补偿额有争议的,可向普通法院提起诉讼。

我国《宪法》第13条关于财产权的规定,经历了一个逐步演化的过程。1982年《宪法》第13条规定:“国家保护公民的合法的收入、储蓄、房屋和其他合法财产的所有权。国家依照法律规定保护公民的私有财产的继承权。”此规定中只有所有权和继承权规定,并无明确的财产权保障明文规定。2004年通过的《宪法修正案》将此条改为:“公民的合法的私有财产不受侵犯。国家依照法律规定保护公民的私有财产权和继承权”。新修后的条文第一次明确了我国人民享有宪法的私有财产权和继承权,是立宪史上的重大进步。此外,除宪法文本明定的财产权外,私法中知识产权、社员权中带财产性质的权利同样属于财产权的范畴。不仅如此,允许公民进行经济活动的行政许可、具有经济利益性质的部分社会保障权利同样属于宪法上财产权的涵盖范围。[1]

(三)解释适用

对于民事权利和宪法基本权利内涵相同的情况,实践中在解释适用上应如何处理二者之间的关系呢? 盖前已述及,无论是人格权还是财产权抑或继承权,都是先经由民法发展逐渐成熟而后由于特定的社会发展原因才上升为宪法上的基本权利的,此种上升一方面催生或者强化了私人对抗国家权力的功能;另一方面亦客观上加长了宪法上基本权利清单,完善了基本权利体系,显示出一国法制的成熟度。基于此两点,在解释适用时,如果民事权利遭遇到了公权力的侵害,无疑应适用宪法上基本权利的解释方法,赋予其对抗国家权力的功能,以维护之。如当国家不当征地时,得以土地使用权系宪法明文之基本权利而对抗之,再如当国家立法侵害人民隐私权时,人民得请求释宪机关宣布此项规定无效。因为,此时如果仅仅援引民法上的隐私权保护条款,是无法否定国家立法的。

而如果仅仅是私人之间的民事权利纠纷,且私法已经提供了足够的规范,自无须引用宪法基本权利条款之必要性。所以一言以蔽之,将内涵与基本权利相同的民事权利当作基本权利适用的情况一般是为了借助基本权利

〔1〕 参见谢立斌:《论宪法财产权的保护范围》,载《中国法学》2014年第4期。

的防御功能来对抗国家权力。对于此二者之关系，苏永钦曾有精辟论述，可资引证：[1]

> 公、私权利内涵相同而并存，当然不意味其功能也相同，由于一对抗国家，一对抗世人，其侵害方式有其本质的不同，国家的侵害往往是以制度化的方式为之。而民事财产权（民事权利）的侵害通常是零星的行为，现行体制则是交给普通法院来负起防杜之责。

四、总结

从上面对基本权利体系类型化解说，再结合王泽鉴和许庆雄两位先生的论述可知，并非是所有的基本权利都可以毫无条件、毫无保留地适用于私法关系之中。由此便进一步说明，基本权利第三人效力直接说与间接说在基本权利私法适用上也并非非此即彼。有些基本权利是根本没有适用于私人关系可能的，是纯粹的以国家为对象的，如参政权、选举权与被选举权、集会、游行示威权等。而有些基本权利来自私法，一般是先在民法典中规定，然后再由私权利上升为基本权利的，其内涵与民事权利并无区别，当然可以适用于私法关系，而且是作为私权而使用，这是其运用常态。但应注意这些权利作为基本权利使用以对抗国家权力，与作为民事权利使用调整私法关系之区别。而对于另外的一些基本权利，在其适用于私法关系时，就要对不同的情况加以区分，如自由权、平等权。另外，有学者通过对德国基本权利第三人效力的梳理，将其区分为垂直关系与水平关系。垂直关系涉及基本权利与私法规范、法院裁判的关系，在此是直接效力；水平关系则关乎私法主体之间的基本权利冲突关系，在此基本权利发挥间接效力，整体形成了一个多维度的基本权利规范效力体系。[2]

从这个角度来看基本权利第三人效力理论，我们就可以肯认，所谓的基本权利第三人效力直接效力说认为，所有基本权利都可以直接适用于私法

---

〔1〕 苏永钦：《民事裁判中的人权保障》，载苏永钦：《寻找新民法》（增订版），北京大学出版社2012年版，第400页。

〔2〕 参见许瑞超：《德国基本权利第三人效力的整全性解读》，载《苏州大学学报》（法学版）2017年第1期。

关系,以及基本权利第三人效力间接效力说认为,所有的基本权利都可以通过民法中的概括条款而在私法关系中得到适用的理论,都犯了以偏概全的错误。学者税兵在对 1995 ~ 2015 年涉及宪法规范的民事裁判的实证研究中指出,宪法规范在合同效力评价、物权确认的制度性保障、侵权纠纷中法之续造、人格利益保护等方面援引率尤为突出,民事裁判成为影响宪法实施的主要因素之一。[1] 拓言之,随着近年来国内学界对于“合宪性解释”等类问题的理论与实证研究不断丰富(尽管这种方法之优劣在学界目前争议颇多),但不可否认的是,基本权利在我国司法裁判实务中已然呈现出不同的功能。[2] 由此亦可见,在当代公、私法交融态势下,法律关系之复杂程度已经使任何一种理论或学说都将不断面临新的考验和风险,我们需要做的毋宁是将各种特殊的基本权利结合相应的民事权利并融入相应的民事规范机制,在个案裁判中,运用适当的方法,做妥帖的价值考虑和利益判断。简言之,通过私法实现基本权利,应该采用基本权利第三人效力间接效力说为方法,根据不同的基本权利分别在不同的私法机制中依托不同的请求权规范来进行。接下来,本书将在私法规范体系下,在合法行为——法律行为领域与不法行为——侵权行为领域中,对此问题展开论证,以得出基本权利在此两大领域的民法保护之请求权基础。

---

〔1〕 参见税兵:《宪法规范何以进入民事裁判:1995—2015》,载《华东政法大学学报》2018 年第 1 期。

〔2〕 参见冯健鹏:《我国司法判决中的宪法援引及其功能——基于已公开判决文书的实证研究》,载《法学研究》2017 年第 3 期;梁洪霞:《我国法院援引宪法说理的实施问题研究》,载《政治与法律》2017 年第 7 期;杜强强:《合宪性解释在我国法院的实践》,载《法学研究》2016 年第 6 期。

第三章　基本权利与合法行为：通过法律行为保护基本权利

第一节　“工伤概不负责案”《雇工合同案批复》再检讨

一、实务案例

（一）张连起等诉张学珍损害赔偿案

本案基本案情导论部分业已述及，本案适用法律问题的关键在于，招工登记表中规定的“工伤概不负责”是否有效？根据《民法通则》第58条第1款第5项之规定，民事行为违反法律或者社会公共利益的无效。但检索当时《民法通则》及其他法律法规，并未有法律明文禁止当事人约定“工伤概不负责”这样的免责条款，对于格式条款之规定亦属阙如，因此很难说“工伤概不负责”的约定违反法律。但受案法院又考虑到，如果采纳被告的抗辩，则原告无法获赔，显然有违社会正义，因此请示最高人民法院。

《雇工合同案批复》[1]认为：

> 经研究认为，对劳动者实行劳动保护，在我国宪法中已有明文规定，这是劳动者所享有的权利，受国家法律保护，任何个人和组织都不

〔1〕《雇工合同案批复》已经于2013年1月18日颁布的最高人民法院《关于废止1980年1月1日至1997年6月30日期间发布的部分司法解释和司法解释性质文件目录（第九批）》中被废止，参见法律图书馆：http://www.law-lib.com/fzdt/newshtml/yjdt/20130119100058.htm。《雇工合同案批复》对司法实务界产生了巨大的影响，使我们不得不从该批复谈起，以便清晰发掘我国司法实务界对基本权利民法保护之态度的发展脉络。

得任意侵犯。张学珍、徐广秋身为雇主,对雇员理应依法给予劳动保护,但他们却在招工登记表中注明“工伤概不负责任”。这是违反宪法和有关劳动保护法规的,也严重违反了社会主义公德,对这种行为应认定无效。

受案法院根据《雇工合同案批复》,作出如下调解:

我国《宪法》明文规定,对劳动者实行劳动保护。这是劳动者所享有的权利,受国家法律保护,任何个人和组织都不得任意侵犯。被告张学珍身为雇主,对雇员理应依法给予劳动保护。但她却在招工登记表中注明:“工伤概不负责。”这是违反宪法和有关劳动法规的,也严重违反了社会主义公德,属无效民事行为。依照《民法通则》第106条第2款的规定,被告由于过错侵害了张国胜的人身安全,应当承担民事责任。依照《民法通则》第119条的规定,被告应承担赔偿张国胜死亡前的医疗费、家属误工减少的收入和死者生前抚养的人的生活费等费用。

本案最大特色在于法官在遇到法律漏洞(Rechtslücke)时,请示最高人民法院作出批复。[1] 最高人民法院直接引用《宪法》中的劳动权规定,认为本案招工表中的“工伤概不负责”违反法律与社会主义公德,因而无效。此实际上是直接引用宪法来否认法律行为之效力。虽然,针对本案所做的《雇工合同案批复》及本案调解书皆已引用《宪法》第42条之内容,但是未明示“《宪法》第42条”之符号。此种做法并不影响《雇工合同案批复》与本调解书之效果。但值得注意的是,最高人民法院和受案法院在作上述论证时并未将《民法通则》第58条第1款第5项作为引致条款,而是直接依据《宪法》认定该约定无效。

(二)刘明诉铁道部第二十工程局二处第八工程公司罗友敏工伤赔偿案[2]

该案中原告刘明到被告罗友敏处打工,其间发生工伤事故致原告受害。

---

〔1〕 实际上,对于可能涉及基本权利的司法适用时或者说对于宪法规定的基本权利在某一具体案件中可能被涉及的案件中,法院多倾向于请示最高人民法院并寄希望于后者给出批复作指导,如曾轰动一时的“齐玉苓案”中,最高人民法院亦作出《受教育权案批复》。

〔2〕 四川省眉山县人民法院(1999)眉民初字第9~10号民事判决书,载《最高人民法院公报》1999年第5期。

被告罗友敏与本案另一被告铁道部第二十工程局二处第八工程公司签订承包合同约定，施工过程中发生的一切工伤事故皆由罗友敏单独承担。法院认定此种约定无效，被告第八工程公司应该与被告罗友敏对被告罗友敏之雇工——本案原告刘明之损害承担连带赔偿责任。

法院为此论证道：

> 第八工程公司与其职工罗友敏签订承包合同，约定施工中发生的工伤事故由罗友敏承担，把应由企业承担的风险责任推给承担风险责任能力有限的自然人，不利对劳动者的保护，有违我国宪法和社会主义公德，属无效民事行为，在罗友敏不能全面承担劳动责任时，第八工程公司依法应承担连带责任。

基于此，法院依据《劳动法》第 54 条，《民法通则》第 58 条第 1 款第 5 项、第 106 条第 3 款、第 119 条，作出本判决。

值得注意的是，《劳动法》第 54 条规定："用人单位必须为劳动者提供符合国家规定的劳动安全卫生条件和必要的劳动防护用品，对从事有职业危害作业的劳动者应当定期进行健康检查。"从本条规定来看，其为《劳动法》涉及劳动保护安全生产方面的主要条款之一，但并不涉及法律行为效力认定问题。由此更可肯认，本判决否定涉案免责合同效力的依据只能是《宪法》第 42 条关于劳动权的规定，违反该条之法律行为即属违反法律（《宪法》第 42 条）与社会主义公德（公序良俗），应属无效法律行为。此判决与前述案例旨趣无异，应属前述案例司法解释之运用，但其相异之处在于，本判决适用了《民法通则》第 58 条第 1 款第 5 项作为宪法否定免责条款的引致条款。

（三）龙建康诉中洲建筑工程公司、姜建国、永胜县交通局损害赔偿纠纷案[1]

该案中第一被告中洲建筑工程公司向第三被告永胜县交通局承包得到某段公路的修筑。后第一被告将其所承包之工程转包给第二被告姜建国负责施工，并约定：如发生一切大小工伤事故，应由姜建国负全部责任。第二

---

[1] 参见云南省永胜县人民法院（2000）永法民初字第 03 号民事判决书，载《最高人民法院公报》2000 年第 1 期。

被告雇用原告施工发生工伤事故。原告诉请三被告承担连带责任,法院判决第一、二被告对此承担连带责任,第三被告免责。

法院判决书为此论证道:

> 中洲建筑工程公司作为承包方后,在其与姜建国签订的《施工合同》中约定"如发生一切大小工伤事故,应由姜建国负全部责任",把只有企业才能承担的安全风险转给能力有限的自然人承担,该约定损害了劳动者的合法权益,违反了我国宪法和劳动法的有关规定,属无效约定,不受法律保护。

基于此,法院参照《劳动法》《道路交通事故处理办法》及云南省公安公交(1998)95号通知的有关规定,依照《民法通则》第106条第2款、第119条、第130条之规定作出本判决。

本案与"刘明案"案情无异,且后者之判决论证理由——"把应由企业承担的风险责任推给承担风险责任能力有限的自然人,不利对劳动者的保护,违反宪法"亦与前者无异。但此两判决并非完全一样:前案判决认定免责协议无效乃因违宪导致违法与违反公序良俗;后案认定免责协议无效是基于其违宪与违反劳动法,未引据《民法通则》第58条第1款第5项,也未提及公序良俗。

(四)罗代西、芩志芬诉刘敏水上人身伤亡损害赔偿纠纷案[1]

被告刘敏系两艘具备捕鱼资质的捕捞船船主,其雇用原告(罗代西、芩志芬系夫妻关系)之子罗如今为其采螺。被告未对罗如今进行岗前培训和身体检查及提供其他安全作业防护措施等,罗如今在采螺时溺水身亡。嗣后,被告与罗如今之兄罗如辉达成协议:罗如今溺水死亡属于意外事故,责任与刘敏无关。原告否认此协议之效力,因而诉讼。法院判决原告胜诉。

为此,法院论证道:

> 经本院审查,该协议严重损害了罗如今及其亲属的合法权益,违反我国《宪法》和《劳动法》、《合同法》的有关规定。属于我国《民法通

[1] 参见广西壮族自治区北海海事法院(2000)海事初字第003号民事判决书。

则》第59条第2款规定的显失公平行为,依法可予变更或撤销。原告对该无效协议条款不予承认,合理合法,应予支持。

基于此,法院适用侵权之诉,依据《民法通则》第119条作出本判决。法院实际上是撤销了该协议。本判决与前述数则案例最大特色在于,前述判决是借宪法与劳动法否定行为之效力,直接认定为无效;而本判决是借宪法与劳动法认定行为属显失公平,并因此为可变更或可撤销法律行为。

二、问题所在

上述四则案例,以《雇工合同案批复》为滥觞,均涉及法院适用宪法否定法律行为效力问题,亦涉及《民法通则》第58条第1款第5项之解释适用,即法律行为的"适法规范"问题,[1]各具一定代表性。但我们也不难发现这其中不同的处理规则:有的法院直接引用《宪法》中的条款,认为合同条款违反法律与社会主义公德,故判定无效,如"张连起案",实际上就是直接引用宪法来否认法律行为之效力;而有的法院虽然也在判决中提及《宪法》的规定,但是并不直接用《宪法》条文来否定合同条款的效力,而是引用《民法通则》第58条第1款第5项作为宪法否定免责条款的引致条款,如"刘明案";与之不同,"龙建康案"中法院虽然直接引用《宪法》中的条款作为合同条款效力的否定依据,且未使用民法中的引致条款,但似乎仅认为合同条款无效的原因仅为"违法",而不属违反"公序良俗";第四种做法更"出人意料",如"罗代西案",这种做法是通过运用《宪法》与《劳动法》等法律来认定法律行为可撤销,而没有采取"法律行为无效"的处理模式。

关于这里的引致条款,有必要作如下说明。《民法通则》第58条第1款第5项规定,"违反法律或者公共利益的法律行为无效",在学理上,该条规定属于引致条款[2],其意在引进法律行为效力的判断外部标准——"法律"和"社会公共利益",也就是说,该种引致条款本身不能单独用来影响法

---

[1] 参见谢鸿飞:《论法律行为生效的"适法规范"——公法对法律行为效力的影响及其限度》,载《中国社会科学》2007年第6期。

[2] 参见[德]卡尔·拉伦茨:《德国民法通论》,王晓晔等译,法律出版社2003年版,第588页。

律行为的效力,而必须结合有关强行性规定(当然这些强行性规定有的是公法上的,有的是私法上的)来进行认定。换言之,该种引致条款需结合其他法律的规定以及社会公共利益的要求来对法律行为效力进行评判,此为民法吸纳其他法律规范和社会一般道德规范用于衡量法律行为效力之"转介条款"。[1] 这样,法律价值体系和社会一般道德就突破了法条与价值、社会之间的界限,来到了民法规范体系中,具备了其本来不具备的表意行为(法律行为)效力评价功能。[2] 从私法自治的原则以及鼓励交易的市场经济体制的内在要求上看,该种引致条款不能滥用,应符合一定的标准后才能得以适用。《合同法》第52条第5项进一步将公法规范限于"法律、行政法规的强制性规定",严格限制引致条款的范围,即为该原则的一个重要体现,该条也为正确认定合同效力、贯彻鼓励交易的原则发挥了重要作用。[3] 但转致条款能否在宪法基本权利判定法律行为效力时适用,以及如何适用的问题,关系到宪法以及基本权利性质的定位,[4] 这都是本章要解决的问题。

综合上述案例,关于宪法的司法适用问题,尚有如下四个问题需要厘清:

1.《雇工合同案批复》以宪法作为认定法律行为无效之依据,开以宪法认定法律行为效力之先河,并被之后各地判决奉为圭臬。由此提出的问题是:宪法作为法律行为因违法无效之"法律"是否有比较法上的基础?方法上是否妥当?另外,宪法规范无所不包,如将宪法直接作为违法之"法律"来否定法律行为效力,是否会导致"诉讼闸门"大开,窒息私法自治空间?

---

[1] 我国台湾地区学者多倾向于将之称呼为"转介条款",称呼不同,但两者实为一回事。参见苏永钦:《从动态规范体系的角度看公私法的调和——以民法的转介条款和宪法的整合机制为中心》,载苏永钦:《寻找新民法》(增订版),北京大学出版社2012年版,第309~352页。

[2] 于飞:《公序良俗原则研究——以基本原则的具体化为中心》,北京大学出版社2006年版,第101页。

[3] 参见王利明:《论无效合同的判断标准》,载《法律适用》2012年第7期。

[4] 关于宪法的性质,学界一直存在争论。旧有的通说观点认为属于公法;但新近有不少学者认为宪法不仅调整公法关系,也调整私法关系。这些学者又进一步将其与宪法的最高法地位联系起来,认为宪法既不属于公法,也不属于私法,公私法的划分对宪法并不适用。参见蔡定剑:《关于什么是宪法》,载《中外法学》2002年第1期。

最高人民法院对该批复的废止是不是对以宪法直接否定法律行为效力做法的否定?

2.《雇工合同案批复》在适用宪法判断法律行为效力时,并未援引《民法通则》第58条作为引致条款,后各地法院有的援引该条,如“刘明案”;有的则不援引,如“张连起案”,对此,该如何评判? 即宪法可以不经民法规范转介而直接适用吗?

3.《雇工合同案批复》认定涉案免责条款:“是违反宪法和有关劳动保护法规的,也严重违反了社会主义公德,对这种行为应认定无效。”此即表明,最高人民法院认为一旦诸如该案“工伤概不负责”之类法律行为违反宪法和法律,即导致违反公序良俗之后果。申言之,违反公序良俗是法律行为违宪与违法之当然后果。并且,由该司法解释亦可推知,法律行为须违宪或违法再加违反公序良俗方能无效,即“违宪”(或)“违法”+“违反公序良俗”=无效。但各地判决对此意见不一,如“张连起案”肯认,而“龙建康案”却未采纳此见解。由此可问:“违宪”(或)“违法”与“违反公序良俗”作为法律行为无效之判断标准究竟为共同要件还是任一要件? 质言之,“违宪”(或)“违法”与“公序良俗”可否分离?

4.《雇工合同案批复》适用宪法判断法律行为效力只是涉及无效这一情况,而法律行为效力状态有多种:如有效、无效、效力待定、可变更与可撤销等。因此,仅依据该司法解释,我们无法判断宪法是否能够作为法律行为无效之效力状态以外情形的判决标准。而“罗代西案”判决实质上是运用宪法肯定涉案合同显失公平,并进而撤销之。由此可问:适用宪法判断法律行为之效力,会产生多少种法律行为的效力状态——无效、可变更、可撤销,抑或其他? 换言之,运用宪法对法律行为效力进行评判时,是否可以产生无效外的可变更、可撤销等其他的法律效果?

综上所述,本章要探讨的问题集中表现为:宪法应以何种最佳方式成为法律行为效力之判断基准? 此外,从比较法及我国实践来看,适用宪法判断法律行为效力一般皆只涉及合同中的个别条款——如“工伤概不负责”等免责条款,而不涉及整个合同效力,因此,适用宪法否定此类条款效力之后果就极为简单,直接认定其无约束力即可,自无发生普通合同无效之后的诸如返还、恢复原状、缔约过失损害赔偿等问题。而且,从实践来看,诸如此类免责条款一般存在于人身损害赔偿的劳动合同之中,法院在依宪法否定其效力后,面临合同与侵权之请求权竞合,对此,法院一般转而适用侵权机制来处理赔偿问题。上述四则案例皆是如此。鉴于此,本章将不再涉及适用宪法否定法律行为效力之后的"善后"问题。

三、法律行为效力的否定事由:关于"一元论"与"二元论"的争论与取舍

(一)"一元论"与"二元论"之争

比较法上,影响法律行为无效的原因无非两种:一是行为违法,二是行为违反公序良俗。两种法律行为社会危害性巨大,因此法律需要借助国家管制与社会压力来实现对市民社会的调控。于是,公法规范与社会一般道德便被引入了民法的调控体系之中。但各国基于不同的法制基础,对两者采取了不同的处理模式:有的国家将违法和违反公序良俗作一元化的认识和处理,不刻意区分违反法律和违反公序良俗,而是将两者混合地规定在一起,甚至还用违反公共政策(公序良俗)来统摄违法的概念,如法国、意大利、奥地利、瑞士;而有的国家及地区则认为二者分别系法律行为无效之独立事由,多数法域采此见解,如德国、日本、中国。

"二元立法"和"一元立法"区别的前提是就违法与违反公序良俗关系的不同认识。采取一元论的国家认为,"不能仅以违反强行法规为由直接认定行为无效,只有在进一步证明还存在违反公序良俗的事由时才能否定行为在私法上的效力。"[1]也就是说,这种学说立论之基是违法事实被公序良俗所覆盖,前者本身不是法律行为无效的判断依据,而仅作为判断是否违反公序良俗的考量因素之一,最终将是否违反公序良俗作为判定契约效力的唯一的、最根本的依据。这种用违反公序良俗统一违法性的论点可以称为"一元论的违法论"。将违法性统一为违反公序良俗最重要的理由是,公法上各种强行规范的政策目的虽然不同,体现的利益也千差万别,但最终都可以归结为公共利益。这种一元论的最大实益在于:以公序良俗作为判断违反强行规范的法律行为效力的唯一和最终依据,能充分考虑个案的具体

---

〔1〕 参见日本最判昭和52年(1977年)6月20日裁决,民集31-4-449。

情况,避免效率判断中的概括化、抽象化和简单化。[1]

与“一元立法”不同,“二元立法”论明确区分违法和违反公序良俗的法律行为,该种立法主义是以违反强行性规定与违反公序良俗在适用上存在下列差别为基础的:(1)前者存在于强制性的法律规定,通过对该法律规定进行解释就可判断是否可用来衡量法律行为的效力;后者则根本不存在这样的法律规定,在判断行为效力时,可得援引的对象为“非法律的秩序”。(2)前者虽亦涉及对所援引强制性规定的解释,但在解释结论形成后,仅须简单对照当事人行为与解释结论,并抽象地判断行为之效力;而在后者,由于缺乏法律解释结论之支撑,只能结合个案,具体判断行为之效力。[2] 作为二元论的典型代表,《德国民法典》通说认为应当对该法第 138 条(公序良俗)作规范功能保留的缩限解释。这里的保留是指公序良俗为强制规范违反禁止规则(第 134 条)的适用保留空间。在此,第 134 条就成了第 138 条的特别法。据此推论,对于违反法律的法律行为只能适用第 134 条,虽然适用第 138 条在构成要件上更为容易。如果在适用第 134 条时,因为第 134 条的规范目的保留而不能适用无效制裁,则也不能根据第 138 条的规定来认定无效,除非根据第 134 条违反外,行为状况(Tatumstaende)还特别触犯了公序良俗,则可适用第 138 条。不过在实务上,并没有绝对坚持这样的认识,相反,如果依据第 134 条不受制裁,但根据第 138 条将受无效制裁,则会适用第 138 条。也就是说,在适用第 134 条后不能得出无效的结论,如果适用第 138 条会无效,则仍可适用第 138 条。[3] 日本学者山本敬三将以强制性规定为基础的公序良俗称为“法令型公序良俗”,而将不以强制性规定为

---

〔1〕 参见孙鹏:《论违反强制性规定行为之效力——兼析〈中华人民共和国合同法〉第 52 条第 5 项的理解与适用》,载《法商研究》2006 年第 5 期;谢鸿飞:《论法律行为生效的“适法规范”——公法对法律行为效力的影响及其限度》,载《中国社会科学》2007 年第 6 期。

〔2〕 参见孙鹏:《论违反强制性规定行为之效力——兼析〈中华人民共和国合同法〉第 52 条第 5 项的理解与适用》,载《法商研究》2006 年第 5 期。

〔3〕 参见耿林:《强制规范与合同效力——以合同法第 52 条第 5 项为中心》,清华大学 2006 年博士学位论文,第 80 页。

基础的公序良俗归类为“裁判型公序良俗”。[1]

本书认为,一国对这一问题的不同认识与取舍,取决于该国法律理论界对于公序良俗理论的发展。在中国现行法的框架下谈论应坚持“一元论”还是“二元论”,须运用法律解释学的方法,结合法律之整体目的与立法者立法初衷,考虑到既有的社会条件与新的社会环境,结合当下社会对公序良俗的应有的认知水平,作出符合现状之选择。

(二)“一元论”与“二元论”的价值衡量与取舍

《雇工合同案批复》引据《宪法》劳动权(《宪法》第42条),认定作为法律行为的“工伤概不负责”既违反宪法、法律又违背社会主义公德因而无效,依据在于《民法通则》第58条第1款第5项规定:“民事行为违反法律或者社会公共利益的无效。”本项规定及后来的《合同法》第52条第4款、第5款确立了“法律行为”[2]无效的两项事由:“违法”与“背俗”,[3]但《雇工合同案批复》措辞却无法体现这一点:到底是“违法(违宪+违反法律)”或“背俗”择一即可否定法律行为效力,还是“违法(违宪+违反法律)”和“背俗”才能否定法律行为效力?[4]一个既可“或”亦可“和”的不同解释造成

[1] [日]山本敬三:《公序良俗之在构成》,有斐阁年2003年版,第250页,转引自孙鹏:《论违反强制性规定行为之效力——兼析〈中华人民共和国合同法〉第52条第5项的理解与适用》,载《法商研究》2006年第5期 。

[2] 关于“民事行为”、“民事法律行为”与“法律行为”的名称之争,目前学界多数意见认为应抛弃《民法通则》的用法,改采“法律行为”的用法,本文采纳此多数意见。参见王利明:《民法总则研究》,中国人民大学出版社2003年版,第508~511页;龙卫球:《民法总论》(第二版),中国法制出版社2002年版,第425~427页;李永军:《民法总论》,法律出版社2006年版,第428~429页;薛军:《法律行为“合法性”迷局之破解》,载《法商研究》2008年第2期;朱庆育:《法律行为概念疏证》,载《中外法学》2008年第3期。

[3] 对于我国法律表述中的“社会公共利益”或“社会主义公德”,学界多数意见理解为“公序良俗”,下文皆统一采“公序良俗”的称谓。参见王家福主编:《中国民法学·民法债权》,法律出版社1991年版,第356页;佟柔主编:《中国民法学·民法总则》,中国人民公安大学出版社1990年版,第21页;梁慧星:《民法总论》(第二版),法律出版社2001年版,第203页;龙卫球:《民法总论》(第二版),中国法制出版社2001年版,第62页;李永军:《民法总论》,法律出版社2007年版,第503页。

[4] “一元论”认为违法与背俗是法律行为无效的统一事由,技术上由背俗吸收违法作合成论证,日本采此见解;“二元论”认为二者分别系法律行为无效之独立事由,多数法域采此见解,如德国、中国。参见孙鹏:《私法自治与公法强制——日本强制性法规违反行为效力论之展开》,载《环球法律评论》2007年第2期;谢鸿飞:《论法律行为生效的“适法规范”——公法对法律行为效力的影响及其限度》,载《中国社会科学》2007年第6期。

了这个疑问。但从体系解释的角度,本书主张"二元论",《雇工合同案批复》所确立的规范模式可转换成公式:"法律行为违宪 = 法律行为违法 = 法律行为无效"或"法律行为违宪 = 法律行为背俗 = 法律行为无效"。之所以可以认定该法律行为背俗是因违宪所导致,是因为上引《雇工合同案批复》第一句指明了无论是第二句中的"违宪违法"还是"背俗",皆是因为违反了宪法所规定的劳动权而导致。因此,《雇工合同案批复》实际上确立了法律行为侵害基本权利既属违法无效,也属背俗无效,择一即可否定其效力的规范模式。因此,实践中如果法官既作违法又作背俗的双重论证,无疑是画蛇添足,充其量只能起到加强语气的作用。

《民法通则》第 58 条第 1 款第 5 项上述规定,包括单方、双方与多方法律行为,《雇工合同案批复》虽系针对双方法律行为违反宪法无效,但根据相同事实同等对待的基本法理,应可类推适用至所有法律行为,如单方法律行为(遗嘱、赠与等)或多方法律行为(合伙、设立中的公司发起人之间的协议等)侵害基本权利也应无效。而根据《合同法解释(一)》第 4 条规定,《合同法》第 52 条第 4 款中的法律是指全国人大及其常委会制定的法律。又根据宪法文本(如第 67 条),宪法与法律从来都是在宪法中被分别规定的,不能等同视之,如《立法法》也不规定宪法的立、改、废问题。[1] 故既然此处已指明《合同法》第 52 条中的法律是指全国人大及其常委会制定的法律,当然就不是指由全国人大修改的、[2] 作为国家根本法的宪法。[3] 同理,《合同法解释(一)》虽然只确认了在双方法律行为领域,宪法不能再作为法律行为因违法无效的判断依据,实际上可以类推适用至全部法律行为,因此该司法解释是对《雇工合同案批复》的修正:"法律行为违宪 = 法律行为违法 = 法律行为无效"自此无效,目前只剩下"法律行为违宪 = 法律行为背俗 = 法律行为无效"规范模式。如果上述推论成立,如法律行为侵害了基本权利则只能是采"法律行为违宪 = 法律行为背俗 = 无效"规范模式。那么,这一推论是否成立?

---

〔1〕 参见《宪法》第 62 条第 1 ~3 款、第 64 条、第 67 条第 1 ~4 款。

〔2〕 立宪是立国活动,全国人大亦无权制宪,《宪法》第 62 条是关于全国人大权限的全面规定,但未赋予其制宪权。

〔3〕 《宪法》序言最后一段规定:"本宪法以法律的形式确认了中国各族人民奋斗的成果,规定了国家的根本制度和根本任务,是国家的根本法,具有最高的法律效力。"

为了该推论具体化,以上述《合同法解释(一)》实施后的一个判决予以说明,即"龙建康案"。该案案情与"工伤概不负责案"极为类似,其判决理由"违反宪法与有关劳动法规定"与《雇工合同案批复》前段理由一样,但未作"法律行为违宪 = 法律行为背俗 = 无效"之论证,违反了上述推论。由此可见,上述推论并未被实践广泛认同,如欲使其被实务与学说所接受,须做更深入的论证。

四、研究现状

《雇工合同案批复》曾引起学界高度重视,〔1〕学者大多从民法中的免责条款或雇主无过错责任等角度解析之,如梁慧星先生就认为该案的重大意义在于我国司法实务首次表明了有关人身伤害的侵权行为免责条款绝对无效。〔2〕少数学者注意到了该批复在处理宪法与民法关系上的重要意义,〔3〕如有学者认为,"这一司法解释虽然不是针对宪法效力的,但却直接引用宪法作为断案依据,具有开创性,为我国确定宪法直接效力提供了先例"。〔4〕但总体而言,对此问题鲜见深入探讨的专论。

从宪法与民法的关系观之,该批复引发的问题是如何应用宪法来判断法律行为效力的问题。违法与背俗作为法律行为无效事由,意在引进法律行为效力的外部判断标准——"法律"和"公序良俗",此为民法吸纳宪法、法律和社会道德规范用于衡量法律行为效力之"转介条款",〔5〕是民法得以协调管制与自治并与时俱进的"调节器",然而,诚如本书导论所述,目前

---

〔1〕参见梁慧星:《雇主承包厂房拆除工程违章施工致雇工受伤感染死亡案评释》,载《法学研究》1989 年第 4 期;房绍坤:《论雇佣人的民事责任》,载《法学》1992 年第 4 期;杨立新:《工伤事故责任及人身伤害事先免责条款的效力》,载王利明主编:《中国民法安全案例与学理研究——侵权行为篇、亲属继承篇》,法律出版社 1998 年版;龙卫球:《自然人人格权及其当代进路考察》,载《清华法学》2002 年第 2 期。

〔2〕参见梁慧星:《雇主承包厂房拆除工程违章施工致雇工受伤感染死亡案评释》,载《法学研究》1989 年第 4 期。

〔3〕参见王泽鉴:《基本权利与人格权》,载龙卫球主编:《中国法学大讲坛》,中国法制出版社 2012 年版,第 88 页;许中缘:《民法强行性规范研究》,载《法学家》2009 年第 2 期。

〔4〕周永坤:《论宪法基本权利的直接效力》,载《中国法学》1997 年第 1 期。

〔5〕参见苏永钦:《从动态规范体系的角度看公私法的调和——以民法的转介条款和宪法的整合机制为中心》,载苏永钦:《寻找新民法》(增订版),北京大学出版社 2012 年版,第 309 ~ 352 页。

学界有关宪法与私法关系的讨论多以“齐玉苓案”为契机,着重于宪法对侵权行为法或物权法领域的讨论,[1]而对基本权利之于法律行为效力的判定研究尚不多见。[2]因此造成公法学界在探讨宪法与私法关系时角度不全面,私法学界在探讨法律行为无效事由时出现了真空地带。

《民法通则》第58条第1款第5项前段规定违反法律之法律行为无效,《合同法》第52条第5款规定违反法律、行政法规的强制性规定的合同无效,然而此处法律是否包括宪法?该问题在学界一直存有争议。这一问题已被《雇工合同案批复》所肯定,即宪法亦属这里的法律之列,各地判决大多奉为圭臬。但是这一争论未因该批复的出台而停息,况且前文已述,该批复当前已然失效,那么该问题是否因此而走向否定答案的道路亦不得而知。本书认为,作为基本人权保障的体现,《宪法》规定的基本权利对私法的效力也是人权价值实现的必然要求。而“基本权利效力是指基本权利的价值

[1] 参见强世功:《宪法司法化的悖论》,载《中国社会科学》2003年第2期;王磊:《宪法司法化的几个问题》,载《中国社会科学》2003年第2期;蔡定剑:《中国宪法实施的私法化之路》,载《中国社会科学》2004年第2期;童之伟:《宪法司法研究适用中的几个问题》,载《法学》2001年第11期;梁慧星:《最高法院关于侵犯受教育权案的法释[2001]25号批复评析》,载中国民商法律网:http://www.civillaw.com.cn/article/default.asp? id=25254,2009年5月27日最后访问;梁慧星:《谁在曲解宪法、违反宪法?》,载中国民商法律网:http://www.civillaw.com.cn/article/default.asp? id=25643,2009年5月27日最后访问;张新宝:《民事法官能够直接引用宪法条文判案吗——最高人民法院法释[2001]25号司法解释另解》,载《民商法前沿》(2002年1、2合辑本),吉林人民出版社2002年版;宋春雨:《齐玉苓案宪法适用的法理思考——受教育权的性质与公民基本权利保护的法律研究》,载《人民法院报》2001年8月13日,第1版;王涌:《宪法与私法的关系》,载吴汉东主编:《私法研究》,中国政法大学出版社2002年版;徐涤宇:《宪法上的所有权与民法上的所有权》,载《中外法学》2006年第1期;姚辉:《关于民事权利的宪法学思维——以一般人格权为对象的观察》,载《浙江社会科学》2007年第1期;于飞:《基本权利与民事权利的区分及宪法对民法的影响》,载《法学研究》2008年第5期;解亘:《论管制规范在侵权法上的意义》,载《中国法学》2009年第2期。

[2] 截至2016年,现有的关于讨论基本权利与法律行为关系的文章也屈指可数。较有代表性的如张红:《论基本权利作为法律行为无效的判断标准——最高法院1988年“工伤概不负责”案〈批复〉之检讨》,载《法学家》2009年第6期;于飞:《基本权利与民事权利的区分及宪法对民法的影响》,载《法学研究》2008年第5期;谢鸿飞:《论法律行为生效的“适法规范”——公法对法律行为效力的影响及其限度》,载《中国社会科学》2007年第6期;黄学贤:《论宪法基本权利的私法效力》,载杨海坤主编:《宪法基本权利新论》,北京大学出版社2004年版,第363页。

与具体内容能够得到实现的一种力量,具体表现为基本权利对社会生活领域产生的拘束力,其目的在于保障宪法规定的人权价值实现。"[1] 因此,《宪法》的基本权利应该对私法产生效力。通过《合同法》第52条第5项的转介作用,使《宪法》间接地对私法、民法中的法律行为产生作用,当属必需。并且,此条所定之法律亦绝非仅指宪法之一种,亦含其他规范,如刑法、行政法、民法,甚至行政规章等。[2] 因此,以宪法作为法律行为违法判决基准实为法律行为违法判断基准之一种。

对于违法之法律行为效力问题,在我国是以"法律行为违反强制性规定之效力"为名进行探讨的。在《民法通则》第58条第1款、第5款前段规定与《合同法》第52条第5款明确规定下,通说认为,违反强制性规定之法律行为一律无效,即"违法 = 无效"。[3] 受此通说影响,《合同法》司法解释亦对此基本肯定之。[4] 然最近若干力作表明,此一通说过度强调国家干预私人空间,对个人自由钳制过严,并将导致法律适用上有违一般公平正义观念。因此,主张捍卫私人自治,限缩无效法律行为之范围。[5] 此一研究动向从本国实践出发并引进国外经验,堪值赞同。

---

〔1〕 韩大元:《论基本权利效力》,载《判解研究》2003年第1期。

〔2〕 参见谢鸿飞:《论法律行为生效的"适法规范"——公法对法律行为效力的影响及其限度》,载《中国社会科学》2007年第6期。

〔3〕 如陈小君主编:《合同法学》,中国政法大学出版社1999年版,第70、200页;江平主编:《中华人民共和国合同法精解》,中国政法大学出版社1999年版,第43页;李国光主编:《中国合同法条文释解》,新华出版社1999年版,第90页;余延满:《合同法原理》,武汉大学出版社1999年版,第213~214页;杨立新主编:《〈合同法〉的执行与运用》,吉林人民出版社1999年版,第88页;龙翼飞主编:《新编合同法》,中国人民大学出版社1999年版,第56页;郭明瑞、房绍坤:《新合同法原理》,中国人民大学出版社2000年版,第168页;王利明主编:《民法》,中国人民大学出版社2000年版,第106页;江平主编:《民法学》,中国政法大学出版社2000年版,第199页。

〔4〕 《合同法解释(一)》第10条规定,当事人超越经营范围订立合同,人民法院不因此认定合同无效。但违反国家限制经营、特许经营以及法律、行政法规禁止经营规定的除外。此解释虽然没有直接再次肯认违反强制性规定合同无效,但其立法目的实是如此。

〔5〕 参见谢鸿飞:《论法律行为生效的"适法规范"——公法对法律行为效力的影响及其限度》,载《中国社会科学》2007年第6期;孙鹏:《私法自治与公法强制——日本强制性法规违反行为效力论之展开》,载《环球法律评论》2007年第2期;孙鹏:《论违反强制性规定行为之效力——兼析〈中华人民共和国合同法〉第52条第5项的理解与适用》,载《法商研究》2006年第5期;解亘:《论违反强制性规定契约之效力——来自日本法的启示》,载《中外法学》2003年第1期。

但就目前整体研究而言,学者在探讨此问题时,对于违法之“法律”范围,一般皆只做公、私法之二元划分,诸如宪法、行政法、刑法等相关规范列为公法强制性规范,民法、劳动法、消费者权益保护法、产品质量法等相关规范列为私法强制性规范,并未将宪法单独作为一类强制性规范来对待。此种做法使宪法栖身于公法之中,不但忽视了宪法作为整体法秩序之“母法”地位,亦降低了宪法对整体法秩序之统摄功能。并且,目前研究亦未对宪法作为法律行为效力判断基准之必要性、可能性做专门论述,学界亦对此缺乏问题意识,似乎以宪法直接否定法律行为效力已经是一个颠扑不破的真理,见怪不怪。由于研究的不足,导致判决说理粗糙,各地出现同案不同判的现象。因此,针对宪法作为法律行为效力判断基准之研究犹待加强。

第二节　基本权利作为法律行为效力的判断基准

一、基本权利作为法律行为效力判据的法理依据

(一)防御权与国家保护义务

防御权,是指基本权利所具有的要求国家不予侵犯的权利。最早出现在基本权利规定中的自由权,存在的首要意义就在于对抗可能来自国家的侵害。随着其他种类基本权利的产生,防御权功能也得到了延伸。按照古典自由主义的理解,国家还只是一种“必要的恶”,是值得警惕的恶而可怕的东西。美国学者格尔哈斯·伦斯基说:“权力有作恶的滥用的自然本性。”[1]既然权力有作恶的可能,我们就有必要对其加以防范与限制。亚里士多德也曾确切指出:一切有权力的人都容易滥用权力。基本权利由宪法规定,首先,前已述及基本权利具有防御权之内涵,从此角度讲,基本权利划定了国家权力的行使界限,确保个人自由的空间,其所保护的法益乃是人类最基本的自由,包括自主形成生活、自主行为、自主信仰及发展人格等。防御权是基本权利所有其他功能或属性的源泉。我国2004年修宪时加入了

---

〔1〕 参见张贤明:《论政治责任》,吉林大学出版社2000年版,第43页。

“国家尊重和保护人权”的内容,其中的“尊重”一词即体现了对防御权功能重要地位的再认识,是我国基本权利的实践与理论的重大进步。

义务是与权利相对应的基本的法律范畴,有一方享有权利,与之对应必有一方负有义务。与防御权直接相对应的义务是国家的消极义务,国家对基本权利负有消极义务,即国家不侵害和干预基本权利的义务。此外,除消极义务外,国家还负有积极义务。国家义务由国家的消极义务与国家的积极义务构成。按照张翔教授对基本权利功能体系的研究,其将国家义务划分为三类:(1)消极义务,即不侵犯义务;(2)给付义务,即提供各种物质、程序给付和其他相关服务的义务;(3)保护义务。后两者构成国家的积极义务,[1]也就是说,国家保护义务包括国家建立基本权利实现所必需的制度、程序和组织,以及保护基本权利的义务。基本权利不仅为国家与私人划定了行为界限,而且可以作为评判私人关系的基本价值规范,并且国家还应负保护基本权利的义务。基本权利国家保护义务的根据在于,基本权利先国家而存在,人民设立国家在于更好地实现基本权利。这种保护体现在,当私人基本权利被侵害时(如生命、财产被侵夺),国家应积极保护,通过立法事前规定、通过司法嗣后救济等;如遇立法漏洞,则应授权法院依据基本权利的基本价值,通过创造性司法活动弥补立法的不足。[2] 因此,在尚未制定宪法之下位法保护基本权利的情况下,为了填补法律漏洞,法院可以援引基本权利来救济被侵害的基本权利。

(二)客观价值秩序与基本权利第三人效力

在当代宪法理论中,基本权利被认为具有“主观权利”和“客观法”的双重性质。基本权利不仅是主观权利(subjektives Recht),还是客观有效规范——法律(Gesets),是一种由基本权利体系性构成的“客观价值秩序”(ojektives Wertordnung)或“客观的基本规范”(ojektives Grundsatznormen),

---

〔1〕 参见张翔:《基本权利的规范构建》,高等教育出版社 2008 年版,第 45 页。

〔2〕 Canasis, Grundrechte und Privatrecht, AcP, 1984; ders., Grundrechte und Privatrecht: eine Zwischenbilanz. 1998. [日]山本敬三:《宪法と民法の关系——ドイツ法の视点》,载《法学教室》第 171 号(1994 年),第 44 页,引自渠涛:《从日本民法的历史看民法在当今社会中的地位与作用》,载中国法学网:http://www.iolaw.org.cn/showarticle.asp? id = 1210,2009 年 6 月 15 日最后访问。

是整个社会生活的秩序原则。在这个秩序里，公权力必须自觉遵守这一价值秩序，尽一切可能去创造和维持有利于基本权利实现的条件。我国《宪法》“序言”明确规定：“全国各族人民、一切国家机关和武装力量、各政党和各社会团体、各企业事业组织，都必须以宪法为根本的活动准则”；《宪法》第 5 条第 4 款、第 5 款规定：“一切国家机关和武装力量、各政党和各社会团体、各企业事业组织都必须遵守宪法和法律。任何组织和个人都不得有超越宪法和法律的特权。”可为基本权利该属性之宪法基础。基本权利客观价值秩序属性最大作用在于，使基本权利由单纯对抗国家的防御权变成了不仅可以对抗国家，还可以对抗私人，对私人关系产生约束力的社会基本价值规范。[1] 于是产生了基本权利的第三人效力学说。

依据基本权利的第三人效力理论，基本权利亦可拘束私法关系。[2] 随着社会现实的发展、宪法基本权利在量上的扩张和质上的变化，使传统的“私法自治”难以为继。[3] 传统的“私法自治”建立在抽象的、形式的民法平等观念之上，其反映在法律上，就是要求绝对平等地分配当事人间的权利和义务，而不去考虑个体因素的不同。近代民法上的所有权绝对、契约自由和过错原则就是根据近代形式正义演绎出的制度形态。梁慧星教授曾从民法角度解读正义观，他认为近代民法主张的绝对的契约自由和过失责任原则是形式正义的体现，而将现代民法对契约自由内容进行适当限制看作实质正义。[4] 但是，自进入 20 世纪以来，商品经济得到极大的发展，伴随而来的是多元化的交易形式，市场主体的地位有了明显的差别。大公司和大企业相继出现，经营者与消费者、劳动者与用工者等主体的地位、能力差别越来越大，出现了实质意义上的强者和弱者之分。旧有的社会分配利益的方式对社会弱势群体就会产生实质的不公平。事实上，“力量强大、地位优越的主体就可能借助自己所拥有的实力在实现自己利益最大化时实际损害社会弱势群体的权利。”而且，这种损害往往是基于弱势群体同意的，既然

---

〔1〕 参见张翔：《基本权利的双重性质》，载《法学研究》2005 年第 3 期。

〔2〕 参见张翔：《基本权利的规范构建》，高等教育出版社 2008 年版，第 29 页。

〔3〕 参见黄学贤：《论宪法基本权利的私法效力》，载杨海坤主编：《宪法基本权利新论》，北京大学出版社 2004 年版，第 363 页。

〔4〕 参见梁慧星：《从近代民法到现代民法》，中国法制出版社 2000 年版，第 171 ~ 179 页。

是弱势群体基于“自由意志”而接受了这种损害,其在民法领域获得救济的可能性就会微乎其微,弱势群体的基本权利就难以有效落实。“如果仍然通过传统的私法进行法律保障,就不能免除那些属于私人性质又拥有巨大社会势力的违宪侵权行为尤其是侵犯公民的基本权利的行为。”〔1〕既然私法保障不足,就有必要考察私法主体表面上的平等背后的实际上、力量上的不平等,考察私法关系中实际存在的支配与强制,在必要的情况下以公法原理保障公民的基本权利。至此,“宪法基本权利的私法效力问题已经是个不可回避,也难以否认的问题。”〔2〕

从比较法来看,基本权利适用于私法关系在方法上出现了基本权利第三人效力“直接说”与“间接说”的争论,前者主张基本权利作为直接可适用的法而适用于私法关系,后者主张将基本权利的这种客观价值通过私法中的概括条款来间接实现。此为基本权利作为法律行为效力判定标准的另一理论基础。

(三)契约自由

私人生活以自治为圭臬,法不禁止即自由,有序市民社会的形成依赖积极的法律行为而为之,而法律行为的根本在于意思自由——契约自由。契约作为法律行为的主要方式与手段,对契约自由的宪法保护尤为重要。契约自由乃宪法自由权的题中应有之义,与言论自由、信仰自由、人身自由同属基本权利之列。在现代宪法中,“自由权”的范围得到了丰富与发展,从着重于公民政治自由的保障发展为对公民经济自由、社会文化权利等全方位的保障。总体来看,宪法对契约自由的保障,主要有以下三种方式:(1)在宪法中规定国家实行的经济体制与政策见解影响契约自由的实现;(2)从政治制度中规定国家权力不得介入的领域和范围来实现公民契约自由领地的确认;(3)将公民的契约自由上升为基本权利之一。采用最后一种方式

---

〔1〕 吴撷英:《欧美国家关于宪法约束力的理论研究及私法实践》,载《法学论文集》,光明日报出版社1985年版。

〔2〕 张翔:《宪法权利之私法效力刍议》,2002年全国宪法学年会论文。

者极为罕见,[1]多数国家采取前两种方式。多数国家宪法虽未明文规定契约自由为基本权利,但实践中往往通过释宪将契约自由作为基本权利保护。

契约自由作为基本权利具有防御权属性,国家权力自不能轻易损害之,而法律行为无效制度的设立恰是国家干预契约自由的体现。但由于基本权利的行使并非毫无限制,应遵循国家法令、公共福祉并不得滥用(《德国基本法》第18条、第19条,《日本宪法》第13条,我国《宪法》第51条),所以法律行为无效制度非但不违宪,且属必要。然于此两端,法技术要解决的问题是,何种情形或程度的国家干预才不至于有损契约自由?这是上游立法者进行管制立法所不能忽视的,也是下游法官判断法律行为是否有效的重要考量因素。

基本权利由单一防御权变成社会价值秩序的基本准则,并使国家负有保护基本权利的义务,加之法律行为的核心——契约自由是基本权利之所以能成为法律行为效力判断标准的基本理论前提和宪法依据。从比较法研究来看,论者言及基本权利在法律行为领域的适用,一般皆会从基本权利的上述三重属性入手,以确立其理论基础。遵循这一研究路径的学者,有德国的 Canaris,[2]日本的山本敬三,[3]中国台湾地区的王泽鉴先生[4]等人。

---

〔1〕 仅1919年的《德国魏玛宪法》以及1787年《美国宪法》从正面直接肯定宪法对契约自由加以保护。有学者指出出现这一现象的原因:"在财产私有和市场经济之下,古典政治宪法形式上的财产权与契约自由的实质是有产者(即雇主)的权利。这也是为什么一些奉行自由经济的国家拒绝将经济权利宪法化的原因。"参见郑贤君:《论宪法上的经济权利》,载《中共长春市委党校学报》2004年第4期。

〔2〕 Canaris, Grundrechte und Privatrecht, AcP, 1984; ders. Übermaßverbot im Recht der Geschäftsfähigkeit und im Schadensersatzrecht , JZ,1987; ders. , Zur Problematik von Privatrecht und verfassungsrechtlichemÜbermaßverbot ,JZ,1988; ders. , Grundrechtswirkungen und Verhältnismäßigkeitsprinzip in der richterlichen Anwendung und Fortbildung des Privatrechts, JuS,1989; ders. , Grundrechte und Privatrecht: eine Zwischenbilanz. 1998.

〔3〕 参见[日]山本敬三:《取引关系における公法的规制と私法の役割——取缔法规论の再检讨(2·完)》,载《ジュリスト》1996年第1088卷;《宪法と民法の关系——ドイツ法の视点》,载《法学教室》第171号(1994年)。引自渠涛:《从日本民法的历史看民法在当今社会中的地位与作用》,载中国法学网:http://www.iolaw.org.cn/showarticle.asp?id=1210,2009年6月15日最后访问。

〔4〕 参见王泽鉴:《劳动契约上之单身条款、基本人权与公序良俗》,载《万国法律》1990年第50期;《宪法上的人格权与民法上人格权》,载台湾大学法律学院第二届:《马汉宝讲座论文汇编》(2007年版)。

二、基本权利作为法律行为效力的判断要求

(一)比例原则

前文已述,基本权利具有防御权属性,故国家不得擅自侵害契约自由;同时基本权利又赋予国家保护人民基本权利的义务,故当人民基本权利遭遇法律行为(契约自由)侵害时,国家又应跨过契约自由来保护被其侵害的基本权利。如此使国家对于侵害基本权利的法律行为是否无效的判断规则成为两类基本权利(契约自由与劳动权、平等权、人格权等)冲突解决的民法裁判规则,民事法官成为基本权利冲突的裁判者,其必须在个案中就此基本权利冲突作出判断。由于基本权利的行使并非毫无限制,应遵循国家法令、公共福祉并不得滥用,并且由于民事法官代表公权力,其对一种基本权利的保护就是对另一种基本权利的限制,所以法律行为无效制度非但不违宪,且属必要。这种公权力对基本权利干涉的限制即为比例原则(Verhältnisprinzip),故原只适用于公法上的比例原则也逐渐成为民事法官的裁判工具。[1]

比例原则,始创于德国行政法,一般我们所说的比例原则的原形,来自德文中的"Verhätnismäßigkeit""Übermassverbot""Erforderlichikeit"等词,但学者根据不同的译法,给予了其不同的称呼,有的译作"平衡原则",[2]有的译作"相当原则"[3]"均衡原则",[4]但最广泛的称呼应为"比例原则"。有的学者甚至认为,比例原则是约束行政权力最有效的原则,与民法中的诚

[1] 在德国,Medicus首次系统将比例原则引入私法裁判,Vgl. Medicus, Der Grundsatz der Verhätnismäßigkeit im Privatrecht, AcP 1992(1992)。在日本,山本敬三也较早对此进行详细论述,参见[日]山本敬三:《宪法と民法の关系——ドイツ法の视点》,载《法学教室》第171号(1994年),第44页,引自渠涛:《从日本民法的历史看民法在当今社会中的地位与作用》,载中国法学网:http://www.iolaw.org.cn/showarticle.asp? id = 1210,2009年6月15日最后访问。国内谢鸿飞、孙鹏也提出了这一点,参见谢鸿飞:《论法律行为生效的"适法规范"——公法对法律行为效力的影响及其限度》,载《中国社会科学》2007年第6期;孙鹏:《论违反强制性规定行为之效力——兼析〈中华人民共和国合同法〉第52条第5项的理解与适用》,载《法商研究》2006年第5期。

[2] 于安:《德国行政法》,清华大学出版社1999年版,第29页。

[3] 朱武献:《言论自由之宪法保障》,载《公法专题研究》(二),辅仁大学丛书编辑委员会1992年版,第37页。

[4] 王桂源:《法国行政法中的均衡原则》,载《法学研究》1994年第3期。

实信用原则一样,是帝王条款。[1] 不管这是否有过分拔高比例原则的作用之嫌,都不能否认其在现代法治之中的作用。

一般来说,广义的比例原则包括均衡性原则、适合性原则、必要性原则(狭义的比例原则)三个方面的内容。均衡性原则要求保持目的与手段之间的均衡,即要求所采取的手段必须有助于目的达成。否定违法行为的效力属于非常严厉的制约手段,故所违反的规范所蕴含的利益必须重大。在判断规定目的的重要性时,一般应考虑下列因素:(1)规定自身的基准;(2)社会情事和社会意识基准。适合性原则是指手段应有助于目的之达成,对目的达成没有任何作用的手段不应被采用。[2] 适合性原则,要求在同等有效地达成目的的手段中,应选择对人民权益干涉最小的;手段应有助于目的之达成,对目的达成没有任何作用的手段不应被采用。在把握适合性原则时,有必要注意以下因素:(1)在判断是否有助于实现法规目的时,只要否定行为效力有助于消除违法的状况,即可确认为适合性,纵然其并不能积极地实现法规目的;(2)由于强制性法规旨在强制或禁止一定的行为,否定违法行为的效力通常都有助于消除违法之状态,因此,除非对法规目的之实现明显不具有任何作用,原则上应当肯定无效手段之适合性;(3)在判断适合性时,还应考虑无效所普遍具有的预防、威慑与制裁效果。[3] 必要性原则是指如果不否定违法行为之效力,法规目的就无法实现;如果采取其他更为温和的手段足以实现法规目的,宣告行为无效就不具有必要性。

因此,在处理用宪法基本权利否定法律行为效力的问题上,比例原则即要求在适用基本权利否定法律行为效力时,应严格适用比例原则。民事法官不能动辄以法律行为侵害基本权利为由而否定其效力,而应遵循妥当性、必要性和损益相称性作出综合评判,将宪法私法化适用减少到最小范围,以避免不利影响。

---

〔1〕 参见陈新民:《德国公法学基础理论》,山东人民出版社 2001 年版,第 389 页。

〔2〕 参见孙鹏:《论违反强制性规定行为之效力——兼析〈中华人民共和国合同法〉第 52 条第 5 项的理解与适用》,载《法商研究》2006 年第 5 期。

〔3〕 参见[日]山本敬三:《取引関係における公法的規制と私法の役割:取締法規論の再検討》,载《ジュリスト》1996 年第 1087 卷。转引自孙鹏:《论违反强制性规定行为之效力——兼析〈中华人民共和国合同法〉第 52 条第 5 项的理解与适用》,载《法商研究》2006 年第 5 期。

(二)尊重具体私法规范原则

作为国家的根本大法,虽然宪法的效力可以辐射到私法之中,但并不是要求以宪法之基本权利取代私法规则、作为直接适用的依据。公民不能依据宪法性文件中规定的基本权利而并非私法规则为主要依据提起诉讼。即使在宪法司法化比较发达的德国,也更多的仅是强调宪法性权利只限于对私法原则产生一定影响,而不是完全取代私法,私法规则只是在相应的宪法规范基础加以解释,最终适用的还是私法规则。私权上的宪法权利纠纷,无论是从事实上还是从程序上讲都属于民事纠纷。[1] 因而这就是要求应该尊重具体的私法规范,在这里本书认为应坚持"私法优先说",即处理这类关涉基本权利的民法案件时,应该依据具体相关的私法规范,不能直接依靠宪法规范来解决纠纷、处理案件。基本权利对私法关系的效力应该经由对私法之概括条款的解释来达到。之所以这样做,究其实质,一是为了保持公法与私法的正当性分野,防止公权过多侵入私权领域而影响私法自治和个人自由权的现象发生;二是由于宪法过于原则,不好具体准确适用于案件,必须依靠具体法律条款,才能把纠纷准确具体地加以解决。[2] 本书认为,宪法不能直接用来解决私法问题,基本权利不能直接介入私事领域。同时,立法机关在制定私事法律的时候,应该注意到宪法中的相关权利规定,私法的规定应该与已有宪法基本权利的规定互通有无。

第三节　基本权利是否为法律行为因违法无效之判断基准

从比较法来看,根据《德国民法典》第 134 条的规定,如果没有其他法律规定,违反法律规定之法律行为无效,为我国《民法通则》第 58 条与《合

---

〔1〕 参见[德]Peter Guint:《德国宪政理论上的言论自由和私法自治》。转引自蔡定剑:《中国宪法实施的私法化之路》,载《中国社会科学》2004 年第 2 期。

〔2〕 参见蔡定剑:《中国宪法实施的私法化之路》,载《中国社会科学》2004 年第 2 期。

同法》第52条之比较法基础。值得注意的是,目前对于《日本民法典》第91条[1]及其相关判例学说,已引起我国学者关注。[2] 因此,欲探究宪法通过此一“违法”条款评判法律行为效力是否具有必要性及正当性之基础,须从相关制度已有之经验寻求借鉴。

一、《德国民法典》第134条之解释适用

(一)本条性质与基本功能

《德国民法典》第134条规定:“如果没有其他法律规定,违反法律规定之法律行为无效。”本条原始功能在于使《德国民法典》之外的强制(Gebot)或者禁止(Verbot)规范通过效力之否定进入民法,其与《德国民法典》第823条第2款违反保护他人之法律加害他人之侵权行为旨趣相同。但诚如梅迪库斯所指出的那样,这些强制或者禁止规范本身并未规定对其违反的民法效力问题,只有通过第134条才能使这些法律禁令变成民法上的完善法律(Lges perfectae)。[3]

立法者立法之初意图在于将刑法规范(特别是《刑法》第186条以下之诽谤罪规范)通过此条进入民法,但随着干预性的经济法和社会法的不断增加,此两类法律通过法律实践和学说协力,其在适用比例上,已经大大超越并取代了刑法规范。[4] 随着民法外部规范——经济法和社会法等的不断增加,其对民法的渗透和干预趋势越来越明显,于是如何筛选适当的外部规范通过此条进入民法并以资判断法律行为之效力,就成了本条司法适用之关键所在。为此,德国实务与学说经历了长时间的论辩、徘徊和曲折。实务与学说发展之中心问题在于,如何认定民法之外部规范为本条所指之强

[1] 《日本民法典》第91条规定:“法律行为中当事人所为之意思表示与法令中与公共秩序不相违背者,遵从其意思。”

[2] 参见解亘:《论违反强制性规定契约之效力——来自日本法的启示》,载《中外法学》2003年第1期;孙鹏:《私法自治与公法强制——日本强制性法规违反行为效力论之展开》,载《环球法律评论》2007年第2期。

[3] 参见[德]迪特尔·梅迪库斯:《德国民法总论》,邵建东译,法律出版社2000年版,第483页。

[4] 参见《德国民法典》立法理由书,Motiv Ⅰ,201。转引自 Flume,BGB - AT, Bd. Ⅱ,3. Aufl. 1979,S. 341。

制性(Verbot)规范? 显然,厘清这一问题,是决定宪法能否成为法律行为违法判断基准之先决条件,对此进行判断,需先明确宪法是否为本条意义上的强制性规范。

该条规定的"法定禁止",德文为"gesetzliche Verbote",意为法律禁令,因而在德国理论上多将此称为"禁止性规定"。然而从学者对禁止性规定的解释来看,禁止性规范相当于广义上的强制性规范(zwingende Normen,强制法[ius congens]),与任意性规定(dispositive Normen,任意法[ius dispositivum])相对。任意性规定,是指补充当事人之间合同约定的规定,是当事人可以通过约定对其加以排除或变更的规范。相反,强制性规定,是指其适用不以当事人的意志为转移的规定,不可通过当事人约定进行排除或变更。所以,强制性规定包括:(1)规定私法自治及私法自治行使要件的法律规范,如行为能力、意思表示生效要件等;(2)保障交易稳定、保护第三人信赖的法律规范;(3)为避免产生严重的不公平后果或为满足社会要求而对私法自治予以限制的法律规范。[1] 强制性规定之"强制",是指必须遵守这些行为规则,而无论当事人的意思如何。在民法范畴中,物权法、亲属法和继承法的大部分规范都是强制性规定,而债法中则很少有强制性规范,但也不是没有,在德国法中,社会福利方面的保护性规定主要见于房屋租赁法和雇佣法以及《德国民法典》之外的分期付款买卖法。[2] 因而可以看出法律禁令在德国法上亦是一个广义上的概念。

根据实务操作经验,结合学说,《德国民法典》第 134 条具有如下三项功能:

1. 引致规范(Verweisungsnorm)

该学说产生较早,以弗卢姆(Flume)为代表。氏著认为,《德国民法典》第 134 条本身没有独立的规范内涵或者意义,甚至不具有解释规则之意义,只是单纯引致某一规范供法官适用。而法官则需从具体禁止规范之意义和目的(Sinn und Zweck)去确认其所指向的法律行为之效力——究竟是否要

[1] 参见[德]卡尔·拉伦茨:《德国民法通论》,王晓晔等译,法律出版社 2003 年版,第 42 页。

[2] 参见[德]卡尔·拉伦茨:《德国民法通论》,王晓晔等译,法律出版社 2003 年版,第 41 页以下。

否定该法律行为之效力。[1]

2. 解释规则(Auslegungsregel)

此说以卡纳里斯为代表。氏著认为，《德国民法典》第134条应定性为解释规则，即认定法律行为在违反某禁止规范时，如因“内容”“当事人”被禁止，除另有规定外，“原则上”即应归无效，借以肯定国家通过立法对经济、社会秩序之干预，以贯彻国家对私法之控制。其基本原理在于公法干预法规，优于私法自治。[2] 弗卢姆不赞成在法律行为是否违反禁止性规定解释存在疑义时一律归于无效的解释规则，[3] 而梅迪库斯对卡纳里斯的这一见解持肯定态度。[4]

3. 概括条款(Generalklausel)

此说以威斯特法伦(Westphal)为代表。氏著认为，干预性法规较之私法自治具有优先性。但其认为，法官在裁判技术上如何认定法律行为是否构成对禁止性规范的违反，需要法官超越禁止性规范之立法者意图而作独立的价值判断，如此以使公、私法配合无余，丝丝入扣。由此，威斯特法伦认为，《德国民法典》第134条既非单纯引致规范，其操作之复杂性亦不似解释规则之描述那样简单，而是一项具有对法官授权性质(gewährende Rechtsnormen)、需要进行价值补充(auffüllen)的概括条款。通过如此亦构建一套精致的法律行为控制标准，使私法自治与国家干预得到最佳调和。[5]

那么，《德国基本法》是否能够通过此一多重功能条款成为国家控制法律行为之判断基准呢？于此，实务及理论一向做最宽广解释，即认为此种禁止性规范涵盖《德国民法施行法》第2条所称之一切法律规范。[6] 上至《德国基本法》下至行政机关的委任立法，不论联邦及各邦法规均应涵

---

[1] Vgl. Flume, BGB - AT, Bd. Ⅱ, 3Aufl. ,1979, S. 341.

[2] Vgl. Canaris, Gesetzliches Verbot und Rechtsgeschäfte, 1983, S. 14ff.

[3] Vgl. Flume, BGB AT, Bd. Ⅱ, S. 341.

[4] 参见[德]迪特尔·梅迪库斯：《德国民法总论》，邵建东译，法律出版社2000年版，第483页。

[5] Vgl. Westphal, Zivilrechtliche Vertragsnichtigkeit wegen Verstoßes gegen gewerbrechtliche Verbotsgesetze, 1985, S. 133ff.

[6] Nipperdey, BGB - AT, 15Aufl. ,1959, S. 1153.

盖。[1] 显然,“万能国家”的大量社会、经济立法和法院的实务经验表明,行政法规性质的干预规范一直居于《德国民法典》第134条中的禁止规范之鳌头地位。德国法上如此规定的原因是基于其立法技术的完备性和科学性以及宪法对法律制定的统领性,换言之,德国法上的法律最终能否通过《德国民法典》第134条的规定对法律行为进行价值判断取决于宪法上审查。但是,联邦最高法院亦认定《德国基本法》关于平等权的规定,可以直接适用于有关大众民事交易之私法上法律行为,如此种法律行为违反《德国基本法》,当可认定无效,如“私立学校学生月票案”。[2] 当然,为了更清楚地认识《德国基本法》,毋宁是《德国基本法》中的特殊基本权利条款如何通过本条控制法律行为,还须回归实务寻找答案。

但是,于此须注意的是,禁止法规中仅仅是为了保护他人法益的“保护性法规”(Schutzgesetz),对其违反虽然可根据《德国民法典》第823条第2款课处侵权之责,但却与此基于保护公共利益的禁止性规范判若云泥。[3] 由此可见,《德国基本法》亦属禁止性规范之列,只不过范围大多限于第3条之平等权。

(二)德国联邦最高法院判决(BGH)

德国联邦最高法院自20世纪50年代以来不结合《德国基本法》引用本条共作出判决463件,其中结合《德国基本法》条文的共计20件,[4] 其中后者占前者比重为4%,足见联邦最高法院在运用《德国民法典》第134条引致《德国基本法》条文作出判决这一点上是持审慎态度的,甚或可言,其基本上对此是持否定态度的。其实,鉴于《德国民法典》第134条实践中引致的主要都是行政法、经济法和社会法规范,与《德国基本法》实际关系不大。那么,我们又该如何来看待现有的这20件判决呢?难道联邦最高法院一直处于出尔反尔、摇摆不定的状态之中吗?

---

[1] 参见孙鹏:《论违反强制性规定行为之效力——兼析〈中华人民共和国合同法〉第52条第5项的理解与适用》,载《法商研究》2006年第5期;苏永钦:《私法自治中的经济理性》,中国人民大学出版社2004年版,第36页。

[2] BGHZ 52,325.

[3] 参见苏永钦:《侵害占有的侵权责任》,载苏永钦:《私法自治中的经济理性》,中国人民大学出版社2004年版,第67~83页。

[4] 资料来源:www. juris. de/jportal/tndex. jsp,2009年2月1日最后访问。

最近的一件二者结合的判决是该院于 2003 年 12 月 2 日作出的“政党银行消费账号解除案”。[1] 正式分析之前需要明确为何选取最近的这一件判决作为样本。首先,限于篇幅,本书于此不可能每件逐一解析;其次,也是最关键的理由,联邦最高法院在作出判决的时候,其论理部分往往会将本院或者各州高等法院甚至基层法院与本案案情相似的既判力判决作一番梳理与引证,以支撑或佐证其判决,尽管之前判决可能是正面证据,也可能是“反面教材”。此种做法无疑使我们可通过对最近判决的阅读而能知悉关于类似案情的过往判决之处理方法,进而达到窥一斑而知全豹之效果。

该案案情主要为:被告作为国家唯一能够自我控制的信用机构,其因某一政党(原告)之政见与其不同而解除该政党之账户。联邦最高法院根据《德国民法典》第 134 条,认定该行为系属违反《德国基本法》第 3 条第 1 项之平等权行为,应归无效。本判决揭示要旨(Leitsatz)有三:

(1)基于国家公权力而设立之垄断性、营利性企业应遵循《德国基本法》第 3 条之平等权规定,不得滥用其权利。

(2)没有法律上之正当理由而由唯一的国家信用机构解除账号行为系属权利滥用,根据《德国民法典》第 134 条,应归无效。

(3)只要联邦宪法法院确认政党不违反《德国基本法》,居于唯一、垄断地位之国家信用机构就不得以政见之由而解除其银行账号。

为了支持上述要旨,即运用《德国民法典》第 134 条引致《德国基本法》第 3 条第 1 项否定该解除行为效力之做法,该判决引用了众多证据,证明其正当性。这些证据分为两类:一类是判决,有 1975 年 11 月 26 日作出的“批发送水案”,[2] 2003 年 3 月 11 日作出的“政党储蓄账户解除案”[3];另一类是理论,《慕尼黑法律评论》(*Muenchen Kommentar zum BGB*)中有对该条的解释适用部分。[4]

---

[1] XI ZR 397/02.

[2] BGHZ 65,284,287.

[3] XI ZR 403/01.

[4] MünchKomm/Mayer – Maly/Armbrüster, BGB 4. Aufl. § 134 Rdn. 33.

结合本判决再引两则判决及学说可以发现,联邦最高法院运用《德国民法典》第134条引致《德国基本法》否认私人法律行为效力基本上都是建立在一个基础之上,即合同的另一方具有类似于国家的公权力,或者具有市场上的绝对支配地位,都是尼佩戴意义上的"社会强力"(Social Macht)。因此可以说,这些判决都契合了直接效力说。但作此推论的前提必不能忽视如是案情中"社会强力"存在之事实。并且,于此我们似乎又验证了本书第二章的结论,基本权利第三人效力理论并非直接说与间接说的非此即彼的关系,且直至今天,直接说也并非全无用武之地。因此,有必要重申,基本权利的私法适用,应具体问题具体分析,盲目于学说的追捧与简单表决于问题之解决实无多大益处。

(三)德国联邦最高劳动法院(BAG)与联邦宪法法院(BVerfG)判决

本书第二章所引单身条款案判决,系德国联邦劳动法院于1957年作出,该判决直接引用宪法否定合同中单身条款之效力,是基本权利第三人效力直接说的标志性判决,但该判决作出之后旋即被实务与学说否定。而后,该院于1984年在判断中宣布放弃此做法。[1]

联邦宪法法院自1951年创建至今,该院在裁判中明确适用《德国民法典》第134条的判决只有6件。[2] 可见,该院作为《德国基本法》适用之最后决定机关,但其对结合《德国基本法》适用《德国民法典》第134条之情形微乎其微。由此两院对该条适用的情形来看,该条确非民法引致《德国基本法》的转介条款。

(四)《德国基本法》是否存在本条所指之禁止性规范

基本权利第三人效力直接说在法律行为领域虽不至于完全销声匿迹,但诚如上文所示,其适用范围已经大为限缩。这固然是由于各种基本权利本性使然,上揭判决仅揭示平等权之于《德国民法典》第134条有一定适用空间。但如此毋宁更是因《德国基本法》之下的大量经济和社会等普通立法的出现,使明确性的禁止性规范数量大幅增加,由此更无基本权利条款于普通民事案件置喙余地。对此,德国实务已有明证。当然,有关公法借《德

---

〔1〕 BAGE 47,363.

〔2〕 资料来源:www. juris. de/jportal/tndex. jsp,2009年2月1日最后访问。

国民法典》第134条控制法律行为效力已经形成了丰富的实践经验和理论学说,本书于此不可能一一穷尽,也非论题所及范围。需要重申的是,就目前德国实务来看,基本权利条款,特别是平等权,作为《德国民法典》第134条中的禁止性规范只在合同一方为国家或具"准国家"优势时方可适用,如"唯一国家信用之银行""政策控股之公用企业"。此即警示,基本权利借《德国民法典》第134条否定法律行为效力是须相当克制的。这也是《德国民法典》第134条的"但书条款"得到越来越广泛重视的原因,强制性规定对合同效力的影响从最初国家意志向合同效力的积极干预转向一种有限度的干预,这种限度在于如何协调私法自治与国家强制,使两者各自发挥功效,促成法律秩序的构建与维护。否则,对基本权利于整个"国家—社会—人民"方方面面之无限射程而言,似乎难以确定何种法律行为将与基本权利无关,如是,将使私法自治丧失基础。

二、中国台湾地区违法的法律行为无效条款之解释适用

(一)本条渊源与功能

中国台湾地区违法的法律行为无效条款规定:"法律行为,违反强制或禁止之规定者,无效。但其规定并不以之为无效者,不在此限。"此条文系主要参照《德国民法典》第134条立法例而创设,只是本条区分"强制"与"禁止"两种规范情形,与《德国民法典》第134条只笼统规定"法律禁止"略有区别,但德国实务与学说早已突破民法条文字面解释,亦对此"强制"与"禁止"二者加以区别适用。[1]中国台湾地区所谓违法的法律行为无效条款在概念形成与功能再造方面亦皆与《德国民法典》第134条具有异曲同工之妙。早期,中国台湾地区对于该条的认识与解释适用尚存在较大偏差,多数论著皆认为此一条款系单纯引致条款,引介"民法典"外部规范控制法律行为,甚或以为只是"民法"内部强制性规范适用与法律行为领域之"转介"条款,尚未认识到其解释、概括功能在沟通公、

---

〔1〕参见苏永钦:《违反强制或禁止规定的法律行为》,载苏永钦:《私法自治中的经济理性》,中国人民大学出版社2004年版,第30~52页;谢鸿飞:《论法律行为生效的"适法规范"——公法对法律行为效力的影响及其限度》,载《中国社会科学》2007年第6期。

私法融通上的妙处。[1]

(二)违法的法律行为无效条款之强制或禁止规范

苏永钦结合《德国民法典》第134条的三重功能论,主张该条应具有引致条款、概括条款和解释规则三重功能:[2]

1. 引致条款

当强制或禁止法规明示违反的法律行为无效或另有其他效果时,所谓违法的法律行为无效条款仅为引致规范,即在已有明确下位立法强制或禁止的情况下,径可直接适用该下位法之强制或禁止规定,否定法律行为之效力,如"男女平等就业法"之后就再无"宪法"男女平等条款适用于男女不平等之就业合同之余地了。

2. 概括条款

在未经明示,也无法从相关条文直接导出法律行为效力时,即须权衡该法规保护的法益与法律行为本身体现的法益,以决定法律行为是否构成"违反"法律;认定构成违反时,尚应就法规目的调查,赋予无效或其他效果较为合理。

3. 解释规则

当法益权衡相当或有疑义时,应以认定构成违反原则,当效果如何决定存在疑义时,应以绝对、自始无效为原则。此为贯彻公法优于私法之意旨。在基本权利适用于法律行为控制之时,一般即是该规则的运用。

那么,中国宪法是否又是违法的法律行为无效条款之强制或禁止规范呢? 对此,苏永钦在划定违法的法律行为无效条款之强制或禁止规定——法律范围时,作如下宽广界定:

> 故违法的法律行为无效条款所谓强制或禁止规定,应包括一切具有一般性,以保护公共利益(可兼含保护个人法益)为目的的有效行为

---

[1] 参见苏永钦:《违反强制或禁止规定的法律行为》,载苏永钦:《私法自治中的经济理性》,中国人民大学出版社2004年版,第30~52页。

[2] 参见苏永钦:《违反强制或禁止规定的法律行为》,载苏永钦:《私法自治中的经济理性》,中国人民大学出版社2004年版,第30~52页。

规范。[1]

即便在如此宽广的界定下,但并不包括基本权利规范的影子,由此可见,违法的法律行为无效条款中所指之强制或禁止规定亦难谓包含"宪法"。职是之故,可以发现,我国台湾地区对于间接效力说之贯彻比德国更要彻底,在法律行为领域直接适用违法的法律行为无效条款引致基本权利规范的做法现在已经几乎没有市场了。

三、综合分析

(一)基本权利不是效力性强制规定

法律行为违反强制性或禁止性规定无效,《德国民法典》第 134 条,《日本民法典》第 91 条,[2]我国《民法通则》第 58 条第 1 项、第 5 项前段,我国《合同法》第 52 条第 5 项都有规定。对于我国《合同法》第 52 条第 5 项,学界多数意见认为,该项是指违反强制性规定(包括公法与私法)之法律行为一律无效,即"违法 = 无效",《合同法解释(一)》亦对此基本肯定。然而,目前的新锐研究成果已对此说形成有力挑战,认为合同违法并不必然无效。因为,在合同违法无效这个规则中,应将法律理解为强制性规范(或义务规范,Gebot)和禁止性规范(Verbot),违反前者是"无效"(Nichtigkeit),而违反后者则是"不生效"(Umwirksamkeit);违反前者是公法责任,绝对无效;违反后者是私法责任,可以补正生效,且公法责任不影响私法效力。并且,《合同法》第 52 条第 5 项中的强制性规范应理解为公法上的强制性规范,而不包括私法上的强制性规范。如此,则可限缩无效合同范围,释放私法自治

---

〔1〕 参见苏永钦:《违反强制或禁止规定的法律行为》,载苏永钦:《私法自治中的经济理性》,中国人民大学出版社 2004 年版,第 30 ~ 52 页。

〔2〕 《日本民法典》第 91 条规定:"法律行为当事人表示的意思与法令中与公共秩序无关的规定相异时,从其意思。"

空间。[1]《合同法解释(二)》第 14 条规定:“合同法第五十二条第(五)项规定的‘强制性规定’,是指效力性强制性规定”,即是对此在司法解释层面的正式确认。从字面上看,该条规定明显属于对《合同法》第 52 条第 5 项规定的限缩。但遗憾的是,该司法解释没有对何为“效力性强制性规定”进行明确的界定,不免缺乏实质性意义。那么,哪些规定是“效力性强制性规定”呢?

《合同法解释(二)》对效力性强制性规定采取了管理性规定和效力性规定的划分方法。所谓“效力性强制性规定”,是指对违反强制性规定的私法上的行为,并施以一定私法上的制裁方式的强制性规定。[2] 而管理性强制性规定,则是指违反其规定后,法律行为不一定会受到私法上制裁的强制性规定,但这并不排除它可能受到刑事上或行政上的制裁。[3] 一般而言,效力性强制性规定以否认其法律行为效力为目的,重点在法律行为的价值。而管理性强制性规定以禁止其行为为目的,重点在违法行为的事实价值。二者区别在于追求的目的不同;不确认违法行为无效不能达到立法目的的规定,属于效力性规定;仅在防止法律事实上之行为的规定属于管理性规定。《合同法解释(二)》将“强制性规定”明确为“效力性强制性规定”则进一步强调了强制性规定在中国的内涵,其是立足于规范对合同效力影响之上的。[4] 随着《合同法解释(二)》的颁布,对效力性强制性规定和管理性强制性规定的区分标准的认识,学者和相关研究人员又进行了广泛的探讨。但这无关本书的研究范畴,在此不作介绍。本书所要探讨的,乃宪法是否包括在这里所指称的“法律”之列、基本权利是不是效力性强制性规定的问

[1] 参见谢鸿飞:《论法律行为生效的“适法规范”——公法对法律行为效力的影响及其限度》,载《中国社会科学》2007 年第 6 期;孙鹏:《论违反强制性规定行为之效力——兼析〈中华人民共和国合同法〉第 52 条第 5 项的理解与适用》,载《法商研究》2006 年第 5 期;解亘:《论违反强制性规定契约之效力——来自日本法的启示》,载《中外法学》2003 年第 1 期;邓辉:《论违反强制性规范民事行为之法律效力》,载《江西财经大学学报》2004 年第 5 期;胡智勇:《私法自治与国家强制》,载《重庆工学院学报》2005 年第 6 期。

[2] 参见耿林:《强制规范与合同效力——以合同法第 52 条第 5 项为中心》,清华大学 2006 年博士学位论文。

[3] 参见崔建远:《合同总论》,中国人民大学出版社 2008 年版,第 283 页。

[4] 同时,《合同法解释(二)》第 14 条的规定具有与德国等“但书”条款类似的功能,即为强制性规定的解释提供了指引,强制性规定是需要解释判断的,而不能通过“违法 = 无效”的逻辑无限制地制裁合同的效力。

题。学者对于《合同法》第52条第5项中的“强制性规定”所指内涵、种类的讨论多局限在是否包括公法以外的民法，换言之，私法规范是否可以成为《合同法》第52条第5项中否定法律行为效力的转致规范，而少有讨论宪法是不是第52条第5项中的“法律”的问题。

从典型的效力性强制性规定来看，如《保险法》第34条第1款规定：“以死亡为给付保险金条件的合同，未经被保险人同意并认可保险金额的，合同无效。”《城市房地产管理法》第54条规定房屋租赁合同应采用书面合同并向房产管理部门登记备案。但是，无论如何人们都不会将这些规定与宪法中的基本权利规定进行类比，因为宪法根本不具备此类规范的品性。这些规范都承担着一定的行政管理功能，指明“该干什么”或“不该干什么”；而基本权利条款则一般只确认基本权利，没有法技术上的权利义务指向。这些规范因时势变迁而经常被修改，如因财政金融政策而变；而基本权利确认的是一套抽象的共同体行为准则，与政治经济政策变迁相对剥离。另外，这些规范具有一定地方性，宜因地制宜，但基本权利却是整个社会的价值秩序，具有普适性。实践中，如在市场活动中，将商品卖给谁或不卖给谁，以什么价格购买或出售是无法援引平等权来决定的；〔1〕宪法平等权也无法为生命权被侵害的所谓“同命同价”赔偿提供技术支持。〔2〕 正因如此，《合同法解释（一）》第4条才否定了宪法可以作为法律行为因违法无效的判断标准。

（二）基本权利不是法律行为违法无效的判断标准

综合德国之判例学说，其直接适用《德国民法典》第134条否定法律行为效力的做法已属过去国家—社会二元对立，经济、社会立法较少的“贫穷”时代的做法。随着立法大量增加，公法渗透私法日益加剧，此种强制或禁止规范匮乏的时代已经一去不返，对于运用宪法基本权利条款直接否定法律行为效力的做法自当反省。此一反省在理论上的表现就是基本权利第三人效力直接说的退场或者对它的扬弃。因此，无论是从文义、体系解释，

---

〔1〕 Vgl. Ehmke, Wirtschaft und Verfassung, 1961, S. 79f; Hesse, Verfassungsrechtsprechung im geschichtlichen Wandel, JZ 1995, S. 265ff.

〔2〕 参见张新宝：《侵权死亡赔偿研究》，载《法学研究》2008年第5期。

还是从历史实证与比较法经验来看,基本权利都不能作为法律行为违法无效的判断标准,基本权利第三人效力直接说也已经不再被承认。基本权利作为判定法律行为效力的标准之一,应该另外寻找切入点。

但此也并非绝迹,司法面对层出不穷、不可预测的芸芸众生和万象社会,难免会再次遇到立法不能的窘况,此时仍然不排除其再次直接祭出基本权利这柄“尚方宝剑”,通过违法的法律行为无效这一概括条款,来斩杀“社会强力”借法律行为欺压弱者之欲念,如前述的德国“政党银行消费账号解除案”。对于这类影响法制统一的“回头客”,必须寻求一个确定的通过基本权利影响法律行为效力判断基准,在遇到这类案件时能够使司法实务者有理有据地解决相关案件,如此才能使基本权利这柄“尚方宝剑”彻底“退出江湖”,不再“死灰复燃”。此外,从效力认定来看,如认定法律行为违反宪法基本权利,即属违反原则,应是绝对无效。

第四节 基本权利是否为法律行为因背俗无效之判断基准

从德国基本权利在法律行为领域实现的实践来看,方法上并不是将基本权利规范作为民法中的“强制”或“禁止”规范直接适用,以否定法律行为效力。那么,基本权利在法律行为领域的实现在此两法域又是如何操作的呢?为了澄清这一问题,须继续探究法律行为的另一种无效情形,即违背善良风俗的法律行为无效。故本节将围绕《德国民法典》第138条的解释适用展开论述。

一、《德国民法典》第138条之解释适用[1]

(一)本条性质与善良风俗之范围

《德国民法典》第138条规定,违反善良风俗的法律行为无效。梅迪库

---

〔1〕《德国民法典》第138条共设两款,第1款为背俗法律行为无效的一般规则,第2款是其特殊情况——暴利行为无效,本书只讨论一般规则,即第1款。

斯继承弗卢梅的观点,认为与《德国民法典》第138条相比,《德国民法典》第134条几乎是一条没有什么作用的法律。因为违反法律禁令的法律行为的无效,并不能真正产生于第134条,而只能通过对有关法律禁令作出解释才能得出。而第138条就与其截然不同,因为在适用第138条规定的诸种情形下,并不存在一条(国内法上的)法律规范:通过对这条法律规范进行解释就可以得出法律行为无效的结果。毋宁说,第138条援引的对象是善良风俗,亦即某种至少就其起源而言属于非法律的秩序。[1] 因此,本条就其性质而言,属将法律之外之道德秩序转介到民法中成为控制法律行为效力的判断标准。

但是《德国民法典》第138条中的善良风俗,亦非道德秩序之全部,此处之善良风俗只是从整个社会道德秩序中裁剪下来的,且在很大程度上是刻有法律痕迹的那部分善良风俗。本条立法目的并不在于使法律秩序或者民众生活广泛服膺于全部道德规范,毋宁是集中于否定违反道德的法律行为之效力,质言之,"第138条是为了阻止法律行为为实施不道德的行为提供服务"。申言之,人民不能通过法律行为使不道德的法律行为变成法律上可以要求强制执行的行为。[2] 任何一个正常的法律秩序都是拒绝给不道德行为提供救济的。冯·图尔(von Tuhr)也认为,第138条是要求援用"风俗习惯法",而非康德意义上的道德法,或基督教、旧约书中的戒律,毋宁是当今社会中"占统治地位的道德"。并且,冯·图尔强调,法律秩序不可能达到实现"好的道德的理想"。[3] 折中的观点认为,本条既包含了法制本身内在的伦理道德和原则,也包括了当今社会中"占统治地位的道德"的行为准则,并且此二者经常相互转介。[4]

---

〔1〕 参见[德]迪特尔·梅迪库斯:《德国民法总论》,邵建东译,法律出版社2000年版,第510页。

〔2〕 参见[德]迪特尔·梅迪库斯:《德国民法总论》,邵建东译,法律出版社2000年版,第511页。

〔3〕 V. Tuhr, Der Allgemeiner Teil des deutschen Bürgerlichen Rechts, Bd. Ⅰ, 1910,第70章第3节,注释8和注释13,转引自[德]卡尔·拉伦茨:《德国民法通论》,王晓晔等译,法律出版社2003年版,第597页。

〔4〕 对此,拉伦茨详为论述过,参见[德]卡尔·拉伦茨:《德国民法通论》,王晓晔等译,法律出版社2003年版,第599~604页。

另外值得一提的是,《德国民法典》第 138 条并不包括"公共秩序",虽有学者建议将本条解释为"公共秩序"与"善良风俗"的合成,但是遭到了主流学说的反对。因为根据《德国民法典施行法》第 6 条,公共秩序是一个国际私法上的问题。公共秩序之使用源于法国,其本意亦指国际私法上准据法适用之排除规范。[1]

由此可见,《德国民法典》第 138 条是将法律之外的部分与法律密切相关的道德规范引入民法中来评价法律行为之效力,是用道德的柔性手段来弥补法律不可能延伸到的"细枝末节"或者"空白地带"。那么,究竟何为违反善良风俗之法律行为呢?由于道德的柔性和风俗的特殊性,使这一问题一直被德国实务和学界所热议。

立法理由书[2]和帝国法院的判决[3]都坚持善良风俗就是"一切公平和正义的思想者之礼仪感",这一标准也曾一度被联邦最高法院采纳。[4]但是,这一解释由于本身的不确定性而遭到拉伦茨和梅迪库斯等学者的批评。[5] 梅迪库斯认为,这一解释甚至可以为对善良风俗作法制意识态化"解释"开启方便之门,使裁判者可以借此将异于自己思想的作为不公平和不正义的思想予以铲除。例如,帝国法院在 1936 年的一项判决中,就将善良风俗等同于"人民的健康感受",而又将"人民的健康感受"等同于"国家社会主义的世界观"。[6]

其他用来解释善良风俗的规则还有"社会道德"(Sozialmoral)、"公共秩序"(Ordre Public)及对特定制度的"保护宗旨"(Schutzzweck)[7]等。但

---

[1] 参见[德]迪特尔·梅迪库斯:《德国民法总论》,邵建东译,法律出版社 2000 年版,第 514 页;[德]卡尔·拉伦茨:《德国民法通论》,王晓晔等译,法律出版社 2003 年版,第 598 ~ 599 页。

[2] 参见[德]迪特尔·梅迪库斯:《德国民法总论》,邵建东译,法律出版社 2000 年版,第 512 页。

[3] RGZ 48,114,124.

[4] BGHZ 10,228,292.

[5] 参见[德]卡尔·拉伦茨:《德国民法通论》,王晓晔等译,法律出版社 2003 年版,第 597 页;[德]迪特尔·梅迪库斯:《德国民法总论》,邵建东译,法律出版社 2000 年版,第 512 ~ 513 页。

[6] [德]迪特尔·梅迪库斯:《德国民法总论》,邵建东译,法律出版社 2000 年版,第 513 页。

[7] [德]迪特尔·梅迪库斯:《德国民法总论》,邵建东译,法律出版社 2000 年版,第 513 页。

是,这些解释标准都难免囿于一孔之见,难以全面解释善良风俗之适用标准。总体而言,对于善良风俗这一不确定法律含义的解释在德国法上既不统一又显得抽象模糊。对于善良风俗这样内涵丰富且具有流变性的概念来说,很难给出一个内涵与外延周延的定义,但仍有使之趋于明确和可把握的必要与可能。因此,目前在德国比较得到大家普遍认可的做法是通过对典型案例的分析,以此总结出根据各种不同案件类型特点而区别适用的做法。这种方法即为"类型化"。

类型化即为"当抽象——一般概念及其逻辑体系不足以掌握某种生活现象或者意义脉络的多样化表现形态时的补足思考形式,它处于具体掌握及个别直观与'抽象概念'之间,比概念更为具体"。〔1〕与抽象概念思维相比,类型化思维认识到人们经验世界中的事物存在一种层级,而正是通过这些层级相互之间的关联,事物才得以保持自身的统一。因而,较之于抽象概念思维的单一性和封闭性,类型化思维更具层级性和开放性,类型比概念更具体,因而更能让人理解和适用。由于这些总结都是建立在对实务案件判决的基础上,因此,虽然数量庞大,但是大同小异。下文将选择有代表性的总结简单叙述。

(二)违反善良风俗之无效法律行为类型化

1. 梅迪库斯的总结〔2〕

(1)一般规则

1)判断对象不是当事人的行为,而是其法律行为。

2)当事人无须知悉要件其是否违反善良风俗。

3)行为实施时间即为违反善良风俗之时间。

4)基本权利透过本条影响法律行为。

(2)具体案型

1)信贷担保:过度担保、侵害其他债权人、束缚债务人、债权概括让与。

---

〔1〕［德］卡尔·拉伦茨:《法学方法论》,陈爱娥译,商务印书馆2003年版,第227页。

〔2〕参见［德］迪特尔·梅迪库斯:《德国民法总论》,邵建东译,法律出版社2000年版,第514～536页。

2)违反职业道德:医生、律师。

3)违反善良风俗的性交。

4)其他:阻却违法、"助逃合同"、环保、诱使违约、夫妻抛弃抚养人、借腹生子、债务人承担超过自己给付能力的义务。

2. 拉伦茨的总结[1]

(1)违反《基本法》限制自由——束缚性合同:人身、经济、职业、艺术。

(2)针对合同一方的违反善良风俗行为。

(3)给付不成比例——暴利行为。

(4)背俗造成第三人损失,特别是债权人。

(5)合同双方都有违善良风俗。

(6)高度人身性的行为商业化。

(7)违反道德目的的无偿资助和遗嘱资助。

(8)违背家庭秩序或职业道德的行为。

上述总结的目的不在于解释这些规则本身,而是希望从这些分类标准中得出对基本权利的违反是判断法律行为是否违反《德国民法典》第138条善良风俗的一个重要标准。我们看到,梅迪库斯是将基本权利作为判断法律行为是否违反善良风俗的一般规则来看待,而拉伦茨则是在其分类体系中将此作为首要的一类案型。由此可凸显基本权利作为法律行为违反善良风俗判断标准之重要性与适用之广泛性。

(三)本条作为基本权利否定法律行为效力之转介条款

在德国一般认为,私人之间的法律行为,并非仅因为偏离了《德国基本法》的价值,如违背《德国基本法》第3条第3款而歧视妇女,违背《德国基本法》第14条第1款而侵害他人的所有权,都可以依据《德国民法典》第134条而无效。但《德国基本法》第9条第3款是一个例外,因为该款直接规定了旨在排除或限制建立以维护和促进劳动条件或经济条件为宗旨的社

[1] [德]卡尔·拉伦茨:《德国民法通论》,王晓晔等译,法律出版社2003年版,第604~616页。

团(主要是工会和雇主联合会)的约定无效。此一约定效力无效系属依本款规定直接发生,无须再假手民法第134条。[1]

梅迪库斯[2]和卡纳里斯[3]都认为,至少就主要方面而言,《德国基本法》的价值制度,特别是其基本权利部分的规定,是通过《德国民法典》第138条的规定对法律行为的效力而产生影响的。这种《德国基本法》的价值已经影响了很多判决。[4] 但是,也并非所有忽视《德国基本法》价值的法律行为都会构成《德国民法典》第138条意义上的背俗无效,否则《德国基本法》价值将无所不在,私法自治亦将难以为继。于是,问题就变成基本权利如何通过《德国民法典》第138条来判断法律行为效力的问题了。

对《德国民法典》第138条善良风俗的理解,拉伦茨将其分为两部分——法制内的伦理规则和当今社会"占统治地位的道德"行为规范。借用此种对善良风俗的区分,拉伦茨在论述基本权利取道本条控制法律行为效力时,一语中的:

> 法律制度内在的伦理原则相对"占统治地位的道德"具有优先权,因为根据《德国基本法》第20条第3款,法院首先是和法律联系在一起的。法院只有当"占统治地位的道德"和现行法制基本相符合时,才能适用之。因为此时"占统治地位的道德"是对现行法制更好的解释。故,当"占统治地位的道德"在关于某个问题上不确定、不清楚或自相矛盾,以至于法院据其不可能作出明确判决时,法院就必须首先适用法制之内在伦理作为评判标准。[5]

而此处之法制内在伦理规则中极为重要的部分就是基本权利的"客观价值秩序"。由于"占统治地位的道德"是为了解释现行法制伦理而存在,

---

[1] 参见[德]迪特尔·梅迪库斯:《德国民法总论》,邵建东译,法律出版社2000年版,第519页。

[2] 参见[德]迪特尔·梅迪库斯:《德国民法总论》,邵建东译,法律出版社2000年版,第520页。

[3] Canaris, Übermaßverbot im Recht der Geschäftsfähigkeit und im Schadensersatzrecht , JZ, 1987.

[4] BVerfG 7,198,206;ZIP 1990,573,575; NJW 1994,36; BGH NJW 1990,911.

[5] [德]卡尔·拉伦茨:《德国民法通论》,王晓晔等译,法律出版社2003年版,第602页。

且现行法制伦理适用具有优先性和最终性。因此,基本权利所确认的客观价值秩序之于本条解释适用具有相当的形塑空间。结合此一类判决及学者总结,我们仍然可以努力尝试对基本权利通过本条否定法律行为效力的案型作出一定程度的总结,以期达成为此种判决提供一个相对客观、稳定的适用标准。

《德国基本法》第1条第1款规定了人性尊严,如要求女雇员或者女承租人在劳动关系存续期间或者租赁合同期间服用避孕药的约定也是违反善良风俗的,因为这侵犯了女性的人格尊严,根据《德国基本法》第1条第1款归为无效。在实务中,法院通过《德国民法典》第138条对于《德国基本法》第2条、第11条、第14条中自由权,如人身自由、就业自由、迁徙自由、营业自由等运用最多。如"离婚后居住不同城案",[1]即一个离婚后的丈夫在"没有非常重大的原因"的情况下,承担不与其前妻在同一城市生活的义务,是有失体统的,因而是违反善良风俗的。因为此约定违反了《德国基本法》第11条第1款之迁徙自由权。

束缚性合同(Knebelsungverträge)。帝国法院曾经把一个抵押转让行为认定为一个束缚性合同。因为这个抵押转让所包括的财产事实上是抵押者的全部财产,由于这个抵押的设定,使抵押人不可能再满足其他债权人的债权要求,也使他没有资金继续维持自身企业的运转。帝国法院针对此一情况,作出了多份重量级的判决。[2] 联邦最高法院也曾在判决中指出,如果债权人以债务人放弃对自己经济和商业活动的自由决定权为条件,而对债务人的某项工作提供资助,并且债权人已经把债务人所有的财产据为己有,则债权人的行为亦违反善良风俗。为了避免此类法律行为无效,债权人必须给债务人以足够的经济活动自由,使他能够根据自身的情况,在自愿的基础上也能满足其他债权人的请求。[3] 束缚性合同侵犯了《德国基本法》上的营业自由或人身自由,因而构成《德国民法典》第138条意义上的无效。

侵害营业自由和人身自由的典型案例还有"啤酒供货合同案"。[4] 在

---

〔1〕 BGH NJW 1972,1414.

〔2〕 RGZ 128,251,254,257ff;130,1,3;143,48,51.

〔3〕 BGHZ 19,12,18.

〔4〕 BGHZ NWj 1972,1459;1979,865.

该案中，一家啤酒酿造厂因向一家饭店提供了扩建贷款而约定，该饭店必须在今后独家经营其啤酒，并且没有约定终止期限。法院认定，此种独家经销义务是对饭店一方的人身自由和营业自由的极大限制。如果没有其他限制条件的话，规定独家经销义务的最高时限应不得超过20年。与“啤酒供货合同案”类似的还有“作家与出版社案”。[1] 在此案中，出版社与作家约定，作家必须将他以后所有的作品首先交付该出版社，并且无时间限制，而出版社不一定每次都会接受这些作品。由于该合同具有对该作者极大的经济和人身自由的限制，被联邦最高法院判决无效。

针对背俗法律行为对职业自由权的侵害，实务上表明，不允许以不恰当的方式在一定范围内或一定时间内限制竞争对手从事某项经济活动、某种职业或某种艺术及文学创作。但此类限制并非完全无效，还须考虑到某些特定职业的自由和公共利益之间的关系。帝国法院曾经判决，医生之间或者律师之间就限制竞争订立的合同条款是违反善良风俗的，因而是无效的，因为这类职业有特定的责任，即为基本的、共同的公共目的服务，从事此类职业的人必须在公共利益方面加强自己内在道德尊严塑造，而不应只为了私人使用和私人的利益而进行种种限制。[2] 与此类似的是，联邦最高法院作出如下判决，一个禁止竞争的律师事务所的转让协议是无效的，因为其违反了上述善良风俗，根据《德国基本法》第12条第1款是无效的。[3] 相对于医生和律师这种攸关公共利益的职业，实务上对其他职业的要求就不是如此严格。如一个身为艺术家的乐队指挥员在一个合同中约定，5年内不在某个特定地区从事艺术活动，帝国法院就认为该约定未侵害艺术家之职业创作自由，不违背公序良俗。[4] 因为此种限制并未完全侵害艺术家之创造自由，其虽不能在此地从事艺术活动，但可在彼地为之。

在德国，对于基本权利通过《德国民法典》第138条控制法律行为效力的案件归类也是一件相当困难的法释义学（Dogmatik）工作，非本书此处力所能及。但可以肯定的是，在德国民法法律行为领域，基本权利发挥作用基

〔1〕 BGHZ 22,347,354.

〔2〕 RGZ 66,143,148,150;68,186,190;90,35,161,153,155.

〔3〕 BGHZ NWJ 86,2944.

〔4〕 RGZ 80,219,223ff.

本上都是通过《德国民法典》第138条来处理的。除了上面列举的人性尊严、人身自由、职业自由、创作自由、迁徙自由等基本权利,尚有第2条、第11条、第12条等规定的其他自由权,第4条的信仰、科学自由,第5条的言论自由权,第6条的婚姻及家庭自由权,第9条的结社自由权等,都曾经或多或少通过《德国民法典》第138条否定法律行为效力。由此可见,《德国民法典》第138条对于基本权利之转介比《德国民法典》第134条适用范围要大得多,《德国民法典》第134条实际上处于式微状态。但是,是否在适用《德国民法典》第138条一定要适用基本权利条款或者其所确定之"客观价值秩序"呢?对此,梅迪库斯不无感慨,他说:"当然,即使没有《德国基本法》,也仍然能够达到这一结果(通过违反善良风俗来否定法律行为效力)。现在可以援引《德国基本法》,只起到一种简化和缩减理由的作用。"[1]所以我们可以认为,适用基本权利规范是最简便判断法律行为是否违反善良风俗的标准,如此使民事裁判更容易操作。

二、我国台湾地区善良风俗条款之解释适用

(一)本条渊源与功能

我国台湾地区之善良风俗条款规定,法律行为,有悖于公共秩序或善良风俗者,无效。该条规定主要参照《日本民法典》第90条,将公共秩序与善良风俗分别列举。[2] 因此,该条在我国台湾地区亦被认为非为伦理秩序服务,非为使道德秩序成为法律,而是使违反道德、伦理及公共秩序之法律行为不致获得法律上之强制执行力。

关于该条之规范功能,王泽鉴先生总结有三:(1)继受功能,即将不属于法律上之规范赋予法律规范之意义;(2)转换功能,即公序良俗在个案认定上必须斟酌社会价值观念之变迁;(3)正当化功能,即法院面对新的问题,须依据现存的社会价值观念,将公序良俗具体化,对法院造法活动,予以正当化。[3]

---

〔1〕[德]迪特尔·梅迪库斯:《德国民法总论》,邵建东译,法律出版社2000年版,第521页。
〔2〕郑玉波:《民法总则》,中国政法大学出版社2004年版,第467页。
〔3〕参见王泽鉴:《民法总则》,中国政法大学出版社2000年版,第289~290页。

我国台湾地区善良风俗条款与《德国民法典》第 138 条在解释适用形式上的不同之处在于,我国台湾地区善良风俗条款包括违反公共秩序与善良风俗两种情况下的法律行为皆为无效,实务与学说皆对此予以高度肯定,而《德国民法典》第 138 条就只包含善良风俗。但就其实质而言,二者并无区别。此一字面区别乃是此两法域对公共秩序之理解迥异之故。上文述及,在德国,公共秩序被理解为一个国际私法上的专有术语,故无法用之于民法。但按照拉伦茨的解释,《德国民法典》第 138 条上的善良风俗包括法制内的伦理价值和社会占统治地位的道德观念两部分。其中的拉伦茨意义上的法制内的伦理价值就是我国台湾地区善良风俗条款意义上之公共秩序——法制内的价值体系,而所谓“占统治地位的道德观念”就是我国台湾地区善良风俗条款意义上的法律外的伦理秩序——善良风俗。[1] 并且,善良风俗条款所谓之公共秩序解释上被认为涵盖所有法秩序之价值原则,尤其包括宪法之价值秩序与原则,此与《德国民法典》第 138 条之解释适用亦庶几无别。所以,二者实是“神合貌离”。

(二)适用类型化

由于善良风俗的不确定性,与《德国民法典》第 138 条的解释适用一样,我国台湾地区在适用其善良风俗条款时也面临将各种不同案件类型化,以期为以后判决提供明确指引。为此,学者做出了不懈的法释义学上的努力,试图尽量类型化。因此,本书特列举两位代表性学者的分类如下。

1. 洪逊欣教授分类[2]

(1)违反人伦之契约,如母子不同居之契约。

(2)违反正义观念之行为,如分赃或者围标行为。

(3)剥夺个人自由或者限制个人自由过甚行为,人身买卖契约。

(4)限制营业过甚之行为,如同业者为间接操作市场订立禁止竞争之同盟契约。

---

〔1〕 参见王泽鉴:《民法总则》,中国政法大学出版社 2000 年版,第 289 页;洪逊欣:《中国民法总则》,三民书局 1992 年版,第 341 页。

〔2〕 洪逊欣:《中国民法总则》,三民书局 1992 年版,第 341 页。

(5)破坏政府特殊政策,或社会经济上有重大障碍之行为,如故意买卖汉奸之财产。

(6)射幸行为,如赌博、买空卖空。

2. 王泽鉴教授分类[1]

(1)基本权利保护:结婚即解除劳动契约、抛弃刑事诉讼权。

(2)契约上危险的合理分配:定型化契约条款的控制。

(3)婚姻制度的维护:夫妻间关于离婚的约定。

(4)家庭伦理:父母健在时预立财产分管契约。

(5)经济秩序。

(6)性之关系。

洪逊欣教授之分类系参考德、日学说与实务而成,其成因在于该分类标准设立较早,我国台湾地区实务当时尚缺少此方面实例支撑。王泽鉴教授之分类标准设立在后,彼时我国台湾地区相关方面的实例大增,故其分类系以整理我国台湾地区实务为基础而成,每一种类型皆有数则案例支撑。此两类虽各有不同,但均揭示公序良俗在法律行为效力控制上作用巨大。然值得注意的是,王泽鉴教授特将宪法基本权利价值通过本条解释控制法律行为效力作为其分类标准的第一项,突出其地位,此与梅迪库斯和拉伦茨之分类方法颇为类似,值得深入阐述。

三、综合分析

(一)基本权利视为公序良俗

法律行为违反公序良俗无效,《德国民法典》第138条、《日本民法典》第90条、我国台湾地区善良风俗条款、我国《民法通则》第58条第1款第5项后段、我国《合同法》第52条第4项都有规定。盖因民事生活纷繁复杂,不能任由当事人意思自治,必须以法律给予一些限制来实现对秩序的控制。然又因为强行规范不能一一对无穷、变动的社会现象进行规定,必须辅之以法律上抽象弹性条款的设立来加以补充,方能对法律行为提供更加全面的

[1] 参见王泽鉴:《民法总则》,中国政法大学出版社2000年版,第291页。

规则,并对其效力进行评价。这一弹性条款即为公序良俗。[1] 公序良俗作为一般条款,是鉴于立法者不可能就损害国家一般利益和违反社会一般道德准则的行为作出具体的禁止规定,因而通过规定公序良俗这样的一般条款,授权法官针对具体案件进行价值补充,以求获得判决的社会妥当性。前文已经论证,宪法不能被视为效力性强制性规定而用于否定法律行为的效力,那么,宪法又是否能够被作为判断法律行为是否违背善良风俗而无效呢?根据我国法律规定,法律行为无效无非形式要件欠缺、意思表示瑕疵和内容瑕疵三种原因,其中违反强制性法律与违反公序良俗同属于内容瑕疵,法律行为侵害基本权利要么是违反强制性法律,要么就是违反公序良俗,一般不可能被归为其他无效要件。因此,对此问题的探讨意义不可小觑。

我国《民法通则》中没有采用"公序良俗"的概念。《民法通则》第 7 条规定:"民事活动应当尊重社会公德,不得损害社会公共利益,扰乱社会经济秩序。"《民法通则》第 58 条与《合同法》采用的是"社会公共利益"的字眼,按照学者的理解,此处的"社会公共利益"或者说"社会公德",其地位和作用相当于各国民法中的"公共秩序和善良风俗"。[2] 本书认为,考虑到"社会公共利益"或者说"社会公德"并非一个法律用语以及比较法上统一用语的要求,我们应该坚持使用"公序良俗"这一概念。行文至此,我们不得不面临需要回答的问题,那就是,正如基本权利规范不是《合同法》第 52 条第 5 项中的效力性强制性规定一样,基本权利又可否被视为《合同法》第 52 条第 4 项中的公序良俗呢?前文已述,基本权利是一种由基本权利体系性构成的客观价值秩序或客观的基本规范,是整个社会生活的秩序原则。由此可说,基本权利是整个法制的底线,而法制的底线则是道德,因此基本权利与道德具有相通性或某种量上的重合性(因为基本权利并非道德的全部)。对于道德,一般又可将其分为两部分:一部分是已被法制裁剪下来成为法律而具有法规范性、相对稳定性的道德;另一部分是作为社会规范、存在于法律之外而处于不断变动的道德。对于前者,适用了法律就遵循了道德;对于后者,民法中的公序良俗条款(《民法通则》第 7 条、《合同法》第 52

---

[1] 参见王利明:《民法总则研究》,中国人民大学出版社 2003 年版,第 132 页。
[2] 王家福主编:《中国民法学·民法债权》,法律出版社 1991 年版,第 356 页。

条第4项、《精神损害赔偿解释》第1条第2款)为其进入法律而成为法律规范设置了通道。[1] 因此,未被法律化的道德又可称作公序良俗,通常包含公共利益与善良风俗。公序良俗条款作为民法上的转介规范,使公共秩序和法律认可的道德观念对法律行为也取得了限制意义。从这个意义上讲,如果基本权利已经为具体法律所保护,则适用了该具体法律也就维护了道德,保护了基本权利;如果有些基本权利尚未被法律保护,那这些基本权利就属于形式上还流离在法律之外的道德,需要通过民法中的上述公序良俗条款将其导入民法而得到民法保护,从而实现国家(法院)基本权利的保护义务。因此,基本权利可被视为公序良俗。

上述推理基本上得到了域内外学者的一致认同。虽然关于公序良俗的范围和确立标准难有定论,但无论在何种理论体系之中,基本权利都毫无争议地被作为公序良俗的内容之一。例如,梅迪库斯认为,法律制度可能与道德制度(Sittenordnung)发生联系,特别是宪法的基本价值(Grundwerte der Verfassung)也可包含在这一条款(《德国民法典》第138条)中,如此使违反善良风俗的行为可基于《德国民法典》第138条之规定而无效。而且梅迪库斯还将基本权利作为判断法律行为是否违反善良风俗的一般规则来看待。拉伦茨甚至将违反《德国基本法》限制自由——束缚性合同:人身、经济、职业、艺术等作为他的公序良俗分类体系中的第一类。在我国台湾地区,洪逊欣、王泽鉴等学者皆将侵害基本权利的法律行为视为违背善良风俗条款中的公序良俗而无效。

值得一提的是,由于契约自由、私法自治也可以解释是宪法规定的基本权利之一种,故对何种法律行为侵害基本权利的认定应以不得侵害私法自治为前提。换言之,对公序良俗内容的解释,不得构成对私法自治、契约自由的不当干预。否则,将公序良俗所包含的基本权利无限扩大,以此限制法律行为的效力,必将极大地危害私法自治尤其是契约自由的存在。因此,法律行为纵然与宪法基本权利相抵触,是否适用公序良俗条款,仍应对被侵害的基本权利及其价值与私法自治尤其是契约自由这一基本权利之间进行考

---

[1] 参见[德]迪特尔·梅迪库斯:《德国民法总论》,邵建东译,法律出版社2000年版,第511页。

量和分析,以此作整体的判断。[1] 关于这点,还将在本章第六节进行阐述。

(二)基本权利作为法律行为背俗无效的判断标准

无论是从法律与道德的关系看,还是从基本权利与公序良俗的关系检讨,抑或从历史实证和比较法经验来看,侵害基本权利的法律行为之所以无效皆是因为触犯了法律行为背俗无效这条规则。因此,梅迪库斯和卡纳里斯才会总结到,至少就主要方面而言,基本法的价值制度,特别是其基本权利部分的规定,是通过《德国民法典》第138条的规定对法律行为效力产生影响的。

对于基本权利与效力性强制性规定、公序良俗的关系,苏永钦在其最新的研究中进一步予以明确化(见表3-1):[2]

表3-1 基本权利与效力性强制性规定、公序良俗的关系

规范名称	来源	表现	正当性来源	性质	效力位阶
强制性管制规定	公部门的决定	具体成文规制	民主多数决	动态 进步	先于善良风俗
善良风俗	社会自然形成	共同遵行的不成文习惯	社会伦理感情	静态 保守	后于管制规定
基本权第三人效力	宪法规定	高度抽象的概括条款	宪政主义	普世的价值	最高位阶的规范

表3-1在于说明在现代公、私法汇流的法制体系中,有三类私法外部规范是民事法官不得不在裁判中考虑的,其着重点在于区分强制性规定、公序良俗与基本权利三类民法之外部规范的不同属性。但实际上,诚如上文所述,民法只保留了两条通道,《合同法》第52条第4项之效力性强制性规定与同条第5项之公序良俗,供这三类规范进入民法。宪法不是法律,基本权利不是"直接有效力的规范",不能直接适用于私法关系,而必须通过民

[1] 参见余延满、冉克平:《论公序良俗对宪法权利的保护——以宪法实施的私法化为视角》,载《时代法学》2006年第2期。

[2] 参见苏永钦:《合同法§52(5)的适用和误用:再从民法典的角度论转介条款》,载龙卫球主编:《中国法学大讲坛》,中国法制出版社2012年版。

法内设规范而转介适用。又因基本权利无法取道违法无效的规范模式来判断法律行为效力,故在中国法上,如法律行为侵害了基本权利,其裁判规则应是:因该法律行为侵害了原告基于《宪法》第×条所享有的××基本权利,根据《民法通则》第58条第1款第5项后段或《合同法》第52条第5项,该法律行为违背公序良俗,故为无效法律行为。

第五节　违法与背俗:共同要件VS.选择要件

一、比较法再总结

上述德国、我国台湾地区有关因违法与违背公序良俗导致法律行为无效之法律立法、实务与学说介绍无疑说明了此二者并非法律行为无效之共同条件,而是任一、选择要件,易言之,取一即可否定法律行为效力。除了德国、我国台湾地区外,法国和日本也都是对此二者采取分别立法的方式予以规定,而意大利、奥地利、瑞士等国则是将二者规定在同一条法律之中,与我国《民法通则》第58条做法一样。但是,无论是分别立法模式,还是合成立法模式,皆无一例外是将两者都视为导致法律行为无效之独立事由。[1]

然而,本章第一节所揭案例皆表明,在我国司法实践中,此二者却都是被当作法律行为无效之合成要件来适用的,凡判决涉及违法与背俗之法律行为无效皆会做既违法又背俗之双重论述,似乎二者之一并不能导致法律行为无效。此种法律适用方法混淆了违法与背俗之于法律行为效力否定上的不同功效,在比较法并无基础,且可能会导致单独依据违法或者背俗而无效的法律行为因得不到裁判上的否定而继续有效。因此,对于我国实务上有关于此的判决应有专门检讨之必要,下面再举著名的公序良俗适用案件——"泸州'二奶'继承案",加以分析说明。

---

〔1〕 参见谢鸿飞:《论法律行为生效的"适法规范"——公法对法律行为效力的影响及其限度》,载《中国社会科学》2007年第6期。

二、泸州“二奶”继承案[1]

本案基本案情为：被上诉人蒋伦芳与黄永彬系原配夫妻。黄永彬立书面遗嘱并公证，将其若干财产赠予上诉人张学英。黄永彬去世后，上诉人要求被上诉人交付遗赠财产遭拒，双方遂生争讼。一审、二审皆判决上诉人（原告）败诉，理由为：遗赠人黄永彬的遗赠行为虽系黄永彬的真实意思表示，但其内容和目的违反了法律规定和公序良俗，损害了社会公德，破坏了公共秩序，应属无效民事行为。

本案详细判决推理可综述如下：

> 1. 遗嘱违法。黄永彬与蒋伦芳系合法夫妻，他们的婚姻关系受法律保护。我国《婚姻法》第 24 条第 1 款规定：“夫妻有相互继承遗产的权利。”该遗嘱实质上剥夺蒋伦芳的财产继承权。遗嘱人与上诉人同居违反《婚姻法》第 3 条第 2 款“禁止有配偶者与他人同居”的法律规定，属违法行为。
>
> 2. 遗嘱背俗。黄永彬与蒋伦芳本应按照《婚姻法》第 4 条的规定互相忠实、互相尊重，但其却与张学英长期非法同居，其行为违背了我国现行社会道德标准。
>
> 综上所述，依据《民法通则》第 58 条的规定，民事行为违反法律或者社会公共利益的无效，故此遗赠无效。

由此可见，本判决推理逻辑为：遗赠人之遗赠行为违反法律——《婚姻法》第 3 条、第 4 条、第 24 条，且同居行为违反公序良俗——《民法通则》第 7 条，因而该遗赠行为符合《民法通则》第 58 条第 1 款第 5 项之规定，无效。

---

[1] 参见四川省泸州市纳溪区人民法院（2001）纳溪民初字第 561 号民事判决书；四川省泸州市中级人民法院（2001）泸民一终字第 621 号民事判决书。

本判决作出之后,为社会各界所聚讼。[1] 对于法院直接适用公序良俗原则作出判决,学界褒贬不一。[2] 各界普遍的看法是将本案作为直接适用民法基本原则的案件——《民法通则》第 7 条。其实,这是一种将问题简单化的误解。因为本案适用法律的关键是《民法通则》第 58 条,而非《民法通则》第 7 条;即遗嘱是否依据《民法通则》第 58 条而无效。为此,需要分别解析该遗嘱是否违法和背俗。

首先,遗嘱是否违法?判决认定遗嘱违法,其所违之法系《婚姻法》第 3 条——禁止有配偶者与他人同居;同法第 24 条——夫妻有相互继承遗产的权利。本章第二节已经阐述违法之法律行为效力认定问题。在法律行为领域,如果该遗嘱是以维持同居为目的,即同居作为遗赠之对价,那么可认为此种法律行为——遗赠,违反了《婚姻法》第 3 条。因为本条是基于维护一夫一妻之基本婚姻制度,属禁止性规范。判决上可适用《民法通则》第 58 条引致本条判处该遗赠无效。但显然,该遗赠并非以同居为对价,故无适用《婚姻法》第 3 条之余地。另外,《继承法》第 5 条规定:"继承开始后,按照法定继承办理;有遗嘱的,按照遗嘱继承或者遗赠办理;有遗赠扶养协议的,

---

〔1〕 学界讨论可参见萧瀚:《被架空的继承法——张某诉蒋伦芳继承案的程序与实体评述》,载易继明主编:《私法》(第 2 辑,第 1 卷),北京大学出版社 2002 年版,第 300 ~ 313 页;赵兴军、时小云:《违反公序良俗的民事行为无效》,载《法律适用》2002 年第 3 期;黄江东:《公序良俗原则的规范功能》,载《法律适用》2002 年第 3 期;范榆:《泸州遗赠案评析——一个法社会学的分析》,载《判解研究》2002 年第 2 期;许明月、曹明睿:《泸州遗赠案的另一种解读》,载《判解研究》2002 年第 2 期;何兵:《法意与人情——从二奶继承案说起》《冥河对岸的怨屈的目光——析"二奶"继承案》,载北大法律信息网:http://article.chinalawinfo.com/article/user/article_search.asp,2009 年 1 月 20 日最后访问。有代表性的媒体报道可参见《"第三者"继承遗产案一石击浪》,载《南方周末》2001 年 11 月 15 日;《第三者是否有权接受遗赠》,载《北京青年报》2001 年 11 月 20 日;《二奶持遗嘱要分遗产 引用道德断案的界限在哪里?》,载《中国青年报》2002 年 1 月 18 日。

〔2〕 如范榆就从法社会学的角度分析认为该判决具有正当性,参见范榆:《泸州遗赠案评析——一个法社会学的分析》,载《判解研究》2002 年第 2 期。但与此针锋相对的是许明月、曹明睿,参见许明月、曹明睿:《泸州遗赠案的另一种解读》,载《判解研究》2002 年第 2 期。杨立新则从私法自治及法律适用的稳定性角度对该判决持否定态度,其曰:"将自己的一部分遗产遗赠给与自己同居的人,完全是对自己私权的处理,完全是依照法律进行的民事行为——这就是黄某某遗赠行为的性质。在法律调整的范围之内,法律具有绝对的权威,不能因为一个行为不符合道德规范而无效。法院维护的应当是法律,而不是道德。这一判决维护的是道德,但是损害的却是国家法律的尊严。"参见杨立新:《2001 年热点民事案件点评》,载《检察日报》2002 年 1 月 4 日。

按照协议办理。”同法第 16 条第 3 款规定:“公民可以立遗嘱将个人财产赠给国家、集体或者法定继承人以外的人。”此即遗嘱自由在继承法上之规范基础。据此,遗嘱继承优先于法定继承。遗嘱自由系人格自由之基本权利,被各国宪法及继承法所肯认,应无疑义。且被上诉人并无《继承法》第 19 条规定:“遗嘱应当对缺乏劳动能力又没有生活来源的继承人保留必要的遗产份额”之适用余地。故涉案遗嘱并不违反《婚姻法》第 24 条,未侵犯被上诉人之继承权。

其次,该遗嘱是否违背善良风俗?对于情人(“二奶”)遗嘱问题,我国实务上并无先例可循,学说上亦未有专论涉及,因此,对于此问题解决须探寻比较法上的做法。有关此点,德国的理论界与实务界对此有明确的回答,可资借鉴。

德国早期帝国法院对于情人遗嘱继承问题,认为有违婚姻本质,系背于一般社会善良风俗行为,一律否定无效。后来,著名学者弗卢姆对此做法提出有力质疑,氏著认为,违反善良风俗针对的是法律行为无效,而不是法律行为之外的日常生活事实行为,故日常事实行为背俗并不影响法律行为效力,只要法律行为本身不违反善良风俗,其效力就不应该否定。[1] 因此,可能会出现当事人的行为应受指责,但其法律行为却是有效的情形。此即法律行为背俗无效解释适用之“规范目的说”(Normzweck)。德国联邦最高法院在一则“情人遗嘱案”[2]中采用了这一学说。本案案情与“泸州‘二奶’继承案”几无差异。该判决从遗嘱的目的出发,认为如果遗赠之目的在于维持性关系或其他不正当目的,则遗赠无效;如果遗赠仅仅是为了受赠人之日常生活,则其效力无可否认。后世德国学说肯认此判决,实务上亦多采之。

从以上德国实务判决之观点审视“泸州‘二奶’继承案”之遗嘱,该遗嘱系遗赠人为了答谢上诉人对其多年照顾之情,并是为了上诉人在遗赠人死后上诉人基本生活能有所保障而设定。据报道,上诉人在遗赠人在世期间,曾不辞辛劳,耗费微薄家资为遗赠人治病求医。由此可见,该遗嘱之目的不在于维持性关系,亦无其他背俗之目的,故该遗嘱实无背俗可言。

---

〔1〕 Vgl. Flume, BGB AT, Bd. Ⅱ, S. 367.

〔2〕 BGHZ 53, 369, 375ff.

综上所述,该遗嘱未违法,亦未背俗,无适用《民法通则》第 58 条否定其效力之根据。本案从法律解释角度而言,并非直接运用民法基本原则之判决,实为一则普通的运用违法或背俗无效规则否定单方法律行为——遗赠无效之案件,因此并无媒体所渲染之“适用民法基本原则判决时代到来”之意义。当然,本案在适用《民法通则》第 58 条上,一如既往判决,将违法与背俗合成使用,应予否定。我国实务应参照比较法通行做法,将二者单独作为法律行为无效之要件。

此外,本案判决之所以作出遗赠背俗无效的决定,很大程度上是舆论使然,是媒体审判之结果。[1] 在民主法治社会,法院作为“说最后一句话”的司法者,应保持尽量中立、客观、理性,严格以法律为准绳,法律才是唯一的“上帝”。对于善良风俗的适用应相当慎重,区分法律行为与事实行为,避免法律泛道德化,避免大众审判,避免多数“暴政”。否则,将有法不依。法治信仰何在?

三、理论证成

违法与背俗分别作为否定法律行为的独立要件长期以来在我国立法、实务与学说上存在误解,主要是因为对此二者功能认识尚不清晰,而之所以会导致功能认识上的偏差,盖因法律与道德实具有一定的共通性。法律与道德的关系为近代以降法哲学领域内的重大、根本问题,由此使分析法学派与自然法学分野形成,并且,当代法哲学领域几乎所有重要论题皆以此为中心展开。[2] 本书于此无力涉及如此沉重、深邃的话题,[3] 只求从此二者本身之不同规范功能对其加以区分。

---

[1] 参见何兵:《冥河对岸的怨屈的目光——析“二奶”继承案》,载北大法律信息网:http://article.chinalawinfo.com/article/user/article_search.asp,2009 年 1 月 20 日最后访问。

[2] 当代法哲学领域的重要著作几乎广泛涉及此一论题,如[英]H. L. A. 哈特:《法律的概念》,张文显等译,中国大百科全书出版社 1998 年版;[英]H. L. A. 哈特:《法理学与法哲学论文集》,支振锋译,法律出版社 2005 年版;[美]罗纳德·德沃金:《认真对待权利》,信春鹰、吴玉章译,中国大百科全书出版社 1998 年版;[英]约瑟夫·拉兹:《法律的权威》,朱峰译,法律出版社 2005 年版;[英]朱尔斯·L. 科尔曼:《原则的实践》,丁海俊译,法律出版社 2006 年版。

[3] 目前法理学者郑永流教授一篇力作以泸州“二奶”继承案为切入点分析了这一问题。参见郑永流:《道德立场与法律技术——中德情妇遗嘱案的比较与评析》,载《中国法学》2008 年第 4 期。

梅迪库斯对法律行为效力否定情形之区别,针对《德国民法典》第134条与第138条之解释适用,清楚地作如下表述:

> 任何一个法律制度都只能在其政治制度框架内提供通过法律行为实施的私法自治,私法上的法律行为也不得逾越这一框架的范围。例如,武器买卖行为是被禁止的,或者在商店里的买卖应该在限定的时间内进行。一个社会福利国家还要特别给弱者提供保护。法律行为违反此类规定可能产生《德国民法典》第134条意义上的无效后果。
>
> 除此之外,法律制度也可能与道德制度发生联系。特别是宪法的基本价值也可包含在这一条款(《德国民法典》第138条)中。如此使违反善良风俗的行为可基于《德国民法典》第138条之规定而无效。[1]

苏永钦长期致力于运用民法内部转介条款为民法引入公法规范与社会规范——道德的研究工作,他得出的结论是基本权利介入法律行为以中国台湾地区善良风俗条款为转介条款;而其他公法条文介入法律行为则是通过其违法的法律行为无效条款。[2]

谢鸿飞对此亦有深刻研究,其谓:

> 制定法,尤其是法令,体现的是国家本身的利益(如财政税收利益、社会治安等),而公序良俗体现的则是社会的道德利益,是民法将社会主流道德纳入法律中的努力,两者的功能完全不同。在现代道德与法律分离,实证法与自然法分离的背景下,公序良俗无疑为道德制度化地进入法律打开了一个缺口:在法源控制方面,它限制了因为社会变迁而被视为"陈规陋习"的习惯成为法源;在法律行为方面,它限制了个人的自治空间,禁止以牺牲社会道德为代价来成就个人;在侵权法领域,它扩大了对个体的保护,使个体自治形成的权利和利益不致受到败德行为的戕害。[3]

---

〔1〕［德］迪特尔·梅迪库斯:《德国民法总论》,邵建东译,法律出版社2000年版,第513页。

〔2〕参见苏永钦:《从动态规范体系的角度看公私法的调和——以民法的转介条款和宪法的整合机制为中心》,载苏永钦:《寻找新民法》(增订版),北京大学出版社2012年版,第309~352页。

〔3〕谢鸿飞:《论法律行为生效的"适法规范"——公法对法律行为效力的影响及其限度》,载《中国社会科学》2007年第6期。

上述不同法域的学者从各自的法域实践出发皆认识到违法与背俗之不同功能,应在法律行为效力控制上维持各自的独立地位,以期各自发挥功能,促进民法融通公法与社会道德规范,构建和谐之“国家—社会—个人”关系。

四、违法与背俗皆为法律行为无效之选择要件

鉴于此,本书的基本观点是,当法律行为内容、外部形式等遭遇到了明确的广义法律、法规等强制或禁止时——民法内、外规范,法院即应参照该强制或禁止法律斟酌法律行为本身之性质、目的等,以权衡其效力状态。因为已法律化之道德自无须再借助道德而为蛇足之举。当法无明文规定,法律行为违反攸关社会道德、人伦常理之类社会规则——柔性问题时,需适用背俗方式,综合权衡法律行为之效力状态。违法与违背公序良俗两者在具体法律规定以及具体判断标准上都有很大的差别,再将两者混在一起,难谓妥适。《合同法》第52条第4项、第5项将二者分立各自为否定法律行为效力之独自要件,即是对《民法通则》第58条第1款第5项规定之拨乱反正。但是,由于《合同法》第52条第4项、第5项只是适用于双方法律行为——合同,对于单方法律行为——遗嘱,并无约束力,因此法院在涉及单方法律行为领域违法与背俗判定上,在《民法通则》第58条第1款第5项立法未得到修正之前,应以学理为指导,参照适用《合同法》第52条第4项、第5项之做法。

第六节　通过背俗法律行为无效保护基本权利

一、法律行为中的基本权利保护路径:违法还是背俗?

(一)徐悦超诉樊秀群抚养纠纷案[1]

原告徐悦超与被告樊秀群之第三子结婚后育有一女樊婷。后被告儿子因工伤死亡,原告遂改嫁。改嫁之时,原告与被告达成协议:原告女儿留在

---

〔1〕 参见河南省新野县人民法院(1999)新上民初字第079号民事判决书。

被告处抚养,但原告可以随时看望其女儿。后被告阻碍原告看望其女儿,原告遂提起诉讼,要求领回女儿抚养。法院判决原告、被告之前所订的协议无效,原告胜诉。

法院为此论证道:

> 我国《宪法》《婚姻法》规定"父母有抚养教育未成年子女的义务",这是一项强制性规定。原告徐悦超在其丈夫死亡后,作为樊婷之母依法对樊婷有抚养、教育的义务,应当切实履行其监护之责。原被告之间关于"樊婷留在田庄祖父樊秀群身边"的协议违反了法律规定,应认定为无效。根据最高人民法院《关于贯彻执行民事政策法律若干问题的意见》第24条:只有对于父母一方死亡,另一方确无抚养能力或父母均丧失抚养能力的未成年孙子女、外孙子女,有负担能力的祖父母、外祖父母才能抚养。本案原告为完全民事行为能力人,有抚养其女儿的能力,且樊婷只有四岁,而作为樊婷的祖父,被告已年逾六旬将来可能丧失抚养孩子的能力,故对原告抚养其女儿的请求,依法予以支持。

为此,法院依据《民法通则》第6条,第16条,第58条第1款第5项、第2款和《婚姻法》第15条、第21条第1款之规定,作出本判决。

《民法通则》第6条规定,民事活动必须遵守法律,法律没有规定的,应当遵守国家政策。第16条规定,未成年人的父母是未成年人的监护人。未成年人的父母已经死亡或者没有监护能力的,第一顺序监护人为祖父母、外祖父母。《婚姻法》第21条第1款规定,父母对子女有抚养教育的义务;第23条规定,父母有保护和教育未成年子女的权利和义务。《宪法》第49条第3款规定,父母有抚养教育未成年子女的义务。结合判决推理及其裁判依据可见,本案适用《民法通则》第58条第1款第5项之直接依据为《婚姻法》第21条第1款、第23条和《宪法》第49条第3款。值得注意的是,此处法院只是认定涉案抚养协议违反上述法律规定即宣告无效,并没有因此而认定该协议亦违反公序良俗。本判决作成于1999年8月16日,系《合同法》生效之前的判决。此种将宪法规范直接归类为《民法通则》第58条第1款第5项意义上的强制性规范的做法无疑是基本权利第三人效力直接说的体现。

本章第一节所述“龙建康案”(该案系2000年4月11日判决)中,判决认定涉案约定违宪与违反劳动法,但并未论及亦属背俗行为,亦是契合了基本权利第三人效力直接说,与本案裁判方法上相同。

由上观之,实务上《雇工合同案批复》径行引用宪法劳动权基本权利否定“工伤概不负责”法律行为无效,以及类似的“刘明案”,都是在下位法缺位时不得已而直接适用宪法的做法,为基本权利第三人效力直接说之体现。然学说上对此几乎未见有力批评,在此后的数年实务上仍然奉《雇工合同案批复》为圭臬,各地引用宪法条文判决莫不效仿之。《雇工合同案批复》一直到2013年公布的最高人民法院《关于废止1980年1月1日至1997年6月30日期间发布的部分司法解释和司法解释性质文件(第九批)的决定》中才被废止,《雇工合同案批复》在我国司法界弥留时间跨度之长、影响力之大、得到司法界广泛认可,不能不令人费解。

但或许另可能导致怀疑的是,由于我国《民法通则》第58条第1款第5项对于法律行为违法与背俗无效采合成立法列举的方式,使1999年《合同法》生效之前的所有关于违法与背俗之法律行为无效的判决都是适用二者共同要件的做法,似乎二者缺一将不能否定法律行为效力。此即导致,我们就无法获知当时的这些判决到底契合的是基本权利第三人效力直接说——违法无效,还是契合了间接说——背俗无效。为了明确这一问题,我们得查找后来案例,即1999年《合同法》将违法与背俗作为否定法律行为效力独立要件之后的各地法院判决。如果《合同法》生效之后,判决只是论证因违宪导致违法适用,进而否定法律行为效力,则是采用基本权利第三人效力直接说;反之,则是间接说。

实际上,上揭两则案例表明,无论是《合同法》生效之前,还是之后,我国实务上时至今日,仍然未有意识地在方法论上认识到应该适用间接效力说来通过公序良俗条款的运用在法律行为领域中引入基本权利所确定的客观价值秩序来评判法律行为效力。2013年对1988年“工伤概不负责”《雇工合同案批复》的废止,体现出最高司法部门已经认识到直接引用宪法条文来否定法律行为之效力的不妥,但是尚未给出正确处理方法的见解,更遑论改采通过公序良俗条款间接否定法律行为效力。实践中的做法或者合成引用违法与背俗作不必要的双重论证,或者单独认定违宪即《民法通则》第58

条第1款第5项或者《合同法》第52条上的违法,进而判决法律行为无效。只是从未见到单独从违反公序良俗角度论证违宪的法律行为无效的判决。

(二)《宅基地租赁契约批复》

《宅基地租赁契约批复》是为了解决中华人民共和国成立前劳动人民之间宅基地租赁契约是否承认和保护问题,该批复认为:

> 根据1950年颁布的《土地改革法》和1954年《宪法》的规定,国家依法保护农民的土地所有权,允许出租、买卖土地,所以李理河与潘继伙的宅基地租赁关系在当时是受国家政策法律保护的。……1982年《宪法》第10条又明确规定:"农村和城市郊区的土地,除由法律规定属于国家所有的以外,属于集体所有;宅基地和自留地、自留山,也属于集体所有……任何组织或个人不得侵占、买卖、出租或者以其他形式非法转让土地。"故李理河与潘继伙双方的宅基地租赁关系自此即随之解除,其原订租赁契约亦不再受国家政策法律保护……

《宅基地租赁契约批复》是最高人民法院第一次明确在涉及具体案件适用法律时引用宪法规定,不仅引用了1954年《宪法》的概括性规定,而且直接引用了1982年《宪法》第10条。最高人民法院此做法自有其为难之处,因对于中华人民共和国成立前民事契约之效力,由于1949年废除"六法"后,没有制定民法,使这类契约在1949年后一直无法可依。直至1986年《民法通则》第58条第1款第5项才对契约效力予以规范,因此这是当时民法缺位的权宜之计。

也许,正因如此,目前《废止2007年前司法解释决定》[1]已将该《宅基地租赁契约批复》废止,理由是"情况已变化,不再适用",其所指的情况即《民法通则》第58条第1款第5项及之后的《合同法》第52条已然规范了合同效力问题,自无须《宪法》再适用之。

(三)比较法再总结

由本章第三节叙述可知,目前德国法上通过《德国民法典》第134条转介基本权利条款来否定法律行为效力的做法,仅仅适用于法律行为两造之

---

[1]《废止2007年前司法解释决定》(法释〔2008〕15号),2008年12月8日最高人民法院审判委员会第1457次会议通过,于2008年12月24日生效。

间力量差距过大的情况,如国家控股之公营企业等,基本上是趋于式微状态。在中国台湾地区,实务与学说皆认为,基本权利控制法律行为效力应通过将基本权利所确定的客观价值秩序解释为公序良俗,以通过公序良俗条款——善良风俗条款来达到否定法律行为之目的。以上做法,皆由于学说与实务已在理论上接受了基本权利第三人效力间接说,否定宪法条文直接成为《德国民法典》第 134 条的强制或禁止性规定。对于为何普遍接受基本权利第三人效力间接说,本书第二章已有述及,在此不再重复。本书此处要解决的问题是,肯认上述两法域的做法,坚持基本权利进入法律行为领域应通过我国《民法通则》第 58 条第 1 款第 5 项后段或《合同法》第 52 条第 4 项中的公序良俗规定,而非《民法通则》第 58 条第 1 款第 5 项前段或《合同法》第 52 条第 5 项的规定。

(四)显失公平与违反善良风俗

上述"罗代西案",法院认定,该协议(罗代西溺水死亡属于意外事故,责任与刘敏无关)严重损害了罗如今及其亲属的合法权益,违反我国《宪法》《劳动法》《合同法》的有关规定,属于我国《民法通则》第 59 条第 1 款第 2 项规定的显示公平行为,依法可予以变更或撤销。原告对该无效协议条款不予承认,合理合法,应予支持。

由此可设问,基本权利除了可以通过违反善良风俗的法律行为无效此种方式控制法律行为效力外,是否还可以通过《民法通则》第 59 条第 1 款第 2 项(《合同法》第 54 条第 1 款第 2 项)规定的显失公平之法律行为为可撤销法律行为来控制法律行为效力呢?甚至,是否可以通过《民法通则》第 58 条第 1 款第 3 项乘人之危导致单方法律行为无效来控制法律行为呢?或者通过《合同法》第 54 条第 2 款之乘人之危导致双方法律行为可变更或者可撤销来达成这一目的呢?

实际上,这是一个有中国特色的问题。因为在比较法上,乘人之危与显失公平之法律行为的效力都是在暴利行为这一名目下得到处理的,而暴利行为就是违反善良风俗之一种,如《德国民法典》第 138 条第 2 款,我国民法上述立法未参照德国法做法,而系参照《南斯拉夫债务法》,把传统民法中的暴利行为依其主、客观要件之不同,拆分为两条,即前述乘人之危与显失公平。因此,在解释上如果要乘人之危或显失公平已经足以认定违反了善良风俗,则应适用善良风俗条款,径认法律行为无效。如果法律行为虽违反此二者,但尚未达到违反善良风俗之程度,则应作撤销或变更之处理。唯宪法可否通过此两点控制法律行为效力问题,因宪法价值乃社会之根本价值,故如法律行为违反宪法价值就是严重的背俗行为,当适用背俗条款,否定其效力,而无此二者适用余地。故我国基本权利仅可通过违反善良风俗的法律行为无效此种方式控制法律行为效力,不可以主张显失公平或乘人之危对侵害基本权利的法律行为进行变更或者撤销。

二、我国法制上之公序良俗再认识

(一)立法渊源

中华人民共和国历史上已经经历了四次民法典编纂尝试,但皆未将公序良俗明确规定下来,直至最近才在《民法总则》第 8 条获得立法确认。1957 年《民法典草案》(第 4 稿)总则篇第 3 条规定:“民事权利的行使和民事义务的履行,不能违反法律和公共利益。”1981 年《民法典草案》(第 3 稿)第 124 条规定:“合同的内容,不得违反法律、法令和国家计划的要求,不得与社会公共利益或者社会主义道德准则相抵触。”[1]

《民法通则》第 7 条“民事活动应当尊重社会公德,不得损害社会公共利益,扰乱社会经济秩序”之规定,即是对上述民法草案中“公共利益”的进一步确认。在此一基本原则统摄下,《民法通则》第 55 条将不得违反法律或者社会公共利益作为民事法律行为的生效要件之一;第 58 条规定违反法律或者社会公共利益的民事法律行为无效。《合同法》第 7 条以基本原则的方式规定:“当事人订立、履行合同,应当遵守法律、行政法规,尊重社会公德,不得扰乱社会经济秩序,损害社会公共利益。”此一原则中的“社会公共利益”,显然是照抄了《民法通则》中的公共利益。且其第 52 条规定损害公共利益的合同无效,第 54 条亦沿袭《民法通则》第 58 条、第 59 条,将乘人之危与显失公平分别规定,只是将乘人之危的效果由无效改为可撤销。

首次正式使用善良风俗之名称的规范性文件为最高人民法院《关于进

---

〔1〕 参见梁慧星:《市场经济与公序良俗》,载梁慧星主编:《民商论丛》(第一卷),法律出版社 1994 年版,第 48 页。

一步发挥诉讼调解在构建社会主义和谐社会中积极作用的若干意见》。其第14条规定:“当事人达成和解协议或者调解协议后申请人民法院制作调解书的,人民法院应当依法对调解协议或者和解协议进行审查。审查内容包括:……协议内容是否符合善良风俗和公共道德;调解是否存在明显违反当事人真实意思的情形等。”

对于此一公共利益立法,通说认为,此即《德国民法典》第138条、《日本民法典》第90条上的公序良俗。[1] 但在关于对此公共利益之适用范围进行解释时,我国学者有的作了不适当的扩大解释,此为不妥,须引起注意,如柴发邦谓:“既包括社会主义物质文明建设方面的利益,也包括社会主义精神文明建设方面的意义;既包括巩固人民民主专政和进行社会主义现代化建设所必需的法律秩序,也包括社会主义的公德;既包括国家的、集体的利益,也包括公民个人的合法利益。”[2]那么,应如何正确理解我国民法上公序良俗的适用范围呢?对此,须探查现有学者相关著述。

(二)研究述评

在我国,梁慧星先生是较早进行公序良俗问题研究的学者,梁先生的《市场经济与公序良俗》一文几乎是我国最早深入探讨此问题的力作。在该文中,梁先生参照外国立法例,将违反公序良俗分为10种情形:[3]

(1)危害国家公序:犯罪合同、投票用纸的买卖契约;

(2)危害家庭关系:母子别居、断绝亲子关系;

(3)违反性道德:开设、转让妓院,婚外同居赠与或遗赠;

(4)射幸行为:赌博、买空卖空、裁判、巨奖销售等,但政府特许除外;

(5)违反人权和人格尊重:过分限制人身自由契约、人身抵押;

---

[1] 参见王家福主编:《中国民法学·民法债权》,法律出版社1991年版,第356页;佟柔主编:《中国民法学·民法总则》,中国人民公安大学出版社1990年版,第21页;梁慧星:《民法总论》(第二版),法律出版社2001年版,第203页;龙卫球:《民法总论》(第二版),中国法制出版社2001年版,第62页;李永军:《民法总论》,法律出版社2007年版,第503页。

[2] 柴发邦:《民事法律行为》,载顾昂然、王家福、江平等编:《中华人民共和国民法通则讲座》,中国法制出版社2000年版,第126页。

[3] 梁慧星:《市场经济与公序良俗》,载梁慧星主编:《民商论丛》(第一卷),法律出版社1994年版。

(6)限制经济自由:竞业禁止、限制职业自由;

(7)违反公正竞争:围标、以贿赂诱使缔约;

(8)有害于消费者保护:欺诈、不当劝诱、悬架广告等;

(9)有害于劳动者保护:工伤概不负责条款、单身条款;

(10)暴利行为:乘人之危与显失公平。

从上述分类来看,从公序良俗的适用类型上看,其对基本权利通过公序良俗控制法律行为效力,或者利用基本权利所确定的客观价值秩序来解释、充盈公序良俗,为公序良俗判断提供客观标准上有较多关注。此与德国拉伦茨、梅迪库斯和中国王泽鉴诸位之分类标准类似,如第 5 项违反人权和人格尊重——《宪法》第 38 条人格尊严;第 6 项限制经济自由——《宪法》第 37 条、第 42 条职业、人身自由;第 9 项劳动者保护——《宪法》第 42 条劳动权。特别是,将"工伤概不负责条款""单身条款"作为有违公序良俗对待,进而否定该条款之效力,无疑契合了基本权利第三人效力间接说之立场,具有超前性,当为不刊之论。

梁氏弟子于飞继续了梁氏此一研究,发表了公序良俗研究之专著。该书参酌日本新锐学者山本敬三之方法,将基本权利保护作为公序良俗类型化的最主要类型予以阐述,颇具新意。梁慧星先生从公、私法分离角度,采基本权利第三人效力间接说立场,认为应通过民法中的公序良俗条款来转介保护基本权利,特别是尚未具体化为民事权利的基本权利,如平等权、宗教自由、人身自由、人格尊严、住宅不受侵犯、通信自由和通信秘密、劳动权、受教育权、休息权及社会保障权等。并且,其亦认为在公序良俗的判断标准中引入基本权利价值一定要克制,否则将窒息私法自治之空间。[1]

上述研究表明,我国学说已有逐步接受基本权利第三人效力间接说之趋势,基本权利在法律行为领域通过公序良俗得到保护这一共识业已逐渐形成。但是,目前的研究尚限于从德国等地教科书中转引观点,尚欠缺对这一理论脉络的有意识梳理,更未深入检讨中国民事裁判通过《民法通则》第 58 条第 1 款第 5 项后段或《合同法》第 52 条第 5 项将宪法基本权利保护贯

[1] 参见于飞:《公序良俗原则研究——以基本原则的具体化为中心》,北京大学出版社 2006 年版,第 143 ~ 158 页。

彻到法律行为领域之事实,学术与实务协力、沟通在此一领域尚有待加强。

(三)实务再检讨

善良风俗的具体化运用一直是实务上的首要问题,我国实务界对此亦不断总结实践经验,追求一定的客观化标准,以资指导后来判决。最高人民法院司法解释虽未见专门对此明文规定,但各地法院或已就此做出重要努力。兹举2007年2月15日江苏省姜堰市人民法院《关于将善良风俗引入民事审判工作的指导意见(试行)》(姜法〔2007〕12号)加以说明。[1]

第一条 【概念】本意见中所指善良风俗,是指在一定地区内得到人们的普遍公认,且不违反法律和国家政策,在生活实践中反复适用的一些习惯、惯例和通行的做法。

第二条 【基本原则】对当事人民事争议事项的裁判,法律、政策有明文规定的必须适用法律、政策,没有明文规定的可以参照本地的善良风俗。

第三条 【确认标准】有下列情形之一的,不得确认为善良风俗:

(1)违背科学规律的;

(2)带有封建迷信色彩的;

(3)不符合社会主义道德规范的。

第四条 【报告及确认制度】法官应注意收集当地的善良风俗,及时向院业务庭和审判管理部门报告。审判管理部门应当进行甄别、整理,提请院审判委员会讨论决定,并报上级法院备案。

第五条 【禁止性规定】参照善良风俗裁判时,不得损害国家、集体、社会公共利益,不得损害第三人利益,不得违反法律、行政法规的强制性规定。

第六条 【经验法则】法官应当根据日常生活经验,自觉将与案件有关的风俗、习惯作为认定案件事实的经验法则;在法无明文规定时,可将善良风俗作为评判当事人过错责任的标准之一。

---

〔1〕 汤建国、高其才主编:《习惯在民事审判中的运用——江苏省姜堰市人民法院的实践》,人民法院出版社2008年版。该院在这一领域内的努力得到了广泛关注,参见《人民法院报》2007年3月20日、4月15日。

第七条　【尊重意愿原则】法官在运用善良风俗时，应当充分行使释明权，并尊重当事人的意愿。

第八条　【倡导调解原则】法官应充分运用善良风俗进行调解。当事人之间按照善良风俗自行达成的和解协议，以及人民调解委员会等基层组织主持调解下签订的协议，非因法定事由，一方当事人提出反悔的，法院不予支持。

第九条　【保密原则】在法院主持调解下，当事人自愿达成协议，要求对协议内容保密的，法院可以将保密约定载入协议主文，法院、当事人均承担保密义务。

第十条　【地域范围】经本院确认的善良风俗，适用于本辖区当事人。本辖区以外的当事人经法官释明后，也可以选择适用本院确认的善良风俗。

第十一条　【重大节日尊重原则】对于民间普遍遵守的重大节日和与当事人自身、家庭、直系亲属等有关联的重大活动，在司法审判中，一般应予以尊重，但有特殊情形的除外。

此份内部文件代表了该院参照全国各地法院有关公序良俗判决并结合当地民俗制定，其适用范围虽限于该院，但所建立的规则对全国各地法院有关公序良俗审判亦有帮助。该院在总结审判实践基础上追求概括条款确定化的做法，与德国主流法释义学之法学方法论契合，是“法官造法”能动性之体现。但该文件仍然比较宏观，只确立了适用公序良俗的基本原则，对于具体哪些民间风俗可归类为法律上之公序良俗并未说明。为了弥补这一缺陷，该院两位法官又撰文对此细化，如对枸杞当责任田“界碑”、民间交易交“垫归”、迁坟和房屋搬迁、借款借据、农地承包家主签名、拜师学艺一般摆拜师酒或谢师宴等作为收徒或学艺期满的标志；在临时用工期间，被正常辞退的雇工通常也设宴以结束用工关系等风俗予以认定为善良风俗。[1] 然而此文件及法官解释中并未将基本权利作为确定公序良俗的基准之一，甚为遗憾。由此凸显，我国实务界对于能动性地适用宪法基本权利尚未形成

[1] 参见杭宝林、张德才：《关于将善良风俗引入民事审判的指导意见及说明》，载 http://jysfy.chinacourt.org，2009 年 2 月 8 日最后访问。

意识。

三、法律行为中基本权利保护应取道民法背俗条款

最高人民法院1988年《雇工合同案批复》在适用方法上没有引证《民法通则》第58条第1款第5项而直接运用《宪法》劳动权认定“工伤概不负责”法律行为效力违法与背俗因而无效,此一做法缺乏民事裁判上的方法论考量,在比较法上亦无基础,应予检讨。宪法固然可以作为衡量法律行为效力之根据,但还须民法上的转介条款作为桥梁,否则方法上难免备受诟病。原因在于,绝大多数宪法条文并未直接规定法律行为的效力问题,只有极少数的宪法条文规定了法律行为效力问题,[1]此为世界各国宪法立法通例。值得庆幸的是,后来的有些判决已经有意识地将《民法通则》第58条第1款第5项导入宪法规范作出判决,如“刘明案”“罗代西案”(显失公平)。但“龙建康案”却又是抛弃《民法通则》第58条第1款第5项,直接适用宪法。除此之外,尚有“宁乡县煤炭坝镇水泥厂诉黄春香购销合同纠纷案”,[2]亦是如此。

该案为再审案件,其案情为:原审原告宁乡县煤炭坝镇水泥厂(原告)聘请原审被告黄春香(被告)为其水泥销售员并签订合同约定:被告为原告销售水泥,如货款不能及时回收,由被告负责赔偿;原告按标准支付被告工资、出差补助及销售费等。本案一审生效后,[3]原告不服向长沙市人民检察院提出抗诉,该抗诉被获准,本案再审;再审法院判决撤销原审判决,驳回原告诉请。

长沙市人民检察院的抗诉理由是:

> 黄春香系该厂职工,她以水泥厂名义为水泥厂销售水泥是一种职务行为。她与水泥厂之间是一种领导与被领导、管理与被管理的关系。在工作关系上与水泥厂不属于平等主体,相互之间的关系只能由有关劳动法律、法规调整。这种不平等主体之间签订的只能产生于平等主

[1] 参见我国《宪法》第36条、第40条、第41条,《德国基本法》第9条。
[2] 参见湖南省宁乡县人民法院(2000)宁经再初字第1号民事判决书。
[3] 参见湖南省宁乡县人民法院(1997)宁经初字第75号民事判决书。

体之间的所谓销售合同显然不对价,且违反了宪法和我国的有关劳动法律、法规。

再审判决直接采纳了抗诉人上述意见,谓"长沙市人民检察院提出的抗诉理由成立,本院予以采纳"。此即证明,本判决否定涉案合同效力,亦是因为该合同违背了宪法和劳动法。但该案特色之处亦在于法院只是基于该合同违宪与有违劳动法直接认定其无效,并未附带认定该合同亦因违宪或违法而有违公序良俗。并且,本判决亦未引用《民法通则》第58条第1款第5项作为本案适用宪法与劳动法之引致条款。

由此可见,对于法院适用宪法是否需要取道民法,我国实务界目前尚未形成有意识的一致行动,职是之故,各地判法不一,出尔反尔。但是,对于此种做法在裁判方法上的批评,本书将留待第五章民事裁判中的宪法解释部分专门论述。

第七节　法律行为侵害基本权利的类型

一、法律行为侵害基本权利构成背俗无效的类型化依据

上文研究表明,基本权利在法律行为领域应透过公序良俗条款,而非违法条款来控制法律行为的效力。具言之,在我国民法上,对于双方法律行为应通过《合同法》第52条第4项,对于单方法律行为应通过《民法通则》第58条第1款第5项,来完成对侵害基本权利的法律行为的效力控制。并且,在解释适用《民法通则》第58条第1款第5项时,应将违法与背俗各自单独作为法律行为无效事由,无须再合成引用。但上述此点还只是基本权利与法律行为问题之一端,即关乎如何借助基本权利调控法律行为的效力。另一端的问题是,究竟有何种基本权利能够或者需要通过公序良俗控制法律行为,或曰通过公序良俗保护何种基本权利、由哪些法律行为侵犯何种基本权利可以解释成私人之间公序良俗的违反?

从比较法上来看,在德国,人性尊严、人身自由、职业自由、创作自由、迁徙自由、信仰、科学自由、言论自由、婚姻及家庭自由、结社自由等,都曾经或

多或少通过《德国民法典》第 138 条否定法律行为效力。在我国,已有实践表明,人格尊严、人身自由、平等权、劳动权都可以成为《民法总则》第 153 条、《民法通则》第 58 条第 1 款第 5 项和《合同法》第 52 条之公序良俗评价标准。综合来看,实践中比较多的案例是发生于人格权、平等权和劳动权领域,但从理论上来看,宪法基本权利清单中的各项其他基本权利应皆可解释为公序良俗。但能否用以否定法律行为,则需要特别讨论。

本书认为,并非所有的宪法基本权利规范都可以解释成公序良俗并用来否决法律行为的效力。在此问题上,应坚持以下几点认识:

1. 并不是所有基本权利都可以成为法律行为背俗无效的客体。前文已提到,有一些基本权利不可能适用于私法关系,如具有社会性质的请求权;诉讼权、司法裁判等程序性质的权利,以及参政权、选举权和被选举权等人民之统治权。[1] 这些基本权利都是以国家义务为对象,是个人从国家获取利益或者要求国家为一定或不为一定行为的权利。故不可借助这类基本权利用来否定法律行为的效力。基本权利条款在民事审判领域的适用不是泛化的,而是有范围限制的,如果允许这类社会权、参政权进入民事审判中,则会发生一系列连环反应,即要么是在民事审判中曲解社会权的原本含义,借用其名,但空其腹;要么是在固守社会权之原本内涵的前提下,危及民法赖以存在的平等基础。[2] 但究竟哪些基本权利仅仅可解释为公序良俗而不可用于司法实践上否定法律行为的效力,则应该对所有的基本权利进行具体分析。

此外,对于我国宪法上未列举的基本权利,通说认为根据各国宪法学说及宪法惯例,由于制宪者能力有限以及社会的变迁,宪法上列举的基本权利可能并不完满。因此,基于人权保障的立宪主义精神,某项权利未被宪法明文列举,并不意味着对该项权利的否定,也不意味着该项权利就不受宪法保障。[3] 而未列举的基本权利亦应由宪法文本中推导出。诸如我国 2004 年

---

〔1〕 参见苏永钦:《民事裁判中的人权保障》,载苏永钦:《民事立法与公私法的接轨》,北京大学出版社 2005 年版,第 118 页。

〔2〕 参见刘志刚:《立宪主义语境下宪法与民法的关系》,复旦大学出版社 2009 年版,第 281 页。

〔3〕 参见张卓明:《中国的未列举的基本权利》,载《法学研究》2014 年第 1 期。

《宪法修正案》第24条规定:“宪法第三十三条增加一款,作为第三款:‘国家尊重和保障权。’第三款相应地改为第四款。”国家尊重和保障人权。这一人权保障条款明确反映了基本权利不限于宪法明文规定的现代宪法原理。而作为概括性权利条款,可以为推导未列举基本权利提供规范依据。目前学者们认为宪法未明文列举的诸如生命权、思想自由权、罢工权、环境权、生存权、发展权、迁徙自由权等都应属于宪法基本权利的范畴,[1]本书在此亦持赞成的态度。

2.《宪法》基本权利规范可以被转介到民法公序良俗规则,并用来否定法律行为效力的,是那些非社会权利中的未法律化的基本权利。对于已经被法律具体化的基本权利,应直接适用具体法律,而无须再取道《宪法》基本权利规范。也就是说,以公序良俗条款来否定侵害基本权利的法律行为效力的做法只是一种补充性的方式,而大量反社会情形是由具体法条来调整的,如《精神损害赔偿解释》和《消费者权益保护法》已经确立的人身自由和人格尊严应受保护,民事裁判就可直接适用之。前文已述,这是因为这部分未法律化的基本权利形式上尚属于流离在法律之外的道德,因而需要通过民法中公序良俗条款将其导入民法而得到民法保护,从而实现国家(法院)对基本权利的保护义务。从另一个角度讲,如果已经具体化的基本权利是以强制或禁止性规范的方式存在的话,那么适用时当直接适用违法标准,而无须再假手公序良俗,如《宪法》第36条、第40条、第41条。在我国法制体系中,尚未具体化的基本权利主要是宗教自由、住宅不受侵犯、通信自由和通信秘密、受教育权、休息权及社会保障权等。

3. 在个案适用时,应斟酌综合案情及方方面面作综合判断,并注意比例原则之适用。因为在间接适用说的背景下,对基本权利的保护是通过对“公序良俗”为主的概括条款的合宪性解释来完成的,从而把基本权利的保护问题转化成民法上公序良俗违反的判断问题。而作为民法的一般抽象条款,在利用公序良俗作判断时,不要忘记公序良俗应在私法自治的大前提下发挥作用,法律行为乃实现人格自由发展的主要途径,法律行为自由亦是宪法、法律

[1] 参见屠振宇:《未列举基本权利的认定方法》,载《法学》2007年第9期;张卓明:《中国的未列举的基本权利》,载《法学研究》2014年第1期。

的一大原则与要义。“法律行为纵然与宪法禁令相抵触,是否能够适用公序良俗条款,仍应作整体之判断。将公序良俗具体化,故应考虑基本权利之评价,然亦不可或忘,基本权利中之人格权的自由形成,给予法律行为之形成自由,也被宪法所承认。”[1]于是,平等与合理差别、自由与合理限制等,都需要在个案中被加以考量、斟酌。基本权利直接适用说即被认为是无法使具有绝对效力的基本权利之间贯彻利益衡量,于是发生保护一种基本权利就必然限制另外一种基本权利的结果而被人们摒弃。间接适用说,就是在基本权利保护问题上,借助了民法资源,完成了利益衡量过程。[2]

对于发生在法律行为领域内对基本权利的侵害,应首先通过背俗法律行为无效之由否定该法律行为效力,此也是否定被告侵权行为具有阻却违法事由的推论工具,因为法律行为无效之后,往往依侵权构成要件来判断被告行为是否构成侵权行为,如构成则再依侵权法处理赔偿问题。以“工伤概不负责”条款为例,该条款如果不从《宪法》第42条劳动权将其定性为背俗无效,则其有效,于是就可构成雇主侵害雇工身体健康权之侵权行为具有违法阻却事由而使雇工无法追究雇主侵权责任。而与此不同的是,在“单身条款”类型中,则径可依背俗无效原理,否定此款效力,由受害者选择合同继续履行或不履行。据此,本节下面的工作即是在坚持以上三点基本认识的基础上,采用类型化与案例分析的方法,就具体基本权利具体分析,剔除那些不可成为法律行为背俗无效之客体的基本权利,进而采用类型化的方法,完善法律行为侵害基本权利构成背俗无效的司法适用问题。

二、法律行为侵害基本权利构成背俗无效的类型化展开

基本权利的类型,在宪法学上有学理分类和宪法解释学意义上的分类两种。学理上的分类,较为典型的如伯林的“二分法”、耶林内克的“四方面说”以及瓦萨克的“三代人权说”,在此不再赘述。本书认为,学理上的分类往往不是依据宪法文本中的权利进行的,难免偏离了实在的法规范本身所

---

〔1〕 黄立:《民法总则》,中国政法大学出版社2002年版,第337页。

〔2〕 参见于飞:《公序良俗原则研究——以基本原则的具体化为中心》,北京大学出版社2006年版,第157页。

确立的权利体系,因而难以作为解决具体个案的规范依据。宪法解释学意义上的分类,是依据本国宪法规范规定的基本权利所进行的分类,它能够在现实生活中作为认识有关具体问题、解决这类具体问题的标准,因而具有实用性。本书所要探讨的是如何在实际操作中认定侵害基本权利背俗进而否定法律行为效力,因而为使讨论点有可操作性,应以宪法解释学意义上的分类为据进行讨论。

宪法解释学意义上的基本权利分类,亦有依据不同的分类标准而分成的不同类别。最早的是我国的宪法学泰斗吴家麟教授的"十大分类法",[1]另外,还有其他学者的"四大分类法""五大分类法"等。不管什么样的分类都是具有相对性的,不管怎么划分,总是有被质疑的地方。尤其是因为解释学上的分类需要依据宪法规范,而宪法规范未必完全讲究逻辑形式。[2] 本书坚持这样的认识,并认为只要是能将宪法基本权利清单中的权利全部列举出来而无一遗漏,即为足矣,持何种分类方法并不重要。本书为方便对法律行为侵害基本权利背俗无效的类型化探讨,特持一种"七分法",即将我国《宪法》文本中的基本权利分为平等权、政治权利、精神自由权、人身权利与人格尊严、社会经济权利、获得救济权、婚姻自主权七大类。现分述之。

(一)平等权

宪法学上的平等权是指公民在政治、经济和社会一切领域内依法享有同其他公民同等的权利,不因任何外在的差别而予以区别对待的一种权利。宪法学上的平等不同于民法所说的平等,前者是指私人间的平等,即主体之间的平等;而宪法所说的平等主要涉及个人和国家之间的关系,要求国家平等地对待不同的公民。它包括两方面的含义:一是法律面前人人平等;二是给予弱者特殊保护,这是平等权的引申含义。[3] 平等权最初为一项政治性

---

〔1〕 吴家麟先生将1982年《宪法》中的基本权利分为以下十类,即(1)平等权;(2)政治权利和自由;(3)宗教信仰自由;(4)人身自由;(5)批评、建议、申诉、控告、检举权和取得赔偿权;(6)社会经济权利;(7)文化教育权利和自由;(8)妇女的权利和自由;(9)有关婚姻、家庭、老人、妇女和儿童的权利;(10)华侨、归侨、侨眷的权利。参见吴家麟:《宪法学》,群众出版社1983年版,第219~247页。

〔2〕 参见林来梵:《宪法学讲义》,法律出版社2011年版,第229页。

〔3〕 刘茂林:《中国宪法导论》,北京大学出版社2009年版,第272页。

权利,体现的是人在社会中的地位,后来含义不断延伸,将其扩展到包括经济、文化、社会等各个方面。现代宪法发展的成果带来平等权的规范结构要素主要包括法律面前人人平等、享受平等权的主体、平等权约束的主体和范围、禁止歧视、禁止特权、允许合理差别对待、各种具体平等权、兜底条款、平等权的限制和对限制的限制、保障机制等。

从宪法文本上看,《宪法》第33条第2款作为平等权的一般性规定,下辖6个条款,将一般性的规定具体化。其中,第33条第2款还被认为包含法律实施上的平等,即司法平等和守法平等(见表3-2)。

表3-2 平等权的类型

类　型	宪法条文	内　容
一般规定	第33条第2款	中华人民共和国公民在法律面前一律平等
(1)民族平等	第4条第1款	中华人民共和国各民族一律平等;禁止对任何民族的歧视和压迫
(2)政治平等	第34条	中华人民共和国年满十八周岁的公民,不分民族、种族、性别、职业、家庭出身、宗教信仰、教育程度、财产状况、居住期限,都有选举权和被选举权;但是依照法律被剥夺政治权利的人除外
(3)信教平等	第36条第3款	不得歧视信仰宗教的公民和不信仰宗教的公民
(4)男女平等	第48条第1款	中华人民共和国妇女在政治的、经济的、文化的、社会的和家庭的生活等各方面享有同男子平等的权利
(5)对老人、儿童、残疾人等弱势群体的特别保护	第45条第3款、第49条第4款	禁止虐待老人、妇女和儿童; 国家和社会帮助安排盲、聋、哑和其他有残疾的公民的劳动、生活和教育

从案件分布上看,对于平等权的侵害主要发生在侵权行为的领域,法律行为对平等权的违反可谓屈指可数。而后者主要集中在以下几个方面:首先,农村集体经济组织财产分配中,女性、外来户籍村民容易成为被歧视的对象。村民委员会制定的村规民约包含克减乃至剥夺“外嫁女”“外来户”及其子女享受诸如征地补偿款等集体经济组织财产分配的权利。其次,劳

动就业中用人单位以各种表面正当的理由解除与处于孕期、产期、哺乳期的女职工以及乙肝、艾滋病等传染病病原携带者的劳动合同。此外,公务员、事业单位工作人员招录过程中也出现若干起因为考生身高、学历、年龄、健康状况等条件不达标,被人事部门拒绝录用而引发的歧视诉讼。最后,在公共服务领域,先后发生数起原告主张受到服务提供者国籍歧视、财产状况歧视、户籍歧视等的诉讼。但这都是侵权行为领域侵害基本权利的情况,将在下一章中介绍。在此仅讨论法律行为(合同、单方法律行为)侵害基本权利的情形。

对于民族平等、宗教平等与政治平等。目前未有发现通过法律行为侵害此类基本权利的情形,暂不讨论。法律行为侵害平等权的情况,主要发生在男女不平等的歧视中,而对女性的歧视多发生在劳动合同与农村集体经济组织财产分配过程中,前者因涉及与劳动权的竞合,本书将在后面关于劳动权的部分探讨。

我国很多农村地区为了控制本村人口增长,在村民规约中规定不要求已婚的男子迁走户口,而仅仅要求出嫁的女子迁走户口,否则,不给土地分配、征地款补偿等任何待遇。本书认为,这是法律行为侵害男女平等的公民权,即不得因为性别不同而区别对待,而非财产权。如本书第二章所述之"王玉伦案",法院认为:"村规民约在性质上属于民事协议,而应符合宪法,涉讼条款要求妇女结婚后就必须迁走户口,系对妇女的歧视性对待,有悖于男女平等的宪法原则,因而无效,原告分得土地转让费的诉讼请求应予支持。"〔1〕但法院在具体否定这类法律行为的效力上有所不同,在此案之前发生的"徐华平等诉灌南县汤沟镇沟东村村民委员会以应随夫分地不发给土地征用补偿费纠纷案"〔2〕以及之后发生的"王江萍等诉郴州市北湖区万华岩镇增湖村三组承包地征收补偿费用分配纠纷案"〔3〕中,同样面对村委会剥夺本村外嫁女子合法权益的情形,法院则通过援引《妇女权益保障法》第

〔1〕 参见原告王玉伦、李尔娴诉被告五津镇蔬菜村村委会侵犯男女平等权案;四川省新津县人民法院(1995)新民初字第118号民事判决书。

〔2〕 最高人民法院中国应用法学研究所编:《人民法院案例选(1992~1999年合订本)》(民事卷上),中国法制出版社2000年版,第418~420页。

〔3〕 参见湖南省郴州市北湖区人民法院(2010)郴北民二初字第1618号民事判决书。

33 条、[1]《民法通则》第 58 条确认沟东村外嫁女子徐华平有权获得本村征地补偿款,村民规约无效,只字未提宪法。而"陈功梅诉新县新集镇塘洼村卷井洼村民组土地补偿费纠纷案"[2]则适用的依据为《农村土地承包法》,认定土地补偿分配方案无效。

本书认为,既然在这一问题上男女平等已经被法律具体化,无须再取道《宪法》基本权利规范,因此应依据《农村土地承包法》(2009 年)第 30 条以及《妇女权益保障法》第 33 条的规定直接宣告法律行为无效。此外,还应杜绝如"芦利霞与新乡市开发区东杨村村民委员会土地补偿款纠纷上诉案"[3]中出现的直接依据《民法通则》第 58 条第 1 款第 5 项的规定判决当事人之间协议无效的情况发生。

另外,在常见的消费歧视类的诉讼中,多涉及公务员与平民的差别待遇,有的则是本地游客与外地游客以及其他特殊主体与一般主体的差别对待。如在"米龙与云南世博集团有限公司、昆明世博园股份有限公司消费索赔纠纷案"中,[4]法院认为昆明世博园对云南本地游客按 30 元收取票款,对外地游客按 100 元票价执行的做法不构成对外地游客的歧视。在本案中,法院一方面承认"以消费者属地的不同确定不同的消费价格,显然是对不同的公民给予了不同的消费条件和消费机会",暗含歧视四要素业已满足之意;另一方面又认为被告已经充分履行了告知义务,原告作为消费者,有权自主选择是否进行消费。原告购票的行为足以表明其自愿接受差别票价的待遇。同样地,在"郭刚诉成都府河竹苑餐饮娱乐有限公司案"中,[5]法院也认为:"经营者也享有在合法基础上自主选择有利于自己的营销策略和经营方式,原告的消费行为是其真实意思表示,其平等权未受侵害。原告在明知被告仅对川大师生就餐打折,而自己并不属于这类群体时,仍选择到被告处就餐消费,其行为是一种基于意思自治的自愿行为,是对被

---

[1] 《妇女权益保障法》第 33 条规定:"任何组织和个人不得以妇女未婚、结婚、离婚、丧偶等为由,侵害妇女在农村集体经济组织中的各项权益。因结婚男方到女方住所落户的,男方和子女享有与所在地农村集体经济组织成员平等的权益。"

[2] 参见河南省信阳市中级人民法院(2011)信中法民终字第 8 号民事判决书。

[3] 参见河南省新乡市中级人民法院(2008)新中民一终字第 545 号民事判决书。

[4] 参见云南省昆明市中级人民法院(2007)昆民五终字第 363 号民事判决书。

[5] 参见四川省成都市武侯区人民法院(2009)武侯民初字第 4680 号民事判决书。

告要约的承诺。被告的要约和原告的承诺均为真实意思表示，双方建立的消费服务合同是合法有效的。”也就是说，法院一般对于这种有较大选择范围的消费领域的差别待遇一般不认定是歧视，相反，对于消费者在明知自己并不属于享有优惠的群体时仍进行消费的行为视为基于意思自治的自愿行为，因而合同有效。但是，本书认为，这种差别应限于合理的范围，不损及社会道德与公序良俗，能够得到社会的接受和法律的准允。在审判实践中，通过嵌入对区别对待行为社会效果的评价，法院得以灵活掌握合意边界，同时虽然在合意中可以存在区别对待的情况，但其应以现行法律明文作出的禁止性规定为底线。当区别对待导致的差异化程度超过社会容忍限度之时，法院必将予以干涉。

（二）政治权利

政治权利，是指人们参与政治活动的一切权利和自由的总称。政治权利一般包括以下几类（见表3－3）：（1）选举权与被选举权，以及由此延伸出的罢免权，我国《宪法》第24条有规定。（2）表达自由，我国《宪法》第35条规定了言论、出版、集会、结社、游行、示威的六项自由；从某种程度上说，表达自由可以归类为精神自由的范畴内，但从我国宪法将其作为第35条紧列在第34条选举权与被选举权的排列来看，我国宪法是将其纳入政治权利的序列当中的。（3）监督权，此权利被认为是人民当家作主，有权监督国家机关及其公务员的一项神圣权利，具体包括批评权、建议权、检举权、控告权、申诉权、赔偿请求权等六项权利。（4）担任公职权亦被当前学者普遍认为是一项重要的政治权利。

表3－3　政治权利的类型

类　型	《宪法》条文	内　容
选举权与被选举权	第34条	中华人民共和国年满18周岁的公民，不分民族、种族、性别、职业、家庭出身、宗教信仰、教育程度、财产状况、居住期限，都有选举权和被选举权；但是依照法律被剥夺政治权利的人除外
表达自由	第35条	中华人民共和国公民有言论、出版、集会、结社、游行、示威的自由

续表

类　型	《宪法》条文	内　容
监督权	第41条	中华人民共和国公民对于任何国家机关和国家工作人员,有提出批评和建议的权利;对于任何国家机关和国家工作人员的违法失职行为,有向有关国家机关提出申诉、控告或者检举的权利,但是不得捏造或者歪曲事实进行诬告陷害
担任公职权	第2条第3款	人民依照法律规定,通过各种途径和形式,管理国家事务,管理经济和文化事业,管理社会事务

宪法政治权利是公民与国家相互联结的一种关系,其关键在于作为权利的确立者和保障者的国家与社会个体的关系如何构成的问题。它是宪法专门为满足公民的政治生活而设定的权利,是一种依赖于国家权力而存在的、参与国家政治生活中的"资格"。[1]政治权利是与政治权力最接近的权利,公民是政治权利享有者,同时也是其执行者,而国家在这时是以法定义务主体的身份出现的。因此,政治权利是具有权力属性的,且在选举权、监督权、参政权方面尤为明显,即这些权利的行使在实体方面就是行使权力。故这些政治权利不可成为私人关系间可被侵犯的对象,也就是不会成为法律行为背俗无效的客体。

(三)精神自由权

作为三大自由权(人身自由权、经济自由权、精神自由权)之一的精神自由权,主要包括宗教信仰自由、通信自由和通信秘密、表达自由、文化活动自由(见表3-4)。但因表达自由在我国宪法中被看作政治自由,因而不在此讨论。

表3-4　精神自由的类型

类　型	《宪法》条文	内　容
宗教信仰自由	第36条	中华人民共和国公民有宗教信仰自由;任何国家机关、社会团体和个人不得强制公民信仰宗教或者不信仰宗教

〔1〕 刘松山:《宪法文本中的公民"政治权利"》,载《法学论坛》2006年第2期。

续表

类 型	《宪法》条文	内 容
通信自由和通信秘密	第 40 条	中华人民共和国公民的通信自由和通信秘密受法律的保护。除因国家安全或者追查刑事犯罪的需要,由公安机关或者检察机关依照法律规定的程序对通信进行检查外,任何组织或者个人不得以任何理由侵犯公民的通信自由和通信秘密
文化活动自由	第 41 条	中华人民共和国公民有进行科学研究、文学艺术创作和其他文化活动的自由

对于这三类权利和自由,目前来看还没有因法律行为而侵害此种基本权利的案例。此三者基本权利也基本仅发生在国家机关、他人的违法侵权活动中。类型只能被“发现”,而不能被“设计”。一旦被“设计”,那么这就必然脱离了实证的研究范畴。故在当下来说,这三类基本权利不在本部分的讨论范围内。

(四)人身权利与人格尊严

公民的人身权利与自由,是指公民的人身不受非法侵犯的权利。人身自由是公民参与国家政治生活、社会生活的基础,是保护个人免受国家任意干预的自由权,是以人身保障为核心的权利体系。我国《宪法》第 37 ~ 39 条对此有规定,它主要包括人身不受伤害、人身自由不受侵犯、人格尊严不受侵犯、公民住宅不受侵犯四个方面的内容。这些权利与自由都是面向国家而言的,且必定是事实行为的侵权而不可能是法律行为的侵权。典型的如公安机关对平民的非法拘禁、非法搜查、非法逮捕的行为,以及著名的“延安黄碟案”。[1] 公民之间侵害人身权与人格尊严的侵权行为,依据侵权责任法以及将来的人格权法即可寻求救济。

(五)社会经济权利

社会经济权利,是公民依照宪法规定参与社会经济活动和享有经济及

---

〔1〕“延安黄碟案”具体案情为:2002 年 8 月 18 日晚,延安市宝塔公安分局万花派出所民警接群众举报,张某夫妇在位于宝塔区万花山乡的一所诊所中播放黄碟。三名民警称从后面的窗子看到里面确实有人在放黄碟。即以看病为由敲门,住在前屋的张某父亲开门后,警察即直奔张某夫妻住屋,并进行搜查、控制人身。

物质利益方面的一系列基本权利的总称。它是一个复合概念,即由经济自由权与社会权两部分组成。从种类上来看,西方国家认为经济自由权包括财产权、合同自由、营业自由、择业自由、居住和迁徙自由,[1]社会权利包括生存权、受教育权、文化活动权、环境权、劳动基本权等。[2]

根据我国现行宪法,公民的社会经济权利包括财产权、劳动权、休息权、获得物质帮助权、受教育权五种。(见表3-5)

表3-5 社会经济权利的类型

类 型	《宪法》条文	内 容
财产权	第13条 第1款、第2款	公民的合法的私有财产不受侵犯 国家依照法律规定保护公民的私有财产权和继承权
劳动权	第42条第1款	中华人民共和国公民有劳动的权利和义务
	第43条第1款	中华人民共和国劳动者有休息的权利
获得物质帮助权	第45条第1款	中华人民共和国公民在年老、疾病或者丧失劳动能力的情况下,有从国家和社会获得物质帮助的权利
受教育权	第46条第1款	中华人民共和国公民有受教育的权利和义务

1.《宪法》规定的公民财产权,主要包括财产所有权以及由此延伸出的财产继承权两种。《宪法》规定个人财产权,为国家建立保护公民财产所有权的其他制度提供了宪法依据。这种财产权,应当包括私主体对公共权利而享有的,以及私人对抗私人的权利。前者不发生在私法主体间,不属本书的讨论范畴。而后者当前已经有完备的《物权法》《合同法》《继承法》《著作权法》等法律进行规定。若法律行为侵害这种财产所有权与继承权时,直接依据上述法律中的法律规范宣布法律行为无效即可,无须再取道《宪法》基本权利规范。

2.《宪法》规定的劳动权,主要涉及劳动就业权、劳动报酬权、休息休假

[1] 择业自由又称工作自由;并且,由于经济活动决定居住和迁徙,因而居住与迁徙自由被纳入经济自由权中。参见林来梵:《宪法学讲义》,法律出版社2011年版,第304页。

[2] 参见林来梵:《宪法学讲义》,法律出版社2011年版,第304页。

权、公民有与其劳动相适应的劳动条件和劳动保障的权利四种。1995 年施行的《劳动法》对公民所应享有的劳动权利作了详细规定，将其扩大到了包括平等就业和选择职业的权利、劳动报酬权、劳动安全卫生权、休息休假权、社会保险权、就业保障权、[1]集体劳动权这些内容。另外，2008 年开始实施的《劳动合同法》进一步加强了对公民劳动权的保护。

具体到法律行为领域，侵害劳动权的情况主要集中在竞业禁止条款、工伤概不负责条款这两类。前文已述，在利用公序良俗作判断时，不要忘记公序良俗应在私法自治的大前提下发挥作用。法律行为纵然与宪法禁令相抵触，是否能够适用公序良俗条款，仍应作整体之判断。在权利存在冲突，多种利益相互交织的情况下，法院的判决结果当然有着重要的社会导向。对于"工伤自负""生死自负"的合同，就存在合同自由与劳动者权利保护的冲突，法院否定这种合同的合法性，从公共政策的角度讲，就是向社会表明，法院更加倡导对劳动者权利的保护，认定劳动者权利更加重于合同自由这一权利。那么针对这种"工伤自负"条款，可直接依据《合同法》第 53 条、《劳动合同法》第 26 条宣告该条款无效，不必取道《宪法》基本权利规范，更不能在《雇工合同批复》已经废止的今天采用直接效力说。而对于常发生的竞业禁止条款的纠纷，很多法院都表达了这样的观点，即用人单位与劳动者约定的竞业限制条款，一定程度上限制了劳动者的自由择业权，因此，竞业限制的适用范围，应严格按照《劳动合同法》第 24 条第 1 款[2]的规定进行确定，不得随意扩大。[3] 若被限制的劳动者不属于这类工作人员，可解释成违反公序良俗，取道《宪法》基本权利规范否定这类条款的效力。

另外，对于现实中更多发生的劳动者因劳动合同没有约定补偿费而主

---

〔1〕《劳动法》第 29 条规定的就是一种就业保障权，具体规定为："劳动者有下列情形之一的，用人单位不得依据本法第二十六条、第二十七条的规定解除劳动合同：（一）患职业病或者因工负伤并被确认丧失或者部分丧失劳动能力的；（二）患病或者负伤，在规定的医疗期内的；（三）女职工在孕期、产期、哺乳期内的；（四）法律、行政法规规定的其他情形。"

〔2〕《劳动合同法》第 24 条第 1 款规定："竞业限制的人员限于用人单位的高级管理人员、高级技术人员和其他负有保密义务的人员。竞业限制的范围、地域、期限由用人单位与劳动者约定，竞业限制的约定不得违反法律、法规的规定。"

〔3〕参见重庆市第五中级人民法院（2014）渝五中法民终字第 05874 号民事判决书。

张竞业禁止条款无效的案件,本书认为,尽管我国《劳动合同法》第23条规定对负有保密义务的劳动者,用人单位可以在劳动合同或者保密协议中与劳动者约定在解除或者终止劳动合同后,在竞业限制期限内按月给予劳动者经济补偿,但是这种约定仅仅是倡导性的,我国法律并未明确将竞业禁止条款没有约定合理经济补偿金的情形规定为无效。考察有关需要约定合理的经济补偿规定的本意,在于作为对劳动者劳动权受到限制的补偿,应从该条款是否违反公共政策、公序良俗或有违宪法上的生存权、劳动权之保障来判断协议的效力,以被竞业禁止者的生活水平不因被竞业而受到影响为标准,而不应单纯以约定经济补偿与否作为合同是否有效的要件。换言之,如果仅仅约定了竞业禁止条款,但没有约定补偿费,是可以通过法律法规的相关规定确定,或者当事人事后达成一致确定的。

3. 获得物质帮助权,是公民在年老、疾病或者丧失劳动能力的情况下,有从国家和社会获得物质帮助的权利。其享有主体、内容、对象都是特定的,义务主体是国家,私人之间的法律行为不会侵犯到此一权利,故在此不再予以讨论。

4. 受教育权。受教育权主要包括以下内容:第一项是学习的权利;第二项是义务教育的无偿化;第三项则是教育机会的平等,我国《教育法》(2015年)第9条第2款规定:“公民不分民族、种族、性别、职业、财产状况、宗教信仰等,依法享有平等的受教育机会。”但这里的平等也不可能是平均主义,也应根据学习主体的适应性与适格条件,作出合理的差别对待。[1]宪法所规定的教育权的功能,需要强调作为主观权利的受教育权和作为客观法秩序的受教育权。前者要求在公民的受教育权受到侵害时应有适当的救济途径从而使公民可以作主观之请求,后者则要求国家应积极创造和维持使教育得以进行和教育权得到尊重和保障的客观法律秩序。[2] 受教育权的被侵犯,多发生在侵权行为领域,且两造为学生与作为“准国家行政机关”的公立初、高等学校。有相关法律行为的,多为私立教育机构与公民个

---

〔1〕 参见林来梵:《宪法学讲义》,法律出版社2011年版,第310页。

〔2〕 参见韩大元、王建学:《基本权利与宪法判例》,中国人民大学出版社2013年版,第309页。

体签订教育服务合同的场合,但这类合同无效也多因私立机构无办学资质等问题,多与受教育权被侵害无关。在"曹华鹏等人诉大连市环保化工学校、大连圣莱阁旅游度假村接受教育权纠纷案"中,[1]曹华鹏等人到大连市环保化工学校和大连圣莱阁合办的环保学校就读直到毕业。不过,学校在报名指南上写明的学习驾照以及去日本考察的机会却没有兑现,法院认为学校仅有明显的违约行为,而无受教育权的侵犯,这类案件都是以契约的履行与否来裁决原告的利益是否应当被保护。目前来说,受教育权这一基本权利不会成为法律行为的侵犯客体,也不必以此否定法律行为的效力,只需解决好如"齐玉苓案"侵害受教育权的侵权行为的问题即可。

(六)获得救济权

获得救济权,也称"权利救济权",其中包括裁判请求权、国家赔偿或补偿请求权等内容。我国宪法条文中基本上只涉及行政诉讼裁判请求权,民事的和刑事的裁判请求权都不太明确。[2] 通过法律行为对这方面权利的侵害,则主要发生在调解协议或者双方签订的合同有"不得起诉""不得再就本案另行起诉""不得再主张任何权利"的条款或约定。由于我国司法中实行两审终审制,所以放弃诉权的契约从案件审理的过程上看应包括不起诉契约、不上诉契约、不申请再审契约等。对于这类契约,各级法院对此持有不同的观点,其中不少法院认为除《合同法》第 53 条规定的当事人预先就可能发生的人身损害达成放弃索赔权免责条款无效外,其余的放弃诉权的约定属于《民事诉讼法》第 13 条第 2 款"当事人有权在法律规定的范围内处分自己的民事权利和诉讼权利"之规定,基于私法自治,应属有效。另有观点认为,诉权是程序性权利,属公法上的权利,当事人不能通过调解协议约定放弃,这种约定应认定为无效。

在大陆法系国家中,对于诉权的见解有"私法诉权说""公法诉权说""宪法诉权说"三种。"私法诉权说"以萨维尼为代表,主张诉权是实体权利被侵害后转换而生的实体法权利;"公法诉权说"盛行于 19 世纪的德国,该

---

〔1〕 参见王鸿翼:《人民检察院民事行政抗诉案例选》(第十集),法律出版社 2006 年版,第 47～53 页。

〔2〕 参见林来梵:《宪法学讲义》,法律出版社 2011 年版,第 313 页。

学说认为国家的权力来自国民,国民也就拥有了要求国家给予自己启动诉讼程序以解决纠纷的公权;“宪法诉权说”则认为诉权是基本人权,是公民的基本权利。本书认为,诉权应当包括两方面:一方面是权益受侵害人请求救济的权能,另一方面则是国家公权力机关予以介入的权力并行使裁判权和执行权的权能。前一方面是涉及对私权的主张,根据私法自治及诚实信用原则,当事人可依据其意志进行处分这一权能,当然包括通过契约的方式来放弃主张,而后一种权能涉及的是当事人与审判机关之间的关系,是一种基本权利,为宪法所保护,任何对这种权利的放弃都是没有效力的,对这种诉权的放弃的约定应当视为违反公序良俗。这里仅是说这种获得救济权不可约定放弃,只说请求救济的权能不得放弃,但是如果当事人放弃的仅仅是到法院起诉的权利,同时又选择了“仲裁”的方式进行救济,那么这样的放弃是有效的。

(七)婚姻自主权

婚姻自主权,是指公民依照法律的规定自由缔结婚姻、不受他人强制和干涉的权利。我国《宪法》第 49 条[1]对婚姻自由、婚姻自主权进行了规定。《民法通则》第 103 条规定“公民享有婚姻自主权”,《婚姻法》也规定实行婚姻自由,禁止包办、买卖婚姻和其他干涉婚姻自由的行为,这是婚姻自由在民事法律中的具体化。《宪法》上规定的婚姻自由,从宪法解释的角度来看,针对的是国家以及与当事人同为平等主体的相对方当事人与第三人,不但包括国家的立法规定和有关婚姻的政策规定不侵害婚姻自由,并且个人得对抗国家不法干预和侵害的防御权;还包括公民的婚姻自由不受同为平等主体的任何一方或第三人的干涉与胁迫。而《民法通则》与《婚姻法》对于婚姻自由的调整,则针对的是平等主体的公民之间的婚姻关系,并不包括国家管理公民婚姻关系而形成的婚姻管理法律关系。

对于《宪法》中对公民婚姻自由的保障之第一方面——排除国家的不法干预和侵害,多见于一些政策性文件、行政规定,如原国家教育委员会制定的但已废止的限制在校大学生、研究生结婚的《普通高等学校学生管理规定》(1990 年)、《研究生学籍管理规定》(1995 年),以及总政组织部就

---

[1] 《宪法》第 49 条第 1 款规定:“婚姻、家庭、母亲和儿童受国家的保护。”第 4 款规定:“禁止破坏婚姻自由,禁止虐待老人、妇女和儿童。”

《军队贯彻实施〈中华人民共和国婚姻法〉若干问题的规定》对军人婚姻自由的限制等诸多法律文件。[1] 但此仅涉及国家的管理职能的合宪性与否,不涉及对法律行为效力的评判。而本章所要讨论的是法律行为侵害基本权利通过背俗条款而无效的判定问题,因而《宪法》中对公民婚姻自由的保障之第二方面——排除第三人对当事人婚姻自由的非法限制乃为本部分讨论的范畴。具体而言,公民的婚姻自由是指婚姻当事人享有自主决定自己的婚姻并基于其意志,自主自愿地决定结婚与离婚,不受任何一方或任何第三人的干涉和强制。就其所包含的内容而言,目前学界还存在一定的争议,传统的观点认为,婚姻自由包括结婚自由和离婚自由两个方面的内容。[2] 也有学者认为,婚姻自由应当包括结婚自由、离婚自由和婚内自由[3]三个方面。还有一部分学者认为婚姻自由应当包括非婚同居、结婚自由和离婚自由。[4]

本书认为,婚姻自由应当具体包括结婚自由、离婚自由、复婚自由等几项内容,而复婚自由,其实仍属于结婚自由的范畴,故不必与后者并列而应被后者涵盖。对于学者们广泛讨论的同性婚姻是不是婚姻自由的方面,本书将在最后进行探讨。这几方面,虽然《民法通则》、《婚姻法》及其相关司法解释、《民事诉讼法》及其相关司法解释等基本实体法和程序法的规定已经基本建立起对个人婚姻自由进行确认和保障的法律制度,但此类规定多为"口号式"宣言,不能作为独立的请求权基础,更没有"条件 + 结果"的完

---

[1] 《普通高等学校学生管理规定》(1990 年)第 30 条规定:"在校期间擅自结婚而未办理退学手续的学生,作退学处理。"《研究生学籍管理规定》(1995 年)(已废止)第 14 条也规定:"研究生在学习期间提倡晚婚。对符合国家规定的晚婚年龄而要求结婚者,由培养单位根据实际情况从严掌握。"《军队贯彻实施〈中华人民共和国婚姻法〉若干问题的规定》对现役军人的婚姻作出了一些新的规定,如明确规定军人应模范遵守《婚姻法》,尊重社会公德,不得未婚同居,不得发生婚外性关系;此外,该规定对于军人的配偶条件也作了一些限制。参见周伟:《国家与婚姻:婚姻自由的宪法之维》,载《河北法学》2006 年第 12 期。

[2] 参见巫昌祯:《婚姻与继承法学》,中国政法大学出版社 2001 年版,第 38 页。

[3] 参见邓丽:《婚姻法中的个人自由与社会主义——以婚姻契约论为中心》,知识产权出版社 2008 年版,第 221 页。

[4] 参见杨凯:《从婚姻自由的角度谈同居现象的存在》,载《当代法学》2003 年第 1 期;余延满:《亲属法原论》,法律出版社 2007 年版,第 53 页。

全法条的规范模式,因而不能用来否定法律行为的效力,故在否定干涉婚姻自由的法律行为的效力时,还需借助民法上的公序良俗条款来予以开展。

1. 结婚自由。结婚自由,是指男女公民完全基于双方的自愿,不受任何一方或任何第三人的强迫和干涉,依法确定夫妻关系。[1] 法律行为对结婚自由的干涉,现实中多见于一方婚姻当事人在遗嘱这种单方法律行为中对另一方的再婚进行限制。如在“张某某诉蔡某某因遗赠所附条件妨碍婚姻自由被认定无效案”中,[2]张某某在其所立遗嘱中设定“如我妻蔡某某今后嫁人,三间平房归我侄子张某某所有”,法院认为“张某某生前所立以约束配偶婚姻自由为前提方可享有继承财产权利的遗嘱,有违宪法和法律规定,是对蔡某某婚姻自由的限制”,故认定为无效。但法院没有给出具体的判决依据,也没有进一步的说理阐释。实务中这类案例基本上都是如此“草率”地处理,并且处理结果也都惊人地相同,即否定这样遗嘱条款的效力。

本书认为,此类遗嘱以约束配偶再婚自由为前提来限制对方有继承财产的权利。而继承权是我国《宪法》与《继承法》明确规定的法律权利,虽可让继承人承担一定的义务,但这种义务首先应该以不违背法律的基本精神为前提。婚姻自主(权)是宪法上的权利和自由,是人之所以为人所应当享有的,以对这种宪法权利与自由的限制作为前提与条件的遗嘱应被视为对公序良俗的违背,在《婚姻法》《继承法》等法律没有对此类法律行为的效力作出规制的当前,应取道《宪法》基本权利规范,借助《民法》的公序良俗条款来否定此类遗嘱的效力。

另有一种限制他人结婚自由的情形发生在即将离婚的当事人间,如“洪某与杨某离婚案”,[3]双方在离婚协议书中约定若男方(杨某)再婚,付洪某5万元人民币,即属此列。对此,本书认为,若仅有这样的约定而无其他情事,也应以其侵犯基本权利背俗无效为由否定其行为的效力。

另外,对于现实中常见的一方向双方出具的一定与对方结婚的“结婚

---

[1] 参见刘茂林:《中国宪法导论》,北京大学出版社2009年版,第272页。

[2] 参见江苏省无锡市中级人民法院(2013)锡民终字第0453号民事判决书。

[3] 参见浙江省台州市中级人民法院(2015)浙台民终字第526号民事判决书。

承诺”[1]或者说“婚约”，本书的看法是，婚姻自主权是一种宪法上的自然权利，对双方当事人的拘束力仅限于道德的层面，因这种婚姻自主权在主观上绝对自由，虽可以达成合意，但这种合意无法律上的效力，因而从法律的评价角度讲，应该是无效的。这种无效应以《民法通则》第58条作为依据而不能以违背公序良俗（《民法通则》第7条）否定其效力。因为其是双方对长相厮守生活的承诺，这种承诺产生道德上的约束力，是为风俗与道德所允许存在的，并不违背公序良俗。

2. 离婚自由。离婚自由，是指作为婚姻关系双方当事人的公民有权要求解除婚姻关系，并依法定条件和程序解除婚姻关系，不受对方或任何当事人强迫和干涉的自由。相对于结婚自由，离婚自由是常被法律行为侵害的多发领域，案件更为丰富，类型亦更为多样。

这类案件多是用离婚财产的分割作为限制当事人提出离婚的条件，因而涉及对于当事人离婚自由是否被侵害的争论。如在“李某与刘某离婚一案”中，[2]双方约定“双方之间和谐相处，互相尊重，无论任何情况，都不得出脏口，不得轻言离婚（除非有重大的感情危机和原则问题），否则过错方要承担骂人和轻言离婚的一切后果（净身出户）”；而在“李甲与朱甲案”中，则是朱甲出具的书面承诺“如有变心离婚，所有财产全部放弃”。[3]在这两起案件中，分别是“如离婚，则放弃全部财产”“如离婚，则净身出户”，意旨相同，法院也都以违反《婚姻法》关于婚姻自由的原则为由，判决其无效。上述两案存在的问题是仅指出违背婚姻自由的原则，但没有指出无效的依据，认定无效的理由阙如。也有的法院对此持截然不同的态度，如在“许峰诉芦扬离婚纠纷再审案”中，[4]面对许峰的在离婚时双方共同所有的房屋产权归芦扬一人所有的承诺，法院没有认为此承诺无效，而认为是合法有效

---

[1] 如“刘志刚与张新华财产损害赔偿纠纷申请再审案”，张新华向刘志刚出具承诺书一份，“本人愿意领婚姻登记证（与刘志刚），以此据为证”。法院最后判决的是“张新华向刘志刚出具的结婚承诺不符合我国法律规定的婚姻自由原则，故该承诺是不合法的”。但没有具体说理及依据。参见新疆维吾尔自治区高级人民法院再审（2014）新民申字第763号再审申请书。

[2] 参见北京市第二中级人民法院（2015）二中民终字第03939号民事判决书。

[3] 参见浙江省高级人民法院（2007）浙民一终字第251号民事判决书。

[4] 参见山东省高级人民法院（2013）鲁民提字第179号再审民事判决书。

的"双方在婚姻关系存续期间就财产问题自愿达成的以离婚作为附加条件的民事协议"。与前述两案差别之大,令人费解。

本书认为,离婚问题因涉及双方财产的分割问题故有其特殊性,而离婚双方当事人所达成的对当事人一方在离婚时的财产分割约束很可能是基于自愿的、真实的意思表示所作出的一些让步、对对方当事人的照顾,因而这些约定应该是有效的,且应在实务中与那些以财产利益的约束为"手段"而行对提出离婚、造成离婚的当事人的婚姻自由之"实"的侵犯离婚自由的行为进行区分,后者才是侵犯婚姻自由的基本权利的背俗无效行为。

那么如何对两者进行区分呢?以"洪某与杨某离婚纠纷案"为例,[1]对于上诉人与被上诉人签订的离婚协议书第3条的约定"坐落于台州市椒江区白云街道高园小区61号楼东1的1间四层半立地房归杨某所有;如男方(上诉人)再婚,付洪某5万元人民币,房屋及财产归杨某所有"是否侵害双方的离婚自由。结合当事人的举证以及法庭辩论过程来看,双方都基本同意该约定的两层意思为:第一,双方确定将房屋归上诉人所有,由上诉人对等支付给被上诉人5万元人民币;第二,第3条后段仅是对该5万元的履行时间进行约定,即双方约定在上诉人再婚时履行,房屋及财产仍归上诉人所有是不变的。也就是说,要结合协议的上下文以及当事人的真实意思进行综合分析,如果这种看似是以对财产利益的剥夺为后果的对离婚自由的限制实则仅仅是双方当事人财产分割的约定,那么不应被认为是违反基本权利而背俗无效。若仅仅表现为"如A提出离婚,应赔偿B元"或"如A提出离婚,应放弃产权"这类约定,则实际上是要么离婚就放弃财产、要么要财产就不得提出离婚的单项选择,应视为对婚姻自由这一基本权利的侵犯,取道公序良俗条款否定该约定的效力。

此外,对于那种"如A的原因造成双方离婚,A将赔偿B××元或放弃××权益"的约定,也应该被认定无效。因为我国《婚姻法》对于离婚损害赔偿的事由仅限于重婚、有配偶者与他人同居、实施家庭暴力、虐待、遗弃家庭成员这四种,如果仅仅笼统约定"因××的原因造成的离婚"而未具体指明是由于上述四种原因的损害赔偿,则应认为是对婚姻自由的不当限制,

---

〔1〕 参见浙江省台州市中级人民法院(2015)浙台民终字第526号民事判决书。

亦属无效之列。

关于同性恋群体主张应享有与同性的婚姻权利，国家、他人不承认同性婚姻是对其婚姻自由的剥夺的主张问题，本书认为，我们传统意义上讲的婚姻自由指的是异性成年男女间的婚姻自由。中国和世界上几乎所有国家的法律都规定，享有婚姻自由权利的主体，必须是男女双方而不能是同性的双方。[1] 当前，世界各国已经不把同性恋当作一种疾病，并且看到了自然人作为动物之一种所共有的同性恋的性本能实现方式的自然、不可改变性，同性婚姻的需求应该得到尊重并重视。在我看来，同性婚姻的法理基础应为宪法上的平等权，即性的平等而非婚姻法的男女平等。同性婚姻保护的法律理论是宪法平等权的扩张，这是20世纪80年代以后一些国家法律实践在宪法领域的发展。[2] 2015年6月26日，美国的最高法院裁定同性婚姻在全美合法，以裁定的方式认为同性结婚是一项人人皆有的权利。但在中国目前讨论同性婚姻是否合法、侵犯同性婚姻是不是对同性恋者宪法基本权利的侵害，还将依赖于结合现有的道德观念对宪法平等权、婚姻自由等概念作出新的阐释，在目前来看，恐难获支持。

总而言之，对于发生在法律行为领域内对基本权利的侵害，应首先通过背俗法律行为无效之由否定该法律行为效力，此也是否定被告侵权行为具有阻却违法事由的推论工具，因为法律行为无效之后，往往依侵权构成要件来判断被告行为是否构成侵权行为，如构成则再依侵权法处理赔偿问题。以“工伤概不负责”条款为例，该条款如果不从《宪法》第42条劳动权将其定性为背俗无效，则其有效，于是就可构成雇主侵害雇工身体健康权之侵权行为具有违法阻却事由而使雇工无法追究雇主侵权责任。而与此不同的是，在“单身条款”类型中，则径可依背俗无效原理，否定此款效力，由受害者选择合同继续履行或不履行。

---

〔1〕 20世纪后半期以来，在北欧等国通过了许可同性婚姻的法律，德国、英国和美国有的州有许可同性婚姻的法律和宪法案例。参见周伟：《国家与婚姻：婚姻自由的宪法之维》，载《河北法学》2006年第12期。

〔2〕 参见周伟：《国家与婚姻：婚姻自由的宪法之维》，载《河北法学》2006年第12期。

第四章　基本权利与不法行为：通过侵权救济保护基本权利

第一节　《受教育权案批复》再检讨

一、《受教育权案批复》起草背景分析

2001 年《受教育权批复》已于 2008 年在《废止 2007 年前司法解释的决定》中予以废止，[1]但“齐玉苓案”终审判决仍然有效，其引发的讨论仍在继续，且向纵深发展。需要进一步反思的是，为何如此高调的一个司法解释，会在如此短暂的时间内就寿终正寝呢？难道真的如学者所言，其方向意义大于实质意义？[2]或者其存有错误？[3]

“齐玉苓案”关键在于受诉法院是否支持原告关于受教育权被侵犯的诉求。一审不支持受教育权受侵害的损害赔偿请求，原告仅能因姓名权受损害而获得精神损害赔偿。显然，此赔偿数额与其所受损害并不相称，违反了侵权行为法上的损害填补原则。但由于我国民法没有规定受教育权，而此案又是一个民事诉讼案件，存有法律漏洞。[4] 由此，最高人民法院作出了《受教育权案批复》，认定陈晓琪等侵犯了齐玉苓依据《宪法》享有的受教

---

〔1〕《废止 2007 年前司法解释的决定》（法释〔2008〕15 号）于 2008 年 12 月 8 日最高人民法院审判委员会第 1457 次会议通过。

〔2〕参见强世功：《宪法司法化的悖论——兼论法学家在推动宪政中的困境》，载《中国社会科学》2003 年第 2 期。

〔3〕参见童之伟：《宪法司法研究适用中的几个问题》，载《法学》2001 年第 11 期；童之伟：《宪法适用应依循宪法本身规定的路径》，载《中国法学》2008 年第 6 期。

〔4〕关于疑难案件理论，参见[美]罗纳德·德沃金：《认真对待权利》，信春鹰、吴玉章译，中国大百科全书出版社 1998 年版，第 4 章。

育权,以司法解释填补法律漏洞。二审法院根据《受教育权案批复》,结合《宪法》第 46 条和《教育法》第 9 条、第 81 条[1]判决被告因侵害原告受教育权而承担赔偿责任。

《受教育权案批复》:"陈晓琪等以侵犯姓名权的手段,侵犯了齐玉苓依据宪法规定所享有的受教育的基本权利……"该批复的这一规定说明,被告侵害了原告的作为基本权利的受教育权,至于姓名权的侵害只是一种侵害受教育权的手段而已。当然,侵害姓名权也构成一种单独的侵权行为,并会导致相应的后果。因此,从批复中我们不难发现,最高人民法院的意思就是,被告侵害原告依据《宪法》第 46 条所享有的受教育权,应该赔偿。二审判决贯彻了最高人民法院的这一指示,并引据《宪法》第 46 条判决。但该判决引出另一个问题:民事判决是否能直接引据《宪法》作为判决依据,用来保护基本权利?

针对该问题,学界多从《受教育权案批复》内容去寻找根源,而由于该批复"言简意赅,惜墨如金",学者往往难以切中要害。因此,我们需将研究视线转向该批复产生的背景。在该批复作出之日,《光明日报》援引最高人民法院一位负责人的观点认为,受教育权是宪法上的基本权利,又具有人格权益。《受教育权案批复》完善了我国民事法律体系和公民基本权利的救济手段。[2] 依此而言,以"齐玉苓案"为引,该批复实则激活了宪法,使宪法上的基本权利于民事领域得以保护,并弥补民事法律之法律漏洞,周延保护自然人之合法权益,实现了宪法与民法的交融。为了使这种交融具有可操作性,就需要对我国现行侵权法机制进行有效解释,才能将宪法条文导入其中,来具体衡平两造权利义务关系,作出妥切判决。为此,宋春雨从技术层面论证了这一问题。根据其行文,本案处理思路为:

(1)受教育权是宪法基本权利,以国家为义务对象,不直接涉及私

[1] 1995 年《教育法》第 9 条规定:"中华人民共和国公民有受教育的权利和义务。公民不分民族、种族、性别、职业、财产状况、宗教信仰等,依法享有平等的受教育机会。"第 81 条规定:"违反本法规定,侵犯教师、受教育者、学校或者其他教育机构的合法权益,造成损失、损害的,应当依法承担民事责任。"《教育法》于 2015 年修订后,与之对应的法条为第 9 条、第 81 条。为还原判决,论述一致性之需要,本节《教育法》皆指 1995 年《教育法》。

[2] 参见《侵害他人受教育的权利应承担民事责任》,载《光明日报》2001 年 8 月 13 日。

人行为。受教育过程中所涉私法利益通过人格利益的保护实现。

(2)人格利益有具体人格权和一般人格权。具体人格权是民法明确规定的人格权,如《民法通则》第120条之姓名权、肖像权、名誉权等;具体人格权之外的人格利益由一般人格权调整,包括人身自由权和人格尊严权。人身自由权包括行为自由与意志自由,侵犯受教育权是侵犯意志自由,因此本案可适用一般人格权保护原告。

(3)《民法通则》没有规定一般人格权,《精神损害赔偿解释》第1条规定的人身自由是仅指行为自由意义上具体人格权。《宪法》第37条直接规定人身自由权,但直接据此创设一般人格权"存在方法论上的局限"。[1] 因此,最高人民法院寻求民法上的姓名权作为被告侵害原告受教育权的手段,来实现受教育权作为基本权利在民法上的保护。[2]

基于这一处理思路,宋春雨认为《受教育权案批复》"虽然没有创设作为一般人格权的人身自由权,但在完善我国侵权法体系构成和公民基本权利保护上具有重大意义"。那么该批复对于完善我国侵权法体系的重大意义又体现于何处呢? 为此,作者做了详述。

作者首先指出:

大陆法系侵权行为有三种类型:一为权利侵害类型,即侵权行为侵害法定民事权利;二为公序良俗违反类型,即以违背公序良俗的方法侵害他人利益;三为法律违反类型,即违反保护他人的法律致他人利益受损。这三种侵权行为类型互为补充,构成完整的侵权行为体系。

接着作者指出:

我国的侵权法很不完备,《民法通则》只规定了权利侵害的侵权行

[1] 由此可见,宋春雨是认为《宪法》第37条是不能作为本案裁判依据的,实际上已经否认了黄松有的观点——宪法条文直接适用于裁判。因此,宋春雨认为受教育权上的私法利益——意志自由,不能直接适用宪法来裁判。

[2] 宋春雨:《齐玉苓案宪法适用的法理思考——受教育权的性质与公民基本权利保护的法律研究》,载《人民法院报》2001年8月13日,第1版;宋春雨:《〈关于以侵犯姓名权的手段侵犯宪法保护的公民受教育的基本权利是否应承担民事责任的批复〉的理解与适用》,载最高人民法院研究室编:《最高人民法院司法解释理解与适用》(2001年),中国法制出版社2002年版,第276页。

为类型,《精神损害赔偿解释》第1条"违反社会公共利益、社会公德侵害他人隐私或者其他人格利益"应承担民事责任的规定,确立了侵权行为的公序良俗违反类型,对《民法通则》的缺陷作出有益的补充。《受教育权案批复》以侵害公民依据宪法所享有的基本权利为理由,令加害人承担民事责任,确立了法律违反的侵权行为类型,使侵权行为构成体系得以完备。[1]

由此可见,作者认为该《受教育权案批复》创建了"违反保护他人法律"这一侵权行为类型。且由上可知,此种"保护他人的法律"就是宪法上的基本权利条款,具体到本案即《宪法》第46条。因此,作者通过这一推理,将宪法基本权利价值通过民法侵权机制中的"违反保护他人法律"予以转介,进而实现了基本权利在民事裁判中作为裁判依据予以适用。但该观点正确与否,且采"权利侵害类型""背俗故意致损类型"是否更具可行性,有待探讨。

二、受教育权案的裁判路径选择之难题

(一)创设了"违反保护他人法律"的侵权行为类型

我国《侵权责任法》第6条第1款形式上以一个概括条款统一保护权利和利益,第4条第1款规定加害人在违反公法强制规范导致公法责任后,仍有可能承担侵权赔偿责任,但未存在涉及"违反保护他人法律"的转介条款,《受教育权案批复》创建了"违反保护他人法律"这一侵权行为类型,在我国现行法律规范中并未存在明确请求权基础。请求权基础的缺失使"违反保护他人法律"之侵权责任的适用成为无源之水,无本之木。

"违反保护他人法律"是德式侵权法体系中三个小的一般性条款之一。如《德国民法典》第823条。[2] 此一侵权行为类型具有吸纳民法之外的规范——特别是公法规范,进入民法的转介整合功效,是协调民法典的滞后性

---

〔1〕 宋春雨:《齐玉苓案宪法适用的法理思考——受教育权的性质与公民基本权利保护的法律研究》,载《人民法院报》2001年8月13日,第1版。

〔2〕 Cöster-Waltjen, Die Haftung nach § 823 Abs. 2 BGB, Jura 2002, 102ff. 在德国,对此类侵权行为为独立类型的侵权行为没有异议。

与社会发展性的有效机制。现假设我国侵权法上存在“违反保护他人法律”的转介条文,本案便理所当然地可适用该条进行妥善解决吗?数量庞大、未直接规定损害赔偿的公法规范在私法领域的效果内容与限度为何?不可将一切公法强制规范视为保护他人的法律,对公法规范应当进行合理限制,故而应当首先从性质上讨论何种法律可成为保护性法律,诸如宪法、法律、行政法规、地方性法规、自治条例等,其次需讨论在可成为保护性法律的规范范围内需具备何种要件方可适用于该种侵权行为类型。

针对本案,亟须讨论的是《宪法》第46条与《教育法》第81条可否成为“保护他人之法律”,对于“法律”之解释适用,由德国等地发展出来的判例学说以及丰富的操作规则,均无一例外地反对将宪法规定直接认定为“保护他人的法律”。宪法对侵权责任法的影响,学界的研究不可谓不丰富,[1]宪法所具备的根本法地位使其所赋予的权利属于基本权利之范畴,宪法对民法之适用效力实则为宪法基本权利对民法的效力。[2] 对于若某行为违反宪法基本权利的内容,是否可援引该权利的宪法性而对该行为的性质进行判断这一问题,答案应当是否定的,宪法对民法的规范效力不可直接作用

---

〔1〕 宪法对侵权行为法领域的讨论详见强世功:《宪法司法化的悖论》,载《中国社会科学》2003年第2期;王磊:《宪法实施的新探索——齐玉苓案中的几个宪法问题》,载《中国社会科学》2003年第2期;蔡定剑:《中国宪法实施的私法化之路》,载《中国社会科学》2004年第2期;童之伟:《宪法司法研究适用中的几个问题》,载《法学》2001年第11期;张新宝:《民事法官能够直接引用宪法条文判案吗?——最高人民法院法释〔2001〕25号司法解释另解》,载《民商法前沿》(2002年1、2合辑本),吉林人民出版社2002年版;梁慧星:《最高法院关于侵犯受教育权案的法释〔2001〕25号批复评析》,载中国民商法律网:http://www.civillaw.com.cn/article/default.asp?id=25254,2009年5月27日最后访问;宋春雨:《齐玉苓案宪法适用的法理思考——受教育权的性质与公民基本权利保护的法律研究》,载《人民法院报》2001年8月13日,第1版;王涌:《宪法与私法的关系》,载吴汉东主编:《私法研究》,中国政法大学出版社2002年版;徐涤宇:《宪法上的所有权与民法上的所有权》,载《中外法学》2006年第1期;姚辉:《关于民事权利的宪法学思维——以一般人格权为对象的观察》,载《浙江社会科学》2007年第1期;于飞:《基本权利与民事权利的区分及宪法对民法的影响》,载《法学研究》2008年第5期。

〔2〕 参见韩大元:《论基本权利效力》,载《判解研究》2003年第1期;陈新民:《德国公法学基础理论》(上册),山东人民出版社2001年版,第288~302页;[德]迪特尔·梅迪库斯:《德国民法总论》,邵建东译,法律出版社2000年版,第8页。

于民法的具体规则，此做法违背宪法对民法规范效力的一般原则。[1] 宪法保护公民权利，规定并限制政府权力，但权利保护并非通过落实具体私人的权利义务之形式实现，而是通过政府承担义务而保障公民权利实现，如公民的言论自由、营业自由等权利。宪法保护范围并非特定个人或特定群体之利益，涵摄范围广至国家及社会公共利益，"保护他人之目的"如何存于宪法之中？本章下面将对"违反保护他人法律"之侵权行为进行概念、特征的详述展开，结合本案所涉法律规范进行比较界定，对此类受教育权案裁判路径进行探讨分析。

（二）一般人格权能否作为基本权利被侵害的救济途径

此外，针对本案被告陈晓琪及其父的行为是否构成侵权，需要满足《民法通则》第106条第2款关于侵权责任构成要件的一般规定，而且问题的关键在于受教育权是不是一种民事权利。因为适用本条的前提是，侵权行为损害的客体是一种民事权益。要解决这一问题，我们就需要通过宪法解释[2]，考证《宪法》第46条意义上的受教育权是否可能为民事权利。

受教育权作为宪法上的基本权利，其义务对象为国家，国家应提供并满足公民受教育的条件，包含受教育机会权、受教育条件权和受到公平评价权等三项内容。[3] 但随着社会的发展，接受教育已成为一个人获取职业并谋生的必要手段，因此受教育权的享有具有经济利益。此外，受教育还可以丰富人格，扩展身心，促进人格自由发展，因此，受教育又具有精神价值。既然受教育权的享有能够使人获得经济上的满足和精神上的愉悦，而且这都是人之所以为人的正常利益诉求，现代各国法制莫不以人为本，财产权与人格权皆为宪法价值所涵盖，因此此种基于受教育权而获得的物质与精神双重利益应是一种"法上之利益"，也就应该成为一种民事权利，应该得到《侵权

---

〔1〕 参见张千帆：《论宪法效力的界定及其对私法的影响》，载《比较法研究》2004年第2期；许中缘：《民法强行性规范研究》，法律出版社2010年版，第84～85页。

〔2〕 此处的宪法解释是指法院所进行的合宪性解释之中的法律方法或司法技艺，其在功能上辅助了法律解释和个案判决的作出，但并不会导致对法律的合宪性作出整体上的、一般性的、具有普遍约束力的决定。参见黄明涛：《两种"宪法解释"的概念分野与合宪性解释的可能性》，载《中国法学》2014年第6期。

〔3〕 参见袁文峰：《受教育权的宪法条款援引、内涵及救济路径——基于齐玉苓案与罗彩霞案的分析》，载《政治与法律》2015年第4期。

责任法》等民事法律的保护。但是,仅仅论述到这里显然不够,因为《侵权责任法》要保护的权利需要在民法上有一定的“名分”,而受教育权未能满足这一要件,因此,我们就必须进行“法之续造”,即“类推适用”,在民法上找一个可以接纳这种“法上之利益”的权利,而这种权利就是被称为“框架性权利”的一般人格权。[1]

《受教育权案批复》通过侵犯姓名权来达到保护被侵害的受教育权的做法,实质上是试图为作为基本权利的受教育权通过侵权机制保护提供“甬道”或者“机会”。但可惜的是,最高人民法院找的这个基本权利进入民法、接受民法侵权机制保护的“甬道”过于狭窄。试想,如果被告是通过其他手段——如限制原告欺诈、限制人身自由等手段侵害原告受教育权,那么该批复还能适用吗?正确的表述应该是“被告以侵害原告一般人格权的方式侵害了原告基于《宪法》第46条所规定受教育权,妨碍了原告的人格自由发展”。也许正是因为这一点,最高人民法院才废除了该批复。于是,本书接下来的问题就转为如何通过一般人格权这个“甬道”,承接诸如受教育权之类关于人格发展的基本权利到民法中,进而实现通过民事侵权机制来保护公民遭受侵害的基本权利。

为了论证这一问题,亦需明确一般人格权在中国法制的运作情况及其问题,然后求诸一般人格权的产生地——德国的理论与实务,进而比较借鉴,实现我国法制上一般人格权的合理制度设计和裁判指引。

第二节 违反保护他人法律之侵权行为

一、何为“违反保护他人之法律”

如前所述,违反保护他人法律的侵权行为是传统民法侵权行为一般条款中的三大类侵权行为之一,《德国民法典》第823条规定:“违反以保护他人为目的的法律者,负相同的义务(同该条第1款义务)。如果根据法律的

---

[1] 此一论述参见宋雨春:《齐玉苓案宪法适用的法理思考——受教育权的性质与公民基本权利保护的法律研究》,载《人民法院报》2001年8月13日,第1版。

内容并无过失也可能违反此种法律的,仅在有过失的情况下,始负赔偿义务。”此侵权行为类型性质上属“转介条款”;其功能主要在于,转介立法者未直接规定的公法强制规范,使其成为民事规范;其立法目的并非在对世权遭到侵害时为其提供多一层的保护,而是在填补非对世权遭到侵害时,而又没有特别规定可以保护的漏洞,并调和公私法的价值冲突。因此,在对世权遭到侵害的情况下,将没有适用这一侵权类型的救济的余地。[1]

该侵权行为类型适用之难点在于如何界定“保护他人的法律”。因在法治社会中,冠以“法律”之规范类型繁多、数量庞大,有宪法、法律、行政规章、条例等。如果些许种种“法律”皆可成为此类侵权行为所指之“法律”,又因法律大多系为保护人民而制定,故人民动辄将违反此种“法律”,构成侵权。如此则将极大限制私法自治,限缩人民自由行为之空间。因此,将何种法律归属于此类侵权行为中所指之“法律”,即对此类侵权行为之构成进行一定范围之限缩,就显得尤为必要。那么,操作上又应采用何种标准来限缩这一范围呢? 鉴于德国已有的丰富实践,我们有必要对此进行探讨。

依德国法律通说,所谓“保护他人之法律”,是指任何以保护个人或特定范围之人为目的之公私法规,但专以保护社会公益或社会秩序为目的之法规则不包括在内。[2] 个人保护这一标准是与对公众的保护相对而言的。如若一条法律规范目的只在于保护公众利益,则其并不适合归类为《德国民法典》第823条第2款意义上的保护性法律。一项保护公众的条款,只有当它同时也有意图对具体的受害人提供保护时,才有可能被视为保护性条款。[3] 《德国民法典》第823条第2款并不具有像警察一样的维护治安的任务,它的目的只在于对具体的受害人提供个人保护。[4]

---

〔1〕 参见苏永钦:《再论一般侵权行为的类型——从体系功能的角度看修正后的违法侵权规定》,载苏永钦:《走入新世纪的私法自治》,中国政法大学出版社2002年版,第300页。

〔2〕 Knöpfle, Zur Problematik der Beurteilung einer Norm als Schutzgesetz in Sinne des § 823 Abs. 2 BGB, NJW 1967, 697; Kötz, Deliktsrecht, 1967, S. 83f. 朱岩:《违反保护他人法律的过错责任》,载《法学研究》2011年第2期。

〔3〕 参见[德]马克西米利安·福克斯:《侵权行为法》,齐晓琨译,法律出版社2004年版,第143页。

〔4〕 Deutsch/Ahrens, Deliktsrecht, Unerlaubte, Handlungen, Schadensersatz und Schmerzensgeld, 4. Aufl. 2002, Rn. 213.

德国实务界认为,保护性条文特质的关键在于,所涉及的法律规范的意图在于对援引《德国民法典》第823条第2款的个人提供保护。对此,联邦最高法院一则判决可以说明:[1]被告用挖掘机在一宗私人所有的土地上进行挖掘时,挖断了一个供电企业的电缆,由此使原告企业停电而停工。原告基于此,要求被告赔偿窝工损失。原告诉请的主要依据是《德国民法典》第823条第2款结合《德国土地建筑条例》(LBauO)第18条第3款。[2]

联邦最高法院最终否定了《德国土地建筑条例》第18条第3款具有保护性法律的特点。其依据在于,几乎无法想象哪一条公法条文不是在较为一般的意义上,以保护人民为目的。此种一般的保护功能不能表明在何种情况下,存在一项《德国民法典》第823条第2款意义上的保护性法律,以及哪些利益应当受到保护。因为原则上只有条文保证对个人实施保护时,它才能成为保护性的法律。基于此,联邦最高法院认为《德国土地建筑条例》第18条第3款只是总结了在本法规定的工作中应采取必要的安全防范措施,并提供了对违法行为进行处罚的可能性。没有情况表明,对用电人的个人保护是该建筑规章规定的意义和目的。这种个人保护与联邦法律是不相符合的,并且具有任意性。

德国联邦最高法院在另一则判例中坚持了这一标准,并又有新的发展:[3]被告在车辆到期后没有继续使用该车,却未将该车之车辆行驶证交还给车辆准行管理机关,亦未注销车牌号。该做法违反了《德国道路交通许可条例》(StVZO)第29d条的规定。而后,在此情形下,被告将该车转卖他人,但在出卖时,被告已经对买主说明该车已无保险。买主买得该车后亦未投保。嗣后,买主使用该车致他人受害,且买主并无赔偿能力。故受害人原告依据《德国道路交通许可条例》第27条第1款第3句[4]和第29d条

[1] BGHZ 66,388ff.

[2] 《德国土地建筑条例》第18条第3款内容大致为:要在建筑施工期间,对公共交通用地、水电供应、排水和通信设施等予以保护,必要时应采取安全防范措施。

[3] BGH NJW 1980,1792.

[4] 《德国道路交通许可条例》第27条第1款第3句规定:车主在转让机动车时,应当向车辆准行机关申报。

第 1 款[1]的规定，起诉被告赔偿其损失。

虽然原告之请求权规范——《德国道路交通许可条例》中的两项规定，客观上都是为了阻止没有参加保险的车辆投入使用，避免出现此种车辆致害后，被害人无法得到赔偿的情形。但是，联邦最高法院最终还是拒绝了原告依据该规定获得赔偿的诉求。为此，该院提出的重要论据是，受害人可以通过其他途径获得赔偿。因为原告可以根据《德国机动车主义务保险法》(PflVG)第 3 条第 5 款结合《德国保险合同法》(VVG)第 158C 条第 3 ~ 5 款规定的保险人的介入义务，[2]通过起诉保险人而获得赔偿。根据这一判决，如果受害人应受保护的利益能够通过其他途径得以保障，那么就不承认行政罚款之类的条文为第 823 条第 2 款意义上的保护性法律。

此判决及其他相关判决[3]针对违反侵权类型所发展出来的“被害人别无损害请求”的“补充性”(Subsidiarität)原则，具有重要意义。菲肯谢尔(Fikenscher)指出，违法侵权类侵权行为及功能限于“转介”其他领域的强制禁止规范而成为民事侵权法之规范，并以此减轻民事法立法者之负担。[4] 因此，只要法律规定(包括民法规定)已明确规定了两种权利义务关系，如我国《民法通则》第 119 条规定：“侵害公民身体造成伤害的，应当赔偿医疗费、因误工减少的收入、残废者生活补助费等费用；造成死亡的，并应当支付丧葬费、死者生前扶养的人必要的生活费等费用。”《产品质量法》第 43 条规定：“因产品存在缺陷造成人身、他人财产损害的，受害人可以向产品的生产者要求赔偿，也可以向产品的销售者要求赔偿。属于产品的生产者的责任，产品的销售者赔偿的，产品的销售者有权向产品的生产者追偿。属于产品的销售者的责任，产品的生产者赔偿的，产品的生产者有权向产品的销售者追偿。”法官即可径依其作成判决，无须再援引该类型“转介”条款作蛇足之举。苏永钦认为，背俗和违法类侵权行为存在的意义就在于

---

[1] 《德国道路交通许可条例》第 29d 条第 1 款规定，机动车辆没有参加规定的保险，包括保险到期时，车主应当及时申报，并交还行驶证同时注销车牌号。

[2] 此介入义务为，如果保险人在车辆保险到期后没有将情况通报给机动车车辆准行管理机关，则在发生事故时，虽然已无保险合同关系，但仍有介入赔偿义务。

[3] 如 BGHZ 84，312，314；110，342，360。

[4] Fikentscher, Schuldrecht, 9 Aufl., 1997, S. 776.

"补强"民事规范,前者"转介"的是社会伦理所生之行为义务,后者"转介"的则是所有无涉民事不法之行为义务,从而与直接规定民事行为义务与违法责任者,鼎足成为三种侵权类型。[1]

何时构成保护他人之法律,因为涉及某一规定之规范目的的解释,有时并非易事,[2]对于某一规定究竟是保护个人权益、一般公益或是兼及此两者的判断极难。[3] 对于"违反保护性法律"这类侵权行为的适用,苏永钦根据德国经验而作出的总结可值赞同。其谓,欲满足保护他人法律侵权行为之构成要件,须通过三阶段之检验:

> 第一,该强制或禁止规定须以个人法益为主要保护标的或其中之一,且须具有行为规范及"命令性格"。故如交通规则中单纯以维持交通顺畅为目的之规定,如时速下限即不属于此类法律。
>
> 第二,被害人必须属于该法所要保护的"人"的范围。故如交通规则中以行人为保护对象的规定,如斑马线,机动车驾驶人即不在此保护之列。
>
> 第三,被害法益应当属于该法所要保护的"物"的范围。故如交通规则中以提高其他用路人安全为保护目的的规定,如夜间行车点灯,其违反对于被毁损的路边摊架则不构成此类侵权。[4]

由此可见,所谓"保护他人之法律"应有严格之限制。依文义解释,"保护他人"与"法律"二者具有同等重要性,不可偏废。"法律"将从法律的性质和法律的内容两方面对其进行认定,"保护他人"须从法律规范是否以保护他人为目的、被害人是否为法律规定所欲保护之人的范围、被害人之损害

---

〔1〕 参见苏永钦:《再论一般侵权行为的类型——从体系功能的角度看修正后的违法侵权规定》,载苏永钦:《走入新世纪的私法自治》,中国政法大学出版社 2002 年版,第 311 ~ 322 页。

〔2〕 参见陈聪富:《违反保护他人法律之侵权行为》,载《台湾本土法学》2002 年第 30 期。

〔3〕 参见刘昭辰:《侵权行为法体系上的"保护他人之法律"》,载《月旦法学杂志》2007 年第 146 期。

〔4〕 参见苏永钦:《再论一般侵权行为的类型——从体系功能的角度看修正后的违法侵权规定》,载苏永钦:《走入新世纪的私法自治》,中国政法大学出版社 2002 年版,第 311 ~ 322 页;[德]马克西米利安·福克斯:《侵权行为法》,齐晓琨译,法律出版社 2004 年版,第 141 ~ 153 页。

是否为法律规范所欲保护之权益及行为人之方式是否为法律规范所欲禁止等方面判断。

就我国现有法律而言,可以发现有如下一些典型的"保护他人之法律"。试举下例予以说明。

我国《刑法》第 304 条之邮政人员故意延误投递邮件罪。根据该条规定,邮政工作人员严重不负责任,故意延误投递邮件,致使公共财产、国家和人民利益遭受重大损失的,构成该罪。

案情:1999 年 10 月,陈某报考了北京大学的硕士研究生,但因邮政工作人员的失误,导致准考证延迟了 1 个月,直至 2000 年 2 月 3 日才送至陈某手中,而研究生入学考试已于 10 天前举行。由于邮局的失误,导致陈某丧失参加研究生入学考试的机会,精神遭受极大的痛苦。于是,陈某向法院诉请精神损害赔偿。[1]

本案判决适用《合同法》判决原告胜诉,有待商榷。因原告陈某并未与邮局缔结邮寄合同,邮寄合同的交寄人是北京大学,故两者并无合同关系。本案在法理上应属于"违反保护他人法律"的侵权类型,应由邮局赔偿原告的机会利益损失和精神损失。可惜的是,由于我国侵权法体系中并无"违反保护他人法律"的侵权责任类型,《民法通则》中亦无相应"转介条款",故法官不得已而援引《合同法》"曲线救国"。

诸如《刑法》第 262 条规定的"拐骗不满十四周岁的未成年人,脱离家庭或者监护人"的行为,此种侵权行为侵害的是近亲属间关系和监护关系,理论上亦属"违反保护他人法律"侵权行为。此外,《消费者权益保护法》第 27 条规定的"经营者不得对消费者进行侮辱、诽谤,不得搜查消费者的身体及其携带的物品,不得侵犯消费者的人身自由";《妇女权益保障法》第 23 条第 1 款"各单位在录用职工时,除不适合妇女的工种或者岗位外,不得以性别为由拒绝录用妇女或者提高妇女的录用标准";《劳动法》第 58 ~ 65 条关于女职工和未成年工特殊保护的内容也属于保护他人的法律;《道路交通安全法》中关于道路通行安全的规定;《未成年人保护法》中关于未成年人保护的规定以及法律、法规中关于老年人、残疾人保护的特殊规定等,皆

---

[1] 张艳丽主编:《法例法理》,北京理工大学出版社 2003 年版,第 128 页。

属“保护他人之法律”。

现阶段我国《侵权责任法》并未引入“保护他人之法律”的侵权行为,但其作为比较法上侵权救济解决路径,可于理论上进行研究探讨,然而面对类型繁多、数量庞大的现行法律规范,如何将“保护他人之法律”的筛选机制具体化更为关键,本书结合德国之成熟理论与我国审判实践、学者学说,将“保护他人之法律”筛选方式总结如下:

第一,该保护性法律规范处于适格的法律渊源范围之内,此处应当采取广义标准,就我国法律体系而言,可包括全国人大及其常委会颁布的法律、行政法规、地方性法规、部门规章、地方规章、司法解释。

第二,该保护性法律规范须具体、确定,而非抽象、概括,即通过明确规定具体的行为义务对行为人进行规范,或在抽象行为义务基础上进行具体化操作使抽象之法律规范得以具象化。

第三,该保护性法律规范须以保护个人或特定范围之人为目的,不仅仅以保护国家公共利益与公众为目的,在两者兼顾时,也可认定为保护性法律。此外,在符合目的确认标准基础上,法官需结合案例从责任法角度进行政策评价,即该侵权损害赔偿请求权之赋予是否存在合理意义,是否会造成法律体系内部的结构混乱与评价矛盾。

第四,违反保护他人法律之侵权责任,除需满足被违反法律规范之构成要件外,所受损失应当处于该保护性法律规范的保护范围之内,涉及人的范围、物的范围与加害方式三层检验。细言之,若一项法律具有保护某特定范围主体的目的,而具体案件中的受害人并非属于该特定范围,受害人不能援引该法律要求他人赔偿,该法律对于该受害人而言不属保护性法律,若法律规范目的在于保护主体的生命健康,而行为人违反规范导致主体财产损失的,不在此列,最后需考察该主体所受损害是否依法律所预想之加害方式产生。

综上所述,保护他人法律应当满足其能直接界定侵权法保护的客体,明确规定行为义务的强制或禁止规范,具有保护特定个人或特定人群之目的,具有明确的保护范围,他人负有按照该法律规范规范个人行为之义务,并由此建立期待可能性,使该法律规范成为侵权责任之筛选机制之一。

二、《宪法》第46条与《教育法》第81条是否属于保护他人之法律

依据上文中对"保护他人之法律"认定标准,针对"齐玉苓案",需对《宪法》第46条和2009年修订的《教育法》[1]第81条是否属于"保护他人之法律"进行讨论。前已述及,判断法律是不是"保护性法律",标准在于其是否保护特定人之法益或主要系保护特定人之法益,且具有明确的保护范围,他人负有按照该法律规范规范个人行为之义务,并由此建立期待可能性。

(一)《宪法》第46条非属保护他人之法律

按照传统的公私法的划分标准,宪法属于公法的范畴。而公私法之间主要区分标准就是,公法旨在调整私人与国家之间的关系,而私法是调整私人之间的关系。因此,宪法上的条款包括基本权利条款,其效力范围由私人指向国家,基本权利就是一种私人针对国家的权利,即宪法基本权利对私法领域无效力。宪法对基本权利的保障,在规范的延伸意义上内在地蕴含了同时排除私人之间侵犯行为的规范内涵,即基于基本权利的崇高价值,不仅国家不能侵犯,私人更不得随意侵犯。宪法基本权利在私法领域的有效力说已经取代传统的无效力说,在德日学界成为主流。虽然德日学者都对该学说展开了激烈的争论,但学者争论的焦点并不在于否认有效力说的存在,更多是质疑在具体的实践中如何贯彻落实宪法基本权利对私法领域的效力。[2]

基本权利的私法效力如何?苏永钦教授[3]主张,应当仿照民法的分类,将纯粹国家取向的权利视为宪法上的相对权,即相对于私法而言,只受公法的保障。在相对权中,有与私法关系完全无涉者,如司法权,受教育权,选举、罢免等参政权,也有随社会发展而衍生出的某种对世效力者,如言论自由、宗教自由等。把同时具有国家与私人取向的权利视为宪法上的绝对权,即无论是公法还是私法都绝对地保障。具体地讲,绝对权又分为真正的

---

[1] 后无特殊说明时,本节中出现的我国《教育法》皆指2009年修订的《教育法》。——笔者注

[2] 参见韩大元:《论基本权利效力》,载《判解研究》2003年第1期;陈新民:《德国公法学基础理论》(上册),山东人民出版社2001年版,第288~302页;许中缘:《民法强行性规范研究》,法律出版社2010年版,第70页。

[3] 参见苏永钦:《合宪性控制的理论与实际》,月旦出版股份有限公司1994年版,第25页。

绝对权和非真正的绝对权,真正的绝对权的私法效力明定于宪法,如《魏玛共和国宪法》第 118 条第 1 项:“德国人民,在法律限制内,有用言语,文字,印刷,图书或其他方法,自由发表其意见之权,并不得因劳动或雇佣关系,剥夺其此种权利。如其人使用此权利时,无论何人,亦不得妨害之。不得施行检查。”第 159 条:“为保护及增进劳工条件及经济条件之结社自由,无论何人及何种职业,均应予以保障。规定及契约之足以限制或妨碍此项自由者,均属违法。”《德国基本法》第 9 条第 3 项:“保障所有人和所有职业为保护和改善劳动、经济条件而结社的权利。限制或妨碍此项权利的协议均属无效,为此采取的措施均属违法。”如其私法效力仅于私法上规定,则为非真正的绝对权,如人身自由、财产权等。(这些权利先为民法所规定,后被宪法吸收而成为基本权利,但是,由于其私法上的根深蒂固性,转化为基本权利后仍不失其固有的司法效力。)绝对权与相对权的绝对效力之间的区分在于,绝对权与私法权利无异,任何侵害即可构成违法,而相对权的绝对效力因为没有经过立法具体化的过程,所以其私法权利的内涵仍过于笼统而应定位于一种框架权,所以在判定违法时,必须综合考虑侵权与被侵权双方的利益状态、侵害方式及严重性、其行为动机及被侵权人被侵害前的行为等因素。

《宪法》第 46 条中所涉及的受教育权在上述基本权利分类中应属何种?对于私法领域又具备何种效力?受教育权显然是一种针对国家的受益权,并未明确阐明私人之间侵犯行为的私法效果。受教育权是基本权利中的相对权,而且是与私法完全无涉的相对权,一般认为不具有第三人效力,所以它所能解决的问题是有限的。《受教育权案批复》则明确指出受教育权可以扩展到私人之间的侵权行为,私人可以直接依据《宪法》第 46 条向法院主张侵权损害赔偿。考察该批复的合法性的关键在于作为基本权利的受教育权是否在私人之间具有私法效果。我们开篇提出的问题仍然没有得到解决,似乎疑惑又随之加深,我国宪法究竟有没有可能存在基本权利的私法效力空间?

我国《宪法》第 36 条第 2 款规定:“任何国家机关、社会团体和个人不得强制公民信仰宗教或者不信仰宗教,不得歧视信仰宗教的公民和不信仰宗教的公民。”第 40 条规定:“中华人民共和国公民的通信自由和通信秘密受法律的保护。除因国家安全或者追查刑事犯罪的需要,由公安机关或者检察机关依照法律规定的程序对通信进行检查外,任何组织或者个人不得以任何理由侵犯公民的通信自由和通信秘密。”第 41 条第 2 款规定:“对于公民的申诉、控告或者检举,有关国家机关必须查清事实,负责处理。任何人不得压制和打击报复。”这三个条款中都出现了“个人不得”的字眼,与《德国魏玛宪法》第 118 条和第 159 条的定位相同。基本权利有可能受到个人的侵犯或者基本权利有在个人侵权案件中适用的可能性,但如何适用依然是摆在我们面前的“障碍”。私法关系在一定程度上也能实现对私人基本权利的保障,或通过将基本权利予以具体化,或通过法官解释私法中不确定概念以将基本权利的价值注入私法关系,这些举措对基本权利的保护显有成效,固然值得欣喜,但是,宪法的基本权利并非都面向私法,大量的宪法基本权利尚未被普通法律具体化。

保护性法律,是指至少也保护个人利益的法律,而不包括单纯只维护一般公共利益的法律。[1]《德国刑法典》第 125 条与第 258 条中的破坏国家和平罪与破坏刑罚罪,该条文保护的客体为司法秩序与公众利益,但当个人利益与司法秩序同时得到保护时的条文也可认定为保护性法律,如伪证罪。[2]“根据以往的审判实践,当一项法律规范的作用在于针对法益损害而对个人或某一类人实施保护时——即使这种保护作用相对于本规范保护公众的作用是次要的——则此项规范为保护性法律……即使条文首先是着眼于公众的利益,但只要其应当也对个人的利益实施保护,则已足够将其视为保护性法律。”[3]也就是说,“如果一项法律意在维护一般公共利益,并不必然意味着其不保护特定人群的利益”。[4] 遗憾的是,《德国民法典》第 823 条未提供任何依据予以确定,某一规定系以保护何人或何种权益为目

---

〔1〕 参见[德]马克西米利安·福克斯:《侵权行为法》,齐晓琨译,法律出版社 2004 年版,第 143 页;[德]迪特尔·梅迪库斯:《德国债法分论》,杜景林、卢谌译,法律出版社 2007 年版,第 677 页。

〔2〕 参见张金海:《侵权行为违法性研究》,法律出版社 2012 年版,第 73 页。

〔3〕 [德]马克西米利安·福克斯:《侵权行为法》,齐晓琨译,法律出版社 2004 年版,第 144 页。

〔4〕 Basil S. Markesinis and Hannes Unberath, The German Law of Torts: A Comparative Treatise, p. 887.

的。于飞认为宪法不宜作为保护性法律。其理由如下:(1)宪法的规定极其笼统,无法通过细致的行为规定(命令或禁止)为行为人设置一个具体场景下的具体注意义务。宪法的根本意义在于在“公民—国家”关系中为国家设置广泛义务,而保护性法律是以特定范围的他人为保护对象,宪法是以一般公众为保护对象,其保护作用是不作区分地作用于一切主体之上。(2)宪法基本权利的范围过于广泛,若将宪法视为保护性法律,则关于基本权利的广泛粗糙的规定会代替一切侵权规范,而且基本权利中还掺杂着政治权利、各种自由权、平等权、社会救济权等不适宜民法救济的权利。(3)氏认为“齐玉苓案”是“过错侵害权利”模式,是“宪法第三人效力”中的“直接说”的体现,“受教育权”直接被认定为一项受侵权法保护的民事权利,从而反对将该案作为一个依照“违反保护他人之法律”方法来裁判的典型案例。[1]

本书认为,在我国,宪法规定之基本权利具有救济之必要,但宪法不宜作为保护性法律。(1)宪法不符合保护性法律之适格要求,保护性法律虽可属公法性质,但需为规范主体设置对其他主体的注意义务,注意义务应当通过相当细致的行为规定体现,但宪法中对于注意义务之规定过于抽象,极为笼统,如“中华人民共和国公民有劳动的权利”(《宪法》第42条)、“中华人民共和国公民有受教育的权利”(《宪法》第46条),法律规范之制定需使人了解自己对其他主体的具体义务为何,注意义务边界为何,无法设定具体情境下的具体注意义务。“基本法规范作为保护性法律并无效用,宪法仅仅依其性质只限于提供一般条款式的保障。”[2](2)保护性法律应当针对特定范围的受保护主体,不可以一般公众为保护对象,若以一般公众为保护对象,该法律仅能被理解为保护“公益”为目的的法律,而非一个以保护“他人”为目的的法律,故而不符合“保护他人之法律”,“他人”仅仅指“特定范围的他人”,宪法的规定即使对主体有保护作用,该保护作用不作区分地作

---

〔1〕 参见于飞:《权利与利益区分保护的侵权法体系之研究》,法律出版社2012年版,第148~150页;于飞:《基本权利与民事权利的区分及宪法对民法的影响》,载《法学研究》2008年第5期。

〔2〕 Münchener Kommentar – Wagner, 5 Aufl., Verlag C. H. Beck, München 2009, § 823, Rn. 337.

用于一切主体之上,宪法的根本意义在于“公民—国家”关系,故此无法被认为是对特定“民事主体”设置义务的法律。(3)将宪法视为“保护他人之法律”会覆盖侵权规范,除“私有财产权”“人格尊严”的“大民事权利”,基本权利还有政治权利、自由权、平等权、社会救济权,若“保护他人之法律”中涵盖几乎所有基本权利保护规范,则足以为一切侵权案件提供裁判依据,违反保护他人法律之侵权责任的引入本为减少现行侵权责任法之不确定性,宪法之代入将会与初衷相悖。(4)“齐玉苓案”并非违反保护他人法律之侵权责任的思维模式,该案的主要裁判模式为“过错侵害权利”,宪法在该案中起到的最直接作用为对权利的赋予,提供民事基本权利保护的基础。[1]

综上所述,《宪法》第46条“中华人民共和国公民有受教育的权利”所明定之受教育权是针对全体国民,是一种国家取向的基本权利,其立法目的并非在于保护特定人群之特定利益,保护他人法律不涉及与私法关系完全无涉的调整宪法相对权的宪法规范,其应不属于“保护性法律”。

(二)《教育法》第81条非属保护他人之法律

2009年修订的《教育法》第81条规定:“违反本法规定,侵犯教师、受教育者、学校或者其他教育机构的合法权益,造成损失、损害的,应当依法承担民事责任。”此一条文已经规定了侵权责任的构成要件,[2]是存在于特别法中的侵权责任规范,直接依据此条就可以裁判,因此其亦不属于“保护性法律”。本条规定课以侵权者民事赔偿责任的前提是“违反本法规定”,亦即违反本法——《教育法》,方负责任。于是,为了在“齐玉苓案”中适用这一条,我们就必须在《教育法》中寻找到诸被告侵害原告所导致的损失是因为违反了《教育法》的“哪些”规定,对此,须区别不同的被告逐一具体分析。

首先,《教育法》没有规定公民对于公民(brger zu brger)的受教育权的

---

〔1〕参见于飞:《基本权利与民事权利的区分及宪法对民法的影响》,载《法学研究》2008年第5期。

〔2〕“侵权行为的构成要件”的称谓既不符合两大法系国家的民法学者对行为人承担侵权责任条件的称谓,也违反了我国的明确规定等,称“侵权责任的构成要件”更为妥适。参见张民安:《“侵权行为的构成要件”抑或“侵权责任的构成要件”之辨——行为人对他人承担侵权责任条件的称谓》,载《政治与法律》2012年第12期。

义务,这与本法属宪法性法律有关,因为一般宪法性法律并不直接调整私人关系,所以,很难说被告陈晓琪的行为违法了《教育法》的哪一条"规定"。与此同理,既然陈晓琪的行为没有违反《教育法》,那么其父陈克政的行为自然也不违反《教育法》。其次,本案被告滕州市教委有没有违反教育法呢?滕州市教委属于教育行政主管机构,《教育法》对其权利和义务没有规定,因此无法从《教育法》上认定其是否违法。最后,因被告滕州八中在本案中有故意协同行为,使被告陈晓琪能够冒领济宁商校发给齐玉苓的录取通知书,并伪造档案。因被告济宁商校的过失使被告陈晓琪能够自带档案并更换档案。此两被告在《教育法》上属于"学校及其他教育机构",而对于这类主体的义务,《教育法》第29条(2015年修正后为第30条)规定:"学校及其他教育机构应当履行下列义务:(一)遵守法律、法规;(二)贯彻国家的教育方针,执行国家教育教学标准,保证教育教学质量;(三)维护受教育者、教师及其他职工的合法权益;(四)以适当方式为受教育者及其监护人了解受教育者的学业成绩及其他有关情况提供便利;(五)遵照国家有关规定收取费用并公开收费项目;(六)依法接受监督。"从上述规定来看,唯一与本案有所关联的是本条第3项,该款要求"学校及其他教育机构"维护"受教育者的合法权益"。那么,在本案中,被告滕州八中和济宁商校显然未尽该义务,因此可以说符合《教育法》第81条的规定,应当承担民事赔偿责任,而被告陈晓琪及其父陈克政、被告滕州市教委却不能依据该条承担责任。而且,须注意的是,本案的"主犯"是陈晓琪及其父陈克政。由此可见,适用《教育法》难以达到"制裁"本案"主犯"陈晓琪及其父之效果,而仅仅适用《宪法》第46条,又不能作为判决依据。

第三节 一般人格权之中国现状

一、一般人格权在中国的司法实践

(一)齐玉苓案

一审法院枣庄市中级人民法院根据《民法通则》第99条,认定陈晓琪等侵害了齐玉苓的姓名权。且受教育权是公民的一般人格权,但原告主张侵犯受教育权的证据不足。故依《民法通则》第120条,被告应停止侵害原告姓名权,并赔礼道歉和赔偿精神损失费。该法院将民法未规定的受教育权解释为一般人格权,是实务上对一般人格权应用的大胆探索,亦是借一般人格权将基本权利导入民法的尝试,使基本权利蕴含的人格利益进入民法法域。这与德国创设一般人格权的做法不谋而合。[1] 而通过民法一般人格权条款贯彻基本权利价值,或者通过基本权利价值创设一般人格权的做法是比较法上的重要课题,也是中国民法、宪法解释学所要面临的问题。

一审法院虽将受教育权解释为民法上一般人格权,却因对本案事实的认识错误,而没有将这一探索付诸实践。如若一审法院再向前一步,在将受教育权解释为一般人格权的基础上,再以《民法通则》第106条第2款中的"侵犯他人人身"作为判决依据,即可生成中国式的"Leserbrief 案"。

(二)徐高诉北京燕莎公司人格尊严侵权案[2]

1999年7月1日,徐高欲去北京燕莎公司所属饭店东花园休息并就餐,但保安将其驱离。其向酒店投诉,酒店答复已写有告示,告示内容为"酒店范围,仅供住店客人使用"。原告认为,被告保安的驱赶行为,且东花园仅用中文书写告示是对中国公民的歧视,进而提起诉讼。本案审理法院认为:人格尊严是人格权的内涵之一,包含权利主体自身的人格、社会价值得到他人的认识和尊重。消费者在接受服务时,人格尊严应受尊重。原告是被告的消费者,有权利在被告的东花园休闲等待就餐。但被告保安要求原告离开,致使原告产生了同为消费者而无同等待遇,受到歧视的心理反应,此种心理反应是原告人格尊严未受到被告尊重的表现。故被告保安的行为侵害了原告的人格尊严。综上所述,案件根据《民法通则》第101条,[3]《消费者权益保护法》第9条第1款、第2款,第14条,第25条,第43条(2013年修订

---

〔1〕 Leserbrief 案(Leserbrief)将《德国基本法》第1条第1款的"人格尊严"和第2条第1款的"人格自由发展"导入《德国民法典》第823条第1款中的"其他权利"。[德]马克西米利安·福克斯:《侵权行为法》,齐晓琨译,法律出版社2004年版,第50页。

〔2〕 参见北京市朝阳区人民法院(2000)朝民初字第120号民事判决书。

〔3〕 随着《民法总则》的出台,该条关于人格尊严的规定,已经被《民法总则》第109条所替代。

后分别为第9条1款、第2款,第14条,第27条,第51条,下文如未说明皆指1994年《消费者权益保护法》)之规定,判决被告向原告书面赔礼道歉。

本案判决于《精神损害赔偿解释》出台前作成,具有一定代表性。因其认定原告基于本案事实而遭受的人格尊严损害是属于人格权内涵之一,实质上是承认了公民具有一般意义上的人格权,亦即实际上已经运用了一般人格权的原理。从判决看,法官认为《民法通则》第101条规定的公民的人格尊严,《消费者权益保护法》第14条规定消费者享有人格尊严、第25条规定经营者不得侵犯消费者的人身自由等,为一般人格权的规范基础。另有学者专门撰文认为本案是"中国宪法诉讼第一案",陈云生认为本案中的人格尊严是《宪法》第38条中的人格尊严通过民事侵权机制得以实现的标志性判决,具有重要启示价值。[1]

(三)陈伟诉金映儿一般人格权案[2]

原告陈伟与被告金映儿婚后育有一子。2001年12月两人协议离婚,由原告一次性支付儿子的全部抚养费人民币62,500元。后经证实,其子非原告亲生,由此原告向法院提起诉讼。法院认为:被告的行为违反了《婚姻法》第4条,《民法通则》第7条,侵犯了原告的一般人格权。依《精神损害赔偿解释》第1条第2款、第10条,判决被告支付原告精神抚慰金15万元。

本案性质上属欺诈性抚养关系的侵权行为。判决认定被告行为侵犯了原告的一般人格权,并依此判处精神损害抚慰金。法官论证一般人格权成立所援引的论据是《婚姻法》第4条夫妻应当承担互相忠实的义务,同时违背了《民法通则》第7条公序良俗原则。但其直接的判决依据是《精神损害赔偿解释》第1条第2款的规定:"违反社会公共利益、社会公德侵害他人隐私或者其他人格利益,受害人以侵权为由向人民法院起诉请求赔偿精神损害的,人民法院应当依法予以受理。"显然,于此法官认为被告侵害了原告的其他人格利益。由此可见,该款亦被认为是一般人格权的规范基础。

上述三案例即为一般人格权在中国运用之典型。随着物质生活之充

---

[1] 参见陈云生:《中国宪法诉讼第一案评析》,载《人民法院报》2003年7月15日。

[2] 参见浙江省绍兴市中级人民法院(2005)绍中民一初字第76号一审判决书;浙江省高级人民法院(2005)浙民一终字第309号民事裁定书。

裕,人格自觉之发展,使人们逐渐注重人格自由、人格尊严之实现。由此,一些新型人格权利诉争经常出现,法官常陷入难寻裁判依据之困扰。又因具体人格权的具体类目皆为法律明定,具有相对确定的范域。可纳入具体人格权类目者,需满足一定要件,而新型人格利益因其内涵尚不确定,多难满足这些要件,而扩大解释具体人格权则会紊乱现有法律体系,由此具体人格权在保护新型人格利益时,往往力有不逮,将新型人格权益情形纳入其中,要么紊乱严格的人格权之体系,要么顾此失彼,难得周延,如前文《受教育权案批复》以借由姓名权保护齐玉苓之受教育权之情形。由此,法官将目光转向了一般人格权,历经多年实践积累,以一般人格权这一框架性权利作为保护新型人格利益的实践案例已不胜枚举,如对祭奠利益、[1]性自主利益、[2]生活安宁利益[3]等,一般人格权作为兜底性质的人格权利,为司法实践普遍认可,并发挥着不可替代的作用,契合了人格自觉、权利意识日渐萌生的社会潮流。

(四)问题所在

在"徐高诉北京燕莎公司人格尊严侵权案"中,法院认定被告的行为侵犯了原告的人格尊严,根据《民法通则》第101条,《消费者权益保护法》第9条第1款、第2款,第14条,第25条,第43条之规定,判决被告向原告徐高书面赔礼道歉。法院在事实上认定原告在遭受人格尊严受损后,只能将当时(2000年)所有有关保护"人格尊严"的法律规范都找出来作为裁判依据。诚然,本案是一起消费者权益纠纷案,适用《消费者权益保护法》中的人格尊严条款无可非议。但是,对于适用《民法通则》第101条中的"人格尊严"未免牵强,因为此条主要针对的是名誉权,并且此条中"人格尊严"只是名誉权之附属。由此案件,我们可以确定,《消费者权益保护法》中的"人格尊严"条款一般只是针对消费者权益纠纷案件而适用,对于其他人格尊严案件并无适用空间。而且,《民法通则》第101条也不能承担保护其他人

[1] 参见北京市第三中级人民法院(2014)三中民终字第05390号民事判决书;上海市第二中级人民法院(2010)沪二中民一(民)终字第971号民事判决书;北京市第二中级人民法院(2015)二中民终字第06010号民事判决书。

[2] 参见上海市第一中级人民法院(2014)沪一中民一(民)终字第2315号民事判决书。

[3] 参见上海市第一中级人民法院(2011)沪一中民一(民)终字第1325号民事判决书。

格尊严受损的法律依据。于是,我们应该寻找新的规范。

在“陈伟诉金映儿一般人格权案”中,法院认为被告的行为违反了《婚姻法》第4条夫妻间的忠诚义务,同时违背了《民法通则》第7条公序良俗原则,侵犯了原告的一般人格权。因此根据《精神损害赔偿解释》第1条第2款、第10条之规定,判决被告支付原告精神抚慰金。该判决认定本案被告实施的欺诈性抚养行为侵犯了原告的一般人格权,其法律依据是《婚姻法》第4条,《民法通则》第7条和《精神损害赔偿解释》第1条第2款、第10条,但其直接的法律依据应是《精神损害赔偿解释》第1条第2款:“违反社会公共利益、社会公德侵害他人隐私或者其他人格利益,受害人以侵权为由向人民法院起诉请求赔偿精神损害的,人民法院应当依法予以受理。”不难看出,本案判决关键依据是该款中的“其他人格利益”。由此可见,本案是将《精神损害赔偿解释》第1条第2款中的“其他人格利益”作为一般人格权的法律条文依据。

如此,则出现了矛盾。因为这里的“其他人格利益”与前文所述一般人格权的“人格尊严权”出现了重合和矛盾,两者皆为一般人格权的请求权基础,那么实践中遇到侵犯一般人格权的案件时,到底如何区分适用这两类请求权规范呢?诚然,对此陈现杰法官指出了应以行为人是否违反“公序良俗”作为判断侵害他人“其他人格利益”是否具有违法性的标准,这是为了防止“其他人格利益”的滥用。但问题是,“人格尊严权”作为一种权利,其保护与“其他人格利益”在法律的清晰性上来讲区别甚大。而且,“人格尊严权”与“其他人格利益”同为一般人格权的请求权基础,其内涵界分在操作上亦是相当困难,何种法益归属“人格尊严”,何种法益又归属“其他人格利益”呢?加之,由于“人格尊严权”本身的内涵与外延不确定,且对其侵害不需要违反“公序良俗”这个违法性要件,那就将使对于所谓的新型人格利益受损时,法官面对两个法条而束手无策,不知道该适用哪一个,此为问题之一。

问题之二在于,梁慧星和龙卫球认为应将《宪法》第38条的人格尊严解释为民法上的一般人格权,王利明认为我国实际上已经通过司法解释确立了《宪法》第37条之人身自由和第38条的人格尊严为民法之一般人格权。这表明,民法学界已经有意识将宪法基本权利——人格尊严权和人身自由权通过民法中的一般人格权投射到民法中来，并欲借助民法中的一般人格权来实现对此种基本权利的保护。此与受教育权被侵害，而欲通过姓名权来寻求民法侵权机制保护实属异曲同工。于是，现在的问题就变成了如何从比较法和我国实践经验来探索基本权利借助一般人格权，进而实现其民法侵权法上保护之途径，为法院之基本权利保护判决提供明确指引。为此，我们需借鉴比较法上的经验，特别是一般人格权的诞生地德国法上的操作。而我国台湾地区"民法"第 18 条已经明确规定了人格权，即所谓的一般人格权，因此其请求权规范明确，可资借鉴之处不多。

二、人格权之中国法制体系

人格权为民事权利已无异议，人格权保护主要由《民法总则》《侵权责任法》来规制，但是其并非一项单一的侵权责任法问题。从比较法上观之，人格权保护莫不为一国法制的综合课题，由各部门法律综合调整，涉及宪法、民法、刑法和各特别法等。中国法制对于人格权的保护亦是由众多部门法协力而为，各司其职，共同协作，构成了人格权的保护体系。人格权一般又分为具体人格权和一般人格权。因此，欲厘清中国一般人格权的法律规定，须从人格权的中国法制体系整体观之。舍之，难免将陷入"只见树木不见森林"之困惑，亦难保证分析的广度和深度。我国人格权保护的主要法规有：

1982 年《宪法》第 37 条第 1 款："中华人民共和国公民的人身自由不受侵犯。"第 38 条："中华人民共和国公民的人格尊严不受侵犯。禁止用任何方法对公民进行侮辱、诽谤和诬告陷害。"

1986 年《民法通则》第 98 条："公民享有生命健康权。"第 99 条："公民享有姓名权，有权决定、使用和依照规定改变自己的姓名，禁止他人干涉、盗用、假冒。法人、个体工商户、个人合伙享有名称权。企业法人、个体工商户、个人合伙有权使用、依法转让自己的名称。"第 100 条："公民享有肖像权，未经本人同意，不得以营利为目的使用公民的肖像。"第 101 条："公民、法人享有名誉权，公民的人格尊严受法律保护，禁止用侮辱、诽谤等方式损害公民、法人的名誉。"第 102 条："公民、法人享有荣誉权，禁止非法剥夺公民、法人的荣誉称号。"第 103 条："公民享有婚姻自主权，禁止买卖、包办婚姻和其他干涉婚姻自由的行为。”第106条第2款:“公民、法人由于过错侵害国家的、集体的财产,侵害他人财产、人身的,应当承担民事责任。”第120条规定:“公民的姓名权、肖像权、名誉权、荣誉权受到侵害的,有权要求停止侵害,恢复名誉,消除影响,赔礼道歉,并可以要求赔偿损失。”

1993年《消费者权益保护法》第14条:“消费者在购买、使用商品和接受服务时,享有其人格尊严、民族风俗习惯得到尊重的权利。”第25条:“经营者不得对消费者进行侮辱、诽谤,不得搜查消费者的身体及其携带的物品,不得侵犯消费者的人身自由。”第43条:“经营者违反本法第二十五条规定,侵害消费者的人格尊严或者侵犯消费者人身自由的,应当停止侵害、恢复名誉、消除影响、赔礼道歉,并赔偿损失。”

1997年《刑法》第246条:“以暴力或者其他方法公然侮辱他人或者捏造事实诽谤他人,情节严重的,处三年以下有期徒刑、拘役、管制或者剥夺政治权利。前款罪,告诉的才处理,但是严重危害社会秩序和国家利益的除外。”

《精神损害赔偿解释》第1条:“自然人因下列人格权利遭受非法侵害,向人民法院起诉请求赔偿精神损害的,人民法院应当依法予以受理:(一)生命权、健康权、身体权;(二)姓名权、肖像权、名誉权、荣誉权;(三)人格尊严权、人身自由权。违反社会公共利益、社会公德侵害他人隐私或者其他人格利益,受害人以侵权为由向人民法院起诉请求赔偿精神损害的,人民法院应当依法予以受理。”第2条:“非法使被监护人脱离监护,导致亲子关系或者近亲属间的亲属关系遭受严重损害,监护人向人民法院起诉请求赔偿精神损害的,人民法院应当依法予以受理。”第3条:“自然人死亡后,其近亲属因下列侵权行为遭受精神痛苦,向人民法院起诉请求赔偿精神损害的,人民法院应当依法予以受理:(一)以侮辱、诽谤、贬损、丑化或者违反社会公共利益、社会公德的其他方式,侵害死者姓名、肖像、名誉、荣誉;(二)非法披露、利用死者隐私,或者以违反社会公共利益、社会公德的其他方式侵害死者隐私;(三)非法利用、损害遗体、遗骨,或者以违反社会公共利益、社会公德的其他方式侵害遗体、遗骨。”

2009年《侵权责任法》第2条:“侵害民事权益,应当依照本法承担侵权责任。本法所称民事权益,包括生命权、健康权、姓名权、名誉权、荣誉权、肖像权、隐私权、婚姻自主权、监护权、所有权、用益物权、担保物权、著作权、专利权、商标专用权、发现权、股权、继承权等人身、财产权益。"第6条第1款："行为人因过错侵害他人民事权益，应当承担侵权责任。"第21条、第22条、第23条规定了侵害人格权的侵权责任。

2017年《民法总则》第109条："自然人的人身自由、人格尊严受法律保护。"第110条："自然人享有生命权、身体权、健康权、姓名权、肖像权、名誉权、荣誉权、隐私权、婚姻自主权等权利。法人、非法人组织享有名称权、名誉权、荣誉权等权利。"第111条："自然人的个人信息受法律保护。任何组织和个人需要获取他人个人信息的，应当依法取得并确保信息安全，不得非法收集、使用、加工、传输他人个人信息，不得非法买卖、提供或者公开他人个人信息。"

此外，还有专门针对名誉权的1993年《名誉权解答》和1998年《名誉权解释》的两个司法解释。专门针对人身损害赔偿标准的2004年《人身损害赔偿解释》及最高人民法院的若干针对具体案件的"复函"或"答复"等。以上是中国人格权保护的主要法规构成。通过表4－1展示我国人格权立法的发展状况。

表4－1　我国人格权立法现状

单位：件

权利 时间	≤1989年	1990～1999年	2000～2009年	≥2010年	总　数
生命权、身体权、健康权	1	3	3	5	12
姓名权	6	3	8	5	22
名称权	2	5	6	3	16
肖像权	2	4	3	4	13
名誉权	5	12	7	6	30
荣誉权	2	6	6	2	16
婚姻自主权	1	1	1	1	4
隐私权	0	0	10	17	27
个人信息权	0	0	13	125	138
人格尊严	2	8	14	16	40

下面再以表 4 -2 示其体系,以提供更清晰的概貌,可窥得我国人格权立法体系的内在,以及一般人格权在人格权法体系中的地位与作用。

表 4 -2　我国人格权立法所涉规范性文件

<table>
<tr><th colspan="2">类别</th><th colspan="2">涉及规范性文件</th></tr>
<tr><td rowspan="12">特别(具体)人格权</td><td>一般人格权</td><td>《民法总则》第 99 条</td><td rowspan="5">《民法总则》第 109 ~ 111 条,《精神损害赔偿解释》第 1 条第 1 款第 1 项、第 2 项</td></tr>
<tr><td>生命权</td><td>《民法总则》第 110 条</td></tr>
<tr><td>身体权</td><td>《民法总则》第 110 条</td></tr>
<tr><td>健康权</td><td>《民法总则》第 110 条</td></tr>
<tr><td>姓名权</td><td>《民法总则》第 110 条</td></tr>
<tr><td>隐私权</td><td colspan="2">《民法总则》第 110 条</td></tr>
<tr><td>名称权</td><td colspan="2">《民法总则》第 110 条,《刑法》第 246 条,《名誉权解答》</td></tr>
<tr><td>荣誉权</td><td colspan="2">《民法总则》第 110 条</td></tr>
<tr><td>个人信息权</td><td colspan="2">《民法总则》第 111 条</td></tr>
<tr><td>死者人格利益</td><td colspan="2">《精神损害赔偿解释》第 2 条</td></tr>
<tr><td>监护关系</td><td colspan="2">《精神损害赔偿解释》第 3 条</td></tr>
<tr><td rowspan="4">一般人格权</td><td>人格尊严(权)</td><td colspan="2">《宪法》第 38 条,《消费者权益保护法》第 14 条、第 43 条,《民法总则》第 109 条,《精神损害赔偿解释》第 1 条第 1 款第 3 项</td></tr>
<tr><td>人身自由权</td><td colspan="2">《宪法》第 37 条,《民法总则》第 109 条,《精神损害赔偿解释》第 1 条第 1 款第 3 项</td></tr>
<tr><td>其他人格利益</td><td colspan="2">《精神损害赔偿解释》第 1 条第 2 款</td></tr>
<tr><td>人身权</td><td colspan="2">《民法通则》第 106 条第 3 款</td></tr>
</table>

对于表 4 -2,作出如下说明:

1. 我国人格权立法虽较早出现星星之火,可以追溯到清末,但为保护人格权激荡而起的立法浪潮肇始于改革开放,且滥觞于 1982 年《宪法》第 38 条规定公民的人格尊严不受侵犯。紧随其后的《民法通则》关于人格权的详细规定,奠定了之后 20 多年人格权保护的基本框架。

2. 不同具体人格权受立法青睐的程度不一,但从条文上并不能直观地得出确切答案。例如，生命权、身体权、健康权较少，并不是因为对其不够重视，因为侵权法、刑法等关于人身伤害的规定已够详尽。但就其他具体人格权而言，近年来，个人信息权更受关注，相关立法最多，这正契合信息时代的立法要求。当然，少不并代表该项权利不重要，数量只能体现近年来立法机关的关切之处。

3. 从历史维度看，立法机关和最高人民法院对人格权越来越关注，20世纪80年代共有17个相关条文或司法解释规范人格权，紧随其后的两个10年分别有34部/36部相关条文或司法解释，而近7年，短短时间已经超过之前立法之总数。关于人格权立法呈爆发趋势，相信在可预见的将来，人格权的相关规定会越来越多。

4. 隐私权、个人信息权作为已被广泛认可的具体人格权，但从表4-1中可以发现在2000年之前并无相关立法，而是于千禧年之后出现在立法者视野内，并且在近几年呈骤增之势。这说明具体人格权的类型是不断增加的，随着社会发展、司法实践等，新型人格利益会不断成熟，加入具体人格权的家族，新生人格权利的生成应获得足够的重视，以制定面向未来的民法典。因此，有必要未雨绸缪，对人格权的开放体系进行研究。

5. 我国《民法总则》并无一般人格权的表述，《侵权责任法》虽简略点明人身权益应受法律保护，但无专门概括性规定人格权的条款，亦未明定一般人格权之法律地位。对于一般人格权内涵之人格尊严（权），[1] 各法律规定有不同表述。《宪法》第38条，《民法总则》第109条，《民法通则》第101条，《消费者权益保护法》第14条、第43条谓之"人格尊严"，《精神损害赔偿解释》第1条第1款第3项则称其为"人格尊严权"。对于《宪法》第38条，有学者主张，将该条中"公民人格尊严不受侵犯"的表述，突破了将其仅理解为名誉权的限制，广义解释成为一般人格权。[2] 参与起草《精神损害

[1] 随着研究的深入，一般人格权主要是以人格尊严、人格自由发展为内容的权利，而观一般人格权在我国滥觞之始，一般人格权肇始于人格尊严权，并通过对人格尊严之解释与理论化建构，并借鉴德国关于一般人格权之立法，来构建我国的一般人格权理论体系。

[2] 参见梁慧星：《民法总论》（第二版），法律出版社2001年版，第106页；龙卫球：《自然人人格权及其当代进路考察——兼论民法实证主义与宪法秩序》，载《清华法学》2002年第2期。

赔偿解释》的陈现杰法官对此阐述道:

> 值得特别指出的是,"人格尊严权"在理论上被称为"一般人格权",是人格权利一般价值的集中体现,因此,它具有补充法律规定的具体人格权利立法不足的重要作用。《精神损害赔偿解释》的规定实现了精神损害赔偿范围从"具体人格权"到"一般人格权"的发展,是人格权司法保护的又一重大进步。但在处理具体案件时,应当优先适用具体人格权的规定,而将一般人格权作为补充适用条款。[1]

对此,王利明教授认为:"由此可见,最高人民法院实际上已经将《宪法》关于'中华人民共和国公民的人身自由不受侵犯'(第37条)和'中华人民共和国公民的人格尊严不受侵犯'(第38条)的规定,解释为人身自由权和人格尊严权,这实际上是通过司法解释确认了一般人格权。"[2]由此可见,将人格尊严权、人格自由权作为一般人格权的规范基础在我国立法和学理上已经基本达成了一定程度的共识。[3]

对于《精神损害赔偿解释》第1条第2款中的"其他人格利益"的解释适用,陈现杰亦有专门表述:

> 但由于历史或其他原因,法律对有些合法利益没有规定为民事权利(如隐私),这些利益受到侵害,如何确认侵权行为的违法性?侵权法理论和有关国家和地区的立法实践以及判例学说一般采取"违反公序良俗"作为判断依据。故《精神损害赔偿解释》参考有关国家和地区立法将侵权行为类型化的方法,将侵害隐私纳入违反公序良俗致人损害的侵权类型中予以规定,同时涵盖了不能归入第1款"权利侵害"类型中的侵害其他人格利益的案件类型。

基于上述论述,本书认为,《民法总则》第109条应定位为一般人格权。

---

[1] 陈现杰:《人格权司法保护的重大进步和发展——〈最高人民法院关于确定民事侵权精神损害赔偿责任若干问题的解释〉的理解与适用》,载《人民法院报》2001年3月28日。

[2] 王利明:《试论人格权的新发展》,载《法商研究》2006年第5期。

[3] 参见李岩:《一般人格权的类型化分析》,载《法学》2014年第4期;冷传莉:《论人格物与一般人格权的内在契合》,载《法律科学》2013年第4期;杨立新、刘召成:《论作为抽象人格权的一般人格权》,载《广东社会科学》2010年第6期。

考察一般人格权在德国的发展可知,一般人格权所保护的利益族群原本由"背俗故意致损"侵权责任条款规制,[1]为其他人格利益冠上权利的名字,实则是重视人格利益的表现,是为了更周延地保护非典型人格利益。这样可以避免适用"背俗故意致损"侵权条款时更为严格的构成要件,并可通过"过失 + 积极确定的违法性"侵权认定模式,规避对民事主体其他权利的影响,进而保持法律的安定性。虽然我国《侵权责任法》与德国侵权法立法模式有所差别,但我国司法实践对利益保护时仍应加以甄别,详加论述,以防权利泛化,一般人格权应否受法律保护的论证,与"权利地位"的问题在表现形式上虽然不同,但在实质上属于同一个问题。[2] 基于此,实则在实践中我国已趋向德国式。此外,在"多元模式"人格权立法模式情形下,人格权、一般人格权、具体人格权并不存在冲突,人格权作为上位概念,一般人格权、具体人格权作为同一逻辑层次的下位概念,各司其职,共同构成人格权立法体系。此外,"一般人格权纠纷"已经作为民事具体案由类型,并于最高人民法院《关于印发修改后的〈民事案件案由规定〉的通知》(法〔2011〕42 号)中获得明确。同时需要注意的是,我国一般人格权亦有民法一般人格权与宪法一般人格权之区分,《民法总则》第 109 条是《宪法》第 38 条通向私法领域的桥梁,有助于提升民法一般人格权的保护力度,[3]于此不再赘述,详见后文。

三、一般人格权的中国学理发展

如前所述,随着社会发展,人格自觉,各新型人格利益层出不穷,并为民众所重视,每当其感知人格权益受损时,往往诉诸法院请求保护,由此相关诉争以疑难案件的形式涌入法院。为给司法实践提供理论供给,寻求新型人格利益保护之路径,学界形成了研究一般人格权的高潮。早在 1995 年,一般人格权已进入我国学者的研究视野,这一时期主要是对一般人格权的

---

〔1〕 参见于飞:《违背善良风俗故意致人损害与纯粹经济损失保护》,载《法学研究》2012 年第 4 期。

〔2〕 参见黄茂荣:《债法通则之 2:债务不履行与损害赔偿》,厦门大学出版社 2014 年版,第 251 页。

〔3〕 参见王锴:《论宪法上的一般人格权及其对民法的影响》,载《中国法学》2017 年第 3 期。

介绍以及引入,此时相关研究尚少。[1] 进入21世纪以来,特别自“齐玉苓案”后,出于对一般人格权的宪法转介功能的重视和新型人格利益保护的需要等原因,一般人格权的相关研究渐入高潮,并延续至今。[2] 近年来,民法典的编纂提上日程,特别对人格权立法体例的探讨,使一般人格权研究进入爆发期。[3] 研究繁荣的背后是理论上争议频现,且诉争多集中在一般人格权的本质,具体人格权与一般人格权之关系、人格权的立法模式选择。

一般人格权的本质在我国存有“权利说”“法益说”两种学说。[4] “权利说”者认为一般人格权是指权利主体基于其法律人格而享有的,以人格独立、人格自由、人格平等、人格尊严等一般人格利益为客体的民事权利。一般人格权作为人格权的下位概念,具有人格权的一般属性。[5] 此外,亦有观点进一步将其作为一项“框架性权利”,此亦是德国通说。[6] 而“利益说”者认为一般人格权仅是对无限多样的人格法益的概括性保护,并非一项主观权利。[7] 其本质究竟为何?有待探讨。

一般人格权所保护的客体、内容和范围具有开放性。这无疑是一般人格权对现有的“权利”之概念所提出的挑战。在我国,利益、权利区分保护

---

〔1〕 参见姚辉:《论一般人格权》,载《法学家》1995年第5期;杨立新、尹艳:《论一般人格权及其民法保护》,载《河北法学》1995年第2期。

〔2〕 参见杨立新主编:《中国人格权法立法报告》,知识产权出版社2005年版,第227~228页;最高人民法院研究室编:《最高人民法院司法解释理解与适用》(2001年),中国法制出版社2002年版,第279页;龚向和:《受教育权论》,中国人民公安大学出版社2004年版,第172~173页等。

〔3〕 参见方金华:《一般人格权理论分析及我国的立法选择》,载《法律科学》2015年第4期;马俊驹、王恒:《未来我国民法典不宜采用“一般人格权”概念》,载《河北法学》2012年第8期;尹田:《论人格权概括保护的立法模式——“一般人格权”概念的废除》,载《河南省政法管理干部学院学报》2011年第1期;李莉:《法律思维与法律方法下的人格权立法模式——兼论否定一般人格权立法》,载《当代法学》2013年第6期。

〔4〕 参见朱晓峰:《作为一般人格权的人格尊严权——以德国侵权法中的一般人格权为参照》,载《清华法学》2014年第1期。

〔5〕 参见郭明瑞主编:《民法》,高等教育出版社2003年版,第191页;李景义:《人格权基本问题论纲》,知识产权出版社2014年版,第39页。

〔6〕 参见王磊:《私法的争鸣:私权保护热点问题研究》,新疆人民出版社2005年版,第41页。

〔7〕 参见韩强:《人格权确认与构造的法律依据》,载《中国法学》2015年第3期;薛军:《揭开一般人格权的面纱》,载《比较法研究》2008年第5期;熊谓龙:《权利,抑或法益?一般人格权本质的再讨论》,载《比较法研究》2005年第2期。

已获得很多学者的认同，[1]法律明定的权利边界显明，内容确定，已为人们自由的行动划定可预期边界，而不必担心动辄遭受法律的惩罚。权利的确定性特征即明确了权利主体享有权利的范围，又为其他民事主体不侵害该权利提供了警戒线，给予了民事主体活动的自由以及不因为该行为自由而受到法律制裁的合理预期。[2] 而在司法实践中，无论法官在对民事主体的利益进行保护时，抑或民事主体为自己利益寻求法律保护时，往往会为其披上"权利"的外衣。由此导致法律上的权利丧失了其应有的规范性和法律技术上的意义，而成为价值上的宣示工具。这就需要明定、正视一般人格权的性质。

一般认为，权利与利益区分的标准为归属效能、排除效能和社会典型公开性，[3]以此度一般人格权会发现如下：首先，一般人格权并无归属效能。一般人格权是对具体人格权之外的人格法益的概括，其所保护的利益范围具有抽象性，一般人格权所保护的只是"概括性的人格尊严"，是泛化的权利束，[4]难以言明权利主体依一般人格权享有何种权能。其次，一般人格权不能完全排除他人干预。因其边界不清、内容不明，也常与其他的合法权益发生冲突，导致加害人辨认是否侵权的困难。所以，一般人格权并不能确切排除他人干预，需借助利益衡量来确定其是否应当被保护。最后，对民众而言，新出现的各种新型的人格利益，还缺乏绝对权在长期的历史传统中所形成的清晰轮廓，即便其权益受损，也常常难以发现，不被重视。故本书认

---

[1] 参见方新军：《权益区分保护的合理性证明——〈侵权责任法〉第6条第一款的解释论前提》，载《清华法学》2013年第1期；朱虎：《侵权法中的法益区分保护：思想与技术》，载《比较法研究》2015年第5期；于飞：《侵权法中权利与利益的区分方法》，载《法学研究》2011年第4期；葛云松：《侵权责任法保护的民事权益》，载《中国法学》2010年第3期；方新军主编：《侵权责任法学》，北京大学出版社2013年版，第60页；陈现杰：《侵权责任法一般条款中的违法性判断要件》，载《法律适用》2010年第7期。

[2] 参见熊谓龙：《权利，抑或法益？——一般人格权本质的再讨论》，载《比较法研究》2005年第2期。

[3] 参见于飞：《权利与利益区分保护的侵权法体系之研究》，法律出版社2012年版，第56～107页。

[4] 学者多将一般人格权的内容限定为人格尊严、人身自由和人格平等等抽象性人格权利。参见王利民：《人格权法制定中的几个问题》，载《暨南学报》2012年第3期；王利明：《人格权法研究》，中国人民大学出版社2005年版，第160页；魏振瀛主编：《民法》，北京大学出版社、高等教育出版社2000年版，第640～642页。

为,一般人格权为具体人格权之外的人格利益提供法律保护,其存在之价值就是将各新型人格利益纳入法律涵射之内,避免出现法律漏洞。其虽名为权利,多是一种宣示功能,实现与宪法规范的对接,彰显法律对人格的重视,其实质是各新型人格法益的概括性规定,作为对人格利益进行概括保护的一般人格权,我们应该还原其利益本质。

就一般人格权与具体人格权关系而言,存有“一元模式”“多元模式”两种学说。[1] “一元模式”认为一般人格权可以抽象为人格自由、人格尊严、人格发展等,而人格自由、人格尊严等又是生命健康权、隐私权等具体人格权的价值基础,进而可吸收这些具体人格权。由此,具体人格权成为一般人格权的权能,丧失了独立性。[2] “多元模式”认为具体人格权与一般人格权相互独立,一般人格权具有兜底功能,保护具体人格权之外的非典型人格权。[3] 在司法实践中,当出现人格权诉争时,先寻找具体人格权进行保护,无果后方能适用一般人格权。本书认为“多元模式”更适合中国现状。理由如下:首先,如前所述,一般人格权之本质乃为利益,其与已经权利化的各具体人格权迥异。一般人格权可抽象为人格尊严、人格自由等,其与具体人格权是同一逻辑层次上相互对应的属概念,并不存在种属关系。[4] 其次,在司法实践中,对以人格尊严等为价值基础的新型人格利益进行保护时,需通过积极确定违法性的方法进行认定,为防法官滥用裁量权,需对一般人格权所涵盖的新型利益类型化和价值衡量进行分析,[5]由此,个案时一般人格权即由抽象转化为相对具体,甚至达致有名化的程度,如祭奠利益、性自主利益等,此时与具体人格权的区分更为明显。最后,从人格权立法的历程来看,随着社会发展,人格权保护可视为新型人格利益不断“权利化”的历程,各具体人格权因内涵、边界的不同,而被冠上可区分的不同“姓名”。人格利益保护的“权利化”,更多的是出于一种在权利与他人自

---

〔1〕 参见薛军:《人格权的两种基本理论模式与中国的人格权立法》,载《法商研究》2004 年第 4 期。

〔2〕 参见杨立新、刘召成:《论作为抽象人格权的一般人格权》,载《广东社会科学》2010 年第 6 期。

〔3〕 参见王利明:《隐私权概念的再界定》,载《法学家》2012 年第 1 期。

〔4〕 参见冉克平:《一般人格权理论的反思与我国人格权立法》,载《法学》2009 年第 8 期。

〔5〕 参见李岩:《一般人格权的类型化分析》,载《法学》2014 年第 4 期。

由之间精确划界、在个体需求与公共利益之间审慎权衡的需要。人格权立法所追求的，恰恰是法律对社会生活精细化的调整，“一元模式”显然与之背道而驰。[1]

目前，我国民法典制定如火如荼，学界主要有两种人格权建构理论：“具体人格权＋其他人格利益”[2]和“具体人格权＋一般人格权”。[3] 持第一种观点者认为：一般人格权之本质并不是一项“权利”，并且在德国其立法技术亦多受争议，引入一般人格权有损于法律的安定性。[4] 特别是在我国民法理论上，人格权、一般人格权、具体人格权存有逻辑冲突，[5]并且在立法时，可以通过设立“一般人格条款”或者“保护其他人格利益”之规定替代一般人格权，足以保持人格权条款的开放性。[6] 职是之故，在人格权立法时，应选择“具体人格权＋其他人格利益”的立法模式。

然则，本书认为人格权立法时，宜采“具体人格权＋一般人格权”的立法模式。如前所述，一般人格权的本质是利益，为其披上权利的外衣，作为类似于营业权的“框架性权利”，确实没有一般权利的确定性。但考察一般人格权在德国的发展可知（详见下文），一般人格权所保护的利益族群原本由“背俗故意致损”侵权责任条款规制，[7]为其他人格利益冠上权利的名字，实则是重视人格利益的表现，是为了更周延地保护非典型人格利益。这

---

〔1〕 参见薛军：《非典型人格利益的民法保护模式研究》，载《暨南学报》（哲学社会科学版）2012 年第 3 期。

〔2〕 此建构模式有时又被称为“具体人格权＋一般人格条款”。方金华：《一般人格权理论分析及我国的立法选择》，载《法律科学》2015 年第 4 期；尹田：《论人格权概括保护的立法模式——“一般人格权”概念的废除》，载《河南省政法管理干部学院学报》2011 年第 1 期；李莉：《法律思维与法律方法下的人格权立法模式——兼论否定一般人格权立法》，载《当代法学》2013 年第 6 期。

〔3〕 杨立新、刘召成：《论作为抽象人格权的一般人格权》，载《广东社会科学》2010 年第 6 期；郭明龙：《拟制与衡平：一般人格权保护之路径》，载《广西社会科学》2008 年第 5 期；霍银泉：《一般人格权研究》，吉林大学 2010 年博士学位论文；许可、梅夏英：《一般人格权：观念转型与制度重构》，载《法制与社会发展》2014 年第 4 期。

〔4〕 参见方金华：《一般人格权理论分析及我国的立法选择》，载《法律科学》2015 年第 4 期。

〔5〕 参见杨立新、刘召成：《论作为抽象人格权的一般人格权》，载《广东社会科学》2010 年第 6 期。

〔6〕 参见易军：《论人格权法定、一般人格权与侵权责任构成》，载《法学》2011 年第 8 期。

〔7〕 参见于飞：《违背善良风俗故意致人损害与纯粹经济损失保护》，载《法学研究》2012 年第 4 期。

样可以避免适用“背俗故意致损”侵权条款时更为严格的构成要件,并可通过“过失+积极确定的违法性”侵权认定模式,规避对民事主体其他权利的影响,进而保持法律的安定性。虽然我国与德国侵权法立法模式有所差别,但我国司法实践对利益保护时仍应加以甄别,详加论述,以防权利泛化,实则在实践中我国已趋向德国式。此外,如前所言在“多元模式”人格权立法模式情形下,人格权、一般人格权、具体人格权并不存在冲突,人格权作为上位概念,一般人格权、具体人格权作为同一逻辑层次的下位概念,各司其职,共同构成人格权立法体系。

此外,一般人格权的创设彰显现代社会中的人本观念,昭示了宪法价值的优位性和建构性,其充当着基本权利转介为民事权利的桥梁作用,既保障了民法的开放性,又有助于宪法价值的实现。一般人格权具有权利创设功能、价值宣示功能、解释功能、补充功能、更简便的保护功能。[1] 并且立足于我国的司法实践,法官在做侵权责任认定时,常将利益有名化、权利化。例如,“齐玉苓案”中,受教育权作为一项基本权利,民法上并无与之对应的权利,将之称为民法上的“受教育权”,则混淆了其与基本权利的区分,且与其在民法上人格内涵并不贴切,而一般人格权则不会遇到此类困扰,并且从一般人格权出发,因已肯认了一般人格权的法律地位,则不再有受害人人格利益是否是权利的争议,如是,则方便了相关规范基础上的说理。[2]

第四节　德国私法上一般人格权及启示

一、民法典生效后至读者来信案前的德国人格权法体系

《德国民法典》第12条规定:“姓名权,关于姓名使用之权利,为他人所争或无权使用其同一之姓名,致侵害权利人之利益者,权利人得对之请求除

---

〔1〕 参见王利明主编:《中国民法典草案建议稿及说明》,中国法制出版社2004年版,第324页;王利明:《人格权法研究》,中国人民大学出版社2012年版,第152~154页。

〔2〕 参见黄茂荣:《债法通则之2:债务不履行与损害赔偿》,厦门大学出版社2014年版,第250页。

去其侵害;倘仍有继续侵害之虞者,得提起禁止侵害之诉。”第 823 条第 1 项规定:“因故意或过失不法侵害他人之生命、身体、健康、自由、所有权或其它权利者,对所生损害负赔偿责任。”本项所指生命、身体、健康、自由,在《德国民法典》立法上指法益(Rechtsgut)而言,非属特别人格权(besonderes Persönlichkeitsrecht)。所称其他权利(sonstiges Recht),依立法者意思及传统见解,指相当于所有权之排他权利,并不包含一般人格权在内。[1]

《德国民法典》第 823 条第 2 项规定:“违反以保护他人为目的的法律的人,负有同样的义务(同条第 1 款义务)。依照法律内容,无过错也可能违反法律的,仅在有过错的情况下,才产生赔偿义务。”该款所指的法律是《德国刑法典》(StGB)第 131 条、第 184 条、第 185 ~ 189 条、第 192 ~ 193 条、第 199 条等名誉权保护条款。其中以第 185 条为规范核心,该条原则性地规定:“诽谤将获得一年监禁或者处以罚金,如果诽谤并伴随殴打,则处以两年监禁或者罚金。”

《德国民法典》第 824 条第 1 款规定:“违背实情,声言或者传播适用于危害他人的信用或造成对他人职业或发展不利益的情况的人,虽不知道不真实性,但应当知道的,也必须向该受害人赔偿因此而发生的损害。”同条第 2 款规定:“通知人不知道通知的不真实性,且通知人或通知的受领人就通知有正当利益的,通知人不因此而负损害赔偿义务。”此条为德国民法上信用保护条款。

《德国民法典》第 253 条(现在的该条第 1 款,因债法现代化该条增加了第 2 款)规定:“关于非财产损害,仅于法律明文规定的情形,得请求金钱赔偿。”而法律明定的情形是指(旧)《德国民法典》第 847 条[2]第 1 项的规定:“侵害身体或健康,或侵夺自由者,被害人对非财产上之损害,亦得请求赔偿相当之金钱。此项请求权不得让与或继承,但已依契约承认或已起诉者,不在此限。”

综上所述,对于早期的《德国民法典》及相关法律关于人格权的规定,

---

〔1〕 王泽鉴:《人格权之保护与非财产损害赔偿》,载王泽鉴:《民法学说与判例研究》(重排合订本),北京大学出版社 2015 年版,第 627 页。

〔2〕 (旧)《德国民法典》第 847 条已于 2002 年 8 月 1 日生效后的《修改损失赔偿条文第二法》中被废除。

如图4－1所示：

§ 12 BGB …………………………	姓名权
§ 823 Ⅰ BGB………………	生命、身体、健康、自由、所有权或其他权利
§ 823 Ⅱ BGB & § 185ff. StGB …	名誉
§ 824 BGB………………………	信用
§ 253 & § 847……………………	身体、健康、自由的精神损害赔偿

图4－1 《德国民法典》及相关法律关于人格权的规定

由此可知,《德国民法典》立法上并未承认一般意义上的人格权。中、德学者对其理由的总结略有差异。王泽鉴先生认为理由有三点：

> (1)普通法时代的德国法学者系以物权为中心建立其权利体系,认为人格权不具可支配的客体,难以纳入包括权利主体及客体的权利概念之内。
>
> (2)一般人格权内容广泛,影响法律适用安定。
>
> (3)刑法设有诽谤名誉罪(《刑法》第189条)的规定,并可认系《德国民法典》第823条第2项所称保护他人的法律,足以保护人格利益。[1]

霍尔斯特·埃曼认为理由有三点：

> (1)不可能承认一项"对自身的原始的权利",否则就会得出存在一项"自杀权"的结论；
>
> (2)债的产生以财产价值受到侵害为前提；
>
> (3)人格权的内容和范围无法予以充分明确的确定。[2]

对比两者可见:王泽鉴先生的第一项理由与埃曼的第一项理由本质上几无区别,即人格权无法融入传统权利概念体系。王泽鉴先生的第二项理由与埃曼的第三项理由相同。王泽鉴先生的第三项理由,本书已有述及,可值赞同。但需指出的是,如前所述,《德国刑法典》对名誉权损害作有规定。

---

〔1〕 王泽鉴:《比较侵权行为法及人格权法(二)——人格权保护的课题与展望》,载《台湾本土法学杂志》2008年第104、105期。

〔2〕 [德]霍尔斯特·埃曼:《德国民法中的一般人格权制度——论从非道德行为到侵权行为的转变》,邵建东等译,载《民商法论丛》(第23卷),金桥文化出版(香港)有限公司2002年版,第413页。

埃曼所言之第二项理由，法制史上并无充分证据，[1]且从《德国民法典》第823条第1项的规定来看，生命、身体等法益虽非财产利益，但对其侵害亦构成债之一种，故对于此项理由，实难赞同。然或有人争论，埃曼此种论据是基于《德国民法典》立法时立法者认为，对于生命、身体等诸法益之侵害，根据《德国民法典》第253条、第847条，只赔偿其财产损失，比如医疗、丧葬等费用，而不能请求精神损害赔偿（Schmerzensgeld），故这种原告请求被告给付医疗、丧葬等费用的请求权是债权之一种，故此为"财产价值受到侵害"。显然此观点混同了侵权对象与赔偿方式，因为侵害生命、身体等绝不是一项针对财产的侵害。

根据上述规定，所谓人格上的"高级利益"只是限于：生命、身体、健康、自由。名誉的保护被置放于刑法之中，而且过失损害名誉也不予保护。"其他权利"此时也是类比所有权，作为绝对权来解释。显然，诸多人格利益据此是无法得到保护的，比如肖像、过失损害名誉等。这种民法上对人格权的不完整保护，造成了巨大的法律漏洞，而这些漏洞显然又无法通过其他法律规范，特别是无法通过刑法的规定来填补。[2]

19世纪末期，短时摄像技术出现，使未征得肖像本人同意，而摄取其肖像并作为他用成为可能。[3] 于是便有了1907年9月1日生效的《德国艺术著作权法》（KUG）。该法第22～24条、第33条、第37～38条、第42～44条、第48条对肖像权予以全面规定。其重点为如下两条：第22条规定："人的肖像权仅于得被绘像本人的同意，始得传布或展示。被绘像者就其被绘像受有报酬者，视为已为同意（Einwilligung）。被绘像者死亡后十年，应得该人亲属的同意。本项所称亲属指尚生存的配偶、被绘像者的子女；若无配偶或子女者，被绘像者的父母"；第23条规定："艺术著作权法对应得同意原则设有例外规定，尤其是关于当代历史人物的肖像。此项例外不得侵害

---

〔1〕 Vgl. Martin, Das Allgemeine Persönlichkeitsrecht in Seiner Historischen Entwicklung, 2007.

〔2〕 Larenz/Wolf, Allgemeiner Teil des Bürgerlichen Rechts, 9. Aufl.; München, 2004, S. 126.

〔3〕 Rietschel, Das Recht am eigenen Bild, AcP 94(1903). S. 142.

被绘像者,或于其死亡时其亲属的正当利益。”[1]

值得注意的是,1965年《德国著作权法》修正时,《德国艺术著作权法》第22条至第24条规定(《德国著作权法》第141条第5款)在实务上广为适用,由其承担保护死者人格权的论证依据。[2] 此后直至1954年Leserbrief案之前,德国法上的人格利益保护体系如图4-2所示:

§12 BGB ························姓名权
§823 Ⅰ BGB························生命、身体、健康、自由、所有权或其他权利
§823 Ⅱ BGB &§185ff. StGB ···名誉
§824 BGB························信用
§253 &§847························身体、健康、自由的精神损害赔偿
§22-24、33、37-38、42-44、48 KUG···········肖像权

图4-2 德国法上的人格利益保护体系

二、一般人格权的生日:读者来信案[3]

在德国,往往通过引证该案,来讨论战后人格权问题。在德国人格权发展史上,该判决是一个分水岭——从不承认或含糊承认人格权到明确承认人格权。本件判决与1956年的“Lüth案”一起为德国法学界开始公、私法关系的论题提供了契机。1952年6月29日,本案被告D在周刊杂志上发表文章。该文声称,Dr. Schacht利用了其以前担任帝国要职的关系及其影响力,开设了这家外贸银行,该文对Dr. Schacht极为不利。于是,其委托M律师处理此事。M律师于1952年7月4日致函D出版公司,要求更正。D出版公司未作回应,而是将该信件刊登在其周刊“读者来信”栏目中,并删除若干关键文字,使其他读者误以为是一般人就Dr. Schacht的事情致函给D出版公司。故M律师要求法院判处被告予以更正,表示该信件系律师函件,而非读者来信。[4] 一审汉堡地方法院根据《德国民法典》第823条第2

---

[1] 上述条文译文采王泽鉴先生译法,引自王泽鉴:《比较侵权行为法及人格权法(二)——人格权保护的课题与展望》,载《台湾本土法学杂志》2008年第104、105期。

[2] Helle, Besondere Persönlichkeitsrechts rechte im Privatrecht, 1991, S.45.

[3] Götting/Schertz/Seitz(hrsg.), Handbuch des Persönlichkeitsrechts, München 2008, S.25.

[4] BGHZ 13, 334 - Leserbrief.

款和《德国刑法典》第 186 条、第 187 条支持了原告的诉请。二审法院认为,被告将原告的函件缩短公开刊载于“读者来信”栏目并未违法侵害原告。虽然这种公开方式的声明包含了一项捏造的事实,但被告这种违法的声明,既没有损害原告的信用,也没有贬低和公开侮辱原告。

原告不服二审判决,上诉到联邦最高法院。联邦最高法院支持了原告诉请,并详述判决理由。此理由对于理解在当时的法律背景下本案的推理过程,极具启迪意义。法院的核心观点如下:

> 当今的《德国基本法》已经确认,人有权要求其尊严得到尊重(《德国基本法》第 1 条),只要不损害其他人的权利并不违反道德规范,就有权要求自由地发展其人格,这作为一项私权,应当得到所有人的尊重(《德国基本法》第 2 条)。这些内容在《德国基本法》中别确立之后,一般人格权也就应当被视为由宪法予以保障的一项基本权利。

一般人格权的司法确定有重大的法制进步意义,主要启示如下:第一,一般人格权制度的创设,使以逻辑严密著称的、自给自足的《德国民法典》突破了民法实证主义,得以生机焕发去迎接新的时代和新的挑战,迎合了对不断扩大的新型人格权保护的需要。这种创新机制有效解决了成文法的滞后性与社会发展的前进性之间的矛盾。一般人格权的创设是概念法学破灭的标志,是一种新的法律哲学兴起的启航灯,为德国日后利益法学的发展及其转向——评价法学,提供了契机。第二,该制度的创设,是在法无明文规定的情况下,由法院自主创设的,是典型的法官法(Richtsrecht)。由于德国是大陆法系国家代表,以成文法之严格而著称,这与法官造法截然对立。当然,历史证明,主流的声音是对此表示欢迎。当然,由于其违背传统政治哲学,于是欢迎的背后就产生了大量的方法论著作,以此来规范法官造法,使其不至于信马由缰,无可控制,无可预测。第三,该制度的创设昭示了在现代法治秩序中,由宪法所构建的整个法律价值体系的优位性和建构性。在以宪法为基础的现代法治架构中,承载这一核心价值判断的无疑应是宪法的当然使命。于是,法治实现的一个重要任务,就是将宪法所承载的核心价值判断落实到具体的法律实践中——主要是各类法律判决。但是,由于《德国基本法》的宪法地位使得宪法不可能事必躬亲,直接并且唯一地成为各种判决的依据,于是便产生了基本权利第三人效力理论,即将宪法基本价值通过各种低一位阶的特别法来实行。

三、以一般人格权为中心的人格权保护范围的扩大化

(一)人格权被侵害的精神损害赔偿

因为拟增加非物质损害的金钱赔偿(精神损害赔偿)的修法提议几次都未通过,[1]故精神损害赔偿是由法官造法来完成。德国人格权法上的精神损害赔偿滥觞于联邦最高法院于1957年作成的Herrenreiter案。本案中,原告系业余骑士,被告未获其准许,以其照片作为壮阳药物广告。[2] 联邦最高法院在判决中重申Leserbrief案的宗旨,强调人格尊严的神圣性和人格自由发展的重要性,并再次肯定人格权应该解释为《德国民法典》第823条第1款的"其他权利"。被告擅自使用他人肖像,侵害他人人格权。但本案关键问题在于,被害人得否依《德国民法典》第847条关于侵害他人自由的规定请求慰抚金(现已废止)?由此可见,本案关键问题不仅在于需要确认被告行为侵害了他人的一般人格权,而且受害人应该寻求精神损害赔偿。

联邦最高法院表示本条所称"自由",通说认为系指身体活动自由,如胁迫他人为某种行为。在《德国基本法》施行前,学说上有认为该"自由"应

---

[1] 第一次是在1957年第42届德国法律大会(Deutsche Juristentag)上,建议制定一项广泛的法律来支持非财产金钱赔偿。联邦政府依据此项提议,于1959年向联邦众议院(Bundstag)提出《民法上人格及名誉保护规范调整法草案》(Entwurf eines Gesetzes zur Neuordnung des zivilrechtlichen Perönlichkeits – und Ehrenschutzes; BT Drucks. II/1237)。根据该法案计划,《德国民法典》第12条应被一项"民法上的人格保护基本规范"(Grundnorm des bürgerlich – rechtlichen Persönlichkeitsschutzes)所取代。但是,本项草案因遭到来自公共领域的强烈抵制而未获通过。媒体尤其对其加以谴责,认为该法案过度扩张对人格权的保护,对言论自由与报业自由的牺牲已经达到无法容忍的地步,如此法案获得通过,媒体将无法履行其公共任务。1964年第45届联邦法律大会上,法律界再次向立法者建言,增设非财产金钱赔偿。联邦司法部遂于1967年公布一项《修正及补充损害赔偿法上规定的法律》(Gesetz zur Änderung und Ergänzung schadenersatzrechtlicher Vorschriften)的草案。该草案就有关损害赔偿法改革,预计纳入《德国民法典》第823条中,将名誉与一般人格权应视同绝对权予以保护。并且依照法理,第847条之改革应按照先前草案(1959年)的方案来进行。但可惜的是,此项草案仍未进入国会讨论的程序。Vgl. BVerfGE 34, 269,293 – Soraya.

[2] BGHZ 26,349.

解释为包括意思自由,但未被接受。《德国基本法》明定人格权应受尊重,精神自由亦应受保护,而《德国民法典》第 847 条只是针对“侵害身体或健康,或侵夺自由者”三种人格法益才能请求损害赔偿。据此,其他人格权或人格权法益被侵害时,不能赋予精神损害赔偿,如此则使人格权的保护成为具文。为此,联邦法院将《德国民法典》第 847 条类推适用于精神自由受侵害的情形,被害人亦得请求非财产上的金钱赔偿。Herrenreiter 案解决了侵害一般人格权可以突破《德国民法典》第 847 条的限制,被害人可以主张精神自由损害的精神损害赔偿。这是继一般人格权被承认之后,德国人格权保护的又一大进步。

1961 年的 Ginsengwurzel 案进一步扩大精神损害赔偿的适用范围。本案原告是某大学法学院教授,1957 年通俗科学杂志“H. und W. ”的“奇妙人参根的新发现”(wunderwurzel neu entdeckt)一文中,原告被描述为著名的人参研究专家。被告是一家制药厂,在其广告中声称原告与 H 教授一样,是人参专家,并指出原告研究的这种人参是纯天然的产物,具有增强性功能的作用。原告认为被告行为侵害了其良好的本专业名声(Ruf)和人格权。因此,原告引据 Herrenheiter 案判决,请求被告赔偿其抚慰金(Genugtuung)10,000 马克。一审判处被告赔偿原告 8000 马克痛苦赔偿金(schmerzensgeld);二审维持原判,被告上述之联邦法院,联邦法院维持原判。[1]

联邦法院认为该案不应类推适用《德国民法典》第 847 条,[2]而应倾向下述立场:如果就人格权侵害不发动与精神损害(ideelle Beeinträchtigung)相应的制裁,则在基本法价值决定和辐射下所建构的民法人格权保护制度将会有所疏漏。将精神损害赔偿限定于个别列举法益之侵害,不符合基本法的价值体系。但是,判决亦指出,轻微侵害一般人格权并不会导致精神损害赔偿义务,否则将产生下述危险:轻微侵害被以不正当之方式遭利用,成为牟利工具。因精神性人格权侵害较身体之侵害更难以金钱量化,故就一

---

〔1〕 BGHZ 35,363.

〔2〕 联邦法院之所以放弃继续类推适用《德国民法典》第 847 条,主要是因为来自学界的强劲反对声音,认为由于《德国民法典》第 253 条的存在,使本项法官造法失去前提。Vgl. Larenz, Methodenlehre der Rechtswiisehnschaft, 2 Aufl. , 1969, S. 402.

般人格权之侵害,虽然精神损害赔偿的弥补作用应优先适用,但应反复检讨的是:所受损害能否以其他方式弥补?是否有必要就其所受侵扰,依人格权被侵害之种类,判处此种金钱弥补?一般而言,此种金钱赔偿一般发生于侵害人具有较重责任,或具有客观而明显的侵害人格权的情形。

具体而言,判决指出《德国基本法》第1条中的人格尊严与第2条第1款中的人格自由发展受《德国民法典》第823条第1款保护,是《德国基本法》对民法适用的基本要求。被告侵害原告人格领域获利,情节严重,违反《德国基本法》的这一要求,应当支付原告精神损害赔偿。继一般人格权被侵害可以请求精神损害赔偿之后,本判决是德国人格权保护的再次进步。明确以《德国基本法》第1条和第2条第1款作为抚慰金请求的依据,解决了人格侵害精神利益金钱补偿的请求权基础这一问题。虽然前述德国联邦法院以基本法为依据,通过Lerserbrief案创造一般人格权,并通过Herrenreiter案和Ginsengwurzel案使被害人得就人格权被侵害请求精神损害赔偿,但此两项突破成文法的重大法官造法是否合宪,引起了重大争论。

于是,在接下来的Soraya案中,德国联邦宪法法院第一次就此两项重大法官造法明确表态。1961年4月29日,世界日报出版公司(Die Welt)于其所属的《法庭一周新报》当期首页,刊载了关于伊朗国王之离婚妻子Soraya的一篇文章,标题为"soraya:国王不再写信给我"的独家虚假访问文章。对此,原告主张人格权受侵害,诉请慰抚金的损害赔偿。联邦法院判决原告胜诉,认为此项不实报道个人隐私,是基于私利追求而具有违法性,并且具有重大过失,构成对人格权的重大侵害,刊登更正启事尚不足恢复原状,应以相当金钱慰抚被害人精神上的痛苦。

被告提出宪法诉愿,认为此项判决违宪,其主要理由有三点:(1)法官造法违背权力分立原则,构成对私人权利的侵害;(2)动辄判决精神损害赔偿侵害言论自由和新闻自由;(3)慰抚金的请求以重大侵害人格权为要件,犹如刑事裁判,由法院创设,违背罪刑法定主义。德国宪法法院认为此项宪法诉愿不能成立。

对于第一项诉愿理由,宪法法院认为不成立。因为基本权利对民法具有放射效力(Ausstrahlungswirkung),民事裁判必须尊重基本权利的放射效力,且宪法法院有权力和责任改变不尊重放射效力的民事立法与裁判。此民事裁判是法官造法，是基于基本权利价值保护的需要，是对民法立法的补充，因此不违反基本法。对于第二项理由，宪法法院认为不成立。因为依据《德国基本法》第 5 条第 2 款、《德国民法典》第 823 条第 1 款为限制言论自由的法律，易言之，人格权保护构成对言论自由的限制。如果言论自由是基于商业目的而非基于公益，则人格权保护优先。本案情形正是人格权保护优先商业性言论的著例。对于第三项理由，宪法法院认为因为司法系以法律（Gesetz）和法（Recht）为依据并受其限制，狭隘的法律实证主义（Gesetzespositivismus）已拒斥。法与法律虽然通常一致，但并非总是一致，因为法律无漏洞实际上是不可能的，故应该允许一种更高之法（ein Mehr an Recht）——相对于国家权力实证规章（positive Satzungen）之存在，这种法的发源来自作为一项意义整体（Sinnganze）的宪法价值秩序（verfassungsmäßige Rechtsordnung）。法的存在以宪法所确立的价值秩序为内容，具有补充成文法不足的功效。司法的任务在于发现蕴含于宪法价值秩序中的内容，并以合理的依据，结合实践理性（praktische Vernunft）标准和"植根于共同社会的基本正义观念"（fundierte allgemeine Gerechtigkeitsvorstellungen der Gemeinschaft）通过判决表现出来，以填补法律漏洞，促进法律的进步。此为一向实务与学说所认同的见解，《法院基准法》（Gerichtsverfassungsgesetz，GVG）第 137 条亦赋予"联邦最高审级联席会议"（die Großen Senate der obersten Gerichtshöfe des Bundes）"造法"（Fortbildung des Rechts）的任务。

综上所述，法院认为《德国民法典》规定将精神损害赔偿限定在特定情形已经落后于时代发展，低于西方诸国对此的保护力度。联邦法院用判决补充此项不足，确有必要。这是以有效的手段来保护宪法的秩序价值，并未排除《德国民法典》第 253 条之规定，而只是起到补充作用，并未肆意造法，不侵害言论自由，不违背宪法秩序。该判决肯定了非财产损害的经济补偿，此后关于此项赔偿几乎不再出现争论。

（二）死者人格利益保护[1]

1899 年的 Bismarck 案[2]回避了死者肖像权（人格权）问题，而采取不

---

〔1〕 Mephisto - BGHZ 20, 153.

〔2〕 RGZ 45,170.

当得利制度要求侵害者将获利返还给死者子女。1907 年《德国艺术著作权法》第 22 条第 3 句规定："人死后十年内，对其肖像的拍摄绘制须征得死者亲属同意。"此处亲属是指配偶、子女，无配偶、子女的为父母。同法第 23 条第 2 款规定："在未经同意传播或展示他人肖像的例外情形下（同法同条第 1 款规定了几种例外情形），本人死亡后，此种传播或展示不得侵害死者亲属正当权利。"1965 年《德国著作权法》采著作人格权（Urheberpersönlichkeitsrechte）与著作财产权（Urheberverwertungsrechte）合一的一元论立场，该法第 28 条规定此两种著作权皆可被继承；该法第 64 条规定著作权于著作权人死亡后 70 年内消灭。由此可见，死者肖像权的保护期限为死后 10 年，著作人格权为死后 70 年。此两种权利皆为特殊人格权，至于其他特别人格权及一般人格权在权利人死后是否保护以及保护时限，并不得而知。

1968 年，德国联邦法院对首次就死者一般人格权进行保护的 Mephisto 案作出判决，该案中，著名作家 Klaus Mann 曾撰写名为 Mephisto 的小说，影射德国著名演员 Gustaf Gründgens 生前为迎合纳粹德国的执政者而改变政治信念，置人类基本道德伦理于不顾。Gründgens 的养子依《德国民法典》第 823 条第 1 款，以该书侵害 Gründgens 之人格权为由，请求法院禁止该书传播。联邦法院支持原告之诉请。对联邦法院的上述判决，被告不服提出宪法诉愿，认为该判决侵害了其基于《德国基本法》第 5 条第 1 款而享有的言论自由。联邦宪法法院在结论上同意了上述判决，但对其理由略加修正后认为，死者人格保护依据不包括《德国基本法》第 2 条第 1 款中的人格发展自由，因为基本权利的主体仅限于生存之人，但是人性尊严（《德国基本法》第 1 条第 1 款）则不受此限，在死后持续作用：个人死后遭受贬低或侮辱与宪法保障的人性尊严价值的不符。[1]

本判决在裁判方法上采用了类推适用的方法。因为死者一般人格权保护于法无据，但由于《德国艺术著作权法》第 22 条有死者肖像权的保护规定、《德国刑法典》第 189 条有诽谤死者罪的规定，故可将此两项规范类推适用至本案。从规范创设上看，有以下几点需要说明：（1）本案判决认定死

---

〔1〕 BverfGE 30, 173 = NJW 1971, 1645 – Mephisto.

者人格权应受保护,但未提到此种保护是为了保护死者遗族的利益,采直接说立场。由于保护的是死者人格权,但因死者已无法行使诉权,故法院认为除法律另有规定外,应由死者生前所指定的人行使。如果生前未指定,则可类推适用其他法律规定(如《德国艺术著作权法》第22条)的与死者被毁谤侮辱具有最紧密感情联系的近亲属,由这些亲属行使这项诉权。(2)对于死者人格权的保护时间,法院没有明示,但认为此种人格权保护应当有时限,应在个案中由权利行使人就权利行使要件进行举证,法院再做利益衡量综合判断。后来,在2006年kinski - klaus. de案[1]判决中,联邦法院认为,死者人格上财产利益的保护期限为死者死后10年,但一般人格权并不受此限制,死者人格上精神利益在死者利益保护的前提和范围内继续存在。(3)对于救济方法,原告得主张不作为请求权,但不得主张精神损害赔偿。在2005年的TV - Filmberechterstattung案[2]判决中,联邦法院开宗明义认为,死者人格权保护原则上不导致金钱损害赔偿请求权,理由是人已死亡,没有精神痛苦,自无理由再主张精神损害赔偿。

(三)宪法上一般人格权与言论自由的冲突平衡

1. 一般人格权与言论自由的实定法规范

根据《德国基本法》第5条的规定,言论自由属宪法基本权利,但一般法律可限制其行使。《德国基本法》第18条规定,凡滥用言论自由,尤其是出版自由(第5条第1项),讲学自由(第5条第3项),集会自由(第8条),结社自由(第9条),书信、邮件与电讯秘密(第10条),财产权(第14条)或庇护权(第16条之一),以攻击自由、民主之基本秩序者,应剥夺此等基本权利。此等权利之剥夺及其范围由联邦宪法法院宣告之。并且,《德国基本法》第19条第1项亦对第5条第2项之限制言论自由的一般法律进行细化规定,凡基本权利依本《德国基本法》规定得以法律限制者,该法律应具有一般性,且不得仅适用于特定事件,除此该法律并应具体列举其条文指出其所限制之基本权利。人格权本属私权,但德国宪法法院亦创设宪法上一般人格权,使人格权亦属宪法基本权利。

---

〔1〕 BGH I ZR 277/03, 05. 10. 2006 - kinski - klaus. de.

〔2〕 BGH, VI ZR 265/04, 6. 12. 2005.

言论自由与人格权的冲突为普遍现象,为了平衡二者,不能仅依靠《德国基本法》。从德国现行法律体系看,调和此矛盾的法律除《德国基本法》外,尚有:(1)《德国民法典》第823条第1款确立人格权,该款即为基本法第5条第2款中限制言论自由的法律之一。《德国民法典》第824条第1款转介《德国刑法典》第184条系保护名誉,亦为限制言论自由的法律。(2)《德国艺术著作权法》第22条、第23条保护肖像,亦构成对言论自由的限制。(3)《德国刑法典》第195条规定了诽谤罪的不罚事由:有关学术、艺术或职业上责难性的批评;为权利行使、正当防卫或正当利益保护所发表言论;对于部属之训诫或谴责;官员职务上的告诫或判断等类型。此为德国法上名誉权保护与言论自由协调之基本规范模式。

2. 一般人格权与言论自由冲突解决规则的案例推进

为了进一步探究其实践状况,还需分析战后联邦宪法法院所作成的一系列里程碑式的案件,始能臻至明确。除了本书导论中所叙的1958年Lüth案之外,尚有下面一些案例可谓经典。

(1)言论自由限制的判定标准:1963年Blinkfüerfall案[1]

被告S、W原系A之杂志的两家出版商。S、W向他们的同行、零售商、出版者及其他交易者发出公开信呼吁,如果A之杂志闪亮周刊继续刊登东德地区电视节目,则其将不再出版该杂志。联邦最高法院认为:[2]S、W的公开信并非基于营业竞争对手之理由而发生;只要杂志不刊载东德节目表,只要零售商不贩卖刊载东德节目表的杂志,S、W就不会对他们制裁。公开信并不能导致"寒蝉效应"(Mundtot),而目的在于限制东德电视节目扩散。因此,在权衡A之营业利益与S、W之言论自由时,应优先保障后者。

对此判决A提出宪法诉愿认为,S、W之公开信应视为营业竞争问题,并构成强制罪(Nötigung)。这种情形下,S、W不得援引新闻自由保护。并且,A亦从事出版事业,亦享有言论自由。又政治言论较其他言论具有优先性并不被允许,故最高法院判决侵害其言论自由。

宪法法院认为普通法院适用私法定分止争,在解释私法时应遵循宪法

[1] BVerfGE 25, 256-269.

[2] NJW 1964,29 = JZ,1964,95.

基本权利价值。《德国基本法》的规定对于确定侵权行为是否具有《德国民法典》第 823 条第 1 项之违法性具有重大意义。《德国基本法》上言论自由所保护的言论系为公共政治的、经济的、社会的或文化上的利益所为之忧虑(Sorge)之言论。精神层面自由及相互论战是自由民主功能发挥的不可或缺条件,只有如此才能保障关于公共利益及国家政策话题得到公开辩论。[1] 利用经济压力压制言论,违反言论自由之本质。S、W 之公开信妨碍了东德电视节目表公开,隐瞒公众获得资讯途径,且该呼吁也排斥 A 之周刊营运,侵害了 A 作为周刊服务人员的权利。本案判决重要启示有两项:其一,将《德国基本法》作为判断侵权行为是否具有违法性的重要判断标准,对于侵害名誉权之构成要件影响巨大;其二,言论自由的维护系不得以经济上强制手段为之,并不得损害更广阔范围内的言论自由,相对于自由民主社会之自由论战氛围而言,单个言论自由应退居次位。

(2)人格权与言论自由价值平等:1973 年 Lebach 案[2]

A、B、C 三人曾于 1969 年初杀死 4 名士兵,重伤 1 人,并抢劫武器弹药若干,震惊全国。此三人于 1970 年被捕入狱,其中 A、B 被判无期,C 被处 6 年有期徒刑。德国第二电视台(ZDF)于 1972 年春制作"雷巴赫士兵谋杀案"(Der Soldatenmord von Lebach)纪录片,播放三人同性恋情、整个犯罪及刑事诉讼过程,影片播出三人相貌还多次提及其姓名。1973 年 C 假释出狱,认为 ZDF 的节目侵害其一般人格权,影响其社会再造,依据《德国基本法》第 1 条第 1 款及第 2 条第 1 款,要求地方法院禁播该节目。地方法院驳回起诉,认为其属于《德国艺术著作权法》第 22 条、第 23 条中所称的"时代历史人物"(Bildnisse aud dem Bereich der Zeitgeschichte),其个人肖像权属于一般人格权的特别表现方式,因此在本案中,一般人格权与广播电视自由所涵盖的公众咨询利益亮相权衡,后者应优先保护。二审、三审判决维持原审判决,对此,C 不服提出宪法诉愿。

联邦宪法法院肯认了原告的宪法诉愿。《德国基本法》第 5 条第 1 项所保护的广播电视自由,包括节目题材的选择、表现种类与方式及节目形态

---

[1] BverfGE 5,85(205);7,198(212,219);20,162(174).

[2] BverfGE 35,202.

等,此项自由与其他法益发生冲突时,应考虑具体节目所追求的利益、形成的种类与方式及其预定的或者可预见之效果。另外,亦应斟酌《德国基本法》第1条第1款与第2条第1款的人格权保障。在此两种宪法价值之间,原则上并无何者优先保护的问题。在个案中,须就人格受侵害的程度与公众资讯利益加以衡量。对于重大犯罪报道,公众资讯获知权大于犯罪者之人格权。但是,此一优先保障亦应不得触及犯罪者个人最内在的生活领域,并须遵循比例原则。具言之,电视报道提及行为人之姓名、相貌或其他得以确定行为人身份的报道,并非毫无限制。该纪录片在时间上毫无限制地报道,触及了犯罪者本身及其私人的生活范围,且又属于事后报道,将危害犯罪者的再社会化,使其无法重返社会。此种报道为宪法上人格权保障所不许。

在该案判决近30年后,德国民营电视公司于1996年制作了"制造历史的犯罪"的九集影集,将德国犯罪史上著名案件,以电视影集的形式再现,其首集即为Lebach案(Der Fall Lebach 1969),此影集内容包括犯罪相关情节、以整个追捕过程为重心,并特别以报幕式说了犯罪者所受法律制裁结果,但相关人之姓名业已变更,犯罪者之姓名亦被改变,且未播出犯罪者相貌。C及被假释的A认为该节目将危害其再社会化为由,向萨尔州地方法院申请禁播该影集。萨尔州高等法院认为:(1)本影集与ZDF之纪录片不同,未披露行为人相貌、姓名及相关参与者的关系,故经由该影集无法确认A、C之身份;(2)因为时间久远,公众之震惊与愤怒业已消失,故无法认定因此影集的播放会引起公众对行为人探讨的兴趣。整个案件只是被当作犯罪史上的一个案件而已,行为人不能要求将整个案情从公众记忆中消除。

A不服此项判决,提起宪法诉愿,联邦宪法法院一方面维持萨尔州高等法院判决,不禁播SAT 1之节目;另一方面废弃科贝伦茨高等法院判决,其理由如下:一般人格权与言论自由同受宪法保护,用于对抗公开丑化或扭曲个人形象,或避免个人人格因前罪烙印而产生重大损害的侵权行为。本案中,节目播送于犯罪者服刑后发生,原则上即会侵害犯罪者的此种一般人格权——犯罪者难以重返社会。但一般人格权不能禁止公众议论其行为的权利。在1973年裁判中,仅确认,人格权保障犯罪者免于媒体时时刻刻报道其个人私生活,并不是同意犯罪者得请求完全禁止涉及其个人重要事件的报道。本案重要启示在于揭示言论自由与人格权在宪法价值位阶上并无区别。

(3)言论自由的表达边界:1976 年 Deutschlandstiftung 案[1]

宪法诉愿人 E 为基督民主党(CDU)要员,公开撰文批评"德国基金会"(Deutschlandstiftung)滥用他人名义供右派团体使用,其实是一个披着民主外衣的具有国家主义倾向的机构,该机构的常务董事吉泽尔(Ziesel)试图将基金会所主办的杂志带向他所崇拜的《德国国家战士报》的风格。为此,德国基金会依据《德国民法典》第 823 条第 2 项及第 1004 条,要求 E 停止侵权并赔偿。地方法院和州高等法院皆支持原告请求,认为 E 之言论不应受《德国基本法》第 5 条第 1 项保护,故禁止其用如上述相同的文字甚至含义相同的文字来表达那些具有争议性的主张。但联邦宪法法院废弃了地方法院和州高等法院的判决,揭示下列三项要旨:

第一,诚如 Lüth 案所揭,《德国基本法》第 5 条第 1 项的意见表达自由,是自由民主国家秩序中不可或缺的、结构性的权利。为了避免由于窄化自由表达政治思想的管道而损及意见表达自由,自 Lüth 案以来,凡是遇到有关公开性的思想辩论,并产生争议性之案件时,宪法法院在决定"意见表达自由所应涵盖范围"时一直认为,不应窄化表达自由,而应尽量扩大。[2] 故凡是解释《德国基本法》第 5 条第 2 项规定时,意见表达及新闻自由的基本权利必须受到一般法律以及其他保护人格尊严之相关法律的约束。对于此约束之解释,必须是在明确阐述了意见表达自由之真义后,方可设定恰当的界限。并且此项限定本身,又必须是基于自由民主国家对基本权利价值判断上的认知。如果是对公开性政治辩论的用语尺度设定了过高的要求,均属违宪。

第二,在政治性意见争辩中,仅以表意人之遣词造句是否有碍他人名誉作为判断标准,而完全不顾及表意人同时是为了告知读者某些事实以及其对此所作的批判性评价,此为限制言论自由的过高要求。假如在报纸杂志所发表的,甚至是最严厉的批评文句,都必须一律毫无分别地让一般读者可

---

[1] 该案系联邦宪法法院第一庭 1976 年 5 月 11 日裁定,案号:1 BvR 163/72。

[2] BverfGE 7,198(212);12,113(127);24,278(282f).

以考证,并以此作为是否侵权的标准,此与《德国基本法》第 5 条第 1 项的表意自由之意旨背道而驰。

第三,意见表达自由的基本权利,不仅要有助于事实发掘,而且也要保障每一个人都能自由地表达个人想法,即使他无法对他所做的表示或判断提出可资作证的理由。E 所宣称的"Ziesel 试图要把他的'德国杂志'带向他所崇拜的《德国国家战士报》的风格"此段文字,不必要求其达到客观真实。因为,该句本身是一种无法证明其内容是否属实的讽刺性笔战方式,无论其正确与否,均受《德国基本法》第 5 条第 1 项保护。

本判决启示如下:第一,一般法律限制言论自由,但必须对该一般法律之适用做符合言论自由价值的解释适用;第二,对于可受公评之公共事件所为评论,即使言语过激,亦不侵权;第三,意见表达不必要求其基础事实达到客观真实的高度。

(4)历史人物人格权与言论自由的冲突平衡:1999 年、2004 年 Caroline 案

本案案情前已述及,德国宪法法院判决要旨:第一,依据《德国基本法》第 1 条第 1 款及第 2 条第 1 款之一般人格权所保障之私人领域,个人于住家范围外,在其他、可以看得出隐蔽处,也不应受被摄影干扰。第二,一般人格权非为个人商业化的利益而保障。倘使有人自己愿意同意公开某些特定、通常被视为是私人事情的话,保障领域不被摄影,即应退居次要。第三,公开发表照片是涉及特殊的父母对子女爱抚为内容的,父母或者父母任一方的一般人格权可通过《德国基本法》第 6 条第 1 ~ 2 项之规定得到加强保护。第四,《德国基本法》第 5 条第 1 项第 2 句(保障新闻出版自由和广播、电视、电影的报道自由)规定包含对新闻自由的保障,亦包括对娱乐消遣性的出版物和文章以及文章的插图保护。且这也适用于公开发表显示公共人物在日常或与私人有关联的照片。

欧洲人权法院判决要旨:第一,《欧洲人权公约》第 8 条所称之私人生活,包含了姓名与肖像权等人格同一性的相关面向在内。此外,私人生活是身体与精神整体性的体现。该条首先保护个人得免于外来干扰地发展自己人际关系的人格特性。因此,个人他人的互动领域,即使是在公共场所,也可能属于"私人生活"范畴的一部分。第二,在某些情况下,自该条可导出

国家积极的行为义务,此等义务甚至有可能要求须对于私人关系采取保护措施。此点对于保护个人肖像权免于受第三者滥用之情形,亦可适用。第三,对于私人生活之保护,必须与公约第10条所保障且为民主社会重要基础的言论自由进行权衡。第四,刊登所获得的照片,对于公约第8条第2项所称之"他人良好名声与权利之保护"而言,具有特殊的重要性。[1]

本案主要争点:

争点一,"当代绝对新闻人物"(absolut zeitgeschichtliche Person)。

根据《德国艺术品著作权法》第23条第1款的规定,为报道新闻时事而使用他人照片是允许的。本案中Caroline为"绝对的新闻人物",因而对她的报道,都属于对新闻时事的报道。《德国艺术品著作权法》第23条第2款规定该种使用不得损害他人利益。依此在第23条第1款时,法院应当权衡有关利益。

联邦法院将"绝对的新闻人物"定义为:"该人享有较高的知名度,以至于公众对获取关于该人的信息有正当利益。"准此,该院认为Caroline是"绝对的新闻人物"。但该院同时也承认,依第23条第2款的规定,公众制作、传播应有限地使用"绝对的新闻人物"照片。本案中,主要涉及公众信息利益和当事人一般人格权,尤其是Caroline对其私人空间(Privatsphäre)的权利相权衡的问题。宪法法院认定,《德国艺术品著作权法》的有关规定是合宪的。联邦法院的判决在整体上亦属合宪。"绝对的新闻人物"的定义是恰当的,具体判断时应注意对公众信息利益与当事人合法权益进行权衡。

但欧洲人权法院并未接受"绝对的新闻人物"作为对《德国艺术品著作权法》第23条第1款的解释。因为在此种解释下,该等人物只能享有有限制的私人生活保护与肖像权,且这种严格的标准仅适用于政治人物。但对类同Caroline的私人而言,大众与平面媒体对她的兴趣仅因她是执政党王室成员之一,而她本人并无公职在身。因此,这种归类不具合理性。

争点二,私人空间界定——从"住宅大门"到"地点隐蔽性"。

一审、二审法院认为住宅大门内即为隐私空间,公众的信息权应于此让

[1] 2004年6月24日判决。案号:59320/00。出处:Reports of Judgments and Decisions 2004 - VI。

位于个人隐私权。本案中所涉照片,在公共场合或开放空间(其他人可以直接进入的地方)拍摄。故在人格利益与公众信息权的权衡中,应当保护公众的信息权。

联邦法院认为,“私人空间权”是一般人格权的重要组成部分,个人享有在私人空间内不受他人干扰地、自由地伸展个性,“使自己属于自己”(sich selbst zu gehoeren)的权利。每个人(包括“绝对新闻人物”)的私人空间权都应受到尊重。除非公众有重大的信息利益,否则不得侵犯该权利,制作和传播涉及该私人空间领域内的图片。关于私人空间的界定,联邦法院认为私人空间亦可在住宅之外存在,“住宅大门”这个标准失之过严,应以“地点隐蔽性”(örtliche Abgeschiedenheit)为准,即在那样的地点,可以客观地辨认出她想避开人群注目而独自一人,并且信赖该地点的隐秘性,于此她可以不必像在公众面前般行止。在当事人处于封闭性地点时,如果第三人通过秘密拍摄或通过运用远望偷窥技术制作并传播其照片,则构成侵权。另外,在某些情况下,如果当事人在特定时间将特定空间适当与其他公共空间分隔,且客观上第三人可以了解分隔的存在(如在宾馆的房间、酒店的包间、体育活动场所的特定房间、电话亭等),公共场合亦可成为受保护的私人空间。再者,自然中的某个相对独立的开放空间也可以成为私人空间,只要该部分不是以公共空间(如公园、公共草坪)的形式出现。

宪法法院指出,“地点隐蔽性”这个标准“一方面考虑到了个人的私人空间利益,让个人在私人空间内有自由伸展个性、不必担心公众注目的可能;另一方面也没有过分限制新闻自由,具有合理性”。欧洲人权法院则认为,“地点隐蔽性”这个标准对于 Caroline 过于严格。因为 Caroline 必须证明其处于隐蔽地点并能够成功举证,方可主张私生活保护,否则只能忍受几乎无时无处不在的被拍照和照片被流传而供他人谋利。而如此是对于任何人而言都存困难。因此,该标准也许理论上能说清楚,但不具可操作性。

3. 人格权与言论自由的冲突解决规则

通过上述四个案例可知,人格权与言论自由冲突的解决规则如下:(1)人格权与言论自由皆为基本权利,价值平等,其调和机制应根据具体个案,运用侵权行为法构成要件,以确定何者优先保护。(2)法院在衡平此两种利益时,方法为在个案中对上述限制言论自由的法律作是否合乎言论自由保护的解释。如果是,则人格权优先保护,否则反之。(3)在侵权责任构成要件认定上,如果认定言论者侵害了人格权,则构成违法,或属于《德国民法典》第826条中的故意背俗加害他人侵权行为。如不构成违法,则言论自由成为违法阻却事由,不构成侵权。(4)言论自由,特别是攸关公益、政治性评论、辩论,其言辞粗略或略微不妥,并不影响其言论自由行使的正当性。人格权主张者不能从只言片语不当中获得对抗言论自由的权利。(5)“绝对新闻人物”规范依据在于《德国艺术著作权法》第23条,该条规定,对于“绝对新闻人物”之肖像权保护要弱于一般人。所谓“绝对新闻人物”是指:“该人享有较高的知名度,以至于公众对获取关于该人的信息有正当利益。”其规范模式为,如果优先保护言论自由的话,就将人格权主张者定义为“绝对新闻人物”,从而其个人人格利益让位于言论自由;但如果人格权主张者虽然是“绝对新闻人物”,但其私生活完全与公共利益无关,亦可依据《德国艺术著作权法》第22条侧重保护其人格利益,而牺牲言论自由。

(四)人格权财产性

德国传统人格权理论认为人格权仅有精神利益而无财产价值。民法典无人格权财产价值的保护规定,亦不承认人格特征可以转让。但在一则案例中,法院承认了人格特征具有财产价值并可将此项财产价值予以转让。为适应逐渐普遍的人格特征商业化的经济现实,联邦法院逐渐改变原先不承认人格权商业价值利用的陈旧观念。本案原告Paul Dahlke为德国著名演员,被告A为新闻摄影师。原告在被告B的建议下允许A为其拍摄了一张骑摩托车的照片。被告B将该照片卖给C,被告C以此作为摩托车宣传广告使用,并写有提示语:“名人骑名车,演员D在×摩托车上。”原告遂以上述三被告为连带债务人诉至法院,请求2000马克之赔偿。一审判决三被告赔偿原告500马克,二审改判原告败诉,终审(BGH)恢复一审判决。[1]

[1] BGHZ 20, 345.

终审法院联邦法院引用 Graf Zeppelin 案之理由认为,[1]肖像权具有财产属性(Vermügenswerts Ausschlieülichkeitsrecht),知名艺人可自主决定对其肖像的利用,及以何种方式使用,且一般商业使用时都会收取报酬。据此,联邦法院拟制授权(Lize nzanologie)的损害赔偿计算方式,判处被告赔偿原告在通常情形下原告可能要求的使用费作为赔偿金。

《德国民法典》无人格权的明文规定,第 823 条规定了生命、身体、健康、自由、名誉等五项人格法益。1954 年,通过 Leserbrief 案承认一般人格权,且早期见解认为一般人格权无法拥有财产权之归属内容(Vermögensrechtlicher Zuweisungsgehalt),因而无法用侵害不当得利制度(Eingriffskondiktion)予以救济;[2]且一般人格权保护的是人格的完整性(Intergritätsschutz),而非人格用益。[3] 因此,不承认一般人格权的财产性。但是,后来实务发展演变逐渐承认一般人格权也具有财产价值,主要有两项理由:(1)补充姓名权保护的不足。因为联邦法院认为商业广告中单纯提到姓名,并不构成姓名权侵权,只是构成对一般人格权的侵害,可以按照合理报酬获取赔偿。(2)保护法律未曾明文规定的人格特征,如 1990 年 Heinz Erhardt 案[4]中的声音即是采一般人格权来保护的。[5] 到 1999 年的 Marlene Dietrich 案,联邦法院进一步表示,一般人格权及其特殊表现形式,如肖像权及姓名权,不仅保护人格权之精神利益,而且保护人格权之商业利益。至此,一般人格权之财产价值获得德国实务确认。

1999 年的 Marlene Dietrich 案,明确了死者人格上蕴含的财产利益保护。电影巨星 Marlene Dietrich 去世后,被告擅自制作表现 Marlene 生平的音乐剧,并以 Marlene 的姓名、肖像推销商品。Marlene 独生女请求被告停

---

[1] RG vom 28. 10. 1910, RGZ 74,308 – Graf Zeppelin. 该理由为:“用他人照片与任何商人的商品相联系而供他人观看,此并非任何人的喜好,因此原则上应保留照片权利人的自我决定,由其自己决定其照片是否用于刺激商品销售。”(entspricht es nicht dem Geschmack eines jeden, sein Bild mit dem Waren eines beliebigen Händlers in Verbindung gebrach zu sehen, und es muss deshalb grundsätzlich der feien Entschließung vorbehalten bleiben, ob er sein Bild als Anreiz für einen Warenkauf zur Verfügen stellen will.)

[2] Vgl. Hubmann, UFITA 39 (1963) S. 223.

[3] Vgl. Schwerdtner, Das Persönlichkeitsrecht in der deutschen Zivilrechtsordnung, S. 245f.

[4] OLG Hamburg, NJW 1990, 1995 – Heinz Erhardt.

[5] Schertz, Merchandising: Rechtsgrundlagen und Rechtspraxis, 1997,SS. 126 – 129.

止侵害并赔偿损失。联邦法院判决认为只要在人格权的精神利益仍受保护的期间内,人格权的财产价值成分于人格权主体死亡后,仍继续存在。人格权主体死亡后,与人格权的财产价值相关的权利转由继承人取得,且继承人得按照死者明示(ausdrücklich)或可得推知(mutmaβlich)的意思,行使此类权利。本案判决肯定死者人格具有财产价值,并可以继承的方式保护,使死者人格上财产利益保护获得规范基础。此种在人格权的精神利益与财产利益合一的一元理论模式下的规范创制,需具备两项前提:(1)人格权具有财产性;(2)人格权能够被让与。其中第一项前提已被 Paul Dalke 案及后续判决所确认,下面解释第二项前提。

在 1999 年的 Marlene Dietrich 案中,联邦法院以该案只涉及人格权财产价值的继承为由,而认为对让与性问题的承认并非必要,对此再度搁置。由此可见,对于人格权能够被让与,联邦法院的态度到目前还是非常谨慎的,也许还需等待判例学说的发展,以便进一步考虑。基于上述理由,判决对死者人格上财产利益继承作出了如下规范设计:(1)应赋予代行权人(继承人)针对无权利用人以损害赔偿的请求权或针对欲利用者的同意权。(2)代行权人(继承人)权利行使不得违背死者明示或可推知的意思,利用死者死后仍继续存在的商业价值。(3)代行权人与继承人不必然重合。(4)死者人格上精神利益与财产利益仍紧密结合,死者人格用于商业目的,须经继承人和家属共同同意。(5)人格权财产价值成分的保护期限不得较精神利益的保护期限长。但在 2006 年 kinski - klaus. de 案[1]中,联邦法院明确死者人格上财产利益的保护期限等同于《德国艺术著作权法》第 22 条所规定的死后 10 年。(6)对死者人格上财产利益的侵权行为的构成不以情节重大为要件。(7)赔偿的数额或依相当合理的授权费用,或依侵害所得获利来计算。(8)为使原告选择有利的损害计算方式,以及能够计算出准确的赔偿数额,被告有获益的报告义务。

(五)其他:领域理论及其发展

一般人格权与具体人格权一起构成人格权体系,是一种抽象概括性的权利,因此,如何使其具体化以适应人格法益保护的需要,一直是德国

---

[1] BGH I ZR 277/03,05. 10. 2006 - kinski - klaus. de.

民法学自 1954 年 Leserbrief 案以来的重点关注对象。实务和学说对此都投入了巨大心力。但从法学方法论观之,一般人格权具体化的创制依托于司法实践,亦即在法官作出判决后,再由学者将这些判决加以批判整理归类,形成一定的可以供法院依循的规则,进而指导法院面对新型的判决。

从 1954 年以来的德国民法学发展来看,针对法院判决,学界总结了诸多一般人格权的保护范围类型划分,略举几个具有代表性的分类:

1. 慕尼黑法律评论(Münchener Kommentar):[1]

Ⅰ. 共同场所人的保护(Schutz der Person vor der Verbreitung, öffentlichen Zurschaustellung und Herstellung von Bildnissen);

Ⅱ. 名誉和人的整体性保护(Schutz der Person vor Angriffen auf ihre Ehre und persönliche Integrität);

Ⅲ. 对个人形象认同保护(Schutz der Person vor Entstellungen ihrer Identität);

Ⅳ. 对公共调查侵入个人领域的保护(Schutz der Person vor dem Eindringen in den persönlichen Bereich und vor dessen Ausforschung);

Ⅴ. 个人信息的保护(Schutz der Person vor der Erhebung und Verarbeitung von wahren personenbezogenen Informationen);

Ⅵ. 人格被不当利用的保护(Schutz der Person vor unbefugter Nutzung ihrer Persönlichkeit);

Ⅶ. 对人格权自由发展基础的保护(Persönlichkeitsrecht als Grundlage von Ansprüchen auf Entfaltung)。

2. 拉伦茨/沃尔夫:[2]

Ⅰ. 名誉保护(Schutz der Ehre);

Ⅱ. 自我表达的权利(Recht auf Selbstdarstellung);

Ⅲ. 自我言语和自我的合法陈述(Recht am eigenen Wort und auf

[1] MünchenKomm BGB/Rixecker, § 12 AnH RdNr. 40 – 131, 2006 Aful.

[2] Larenz/Wolf, Allgemeiner Teil des Bürgerlichen Rechts, 9 Aufl. 2004. München; S. 133 (138).

richtige Darstellung)；

Ⅳ. 肖像权(Das Recht am eigenen Bild)；

Ⅴ. 隐私领域(Schutz der Intimsphäre)；

Ⅵ. 私人领域(Schutz der Privatsphäre)；

Ⅶ. 信息自主(Recht auf informationelle Selbstbestimmung)；

Ⅷ. 过失歧视(Unterlassung von Diskriminierungen)；

Ⅸ. 综合性权利(Auffangrecht)。

3. 梅迪库斯：[1]

Ⅰ. 名誉保护(Ehrenschutz)；

Ⅱ. 肖像(Bild)；

Ⅲ. 隐私领域(Intimsphäre)；

Ⅳ. 不当利用(Unvlangte Werbezusendungen)；

Ⅴ. 权利群但不是所有的案件的口袋(Diese Fallgruppen umfassen aber keineswegs alle denkbaren Fälle)。

四、启示：一般人格权性质总结

20 世纪德国人格权的发展以 Leserbrief 案为分水岭。此案之前由于在德国整个法律体系中皆不承认一般意义上的人格权，即不承认《瑞士民法典》第 28 条(人格)和台湾地区“民法”第 18 条意义上的人格权，故其对于人格法益的保护极为有限，法律对于人格法益的救济远不能满足变革社会中的人们对于人格法益保护的渴求。(一般)人格权被确认之后，宪法价值进入民法，使《德国民法典》第 823 条第 1 项中的“其他权利”得到极大扩容，新型人格法益不断经受宪法价值的考量而进入实证民法视野，发展了人格权体系，贯彻了宪法价值。通过这种发展，宪法与民法得到融合，整个法制体系的自洽性得以很好证成。通过这种发展，一个新型的民法权利——人格权，其类型得以丰富并成为一个相对独立的民法内部领域规范群。

---

[1] Medicus, Allgemeiner Teil des BGB, 9 Aufl. 2006, S. 424(426).

20世纪德国人格权的发展以承认一般人格权为契机,获得了极大的发展。法官造法下的人格权扩张是以一般人格权为中心场域进行的:无论是直接的还是间接的。直接的表现为一般人格权保护范围的具体化为私领域、信息自主等;间接的表现为通过一般人格权实现了精神损害赔偿和死者人格保护等。当然,宪法上(一般)人格权的承认也具有重大意义,从此以后,人格权与言论自由的冲突就可以同时上升到基本权利的高度来看待。位阶的一致性,为此种冲突的讨论提供了一个共同的平台,从而使比例原则可以运用其中,开阔了法制新空间。

(一)"母权"与"权源"

对于一般人格权的历史,马丁(Martin)在他的《一般人格权的历史发展》中作出了如下总结:

> 由于缺乏一个容易记住的定义或者说是缺乏一个抽象而具体的保护范围,直到今天,一般人格权法典化的渴求失败已经清楚地证明:由于一般人格权的包容性的性格,一般人格权的内容范围很难确定,并将继续扩大。因此,保持原状是这种权利继续存在最有可能的方式。自从一般人格权被承认以来,人们就发现其历史是难以终止的。在人类社会之中,个人的人格利益不断增加,在未来需要一个框架性的权利来处理这些日益增加的权利,以弥补法律规定的空白。[1]

此总结诚为适切:成文法体制下,允许一个开放性权利形态是必要的,也是可能的,特别是针对人格权这样一个不断发展的权利类型。其实,民法体系从来就不是故步自封的,民法中从来就不缺少概括性条款,如《德国民法典》中的第242条(诚实信用)、第138条、第826条(善良风俗)等。这些概括条款充当了成文法滞后性与社会变革前进之间矛盾的调适器,是法典保持自我张力的必备武器。

(二)宪法上一般人格权

一般人格权的诞生,是德国联邦最高法院和联邦宪法法院协力的结果。对此,我们可从Leserbrief案的判决中得到验证,这份判决的主要依据就是

---

〔1〕 Martin, Das allgemeine Persönlichkeitsrecht in seiner historischen Entwicklung, 2007, S. 287.

《德国基本法》第 1 条和第 2 条第 1 款结合《德国民法典》第 823 条第 1 款，且法院在判决中肯认，人格权为一种宪法上的权利。此判决为以后判决所效仿，如 Herrenreiter 案、Ginsengwurzel 案、Soraya 案等。并且，在之后的 Ginsengwurzel 案、Soraya 和 Caroline 案中，当事人的宪法诉愿激发了联邦宪法法院对人格权案件的参与。联邦宪法法院的参与并通过其判决进一步肯定了人格权为一种宪法上的基本权利，意义重大。德国人格权法证明了当代人格权的双重属性：既是私权利（Privatrecht），也是基本权利（Grundrecht）。这也就使当代人格权能够在民法和宪法两个层面同时展开，并且使实务和学界在思考人格权问题时也必须同时从这两个层面开展立体式思维。

然而，长期以来我国学者受民法实证主义影响过深，对于宪法上一般人格权没有正确的理论认知，认为人格权仅是民法权利，与宪法无关。可喜的是，这种现状目前有一定改观，如尹田提出了人格权本质上是一种宪法权利，也就是一种基本权利。尹田的论述向我们表明，原来人格权不是民法学者的固有话语，其还是宪法权利，甚至就是一种宪法权利。[1] 当然，尹氏认为人格权本质是宪法基本权利是否可信犹待商榷，但其问题意识无疑较其结论更为重要。针对这一问题，本书从宪法上人格权的功能、宪法上人格权的请求权基础、宪法上人格权保护的司法实现方式这三个方面展开论述。

（三）宪法人格权的功能

宪法上人格权系基本权利，具有对抗国家权力之防御功能；亦可形成客观价值，拘束立法、司法与行政；并课予上述三者保障人民基本权利实现之义务。现代基本权利发展趋势已经使基本权利所建构之客观价值秩序同时亦约束私人之间行为，要求私人行为亦应如同国家权力行为，慎重考虑自己行为对他人基本权利之影响。民法上人格权为民事权利，与财产权（物权、债权、知识产权）、婚姻自主权、继承权等并列，同受民法规范。人格权系一种开放性权利，其因应社会发展、人民观念变迁而不断吸收新型人格法益，得以使人民在市民社会中不断丰富自己、发展自己。人格权系为防止他人

---

〔1〕 尹田：《论人格权的本质——兼评我国民法草案关于人格权的规定》，载《法学研究》2002 年第 5 期。

侵害而设,系民法上绝对权,对其侵害,即构成违法。而民法上人格权本不具对抗国家权力功能,唯当其遇到国家立法、行政、司法侵害之时,而诉诸普通法律程序难以救济之时,得经由宪法机构将其解释上升为基本权利,来检讨立法——违宪审查,司法——宪法诉愿等。

下面以姓名权为例,彰显宪法上人格权对抗国家权力之功能。

在"蓓蕾案"中,蓓蕾乃"未开放"花蕾之义,以此为成年人姓名实有不妥。蓓蕾小姐向派出所申请改名,遭拒绝后向法院提起诉讼,要求派出所履行职责。法院认为《上海市户口管理暂行规定》规定,未满 18 周岁或者已满 18 周岁但有特殊情况的,凭有关证明,可以更改姓名。《关于执行〈上海市户口管理暂行规定〉的实施意见》则将上述规定中明确为"18 岁以上的居民因户口登记差错或重名过多而使工作、生活各方面造成不便,所起名字的谐音有损人格等特殊情况要求更改姓名的,凭本人书面申请、有关更改依据向户口所在地派出所申请更改",以此驳回蓓蕾小姐之诉请。[1]

姓名权为人格权,为人之外在表征,攸关人格尊严和人格自由,不仅是民法人格权,亦应为宪法基本权利,理应被国家机关所尊重、保护,并在一定情形下帮助其实现。依《上海市户口管理暂行规定》等规定限制蓓蕾小姐改名,即是对基本权利之限制。而对基本权利限制应遵循比例原则,依次应通过"三阶理论"(Drei - Stufentheorie):手段的妥当性(Geeignetheit),必要性(Erforderlichkeit)和法益相称性原则来检验。就本案而言,主要从法益相称性来检验,即限制改名的条件所维护的法益与人民姓名权之间孰轻孰重?前者利益主要有两点:一是便于户籍行政管理,此种利益与基本权利意义上姓名权比较其位阶较低,因为基本权利维护为一切国家权力之目的,一切行政手段自当以基本权利实现为目的,其本身并不是目的。二是社会秩序的维持,因姓名的变更必将影响民商事法律关系等的稳定,如是将紊乱社会秩序。但是,此乃姓名权变更导致的必然结果,派出所因噎废食实属不当,基本权利之行使应以准许变更为原则,不准变更为例外。

"蓓蕾案"中以蓓蕾小姐姓名权被侵害而告终。原因在于一方面我们

---

〔1〕 参见《成人"蓓蕾"请求更名被驳回》,载中国法院网:http://www.chinacourt.org/article/detail/2004/07/id/125048.shtml,2017 年 3 月 6 日最后访问。

未认识到姓名权亦为基本权利,可以对抗国家立法;另一方面在于我国虽有全国人大常委会的违宪审查制度,但尚未有效激活。由此可见,将人格权上升为基本权利主要可用于对抗国家权力,这对当前大陆人格权多受到国家权力侵害的状况改变甚有助益。

当然,基本权利之行使仍应考量各方面因素,遵循比例原则。由"赵 C 案"可见一斑,该案一审法院判令被告公安局核准、签发赵 C 继续使用该名字并给他换发二代身份证。被告不服,认为一审判决无法执行,因为如赵 C 保留原名,公安部就须对现有标准进行修改,全国所有正在运行的人口信息管理系统亦须更改。二审中,双方达成和解,法院作出裁定:撤销一审判决,赵 C 将用规范汉字更改名字,公安局免费为赵 C 办理更名手续。[1]

本案关键在于字母"C" 是否能用于取名? 2000 年《国家通用语言文字法》第 18 条第 2 款规定:"《汉语拼音方案》是中国人名、地名和中文文献罗马字母拼写法的统一规范,并用于汉字不便或不能使用的领域。"2003 年《居民身份证法》第 4 条规定:"居民身份证使用规范汉字和符合国家标准的数字符号填写。"1995 年公安部《关于启用新的常住人口登记表和居民户口簿有关事项的通知》附件三第 1 条规定:"常住人口登记表和居民户口簿应使用国务院公布的汉字简化字填写,民族自治地区可使用本民族的文字或选用一种当地通用的民族文字填写。"公安部对本案批复认为,居民身份证姓名登记项目应当使用规范汉字填写。从上述法律和部门规章、批复来看,自然人姓名必须使用规范汉字,而不得使用字母。

《居民身份证法》《国家通用语言文字法》无疑都限制了自然人的姓名权,其作为《宪法》的下位法,一般情形下不应当、也不能僭越法律位阶,对基本权利作出限制。基于此,赵某能否单名为"C"? 姓名权作为个人的基本权利,其行使不能影响社会利益、传统风俗,遵循比例原则衡量决定赵某权利行使之利弊。"C"作为字母并不存于我国自古传承的语言文字之中,其作为拼音适用,不应过分侵入正式的、重要的书面文字书写之中。语言不

[1] 参见陈杰人:《赵 C 办身份证胜诉彰显公民权利多元化》,载《新京报》2008 年 6 月 8 日;杨涛:《赵 C 的姓名权官司为什么能赢》,载《东方早报》2008 年 6 月 11 日;蔡方华:《赵 C 赢了那么谁输了》,载《北京青年报》2008 年 6 月 8 日。

仅有信息传递、社会交际之功能,也承担着身份象征、文化传承的功能,[1]汉字不正是汉族的象征吗?此外,自“赵C案”之后,此命名形式业经开放,其他稀奇古怪之姓名恐怕会接踵而来,定会对社会一贯命名之秩序、传统民族文化造成冲击,姓名西化对应着民族认同、凝聚力的弱化。当然,在一般情形下,公民的姓名权是应受到保障,如若不是改成“赵C”而是命名为“赵云”,公安机关应予以批准,实无疑虑。

(四)请求权基础:宪法上

宪法上一般人格权在《德国基本法》上的规范依据是第1条第1款与第2条第2款,即“人格尊严+人格自由”,尤指第1条第1款之人格尊严。宪法法院借由此条,将民法上人格权上升为宪法上基本权利,如咨询自主、隐私等。按人格尊严、人格自由皆为独立的基本权利,其又如何能够承担接纳民法上各种人格权成为基本权利之责呢?概原因有两点:(1)《德国基本法》从条文字面解释看,无概括性基本权利条款,即无类似“其他自由及权利”之类表述。(2)战后德国,道德反省与法制重建,将人之存在及价值作为普世第一价值,故将人格尊严置于基本法之首,统率全局,成为整个基本权利之一般条款,决定所有自由权及平等权的解释适用,任何个别基本权利都不得与之抵触。[2]

人格尊严(Die Würde der menschlichen Persönlichkeit, dignity of human personality),是当今世界各国宪法及世界性人权公约中的一个普遍性用语。德国Bayern邦于1946年制定的邦宪法第100条规定:“立法、行政及私法,应尊重人之人格尊严。”1948年联合国《世界人权宣言》,在其前言中使用“人固有尊严”“人格尊严”,并于其第22条中分别以“个人尊严”及“人格自由发展”,于其第23条用“人类尊严”表述。1966年联合国《公民权利和政治权利国际公约》前言中,亦提及“人的固有尊严”。我国《宪法》第38条规定:“中华人民共和国公民的人格尊严不受侵犯。禁止用任何方法对公

〔1〕参见肖伟志:《“规范汉字”的法律意义——从“赵C”姓名权案到〈现代汉语词典〉第6版事件的法学联想》,载《法学论坛》2016年第4期。

〔2〕参见蔡维音:《德国基本法第一条“人性尊严”规定之探讨》,载《宪政时代》1992年(第18卷)第1期。

民进行侮辱、诽谤和诬告陷害。"[1]

人格尊严系蕴含宗教价值、伦理观念及社会认同之集成概念,且并非一成不变之概念,具有历史时代性。由德国半个多世纪以来之释宪实务观之,法律及学界对此一概念阐释受时代背景影响甚巨。虽然解释上赋予其"自我决定""自我发展""自我形成"之意义,但些许意义世殊事异,故人格尊严之内涵与社会意识紧密相连。但从规范言之,人格尊严为主观防御权,可借此对抗国家;亦是客观价值秩序,可借此对抗他人。尤为甚者,人格尊严尚与其他宪法及法律规定互相联结、互相作用,并主导其他规范价值方向,增强宪法作为最终论据之功能。由此可见,鉴于人格尊严概念之抽象性,释宪实务自可以其作为不断扩大之基本权利之规范基础,成为宪法因应时代而动之"缓冲器",成为基本权利清单加长之"接收器"。

考察我国《宪法》有三项条文值得关注:2004 年增修宪法条文第 33 条第 3 款"国家尊重和保障人权",第 37 条"人身自由",第 38 条"人格尊严"。由此可见,如采用前者,则属我国和日本的做法,如采后两者合成,则是典型的德国做法。上述分析表明,两种模式皆无不可,但应如何选择则应依我国宪法基本权利体系解释而定。

本书认为,我国《宪法》上基本权利概括条款应采 2004 年新增条文第 33 条第 3 款中的"国家尊重和保护人权"。原因有三项:(1)中华文化自古缺乏人权观念,对于人格尊严之解释适用自是阙如。况自宪法基本权利言之,国人大多只知人权而非人格尊严。作为新增条文,这是我国历史上,人权第一次明确地载入宪法。宪法关于人权原则的规定是人权保障制度走向法治化的里程碑。[2] 此处存在误解,因本书第一章已经述及,人权、基本权与基本权利皆同一概念,人权入宪自我国立宪即存在,第 33 ~ 49 条皆为人权条款。只不过由于学界一直没有解释清楚何为概括性基本权利(人权)

---

[1] 此外,如 1962 年《韩国宪法》第 5 次修改案、1993 年《俄罗斯宪法》、1997 年《波兰宪法》、1978 年《西班牙宪法》、1975 年《瑞典宪法》、1959 年《突尼斯宪法》、1996 年《南非宪法》、1991 年《卢旺达宪法》、1992 年《沙特阿拉伯宪法》、1992 年《以色列宪法》等都有相同或类似的表述。

[2] 参见陈泽宪:《对国家尊重和保障人权载入宪法的几点认识》,载《中国社会科学院院报》2004 年第 5 期。

才导致了这一误解发生。虽然这是误解,但客观上使人民认识到基本权利之一般条款已经在宪法中有明文规定。(2)人格尊严在我国立法上,不仅存在于《宪法》第38条之中,被作为一种具体的基本权利;而且在《民法通则》第101条置于名誉权之下,在《消费者权益保护法》第14条、第43条中置于消费者权利之下,而且在《精神损害赔偿解释》中被当作一种个别的民法上人格权,因此这一术语在我国法制体系中更多的是被当作一种具体的民法上人格权或者宪法上人格权,而非宪法上概括性人权条款。(3)新增条文"国家尊重和保护人权"位列基本权利一章之首,客观上具有类似于《德国基本法》第1条第1款和《日本宪法》第13条的统摄并引导该章各基本权利之作用。此自然亦契合了中国固有文化,排第一位的往往是最重要、最根本的。

(五)宪法上人格权保护的司法实现

对于宪法上人格权创设需注意以下几点:

1. 机构保障。宪法上人格权创设系加长基本权利清单的立法性活动,且高于一般立法活动,须由专门宪法机构为之。在成文宪法制定后,各国实践一般皆仰仗专门释宪机构——宪法法院或大法官,或者最高法院。

2. 重在解释而非创设。在创设新型基本权利前,为维护宪法基本权利体系稳定,释宪机构须合理解释各种被列举基本权利之内容,阐释其保护范围以发挥其规范机能,不能动辄创设新型基本权利。因此,只能在穷尽其他已经列举基本权利而无法救济当事人权益的情况下才可进行创设活动。

3. 注重运用利益衡量。须慎重权衡考量何种法益能够升华为基本权利。进行此种考虑须运用法律解释方法,从基本权利发展史、现有基本权利所体现的机制体系、新型基本权利与原有基本权利之间的冲突整合,并综合考虑该项法益所具普遍性、保障必要性、人权的品质,及比较法上的发展趋势等。[1]

从学理分析之,将民法上人格权升华为一种基本权利,即包括了将各个特殊(具体)的人格权都升华到了基本权利的高度,所谓"一荣俱荣"是也。但是,究应对此作何种顺序安排,仍需释宪机构衡量诸具体情形,依个案而

---

〔1〕 参见王泽鉴:《宪法上人格权与民法上人格权》,载台湾大学法律学院第二届:《马汉宝讲座论文汇编》(2007年版)。

定。此因人格权系一种不断发展的概念,其内涵随着社会变迁会逐渐变化,原有内涵可能被摒弃,而新型内涵可能被纳入。反之,如果放任人格权概括都上升为基本权利,那必将扰乱基本权利体系,使权力与权利行为动辄得咎,管制与自制无法平衡,并加剧基本权利冲突,损害宪法权威。但究因考虑何种因素而确定一种具体人格权是否上升到宪法高度,仍然是解释学的重大课题,本书亦于此难有建树。但一般而言,对于民法上保护内涵相对清晰,且有关最广大人民根本人身利益者,可考虑使其先行进入基本权利序列,如隐私权、名誉权、姓名权、肖像权等。

第五节　新型人格权益归于一般人格权

一、不断生长的人格利益

《民法总则》第 109 ~ 112 条概括性地对人格权进行了规定,这是民事立法对近年来人格权研究、立法成果的立法确认。此外,以各具体人格权作为案由,在北大法宝不设定时间进行检索,我国相关案例接近 40,000 则,且呈加速增长状态,这表明民事主体对人格权的日益重视。各种法律命令的形成,是基于生活的实际需要及其评价,而不是基于被设计出来的一般概念。〔1〕为满足保护不断生长的人格利益的需要,我国采用“摸着石头过河”的人格权立法策略,谨慎地给予各具体人格权法律名分,采用“成熟一个,发展一个”的渐进式立法模式,截至目前据笔者统计人格权相关立法已达 300 多条,且近年来,新出现涉个人信息权(2005 年)、隐私权(2002 年)的立法骤增,〔2〕根源在于人格权的动态发展,个人对自我人格的感知的发

---

〔1〕 参见[德]菲利普·黑克:《利益法学》,商务印书馆 2016 年版 ,第 15 ~ 16 页。

〔2〕 参见最高人民法院、最高人民检察院《关于切实保障司法人员依法履行职务的紧急通知》(法〔2005〕173 号)明确强化案件保密工作,严禁违反规定泄露案情以及办案人员的通讯方式、住址等个人信息,对于泄密行为,应当依照《人民法院审判纪律处分办法》《检察人员纪律处分条例》的有关规定严肃惩处。《医疗美容服务管理办法》第 21 条规定,美容医疗机构和医疗美容科室的从业人员要尊重就医者的隐私权,未经就医者本人或监护人同意,不得向第三方披露就医者病情及病历资料。

展性,以致某项具体人格权从生成到"瓜熟蒂落"仍需时间。

有学者直观地将"新兴权利"生成原理表述为两个层面:一是民事主体的实践诉求,二是此种诉求符合在理论上的内在合理性。[1] 然实际上,本书认为新生人格利益证成逻辑架构应为:(1)司法实践中利益诉求,此是对现实生活客观现象的归纳,此为论证的起点;(2)此种利益诉求在法律上的正义性是后续论证的基础;(3)该项利益诉求法律保护的合理性,基于社会基础的逻辑演绎结果是否足以支撑其成为法益。人格权不断生成的原因多样,首先,民事主体内在的人格自觉具有权利意识的主动性,体现为维权和"挖掘"权利的主动性,常表现为"直观感受+权"式的权利诉求。其次,权利发展与社会发展是互动的,[2]科学技术发展、社会生活方式的转变等皆会促生新型的权利义务关系,如新型通信工具的发展和共享生活模式的产生。最后,道德等规范的失范引起原本应于道德等纠纷解决机制内对话的矛盾,从道德规范领域逃逸而出,[3]需在法律规范领域进行解决。上述多原因相互交融,共同促生新型人格利益,进而需在法律层面对这一社会现象提出应对方案。

在权利话语时代,祭奠利益等新生人格利益常被诉至法院,为应对时代变化,有必要确保民法典的开放性。[4] 马车时代的法律难以满足信息时代的需求,民法典调整对象已由"静止、简单"转向"动态、复杂",[5]在物质颇丰的年代,人文思潮此起彼伏,民法关切之重心已由财产法转向人法、财产法并重,[6]民法中的人已是有生活追求具有饱满人格的人。而与之相对,人格权概念具有模糊性,以致很难从直观上对其进行评析,其作为框架

---

[1] 参见张先贵:《中国法语境下土地开发权是如何生成的——基于"新权利"生成一般原理之展开》,载《求是学刊》2015年第6期。

[2] 参见邓正来:《研究与反思:关于中国社会科学自主性的思考》,中国政法大学出版社2004年版,第247页。

[3] 参见余其营、吴云才:《法律伦理学研究》,西南交通大学出版社2009年版,第60页。

[4] 参见于飞:《民法典的开放性及其妥当实现》,载《中国法律评论》2015年第4期;许中缘:《论法律的概念——从民法典的角度》,载易继明主编:《私法》(总第十一卷第六辑),华中科技大学出版社2007年版,第47页;江平:《江平讲演文选》,中国法制出版社2003年版,第445页。

[5] 参见梁上上:《利益衡量论》,法律出版社2016年版,第51~52页。

[6] 参见王利明:《民法的人文关怀》,载《中国社会科学》2011年第4期。

化的权利,[1]如同蒙在各具体人格利益身上的幕布。又因人格权尚未褪去自然法色彩,[2]不仅对司法造成影响,对民事主体亦影响甚巨。人格权以人格自由、人格尊严、人格发展作为其价值基础,这些基础价值很多时候源自自然人的主观感受,由此在生活中,自然人当其内心遭受“委屈”与“不爽”时,往往倾向于寻找人格权作为请求权基础,进而寻求司法救济。

职是之故,需通过立法类型固化具体人格利益,[3]以明确人格权保护的边界,进而指导法官自由裁量,这就要求通过立法回应实践中不断生长的人格利益诉求。因法律命令背后所寄托的权利随着社会变动而不断变化,有必要确保权利体系的开放性,以制定面向未来的民法典,《民法总则》第109条所规定的以“人格尊严、人格自由”为核心的一般人格权因应而生,由此打开了新型人格利益进出法律领域的窗口。但为避免和排除那些深具“唯心主义色彩”的“直观感受+权”式的权利诉求,法官应当谨慎、克制地依法裁判,具体操作可见下文对祭奠利益、性自主利益、生活安宁利益等新兴人格利益的论证逻辑。

二、祭奠利益的一般人格权的保护

(一)祭奠利益的主要类型

“国之大事,在祀与戎”。[4] 在中国文化体系内,祭奠事宜一直备受重视。[5] 丧礼作为礼法之重要内容,对公民具有涵养教化、致敬达哀的作用,培养了中华民族的礼乐文明和君子风范。[6] 本书所谓祭奠利益,是指公民

---

[1] 参见张平华:《人格权的利益结构与人格权法定》,载《中国法学》2013年第2期。

[2] 参见韩伟:《自然法思想史纲》,山东人民出版社2015年版,第164页。

[3] 参见张平华:《人格权的利益结构与人格权法定》,载《中国法学》2013年第2期。

[4] 参见《左传·成公十三年》。

[5] 《礼记·祭统》有言:“礼有五经,莫重于祭。”《论语·为政》将孝解释为“生,事之以礼;死,葬之以礼,祭之以礼。”《唐律疏议·职制律》规定:“诸闻父母若夫之丧,匿不举哀者,流二千里。丧制未终,释服从吉,若忘丧作乐,徒三年。杂戏,徒一年。”韩愈于《原道》文载:“为之葬埋祭祀,以长其恩爱。”通过典籍可见,祭奠在中国传统文化中意义重大。时至今日,“类似于红白喜事,看似仅为一种民俗习惯活动,实则是具有重要的精神价值意义”。贺雪峰:《新乡土中国》,北京大学出版社2013年版,第39页。

[6] 参见余敦康、牟钟鉴等:《二十一名学者投书澎湃,联名呼吁保护乡村传统丧葬礼俗》,网址:http://www.thepaper.cn/newsDetail_forward_1553991,2017年6月8日最后访问。

基于亲属关系等而产生的对死者表示追思和敬仰的利益。[1] 但现实生活中,侵犯祭奠利益的行为时常发生,在北大法宝不设年份限制检索“祭奠权”,共有102则相关案例。

通过案例归纳,主要类型如下:(1) 被告知利益的保障。依民俗“寿终正(内)寝”(男为正、女为内),长者弥留之际需近亲属到场送终,报丧是同一家族共担伤痛、致敬达哀的开始。(2)第三人不履行辅助义务。民谚有云:“年兜不回家无某(老婆),七月半不回家无祖。”可见,完成祭奠仪式是彰显孝悌、表达家族归属的重要方式。祭奠仪式完成需多方辅助且有些辅助不可或缺,如于第三人土地通行等。(3)祭奠相关物管理人不履行辅助义务。近亲属之间应通知协助,不得干扰和阻挠其他近亲属进行祭奠。特别是祭奠相关物的管理者应为其他近亲属提供祭奠之便利。(4)侵害祭奠相关物的行为,中国古代对祭奠相关物甚为重视,破坏者常被苛以刑责,如依《大明律·刑律》,盗他人坟墓、烧损棺椁、平坟、盗陵园树木等,处以绞刑、杖刑等刑罚。[2] 坟墓等祭奠相关物作为逝者栖身之所,不仅具有一般物的特性,更关乎死者的人格利益、生者祭奠利益等。(5)遗体管理权属确定。遗体是特殊物,必须有人管理。又因逝者近亲属不止一人,时常在确定谁为管理人时产生纠纷。(6)墓碑漏刻逝者亲人姓名。墓碑是指依汉族及部分少数民族丧葬民俗,立在墓前或墓后的石碑,上刻碑文,除刻有死者姓名及生卒年月,还刻有立碑的子女及孙辈姓名,[3] 逝者近亲属碑上署名则是血脉相承、家族归属的体现,于当事人有巨大象征意义。

(二)祭奠利益作为新兴人格权益的基础

祭奠利益之所以应受法律保护,是因为其具有上升为法益保护的需要,

---

[1] 在实践中祭奠利益多被称作祭奠权,但祭奠利益因法无明定,称为祭奠权有权利泛化之嫌,并依中国侵权法,权利、利益皆受保护,祭奠利益没有权利化必要,所以称为祭奠利益更为合适。参见国务院法制办公室编:《中华人民共和国民法通则(含民通意见)注解与配套》,中国法制出版社2014年版,第4页;杨立新:《诠释祭奠权——兼说民事习惯作为判决依据》,载《检察日报》2002年7月19日;谢晖:《法理学》,北京师范大学出版社2010年版,第446页;胡岩:《祭奠权的法学方法论反思》,载《法律适用》2012年第6期。

[2] 参见殷啸虎:《秦镜高悬:中国古代的法律与社会》,北京大学出版社2015年版,第301页。

[3] 参见张茂华、亓宏昌主编:《中华传统文化粹典》,山东人民出版社1996年版,第333页。

这种需要可表征为社会普遍认同、正当价值基础、民众的广泛诉求,满足这些主客观条件的利益,即为应受法律保护的利益。祭奠利益作为新兴人格权益具有以下基础:

1. 祭奠利益具有深厚历史积淀:(1)民间礼俗。中华民族重视通过祭奠仪式来寄托对逝者的悼念和追思,从"五服制度"可管窥一二,丧服制度源自西周宗法制度。正所谓"天道至教,圣人至德,著在六经,其本在礼,礼有五经,本在丧服"。[1] (2)古律规定。古代中国礼法结合,出于对祭奠的重视和对礼仪制度之维护,秦律、汉律和唐律等都将"父死不奔丧,匿父母丧"等行为视作严重犯罪。(3)政治制度。封建社会以孝治天下,尤为重视以孝来规制官员,丁忧制度即为典型。丁忧制度多指官员在其父母及其他长辈丧时,必须暂离公职,守丧三年,并对丁忧期间内的食宿、服饰等作特殊规定。[2] 经历史积淀,民众代际传承,道德文化熏陶,祭奠事宜已为社会普遍重视,时至今日,已成为普遍认可的利益诉求。

2. 祭奠利益保护有坚实的价值基础。(1)致敬达哀。在一则案例中,法院认为骨灰是人格利益的延续,是逝者近亲属寄托哀思的物质载体。[3] 生者与逝者作为血脉相承的近亲属,长时间相伴生活,抚养、扶养抑或赡养,存有不可割裂的感情联系。当近亲属逝世后,生者多通过祭奠仪式来表达哀思。(2)道德积极评价。在一则案例中,王某诉称其父病危、死亡时其兄擅自捐赠其父遗体,陷其背上对父生不养、死不葬之恶名,明显降低了社会公众(特别是父母亲属)对其人格的积极评价。[4] 可见,道德评价是祭奠利益的另一项价值基础。合礼的祭奠是孝的体现,而孝又是社会对个人道德评价的重要标准。如果逝者近亲属对祭奠事宜处置有失妥当,将被视为不孝。(3)身份认同。在一则案例中,法院认为墓碑署名体现了署名者与逝世者之间特殊的身份关系,是家族身份获得认同的重要表现。[5] 在心理

---

[1] 参见张锡恭:《丧服郑氏学》,南林求恕斋刊本1923年版,曹元弼"序",第1页。

[2] 参见盖志芳、黄继红:《以孝管官:孝与古代丁忧制度》,中国国际广播出版社2014年版,第2~3页。

[3] 参见上海市普陀区人民法院(2012)普民一(民)初字第7420号民事判决书。

[4] 参见北京市第二中级人民法院(2009)二民终字第13951号民事判决书。

[5] 参见湖南省新田县人民法院(2011)新法民一初字第356号民事判决书。

学领域,身份认同旨在表达与他人相似或相异的归属和行为模式。[1] 且“认祖归宗”素来为中华民族所重视,在中国,血脉相承、家族归属之确认是民众一项重要利益。

3. 祭奠利益法律保护是法律对社会诉求的回应。自祭奠利益纠纷首现端倪以来,此类诉争与日俱增,据相关调查,2010~2013 年仅北京法院系统就审结 23 起之多。[2] 笔者在无讼案例进行检索发现,2013 年共有 13 则,2014 年共有 27 则,2015 年共有 33 则,2016 年共有 32 则。就其发展趋势而言,案件发生时间越近纠纷越多。此外,另有些祭奠纠纷,法院未立案或审判后未公布。在社会转型期,受国人迁徙、认知变革等影响,社会逐渐由熟人社会向陌生人社会转变,民俗习惯、道德对个人约束力减弱,在保护祭奠利益时,常存在道德失范现象,这就需要法律制度的“供给侧改革”。

本文选取的 43 则案例中,共有 21 则案例对祭奠利益性质作了说明,[3] 认定为身份权者有 4 则;人格权者有 17 则,其中 10 则案例进一步认定为一般人格权。可见,法院对祭奠利益性质认知模糊,有待进一步厘定它的性质。

(三)祭奠利益应是一般人格权之论证

本书认为祭奠利益应是一般人格权,论证如下:

1. 祭奠利益人格权属性的认定。(1)身份权性质决定了身份关系的内部主导性。身份权所涉主体是具有特定亲属身份的人,身份关系中双方任何一方死亡,将导致这种内部关系的终结,进而导致双方权利义务的终止。可见祭奠开始时,以逝者为核心的身份关系已经消亡,身份权已无从行使。

---

[1] 参见张淑华、李海莹、刘芳:《身份认同研究综述》,载《心理研究》2012 年第 1 期。

[2] 参见孟亚生:《祭奠权:期待法律“给个说法”》,载《工人日报》2013 年 3 月 30 日,第 5 版。

[3] 祭奠利益身份权观点的案例:江苏省宿迁市中级人民法院(2011)宿中民终字第 0161 号民事判决书;(2009)普民一(民)初字第 1946 号,载《人民司法·案例》2010 年第 8 期;上海市第二中级人民法院(2011)沪二中民一(民)终字第 178 号民事判决书等。祭奠利益人格权观点的案例:黑龙江省哈尔滨市中级人民法院(2015)哈民一民终字第 1750 民事判决书;内蒙古自治区高级人民法院(2015)内民申字第 01450 号民事裁定书;广东省深圳市中级人民法院(2014)深中法民终字第 3288 号民事判决书。

(2)身份权本质是以义务为中心而非以权利为中心，[1]祭奠之目的在于保护权利人对死者表达哀思的行为自由，以便获得道德上积极评价，寻得内心宽慰等精神满足，时至今日，祭奠内涵已由义务为中心转向以利益为中心，有别于身份权。(3)实践中以《婚姻法》第21条作为身份权性质认定依据，存有不妥。[2] 在符合法律规定的前提下，父母子女之间可以请求对方承担赡养或辅助的法律义务，为请求权。从赡养扶助的内容来看是财产内容，为财产权。当一种权利从内容而言是财产权，从效力而言是请求权，则该权利可以被视为是债权的内容，由此将祭奠利益认定为身份权，在法律体系上得不到支持。[3]

2. 祭奠利益是一般人格权的重要内容。因社会发展，人格自觉等，新型人格权益不断出现，为全面维护人格尊严和自由，将这些新型人格权益纳入法律保护势在必行。但囿于具体人格权保护范围，很多新出现的人格利益无法于具体人格权上得到充分保护，只能诉诸具有兜底性质的一般人格权。一般人格权在其受保护的范围承载了什么内容是无法用一个统一的公式，甚至是根本无法创立一个可以归入法的公式来表达的。[4] 这样，只能通过其价值基础对其权利内涵加以确定。一般人格权的价值基础为人格自由、人的尊严。祭奠利益的目的在于保护权利人对死者表达哀思的行为自由，是一般人格权中人格自由之体现，祭奠利益所包含的道德评价和“认祖归宗”的身份认同是人格尊严之体现。由此，祭奠利益是一般人格权的重要内容之一。

三、性自主利益的一般人格权保护

性自主利益，是指在法律与道德范围内，以自我意志支配性利益，维护

[1] 参见叶英萍、李永：《民法典视域下亲属身份权之重塑》，载《西南政法大学学报》2016年第1期；杨立新：《完善我国亲属法律制度涉及的六个基本问题》，载《重庆社会科学》2008年第6期。

[2] (2009)普民一(民)初字第1946号，载《人民司法・案例》2010年第8期。

[3] 参见胡岩：《祭奠权的法学方法论反思》，载《法律适用》2012年第6期。

[4] 参见[德]马克西米利安・福克斯：《侵权行为法》，齐晓琨译，法律出版社2004年版，第52页。

性尊严和性纯洁的人格权益。[1] 我国《刑法》第236条、第237条、第246条,《治安管理处罚法》第44条,《妇女权益保障法》第40条、第41条等共同构筑了性自主利益保护规范体系。从司法实践来看,相较于刑事领域的性自主利益保护而言,民事领域甚是薄弱。[2] 中国性自主利益保护过分强调公法,而忽视私法,[3]"食、色,性也",[4]性作为人之基本所需,理应受到重视,而民法关切的缺失,实属不当。司法实践中,侵害性自主利益的行为十分常见,既有民事侵权,又有民、刑交叉式侵权情形,且常存涉刑案件不支持精神损害赔偿之现象。

侵害性自主利益的行为主要有以下类型:(1)性骚扰。据第三期中国妇女社会地位调查结果显示,在工作、学习、劳动中遭受过性骚扰的女性占7.8%。[5] 在司法实践中,常存有性骚扰是道德问题抑或法律问题之疑惑。随着时间的推延,性骚扰不再是一个道德问题而是一个法律问题。[6] (2)欺诈、诱惑侵害性自主利益。欺诈、诱惑型性侵害有别于滋扰型性侵害,在生活中常表现为骗婚等。此种情形下,侵权人常通过捏造虚假事实、许诺美好愿景等手段欺骗他人,以满足侵权人性需求。[7] (3)婚姻正常存续期侵害性自主利益。"在婚姻关系正常存续期间,丈夫不能成为强奸罪的主体;在婚姻关系非正常存续期间,丈夫可以成为强奸罪的主

---

〔1〕 参见刘淑波:《民法各论》,中国政法大学出版社2014年版,第459页;杨立新:《人格权法》,中国法制出版社2006年版,第321页;郭卫华:《论性自主权的界定及其私法保护》,载《法商研究》2005年第1期;李丽峰、李岩:《人格权:从传统走向现代——理论与实务的双重视角》,中国法制出版社2007年版,第359页。

〔2〕 以"性自主权""贞操"为关键词,在中国裁判文书网进行检索共有16个与性自主权相关的民事案例。

〔3〕 参见殷积松:《女性性自主权保护的私法考察——以社会性别为视角》,载《学术交流》2010年第9期。

〔4〕 《孟子·告子上》。

〔5〕 参见刘小楠:《性骚扰的现状及法律规制——以港台地区性骚扰立法为鉴》,载《妇女研究论丛》2014年第4期。

〔6〕 参见刘文宁:《在法律层面关注性骚扰问题》,载人民网:http://news. sohu. com/65/39/news147243965. shtml,2017年7月13日最后访问。

〔7〕 参见曾隆兴:《详解损害赔偿法》,中国政法大学出版社2004年版,第318页。

体”。[1] 但婚姻正常存续期强制性行为,虽不构成强奸罪,但亦侵犯了受害方的性自主权。(4)强奸侵害性自主利益。强奸行为作为一项严重的侵权行为,既侵害了性自主权权益,又构成了强奸罪,在刑事规制的同时,受害人权益亦离不开民事救济。(5)猥亵、侮辱侵害性自主利益。基于我国《刑法修正案(九)》第13条规定,侮辱罪将受害者限于妇女,而猥亵罪未有此限。(6)强迫卖淫侵害性自主利益。依《性权宣言》,个人享有性生活之自主决定之能力,排除生活中任何形式的性强迫。强迫卖淫无疑是性强迫的重要形式,严重侵犯了受害人的性自主权。

民众广泛呼吁保护性自主利益。性自主权利益是一项重要的人格权,承载着个人重要的精神利益和人格品位价值,对其损害往往造成受害者精神、人身之痛苦,亦是对其性选择自由的一种侵犯。民众对性自主利益保护之诉求主要体现在两个方面:(1)轻微侵害性自主利益,即不涉刑事之侵权行为。性作为一个隐晦的话题,受害人多对轻微性侵害予以忍耐,抑或予以道德上的谴责,甚少诉诸法律,但以性骚扰,欺诈、诱惑侵害性自主利益者十分常见。据调查,在1000份问卷中经统计,遇到过性骚扰的总共达391人。[2] (2)刑事犯罪受害者的性自主利益保护。仅据“女童保护组织”不完全统计,2013年至2015年全国被媒体曝光的性侵儿童案共968起,达1790名儿童受害。[3]

性自主利益关涉众多且重大的人格内涵:(1)贞操观影响下的性自主利益。在一则案例中,韩某隐瞒已婚事实,以恋爱名义与黄某交往,并发生性关系。黄某得知真相后向法院起诉。其认为韩某之行为侵害了她的贞操,损害了其保持性纯洁的自豪感。并且中国男人仍有浓厚的处女情结,贞操受损会致其今后婚姻不顺。[4] 贞操本来是表现心灵纯洁的一种道德体

---

[1] 陈兴良:《婚内强奸犯罪化:能与不能——一种法解释学的分析》,载《法学》2006年第2期;冀祥德:《域外婚内强奸法之发展及其启示》,载《环球法律评论》2005年第4期;白俊峰:《刑事审判案例》,法律出版社2002年版,第359~361页。

[2] 参见白睿:《空间、身体与被忽略的女性——1000名女性的公交车性骚扰调查》,中央民族大学2009年硕士学位论文。

[3] 参见《有儿童被性侵后仅获千元赔偿,精神损害大多未获支持》,载新华社:http://www.thepaper.cn/www/v3/jsp/newsDetail_forward_1477773,2017年7月16日最后访问。

[4] 参见北京市第二中级人民法院(2016)京02民终8725号民事判决书。

现,[1]英美法上并无贞操概念,而用性的纯洁性替代表达。[2] 在中国,因封建礼教的影响,贞操渐变为对女性不失身,在婚姻上从一而终的操守,[3]贞操观侵染人心已久,虽与现时价值观背离,然仍为社会广泛接受,在此背景下,受害者遭受严重的心理压力是不争的事实。此外,现代贞操观已回归本质化为心灵纯洁的道德,对性纯洁的玷污,终造成严重的精神创伤。(2)性自主利益是人身自由的表现形式。性自主利益享有者作为独立的人格主体,具有根据自己的性需要,自主地选择是否性交、与谁性交及从事什么样的性活动的权利。[4] 因强迫、欺骗等影响当事人之性的自主选择,侵害了其性自主利益。(3)性自主利益关涉当事人的身心健康。过早性行为或不当性行为会对受害者身体造成伤害,并且性行为之加重后果亦会严重损害当事人身心健康,如怀孕堕胎等。侵害性自主利益对心理健康的影响主要源自侵权行为本身,在一则案例中,周某强奸未成年少女,使其堕胎辍学,受害者不敢上学、甚至不敢出门,精神受到严重打击。[5] 此外,社会舆论压力亦是影响受害人心理健康的重要因素。

性自主利益应通过一般人格权路径进行保护。如前所言,在司法实践中有法院通过健康权、身体权对其进行保护。生命健康权是生命权和健康权的合称。身体权是自然人维护其身体组织器官的完整性并支配其肢体、器官和其他组织的权利。[6] 从侵害性自主利益的具体形式看,主要涉及受害人的健康权和身体权。虽侵害性自主利益常会造成身体健康遭受损伤,但两者并无关联的必然性。生命健康权侵权方式多样,而侵害性自主利益时虽时常伴有暴力,但胁迫、欺骗、迷奸等方式亦是侵害性自主利益的主要手段,并且运用这些手段时一般不会损伤生命健康。此外,就权利本体而言,生命健康权是物质性人格权,以人的生命健康权益为客体,且法律意义上生命健康权一般不包括心理健康。而性自主利益的核心内容为性利益和性自主支配,并以

---

〔1〕 参见[法]布封:《自然史》,沈玉友译,新世界出版社2015年版,第204页。

〔2〕 Blaek.5 Law Dietionary, West Publishing Co; Law Dietionary, West Publishing Co. 1979 Fifth Edition. p.215.

〔3〕 参见徐升阳:《论贞操观》,载《中国性科学》1998年第4期。

〔4〕 参见《盛柯强奸案》,载《人民司法·案例》2008年第22期。

〔5〕 参见安徽省合肥市中级人民法院(2005)合刑终字第57号刑事裁定书。

〔6〕 参见杨立新:《人身法论》,人民法院出版社2002年版,第398页。

性纯洁、性尊严与人格的尊严为其价值基础，强调的是精神性（心理性）的人格要素。[1] 综上所述，性自主利益作为一项独立的人格利益予以保护，是因为性自主利益具备了人格权所具有的价值基础，在法未明定时，可委身于一般人格权获得法律保护，而不能被吸纳到其他人格权保护的范围之内。

四、生活安宁利益的一般人格权保护

随着社会发展、人口聚集，嘈杂的广场舞、垃圾短信、骚扰电话等扰乱生活安宁的民事纠纷也是越来越多。[2] 安宁、和谐的生活环境已为每个自然人梦寐以求而不得之生活状态。安宁生活的受害人常处于紧张、不安、痛苦等精神状态，在此背景下生活安宁利益作为新型民事权益被提了出来。近年来，在司法实践中出现诸多案例，[3] 而理论研究上尚处于滥觞阶段，[4] 制定法上付之阙如，只能借由一般人格权的包容性对其予以保护。笔者通过在北大法宝，以“生活安宁”作为关键词进行全文检索，共有民事案例 326 则。其中主要有以下类型：(1) 相邻关系中权利滥用侵犯生活安宁利益。

---

〔1〕 参见张俊浩：《民法学原理》（修订版），中国政法大学出版社 1997 年版，第 138 页。

〔2〕 参见《广场舞“攻城掠地”居民不堪其扰鸣枪放狗泼粪》，载北京时间：http://www.brtn.cn/news/369dgbpp3nj97a9pfv1hpn9p6qe，2017 年 7 月 9 日最后访问；《骚扰电话侵犯公民生活安宁权》，载羊城晚报：http://news.ycwb.com/2014-07/14/content_7196077.htm，2017 年 7 月 9 日最后访问；《暨南大学阿姨们相约起舞　学生出门“逃难”》，载百姓生活：http://www.yzcn.net/news/headline/2013/0813/337127.shtml，2017 年 7 月 9 日最后访问；《市民难忍广场舞高音喇叭扰民　多次投诉无效》，载网易新闻：http://news.163.com/13/1224/23/9GT8RD5Q00011229.html，2017 年 7 月 9 日最后访问；《老太跳广场舞遭仿真枪爆头“扰民舞”问题何时解?》，载如皋商务信息网：http://news.rugao35.com/NewsShow-53977.html，2017 年 7 月 9 日最后访问。

〔3〕 参见湖南省常德市中级人民法院（2013）常民四终字第 223 号民事判决书；广州铁路运输中级人民法院（2015）广铁中法民终字第 12 号民事判决书；上海市第一中级人民法院（2012）沪一中民二（民）终字第 1651 号民事判决书；江苏省南通市中级人民法院（2004）通中民一终字第 166 号民事判决书；吉林省通化市中级人民法院（2015）通中民二终字第 187 号民事判决书；海南省第一中级人民法院（2012）海南一中民二终字第 270 号民事判决书；上海市第一中级人民法院（2015）沪一中民六（商）终字第 107 号民事判决书等。

〔4〕 参见刘保玉、周玉辉：《论安宁生活权》，载《当代法学》2013 年第 2 期；饶冠俊、金碧华：《生活安宁权保护的现实困境及解决思路》，载《行政与法》2010 年第 1 期；饶冠俊：《创新社会管理视角下的生活安宁权界定及法律保护》，载《学术交流》2012 年 S1 期；何建国：《生活安宁权及其保护探析》，载《西安石油大学学报》（社会科学版）2016 年第 4 期。

人具有社会性,且社会关系主要围绕相邻关系为中心而展开,[1] 人口聚集引发的相邻关系纠纷日渐增多,主要有不可量物的侵入和物之损害侵害生活安宁利益两种类型。(2)滥用个人信息侵犯生活安宁利益。在信息社会,信息传递的迅速,个人信息的被占有,为滥用个人信息侵权造成了可乘之机,如“呼死你”“短信轰炸机”等软件的存在。(3)错误告知侵犯生活安宁利益。所谓错误性告知,是指行为人因为故意或者过失告知他人虚假的、错误的信息,从而扰乱他人安稳平和的生活秩序,并造成严重的损害后果的行为。[2] (4)不正当“维权”侵害生活安宁利益。维护自己合法权益不受侵害是法律赋予每一个人的权利,但任何一种权利的行使都是有其限度的(时空范围)。超越了这个限度,就可能侵权,甚至违法或犯罪。[3] 在最大限度对维权行为予以包容的基础上,对不正当维权进行限制。

生活安宁利益生成的基础包括:(1)社会基础。生活安宁利益之诉求体现在生活各方面,如要求邻居减少噪声、针对广场舞的鸣枪等。在司法实践中,法官对生活安宁利益的肯定与保护的案例不在少数,而诸多类似案例的综合构成了对生活安宁利益诉求普遍性最直观的表征。[4] 在此过程中,法院对新型权益的保护是通过法律解释等司法手段,借助法律权利体系的开放性,对新型权益的遴选,这只是对应然事情的一种承认,并未涉及权益本质,当然我们可以借助案例素材,分析新生人格利益背后之内涵与社会基础。(2)价值基础。诚如古人云“非宁静无以致远”,[5] 如在一则案例中,被告经常给原告发送无用信息,对原告生活、工作造成了巨大影响,法院认为被告行为干扰了原告的人格自由与生活安宁。[6] 因安宁环境是自然人更好休息、工作的前提,是个人的人格发展的外在保障。生活安宁利益是人

---

[1] 参见邱本、王岗:《再论相邻关系》,载《当代法学》2015 年第 6 期。

[2] 参见刘保玉、周玉辉:《论安宁生活权》,载《当代法学》2013 年第 2 期。

[3] 参见刘作翔:《权利冲突:案例、理论与解决机制》,社会科学文献出版社 2014 年版,第 340 页。

[4] 参见江苏省南通市中级人民法院(2004)通中民一终字第 166 号民事判决书;陕西省西安市新城区人民法院(2004)新民初字第 2419 号民事判决书。

[5] 参见诸葛亮:《诫子书》。

[6] 参见广西壮族自治区钦州市钦北区人民法院(2015)钦北民初字第 1883 号民事判决书。

格自由的体现。人格自由体现了主体自由意志的要求,[1]民事主体的自由意志不仅包括积极的要求他人作为,也有消极的要求他人不作为。民事主体要求自己的安宁的生活不被打扰,正是其消极人格自由的体现,这种行为正是一般人格权之人格自由发展的体现。此外,“让人民生活的更有尊严”不仅是一句政治话语,更是法律所努力的方向。我国《宪法》第 38 条明定人格尊严不受侵犯,《民法总则》第 109 条亦规定了人格尊严受法律保护。而生活安宁不被无端侵扰无疑是其中重要一环,是尊重民事主体人格独立的重要方面。综上而言,人格利益契合法律制度规范之目的,体现了民事主体的人格尊严、人格自由,具有保护的正当性。

生活安宁利益生成的社会基础可能是来自多方面的,如习惯、[2]科学技术的发展、[3]新的市场模式、[4]新的聚居生活方式的出现等。

其中民事习惯是指在一定区域内,基于长期的生产生活实践而为社会公众所知悉并普遍遵守的生活和交易习惯。[5] 习惯决定了个人的认知惯性,历经长时间积淀与熏陶,已成为个人内心确信的民间行为规范,此处的习惯包括自古形成的共识性的社会生活观念。追求安宁的社会生活观念常长时间为人所推崇、所诉求,这就构成法益形成的中国语境基础之一。故于此,可在习惯的帷幔下谈论生活安宁利益生成的习惯基础和生活安宁利益从弱化的民间习惯规范中逃逸之现象。从自古以来形成的国人社会观看,中国民众向来注重“静以修身,俭以养德”。在受耕读文化的儒家思想影响、清静无为的黄老思想浸淫的民族文化熏陶下,安静的生活、学习已成为社会普遍的内心追求,这就奠定了生活安宁利益的民族上的内心确信,故对生活安宁利益进行保护能够得到普遍的认可与赞同。

此外,宗法礼法盛行的以往,那时侵犯生活安宁之行为受空间的严格限

---

〔1〕 参见曹险峰:《人格、人格权与中国民法典》,科学出版社 2009 年版,第 75 页。

〔2〕 参见谢晖:《论新型权利生成的习惯基础》,载《法学研究》2015 年第 1 期;韦志明:《习惯权利论》,中国政法大学出版社 2011 年版,第 100 ~ 145 页。

〔3〕 参见梅术文:《网络传播权利的产生机理研究》,载《科技与法律》2006 年第 4 期。

〔4〕 参见宋亚辉:《新权利的生成:以“户外广告发布权”为例》,载《法制与社会发展》2010 年第 3 期。

〔5〕 参见[德]G. 拉德布鲁赫:《法哲学》,法律出版社 2005 年版,第 48 ~ 50 页;王利明:《论习惯作为民法渊源》,载《法学杂志》2016 年第 11 期。

制,以发生在相邻者之间为主,习惯、道德能够有效地调整有限的侵犯生活安宁的情形。但现在熟人社会向陌生人社会快速转变,靠舆论评价等支撑,以内心自我约束的道德等在规范此类行为时已显得苍白无力,具有国家强制力的法律就需要走向前台,对相关行为予以规制。

科学进步带动新科技成果涌现,而科技成果是把"双刃剑",其进入市场并用于生活,会引发新的社会关系和新的法律问题。[1] 例如,利用大数据技术收集、分析和处理信息会涉及个人信息利益,由此引发对公民人格与财产权益的侵犯与保障问题,这产生了具有大数据特征新型权利。[2] 科学技术发展同样对生活安宁利益影响甚巨,滥用个人信息侵犯生活安宁利益之情形,随着信息技术进步,而日渐呈爆发趋势。科技发展对生活安宁利益产生影响主要体现在以下方面:首先,侵权工具的科技化。在侵权工具方面"呼死你""短信轰炸机"等软件的开发,使借助信息技术,低成本侵犯生活安宁利益成为可能。并且,在信息时代,随着网络爬虫等技术的发展,个人联系方式很容易被收集并买卖,由此,信息主体生活安宁利益受侵犯的可能性急剧增加。其次,随着手机、邮箱以及各种联系方式的增加,每一民事主体与社会其他人的连接端口不断增加,每一连接端口都有可能成为侵扰生活安宁利益的侵权通道。在多则案例中,手机成为自然人生活安宁利益受侵害的重要途径。[3] 此外,有些企业常滥用个人信息,侵扰他人生活安宁,例如,某物业公司滥用王某信息,不断拨打被害人电话,推销房屋。[4] 可见,在科技发达的现代,个人信息赤裸裸地站在各侵权主体的信息射程之下而无丝毫防备之力,此时在隐私权、个人信息权之外,有必要借助生活安宁利益保护法律空白地带。

现代化导致社会诸方面的变迁,经济、一般社会结构和一般文化等发生

---

[1] 参见罗玉中主编:《科技法学》,华中科技大学出版社2005年版,第13页。

[2] 参见白利寅:《论科技进步与治理转型中的新兴(新型)权利——以相关研究的述评为视角》,载《东方法学》2017年第4期。

[3] 参见上海市徐汇区人民法院(2013)徐民一(民)初字第1336号民事判决书;湖南省常德市武陵区人民法院(2013)武民初字第01172号民事判决书;上海市徐汇区人民法院(2013)徐民一(民)初字第5269号民事判决书等。

[4] 参见上海市第一中级人民法院(2011)沪一中民一(民)终字第1325号民事判决书。

了深层次的变革,这些均对现代法律文化起到了塑造作用。[1] 中国城市化发展迅速,社会生活模式随之而变,而生活方式的变化常常会引起法律的产生、变化。[2] 在人口稠密的中国,城市的人口密度更大,人类生存、活动半径更小,人类从未像现在这样将彼此的活动范围如此紧密而便利地交叠在一起。[3] 因此,人与人在活动上的碰撞日益激烈,广场舞、不夜城等所带来的嘈杂之声不时充斥耳膜,楼上楼下的活动之声不时惊扰睡眠。在这个时代,安宁、和谐的生活环境已成为每个自然人梦寐以求而不得之物。当人们这种对安宁生活的渴望和追求受到干扰和破坏,以致自己处于紧张、不安、痛苦等精神状态时,便无法享受这种安宁秩序所带来的安宁利益,此背景下保障生活安宁应成为法律关注的重点,生活安宁利益上升为一种普遍诉求,已有法律保护的必要。由此,生活安宁利益作为新型人格利益,足以成为应受法律保护的法益,并通过一般人格权进行保护。

第六节 以民法上一般人格权转介保护基本权利

一、我国法上一般人格权之规范基础

(一)五种规范依据选择

如前所言,受教育权是宪法上人格权,为基本权利。在司法实践中,因宪法的司法运用缺乏"规范性文件"依据规范的概括性,以及缺乏制裁性,导致宪法不能作为裁判依据,只能援引于裁判说理部分,[4]最终宪法效能需通过放射至民法的原则和规则作为裁判规则。[5] 由此,需要寻求受教育

---

〔1〕 参见高鸿钧、赵晓力主编:《新编西方法律思想史(现代、当代部分)》,清华大学出版社2015年版,第458页。

〔2〕 参见周艳云:《生活方式变迁对法律演变的影响》,载《河南工业大学学报》(社会科学版)2014年第2期。

〔3〕 参见方乐坤:《精神安宁权的基础及理由分析》,载《西南政法大学学报》2007年第5期。

〔4〕 参见童之伟:《宪法适用应依循宪法本身规定的路径》,载《中国法学》2008年第6期;向前:《司法裁判文书中"宪法援引"的法律解读》,载《人民论坛》2014年第11期。

〔5〕 参见王禹:《法院裁判文书必要时可以并且应当援引宪法》,载《法学》2009年第4期;朱福惠:《我国人民法院裁判文书援引〈宪法〉研究》,载《现代法学》2010年第1期。

权在民法上的转介条款。以一般人格权为受教育权的民法保护手段,在法理上并无障碍,但尚需为该权利在民事实证法上找到请求权基础。为了论证这一问题,须综合实证分析我国关于一般人格权之法制、实务和理论。依现制,总结各家学说,发现我国法制上一般人格权之请求权基础,至少存在五种可能的选择:

1.《宪法》第 38 条,《民法通则》第 101 条,《消费者权益保护法》第 14 条、第 43 条谓之"人格尊严"。对于《宪法》第 38 条,有学者主张,将该条中"公民人格尊严不受侵犯"的表述,应突破仅理解为名誉权的限制,扩张解释为一般人格权。[1] 依该观点,《宪法》第 38 条为一般人格权之请求权基础。

2. 陈现杰认为:"'人格尊严权'在理论上为一般人格权,是人格权利一般价值的集中体现,具有补充法律规定具体人格权利立法不足的重要作用。但在处理具体案件时,应当优先适用具体人格权的规定,而将一般人格权作为补充适用条款。"[2] 根据该观点,《精神损害赔偿解释》第 1 条第 1 款第 3 项中"人格尊严权"为一般人格权之请求权基础。

3. 王利明认为:"最高人民法院实际上已经将《宪法》关于'中华人民共和国公民的人身自由不受侵犯'(第 37 条)和'中华人民共和国公民的人格尊严不受侵犯'(第 38 条)的规定,解释为人身自由权和人格尊严权,这实际上是通过司法解释确认了一般人格权。"[3] 依该观点,《精神损害赔偿解释》第 1 条第 1 款第 3 项中"人格尊严权"和"人身自由权",共同作为一般人格权之请求权基础。当然,随着《民法总则》的生效,其第 109 条规定:"自然人的人身自由、人格尊严受法律保护。"该条作为新法,且作为民法典总则部分的条款,是对以往相关立法的总结与发展,是该观点的现时体现。

4.《精神损害赔偿解释》第 1 条第 2 款中的"其他人格利益",根据陈现杰的解释,涵盖了不能归入第 1 款"权利侵害"类型中的侵害其他人格利益

---

〔1〕 参见梁慧星:《民法总论》,法律出版社 2001 年版,第 106 页;龙卫球:《自然人人格权及其当代进路考察》,载《清华法学》2002 年第 2 期。

〔2〕 陈现杰:《人格权司法保护的重大进步和发展——〈最高人民法院关于确定民事侵权精神损害赔偿责任若干问题的解释〉的理解与适用》,载《人民法院报》2001 年 3 月 28 日。

〔3〕 王利明:《试论人格权的新发展》,载《法商研究》2006 年第 5 期。

的案件类型,在判断侵害他人"其他人格利益"是否具有违法性时,应以行为人是否违反"公序良俗"作为衡量标准,此系仿照《德国民法典》第826条而设。

5.《民法通则》第106条第2款中"人身",以及作为其赓续的《侵权责任法》第6条第1款以及第2条中的人身权益。《民法通则》第106条第2款规定:"公民、法人由于过错侵害国家的、集体的财产,侵害他人财产、人身的应当承担民事责任。"《侵权责任法》第2条规定民事权益的范围包括生命权等人身、财产权益,第6条规定过错归责原则。梁慧星认为:该款中的"人身"指"人身权",[1]包括人格权与身份权,是与财产权(所有权、债权等)相对应的民事权利。[2] 由此可见,《民法通则》第106条第2款及《侵权责任法》第2条中的"人身"亦可作为一般人格权请求权基础。

那么,面对此五种请求权基础,实务又是如何回应的呢?下面再来分析本章第一节所述的两个案例,以资说明。在"徐高案"中,[3]法院的裁判依据为《民法通则》第101条,《消费者权益保护法》第9条第1款、第2款,第14条,第25条,第43条。其中,法官认为《民法通则》第101条规定的公民的人格尊严,《消费者权益保护法》第14条规定的消费者享有人格尊严、第25条规定的经营者不得侵犯消费者的人身自由等,皆为一般人格权的规范基础。在"陈伟案"中,[4]因欺诈性抚养而侵犯一般人格权的判决中,法官援引《婚姻法》第4条夫妻应互负忠诚义务,《民法通则》第7条公序良俗原则,保护一般人格权。其直接的判决依据主要是《精神损害赔偿解释》第1条第2款"违反社会公共利益、社会公德侵害他人隐私或者其他人格利益,受害人以侵权为由向人民法院起诉请求赔偿精神损害的,人民法院应当依

---

〔1〕 梁慧星:《最高法院关于侵犯受教育权案的法释[2001]25号批复评析》,载中国民商法律网:http://www.civillaw.com.cn,2009年3月30日最后访问。

〔2〕 参见佟柔:《中华人民共和国民法通则疑难问题解答》(第一辑),中国政法大学出版社1986年版。

〔3〕 类案有上海市长宁区人民法院(2009)长民一(民)初字第3827号民事判决书;上海市第二中级人民法院(2013)沪二中民一(民)终字第1837号民事判决书等。

〔4〕 类案有上海市第一中级人民法院(2014)沪一中民一(民)终字第2315号民事判决书;上海市杨浦区人民法院(2013)杨民一(民)初字第5623号民事判决书;云南省富宁县人民法院(2009)富民初字第14号民事判决书;广东省潮州市中级人民法院(2016)粤51民终288号民事判决书等。

法予以受理。”显然,于此判决认为欺诈性抚养属于侵害“其他人格利益”的行为。由此可见,《精神损害赔偿解释》第1条第2款亦被认为是一般人格权的规范基础。由上述两则判决可知,面对如此众多的一般人格权请求权基础,法官将无所适从。同为一般人格权侵害的案件,裁判依据却彼此不一,将严重影响法制的统一性、安定性和权威性。因此,需要从法释义学基础上,进一步明确一般人格权之请求权基础。

(二)我国侵权责任法的一般条款

观点一将《宪法》第38条解释为民法上一般人格权之请求权基础,实为区分民法上一般人格权与宪法上一般人格权,如宪法学者林来梵就将该条解释为一般人格权的请求权基础。[1] 第二、第三两种观点,要么将“人格尊严权”理解为一般人格权,要么将“人格尊严权”与“人身自由权”合成作为一般人格权。但一般人格权理论研究至今,以及2017年《民法总则》的出台,“人格自由”“个人尊严”被认为是一般人格权的核心内容。基于此,本书认为,《民法总则》第109条可成为一般人格权的请求权基础。但从《民法总则》第109条规定内容看,其仅规定了一般人格权的核心内容这一构成要件,但未规定侵权后果等,属于不完全性法条。[2] 故从此角度,民法总则的请求权基础除《民法总则》第109条外,尚需与侵权保护性法条共同构成裁判依据。又因《民法通则》上述有效,故《民法总则》第109条,《民法通则》第106条第2款、《侵权责任法》第6条第1款等可共同构成一般人格权的保护体系,但应以《民法总则》第109条为基础。

人格权系重要民事权利的一种,近现代民法发展转型莫不因应人格权保护发展而动。鉴于其重要性,创设一种如此重要的民事权利,应依民事基本法《民法总则》《民法通则》《侵权责任法》之解释而为之。在我国法制体系中,司法解释较之基本法律,其权威性、稳定性自无法比肩,且对于我国司法解释之合法性,学者一直存疑,法院个案解释与统一解释之辩一直未有结果,司法解释之将来去向亦尚有疑问。职是之故,不宜将如此重要之民事权利之请求权基础委身于《精神损害赔偿解释》第1条。

---

〔1〕 参见林来梵:《人的尊严与人格尊严》,载《浙江社会科学》2008年第3期。
〔2〕 参见[德]卡尔·拉伦茨:《法学方法论》,陈爱娥译,商务印书馆2003年版,第133页。

此外,我国《侵权责任法》第2条采全面列举侵权法保障的对象、保障的权益范围的方式来规定侵权法的调整对象,并用“权益”“等”来保障法条的开放性。[1] 该条作为一般条款,将所有侵权行为概括在一起。[2] 《侵权责任法》第6条类似于传统大陆法系国家关于侵权责任一般条款的规定,即采用概括一般侵权责任(过错责任)的模式,如法国、德国、日本等。[3] 我国《侵权责任法》第2条作为大的侵权责任一般条款,确定侵权责任之范围,第6条第1款作为小的侵权责任一般条款,为《侵权责任法》分则没有具体规定的一般侵权责任设置法律适用规则,提供请求权的法律基础。因此,形成了大小搭配、双重的侵权责任的一般条款。[4] 《民法通则》第106条第2款系我国侵权法之一般条款,《侵权责任法》第6条第1款是对其的继承和发展,犹如《德国民法典》第823条第1款,重要性自不待言。其立法系主要参照《法国民法典》第1382条,对民事权益不区分权利与权益,采概括保护方式,但终因民事权益究难逃财产与人身二分,故当时之立法难谓不周全。然后来实务学说发展认为,法国式侵权法采概括保护,难免使人民行为动辄得咎,有害私法自治,且实务上难以建立相对客观的裁判标准,故实务学说转向以德国法制解释适用本款。是以,将本款之财产解释为财产权,人身解释为人身权,为人民行为创设一个相对自由之行为空间,以资私法自治。

然则,是司法实务中,《民法通则》《侵权责任法》该选何者作为裁判依据呢?《民法通则》是由全国人大通过生效,而《侵权责任法》是由全国人大常委会通过生效,因全国人大直接代表民意,是最高权力机关,而人大常委会间接代表民意,是“次高权力机关”,[5] 由此《民法通则》与《侵权责任法》

---

[1] 参见王利明:《〈侵权责任法〉的中国特色解读》,载《法学杂志》2010年第2期。

[2] 参见杨立新:《〈中华人民共和国侵权责任法〉精解》,知识产权出版社2010年版,第7页;周安平:《中国著作权理论与实践研究》,人民出版社2014年版,第272页。

[3] 参见房绍坤:《论侵权责任立法的一般条款与类型化及其适用》,载《烟台大学学报》2009年第3期;李靖:《侵权责任法》,河北人民出版社2013年版,第12页。

[4] 参见朱景文、韩大元等主编:《中国特色社会主义法律体系研究报告》,中国民主法制出版社2010年版,第319页;杨立新:《中国侵权责任法大小搭配的侵权责任一般条款》,载《法学杂志》2010年第3期。

[5] 韩大元:《全国人大常委会制定的新法能否优于全国人大旧法》,载《法学》2008年第10期。

并不适用新法优于旧法规则,而适用上位法优于下位法规则。但是,考究《侵权责任法》立法过程可知,该法由全国人大常委会审议通过,根本原因是基于政治上的考虑而非法理逻辑,因需在2010年完成中国特色社会主义法律体系,如果《侵权责任法》是在2010年3月由全国人大审议,则意味着《涉外民事关系法律适用法》当年无法交由全国人大审议。由此,《侵权责任法》作出了让步。[1] 并且,与之共同构成债法的《合同法》,与之地位类同的《物权法》《婚姻法》等尽皆为全国人大审核通过。《侵权责任法》颁布之日,在全国人大常委会办公厅新闻发布会上,王胜明表示:"侵权责任法是对《民法通则》等法律的细化、补充和完善。"既然是完善,就应起到替代更新之效用,那么涉及同一法律关系时,从立法目的角度看,优先适用《侵权责任法》也就说得通了。[2]

以《民法总则》第106条、《侵权责任法》第6条作为一般人格权的请求权基础,保持规范的开放性,为因应社会发展、观念变迁保护新型人格法益提供规范基础,[3]且为宪法上基本权利通过民法保护创造了可能。此可能表现为,以民法上一般人格权来吸收基本权利之价值,进而通过一般人格权之侵权法保护机制来保护基本权利。易言之,一般人格权为基本权利价值外衣,基本权利穿了这件外衣,就获得了民法上的权利身份,就可以通过侵权法来保护之。

然仍需指出,基本权利通过一般人格权获得"保护伞",并非只是基本权利单方受益。民法上一般人格权在"为他人作嫁衣"的同时,也极大丰富了自身。自从民法上一般人格权成为基本权利之侵权法保护之"黄金通

---

〔1〕 参见梁慧星:《我国〈侵权责任法〉的几个问题》,载《暨南学报》(哲学社会科学版)2010年第3期。

〔2〕 参见曹险峰:《侵权责任法总则的解释论研究》,社会科学文献出版社2012年版,第21页;杨立新:《侵权责任法的适用效力诸问题研究》,载《人民法院报》2010年7月7日。

〔3〕 自《侵权责任法》颁布以来,司法实践中往往以该法的侵权责任的一般条款作为裁判依据,可见者如下:北京市第二中级人民法院(2015)二中民终字第06010号民事裁判书;河南省确山县人民法院(2015)确民初字第00109号民事判决书;江苏省苏州市虎丘区人民法院(2014)虎民初字第02513号民事判决书;江苏省丹阳市人民法院(2014)丹吕民初字第452号民事判决书;河北省内丘县人民法院(2013)内民一初字第562号民事判决书;山东省武城县人民法院(2013)武民初字第591号民事判决书;山东省德州市中级人民法院(2013)德中民终字第477号民事判决书等。

道”后，其自身获得了极大发展，成为一束繁盛的利益群，德国一般人格权之发展足以为证。

二、何种基本权利可通过一般人格权得到保护

路已修，桥已架，然此路为何人所修，此桥为何人所架呢？是以，仍需解决的问题是，究有何种基本权利，在其遭受侵害的时候可以通过民法中一般人格权得到侵权法的“关照”？需注意的是，一般人格权只是基本权利民法保护的一条通道而已，并非唯一通道。本书其他章节的分析亦是针对其他通道而作。在德国，通过《德国民法典》第 823 条第 1 款中的“其他权利”，而得到保护的是《德国基本法》第 1 条第 1 款中的人格尊严和第 2 条第 1 款中的人格自由。通过对“其他权利”做符合此两项基本权利的解释，一般人格权麾下成员大增，如个人领域保护（隐私），资讯自主，死者人格利益保护，人格权财产利益承认与转让、继承，精神损害赔偿，子女知悉自身血统权利等。

此外，对于《德国基本法》第 2 条中的生命权、身体权和人身自由权等，于《德国民法典》第 823 条第 1 款前段已有规定，其无须再取道一般人格权。《德国基本法》第 3 条之平等权，一般通过背俗法律行为无效条款得到保护，详见本书第二章。但平等权亦可通过《德国民法典》第 826 条获得保护，如房东无故拒绝残疾房客。信仰自由侵害出现在法律行为领域，如欲获得继承权，即应当期特定宗教信仰，可通过《德国民法典》第 138 条获得保护；也可通过《德国民法典》第 826 条获得保护，如以切断供给方法妨碍他人宗教活动。《德国基本法》第 5 条之言论自由，如在法律行为领域遇到侵害，如合同关系维系当以不得发表攻击某一政党之言论，此即束缚性合同，依《德国民法典》第 138 条无效；如发生与名誉、隐私保护冲突问题，则是侵权法领域之特殊问题。同理，同属于自由权范畴的第 8 条（集会）、第 9 条（结社）、第 11 条（迁徙）、第 12 条（职业），亦都可通过《德国民法典》第 138 条和第 826 条得到保护。《德国基本法》第 6 条属婚姻法问题，通常与一般人格权无涉。此外，第 7 条（学校教育）、第 10 条（通信秘密）一般通过侵权法保护，可能是《德国民法典》第 823 条第 2 款之违反保护他人法律类型，也可能是第 826 条故意背俗加害他人型。第 13 条（住宅不受侵犯）一般有民

法上所有权排除请求权或由侵犯私领域而得到保护,第14条(财产权、继承权)则因民法已详细规定,此二者通常不发生基本权利问题。

由此观之我国《宪法》上之基本权利,自又另当别论。因与德国比较我国《侵权责任法》尚未建立权利侵害、违法侵害和背俗侵害三个小概括条款,对于基本权利保护,法官造法空间自然要小得多。我国通过《民法总则》以及司法解释补充,在立法上已经形成了丰富的人格权体系,含生命权、健康权、身体权、姓名权、肖像权、名誉权、荣誉权、隐私权、个人信息权,对于监护侵害亦明文保护。可见,我国民法对于人格权保护业已建立较为完备的体系,此在比较法上亦属罕见。既然民法人格权已经有如此完备规定,说明基本权利之价值秩序很大程度上已经通过民法得到实现。由此,基本权利受侵害的情形自然就会少很多。但这并不表明,所有的基本权利都无须求助于一般人格权而能获得保护。

齐玉苓的受教育权为《宪法》第46条所明定,属基本权利,当其被侵害时,如何来保护呢?显然,《宪法》第46条没有规定如何救济问题,那么就得诉诸侵权机制。诉诸侵权法就得在侵权法上找依据,前文已经分析,我国《侵权责任法》上并无违反保护他人法律之侵权类型,且《教育法》第81条亦非保护性法律,故此路不通。那么就得诉诸另外两条路:权利侵害或者故意背俗侵害。如采前者,则应当将受教育权解释为一般人格权,如采后者需将受教育权之落实为公序良俗应有之义。此两者皆系概括条款,运用间接效力说,都可承载受教育权之基本权利价值,都是可行之道。且在本案判决(2001年8月23日)与《受教育权案批复》实施(2001年8月13日)前,《精神损害赔偿解释》已经实施(2001年3月10日),并且陈现杰亦指出该司法解释已经确立了一般人格权(如前所述,本书并不赞同这一观点)和背俗侵害其他人格利益两种侵权类型。由此可见,对于齐玉苓之救济,我国法制并无缺陷可言。有观点认为,本案因《精神损害赔偿解释》属后法,故不能适用。但须不知,被告侵权后果至《精神损害赔偿解释》实施之日尚在持续,故当可与《教育法》同理予以适用。

当权利侵害类型和适用故意背俗侵害类型皆可选择适用时,如何抉择?此应就个案综合考虑,由当事人选择而定。须注意的是,二者构成要件不同,前者加害人故意、过失皆可,后者唯故意情形始可问责。前者只保护权利,后者则保护权利和利益,且主要为保护纯粹财产上损失。前者构成要件明确,容易操作,后者由于“善良风俗”不易认定,操作上较为困难。

至于《宪法》第42条劳动权之侵害一般发生在法律行为领域,且我国《劳动法》与《劳动合同法》及众多劳动法规已建立较健全的劳动者保护体系,因此取道民法保护劳动权的情形并不多见。如遇《劳动法》无规定而受害情形,当可视情形类推上述方法于民法上选择救济渠道。而对于《宪法》第43条休息权、第44条社会保障权、第45条获得物质保障权等,皆系我国宪法上特有基本权利,性质上属社会权,得向国家主张,私人之间一般难谓侵害。但休息权亦可能被私人侵害,如到了退休年龄而不准许退休,而引发的职工与单位之间的纠纷,在一则案例中,法院就认为《宪法》第44条规定的退休权是一项重要的社会经济权利,应当予以保护。[1] 但此种情形须综合权衡,决定是否以侵权法保护。因为休息权内涵外延极难界定,比较法上亦鲜有经验可资借鉴,且休息权是否是人格利益仍犹待考量。

关于实践中出现的选举权被侵害的案件,对于选民登记机构无故不予登记行为是否构成侵权,此应予肯定。因为,选举权既是一种政治权利,也是人格利益,概现代民主社会,参与公共政策形成,系人格自由发展、人格尊严的重要体现。此点从犯罪被剥夺选举权与被选举权情形反推当可不证自明,无故剥夺选举权实有贬损人格之嫌。是以,此种行为可通过一般人格权之权利侵害类型或故意背俗侵权类型予以保护。至于其他基本权利保护,可参照前文对德国基本权利部分的分析解决。

综上所述,基本权利中的人格尊严、人身自由、选举权与被选举权、受教育权、劳动权等,皆可借道民法上一般人格权得到侵权法的保护。认定何种基本权利可借一般人格权保护须考虑两大因素:一是此种基本权利是否已有具体法律保护,如有则适用前提丧失,如财产权、继承权、住宅不受侵犯权等权利则不能适用。二是此种基本权利是否具有人格利益——人格尊严、人格自由发展等内涵特质。如我国《宪法》第41条之批评和建议,申诉、控告或者检举的权利、获得国家赔偿的权利,因皆是公众参与政治及程序性基本权利,一般无取道一般人格权保护的适用余地。

---

〔1〕 参见上海市长宁区人民法院(1997)长民初字第1248号民事判决书。

《德国基本法》基本权利首要条款与我国《宪法》基本权利首要条款都是人格权,说明人格权居于基本权利体系之首,具统率地位,由此亦足见人格权实为整个法制之中心任务与终极目标。人格权发端于民法,本为民事权利,但民法绝非能凭一己之力而周延保护人格权,特别是当民法上人格权遭遇国家权力侵害时,民法往往无能为力。此外,基本权利体系中攸关人格利益的基本权利,如尚未落实到具体法律中来的,亦可借道民法上一般人格权,实现私法保护。故为周全人格权保护,宜建立民法上人格权与宪法上人格权之互化机制,将本属于宪法的基本权利通过民法一般人格权得到民事侵权救济;将本属民法权利的人格权上升至宪法基本权利,以防御国家权力并请求国家履行保护义务。如此使人格权保护得以在民法和宪法两个维度展开,并通过宪法的介入使整个法制体系于人格权保护上更加协调自洽。

第五章　民事裁判中的基本权利规范适用

第一节　最高人民法院的宪法适用司法解释

一、问题说明

不管是基本权利作为公序良俗，来否定法侵害基本权利的法律行为无效，还是将基本权利作为一般法律漏洞的价值填充，通过民法中的概括条款——一般人格权进入民法获得保护，并完善私法规范体系，健全民事权利保护的请求权规范基础；抑或基本权利冲突通过侵权机制得以解决，抑或本书不能涉及的基本权利与私法关系的其他种种面向，都无法回避一个现实的问题——基本权利规范在民事判决中的适用。实质上，基本权利在民事裁判中的适用是一个宪法解释问题。因为，基本权利规范表现为宪法条文，通过民事裁判实现基本权利就必须引据宪法条文作成民事判决。而宪法解释又不同于一般法律解释，一般法律的解释规则很多并不能适用于宪法解释，因此，有必要专辟本章论证基本权利于民事裁判中的解释适用问题。

从比较法上来看，通过民事裁判实现基本权利规范机制建立一般皆通过宪法解释来完成。在德国，由于《德国基本法》第 1 条第 3 项直接规定：《德国基本法》作为直接有效力的规范，可直接约束立法、行政和司法。因此，德国的普通法院，如联邦最高民事法院和德国宪法法院在其裁判中都广泛援引《德国基本法》规定，并将其解释适用于裁判。在德国，正是由于《德国基本法》可以在法院的判决中直接援引并善加解释，才使古老的《德国民法典》（1900 年）能够适应新宪法（1949 年）以迎合不断前进的时代需要，亘古而常青,立于激流之中而体系不崩。[1] 日本虽无专司违宪审查的宪法法院,但以日本最高法院为代表的各级法院在具体案件审理过程中,可以对有可能违宪的法令和行为进行附随性审查。日本各级法院既然能够进行附随性审查,当然也就能够在具体案件适用中解释宪法。[2] 那么,在我国现有法制中,宪法解释却又如何呢? 欲回答这一问题,还得依循现制。

(一)司法解释

《废止2007年前司法解释的决定》已于2008年12月24日生效,该决定废止了两项有关宪法适用的司法解释:《宅基地租赁契约批复》(1985年11月21日),其被废止的理由为"情况已变化,不再适用";另一项就是引起轰动效应的《受教育权案批复》,其被废止的理由是"已停止适用"。[3] 其后,《废止1979年以前司法解释的决定》已于2012年9月29日生效,该决定废止了一项有关宪法适用的司法解释:1955年最高人民法院在给新疆维吾尔自治区(当时为新疆省)高级人民法院《刑事判决不宜援引宪法复函》,其被废止的理由为"定罪科刑以刑法为依据,复函不再适用";最高人民法院《关于废止1980年1月1日至1997年6月30日期间发布的部分司法解释和司法解释性质文件(第九批)的决定》已于2013年1月18日生效,该决定废止了一项有关宪法适用的司法解释:《引用法律规范性文件的批复》[1986年10月28日,法(研)复〔1986〕31号],其被废止的理由为"已被最高人民法院《关于裁判文书引用法律、法规等规范性法律文件的规定》[4]代替"。

由于废止上述四个批复,故现存宪法适用之司法解释仅存一项:[5]

---

〔1〕 Vgl. Canaris, Grundrechte und Privatrecht, 1998.

〔2〕 《日本宪法》第81条规定:"最高法院是有权决定一切法律、命令、规则或行政行为符合宪法与否的终审法院。"参见[日]宫泽俊义:《日本国宪法精解》,中国民主法制出版社1990年版,第580页。

〔3〕 关于这两项批复的分析,分别参见本书第三章、第四章。

〔4〕 《裁决文书引用规范的规定》第1条规定:"人民法院的裁判文书应当依法引用相关法律、法规等规范性法律文件作为裁判依据。引用时应当准确完整写明规范性法律文件的名称、条款序号,需要引用具体条文的,应当整条引用。"

〔5〕 依据2007年最高人民法院《发布关于司法解释工作的规定》(法发〔2007〕12号)第6条规定:"司法解释的形式分为'解释'、'规定'、'批复'和'决定'四种。"本书论及的2016年《民事裁判文书制作规范》不在此司法解释分析之列。

1988 年 10 月 14 日《雇工合同案批复》是运用宪法来解释民法之首例，是 1986 年《民法通则》贯彻 1982 年《宪法》价值之首例，该案被誉为“我国法院采用合宪性解释方法的第一个判例”。[1] 但是，《雇工合同案批复》并没有引用宪法条文，与《宅基地租赁契约批复》不同，不能认为是直接援引宪法条文的批复。而且，本案调解书亦未引用《宅基地租赁契约批复》和《宪法》条文。

由此可见，在与我国立法最为类似的德、日，宪法解释都不是问题，而且从整个欧洲范围来看，依据宪法判案已经成为欧洲各国宪法法院之外的普通法院长期的共同实践。[2] 但这一实践却在我国出现了法制上的障碍。虽然我国《宪法》没有明文禁止法院不得在裁判中解释宪法、援引宪法作为裁判依据，但是 2016 年《民事判决文书制作规范》中规定“裁判文书不得引用宪法”。此外，1988 年的司法解释也没有指明宪法可以援引。1955 年、1985 年、1986 年和 2001 年的四项司法解释目前皆已废止，已经不具法制意义。综上所述，依现制，我国无论是历史上废止的司法解释及现行的规范性文件均否定在裁判中引用宪法。

（二）判决再整理

从司法实践来看，实务中《宪法》被运用主要有三种情形：

1. 民事判决援引宪法条文内容而不指明条文

虽然，“工伤概不负责案”调解书未指明《宪法》第 42 条，但路人皆知《雇工合同案批复》和调解书指的就是这一条。此外，本书前述章节所引用的判决大多都是采取这种只引宪法条文内容而不指明条文的做法。而最近的所谓“中国宪法自由权第一案”，[3] 法院判决再一次诠释了这一惯常做法。

本案原告四川籍农民工王登辉系广州市三水食品有限公司机电维修工，2007 年 1 月 2 日原告在下班途中遭遇车祸，被告以王登辉违反“禁止员

---

〔1〕 梁慧星：《最高法院关于侵犯受教育权案的法释〔2001〕25 号批复评析》，载中国民商网：http://www.civillaw.com.cn，2009 年 5 月 30 日最后访问。

〔2〕 参见［德］克里斯蒂安·冯·巴尔：《欧洲比较侵权行为法》（上），张新宝译，法律出版社 2001 年版，第 716 页。

〔3〕 参见王健：《中国宪法自由权第一案》，载《民主与法制》2008 年第 9 期。

工擅自在外住宿”的规定为由拒绝支付医药费。本案审理法院广州市黄埔法院认为:

> 我国《宪法》赋予公民享有极其广泛的权利和自由。人身自由、居住自由是公民享有的人格权利。王登辉作为职工,一天紧张劳动后回家休息、料理家务和个人生活,合乎常理,是公民人身自由的一项权利,应予以尊重。三水公司禁止员工外宿的做法,显然是与我国宪法精神相悖,与社会文明进步发展相抵触的。

本案中,被告公司《员工手册》中的“禁止员工擅自在外住宿”的规定属于企业单方面规定,是被告与原告劳动合同中的一部分,本质上是法律行为。本判决中,法院援引宪法人身自由权,认为该规定无效,实际上与1988年最高人民法院关于“单身条款”案件的处理意见是一致的。

2. 宪法条文直接作为民事判决主文依据

此类案件的判决书主文部分,法院明确依据宪法判决,如1998年上海的“钱缘案”(《宪法》第38条)、2001年山东的“齐玉苓案”(《宪法》第46条)、2001年浙江的“巫凤娣案”(《宪法》第44条、第45条第1款),[1]则皆直接援引宪法条文作为判决依据。此类案件目前非常少见。

3. 宪法被作为当事人的诉讼理由和依据

(1)中国《宪法》平等权第一案:2002年1月7日,四川大学法学院98级学生蒋韬因身高1.65米,不符合《中国人民银行成都分行招聘行员启事》中“男性身高1.68米,女性身高1.55米以上”的规定而被拒之门外。蒋韬认为该行招聘限制身高,违反了宪法关于“中华人民共和国公民在法律面前人人平等”的规定,侵犯了其担任国家机关公职的报名资格,因此向成都市武侯区人民法院提起行政诉讼,维护自己的平等权。

本案意义在于其开启了作为宪法上基本权利之一的平等权在其受侵害时是否能够通过法院得到救济的问题。这个案件是在最高人民法院关于《受教育权案批复》做出之后发生的,自有其时代背景,但是由于本案自身特点,受诉法院回避了宪法这一问题,并且原告诉讼理由是被告侵害了其平

---

[1] “巫凤娣诉慈溪市庵东镇环境卫生管理站退休待遇案”,参见浙江省慈溪市人民法院(2001)慈民初字第1862号民事判决书。

等权,因此又使其意义非同一般。

(2)中国通信自由权第一案:因北京移动无故中止对手机用户原告服务长达九天,在原告投诉后,北京移动既不作出合理解释,又始终拒绝向用户道歉。原告遂起诉北京移动侵犯其通信自由权,要求北京移动赔礼道歉和赔偿精神损害抚慰金。据报道,本案是国内首例因移动通信运营商无故中止服务而被用户以侵犯通信自由权为由诉诸法院的民事案件,被舆论称为"通信自由权第一案"。[1]

本案性质上属合同纠纷,因两造双方之间存在电信服务合同法律关系。但由于《合同法》第113条规定赔偿损失额"不得超过违反合同一方订立时预见到或者应当预见到的因违反合同可能造成的损失"之规定,本案原告之损害赔偿在《合同法》上很难得到支持,如投诉交涉时发生的误工费、交通费等,就会被法院以该损失在订立合同时不能预见到为由拒绝支持。并且,合同责任不包括赔礼道歉以及精神损害抚慰金,因此原告因失去随时随地与人移动通信的便捷而造成精神上的痛苦,也无法得到相应的抚慰金赔偿。

本案最重要的意义在于作为侵犯通信自由权纠纷第一案,把宪法中规定公民的通信自由权落实到实处。概因在全球信息化的时代,能否自由地享有移动通信服务是公民生存、发展的最重要条件之一,在文本通信逐渐退出历史舞台的时代,一个被拒之于移动通信网络之外的人是无法生存的。所以,通信自由权在信息化时代有特殊的重要意义。

(三)综合分析

综上所述,依现制,宪法不能被援引用于裁判,而司法又有所突破,尽管表现形式各异——形式援引(宪法条文)抑或实质援引(宪法内容)。于是,一个法制与司法的悖论产生了,我们似乎看到了司法在积极挣脱法制的束缚,借以寻求宪法的解释与适用。也许,司法的这种积极是一种对法制/法治的"背叛",司法"有法不依",性质何其恶劣！但不管如何,这种悖论都给法学设定一道难题——宪法条文到底能否被援引以资作成判决？这是基本权利能否在民事判决中适用的首要前提,也是本书结论得出的关键性"技

〔1〕 参见《科技日报》2007年3月30日。

术难关”。

二、合宪性审查与宪法解释

欲回答在我国现制条件下,法院能否解释宪法这一问题,还必须得首先界定何谓解释宪法。当然,对此我们不能仅仅从文义理解:解释宪法就是将宪法进行解释并予以适用,因为,这等于没有理解。从语言学角度言之,欲探究一语言符号的真正含义,还应深究其所指向的对象及问题域。实际上,宪法解释是一个宪法学上的特有论题,甚至有学者将其称为“宪法释义学”。[1] 宪法解释从来就是一个与合宪性审查相互捆绑、纠缠不清的问题。因此,欲切入这一问题,我们首先得从界分宪法解释与合宪性审查各自的功用入手。

(一)合宪性审查

一般来讲,合宪性审查,也称司法审查,是由特定的宪法机构(如德国的联邦宪法法院;或者普通法院,如日本的最高法院及下级法院)针对法律适用过程中发现的宪法之下的法律违反或抵触宪法,而对各该违宪法律进行审查并否定其效力的司法行动。广义的违宪审查还包括由有违宪审查权的机构审查并撤销违反宪法的终审判决,如德国的“宪法诉愿制度”(Verfassungsbeschwerde)。在德国,由联邦宪法法院第一庭负责法律合宪性审查,由第二庭负责终审判决审查——宪法诉愿。在日本,对于法律审查,由最高法院行使终极违宪审查权,各级法院附带审查;对于当事人提起的违宪终审裁判诉讼,由最高法院裁决。在中国,由全国人大常委会行使规章、行政法规及其以下的法规、命令的违宪审查权。[2] 但是,我国《宪法》没有规定法律的违宪审查制度,因而全国人大常委会不能撤销法律(尽管其可以通过修改法律程序实现否定法律的目的);也没有规定宪法诉愿制度。简言之,合宪性审查是指既包括抽象的规范审查,也包括具体的裁判审查,是一项由特定机构行使的,用于发现和更正立法和司法可能错误的纠察机制。

---

〔1〕 王锴:《宪法释义学的问题与前景》,载《江苏行政学院学报》2008 年第 4 期。

〔2〕 我国《宪法》第 67 条规定,全国人大常委会有权撤销国务院制定的同宪法、法律相抵触的行政法规、决定和命令;有权撤销省、自治区、直辖市国家权力机关制定的同宪法、法律和行政法规相抵触的地方性法规和决议。

当然,由于要合宪性审查就必须进行说理,而进行说理就必须以宪法为依据来解释宪法,但本书意义上的宪法解释并不是这种意义上的宪法解释。须指出的是,本书的研究范围并不涉及合宪性审查问题。

(二)宪法解释

本书意义上的宪法解释,其中心场域指向的是人民法院在其具体裁判中能否依据宪法精神或者宪法制度、条文来解释宪法之下位法之条文或者规范。质言之,即人民法院之法官能否在普通案件中解释宪法以解释具体法律?比如,在"齐玉苓案"中,本书试图论证的作为基本权利的受教育权即为民法上的一般人格权,当基本权利意义上的受教育权受到侵害时,应该以民法上一般人格权条款——《民法通则》第106条第2款为依据来判处赔偿。亦即,本书所指的宪法解释就是,在这一法官运用宪法上的受教育权填充民法上一般人格权的推理过程中,法官对宪法上受教育权所做的此种意义上的宪法解释。与之类似的宪法解释还出现在本书论述的其他问题当中,比如在"工伤概不负责案"中,判决认为这一格式条款的规定是违反了宪法规定,为此法官解释宪法上的劳动权,并以此为据认为该格式条款亦违反了公序良俗,因而认定该格式条款无效。在此一推理过程中,法官显然也解释了宪法。因此,对于本书宪法解释的指向必须放在本书特定的语境下才能理解。关于特定语境下语词的理解,在当代学术研究中是作为一种重要的方法论在运用。[1]

三、研究课题

欲解决中国法院在民事裁判中是否能够解释宪法并援引宪法裁判的问题,不能回避的是以下依次递进的三个问题:

1. 宪法本身是否是裁判规范,即宪法能否确定两造之间的权利义务关系?进一步的追问是,宪法能否单独作为裁判依据,即依据宪法是否能够解决法律行为的效力、侵权的损害赔偿等具体问题?因为这关系着宪法是否客观有能力成为裁判援引对象。显然,这是一个法理问题,是一个裁判科学

---

〔1〕 参见苏力:《语境论——一种法律制度研究的进路和方法》,载《中外法学》2001年第1期。

的问题。

2. 宪法如果成为裁判规范,那么就必然意味着其可以在裁判中被人民法院所解释和援引,但是人民法院解释宪法、援引宪法是否有法制依据？如果没有法制依据,我们便不能贸然主张其正当性,因为法治秩序下,作为公权力行使机构的法院,其正当性来源于合法性,即法律有授权。显然,这是一个法制问题,是一个实证法的释义学问题。

3. 我国宪法已经明确授权全国人大常委会宪法解释权,而如果依现制,我国法院也能解释宪法,就会存在两种宪法解释,那么又应该如何协调这两种宪法解释,而使其相互补充而不至于出现法制矛盾呢？显然,这又是一个法政策问题。

第二节　宪法能否被援引

一、宪法是否构成裁判规范

(一)何为裁判规范

宪法条文如果能够被援引用于作出裁判,则宪法条文就是裁判规范,是具体的法律规则。因此,要证成这一问题,须从裁判规范这一事实本身求证。而裁判规范本质上是法律规则,形式上表现为法条,因此,欲证成这一问题,须从裁判规范的本质——规则,以及裁判规范的形式——法条双重角度来入手。

任何法律秩序皆由一定数量的法律规则组成,这一法律秩序下之个体皆受各该法律规则之约束,以其规定可为或不可为。并且,一旦这些规则被运用与裁判,其就成为裁判规范,成为有权争端解决者——法官裁判的依据和约束。实践中,大部分的法律规则都是特定法律秩序之下人民的行为规范与法官的裁判规范。然此种意义上的法律规则须具备两大基本属性:一是以有效性作为规范特质,即其既是有拘束力之行为要求,也是有拘束力之判断标准;二是适用范围的一般性,即其非仅适用于特定事件和特定个体(群体),而是在其地域及空间效力范围内,对于同类事件和个体(群体)均能平等适用。[1] 法律规则的来源主要有三点：其一，源于法律或者习惯法；其二，可以由现行法规范中推导出来；其三，可以通过具体化法律原则而得出。[2]

法律规则表现为法条，换言之，法律规则具有“法律语句”（法条）的语言形式。[3] 但规则和法条是不是一一对应关系呢？显然不是。因为，并非任何一条法条都符合具体法律规则的形式要求——构成要件和法律效果，亦即并非任一法条都可以成为完整的法律规则。比如，《民法通则》第 98 条规定，公民享有生命健康权，那么仅仅依据这一条法院是否能够作出判决呢？显然不行，因为这一条并没有指出侵害生命健康权的法律后果，是“以牙还牙、以眼还眼”，抑或损害赔偿？换言之，针对侵害生命健康权的后果，法院应该怎么办？要解决这一问题，就必须求助于《民法通则》第 106 条第 2 款，该款规定了因过错侵害他人人身的行为应承担赔偿责任，所以如果基于过错侵害了生命健康权，是要赔偿的。而接下来的问题就是，如何赔？于是，《民法通则》第 119 条又规定：“侵害公民身体造成伤害的，应当赔偿医疗费、因误工减少的收入、残废者生活补助费等费用；造成死亡的，并应当支付丧葬费、死者生前扶养的人必要的生活费等费用。”到此，法院才能最终解决这一问题。因此，关于生命健康损害赔偿的法律规则基本上是由上述三个条文决定的。[4] 但是，对于这三个条文的性质，我们仍然可以作进一步的区分。

《民法通则》第 106 条第 2 款规定了侵权行为与损害后果，构成要件与

---

〔1〕 参见[德]卡尔·拉伦茨：《法学方法论》，陈爱娥译，商务印书馆 2004 年版，第 132 页。

〔2〕 参见[德]卡尔·拉伦茨：《法学方法论》，陈爱娥译，商务印书馆 2004 年版，第 132 页。

〔3〕 Vgl. Kelsen, Reine Rechtslehre, 2 Aufl. ,1960, S. 73ff.

〔4〕 需说明的是，我国侵权法采取的是大小搭配的双重模式，《侵权责任法》第 2 条、第 6 条第 1 款构成侵权责任法的一般条款，是对《民法通则》第 106 条第 2 款的延续与补充。《侵权责任法》第 16 条规定：“侵害他人造成人身损害的，应当赔偿医疗费、护理费、交通费等为治疗和康复支出的合理费用，以及因误工减少的收入。造成残疾的，还应当赔偿残疾生活辅助具费和残疾赔偿金。造成死亡的，还应当赔偿丧葬费和死亡赔偿金。”《侵权责任法》第 16 条规定比《民法通则》第 119 条规定增加了“死亡赔偿金”这一赔偿项目，而删去“死者生前扶养的人必要的生活费等费用”这一赔偿项目。《侵权责任法》的相关规定是对《民法通则》规定的补充与修订。但当两者规定不一时，两者是竞合抑或补充共存关系，有待进一步补充说明。

法律效果齐备,这种法条在法学方法论上叫完全法条。[1] 同理,《民法通则》第129条也是完全法条。完全法条由于全面规定了构成要件和法律后果,因此有时是可以单独成为裁判规则的。这样的例子还有很多,如《民法通则》第117条第1款规定:"侵占国家的、集体的财产或者他人财产的,应当返还财产,不能返还财产的,应当折价赔偿。"这显然就是一个可以据以裁判的规则。但是,《民法通则》第98条只规定公民享有生命健康权,这是一项事实陈述性法条,即每个公民都享有这种权利。这种法条在法学方法论上叫不完全法条,这些法条只有与其他法条相结合,才能开展共同创设法效果的力量。[2] 不完全法条一般是指这样的一类法条:

> 它们只是用来详细规定完全法条的构成要件、构成要件要素或法效果;有些则将特定案件类型排除于另一法条的适用范围之外,并以此来限制原先适用范围过于宽泛的法条。此外还有一些这样的法条,它们或就构成要件,或就法效果部分,指示参照另一法条。在语言上,这些法条都是完全的语句,作为法条则属于不完全法条。虽然不完全,但是还是法条。这就意味着,不完全法条也分享法律的效果意义,它们不是陈述性语句,而是适用规定的部分。[3]

关于不完全法条,再如《物权法》第2条第2款、第3款的规定:"本法所称物,包括不动产和动产。法律规定权利作为物权客体的,依照其规定。本法所称物权,是指权利人依法对特定的物享有直接支配和排他的权利,包括所有权、用益物权和担保物权。"显然,这一不完全法条是物权法其他法条适用的基本前提。关于法律体系中法条之间的相互关系及其作为裁判规则的整体适用,拉伦茨有相当深刻的论述:

> 法律中的诸多法条,其彼此并非只是单纯并列,而是以多种方式相互牵涉,只有透过它们的彼此交织及相互合作才能产生一个规整。法

---

[1] 关于完全法条的详细论述参见[德]卡尔·拉伦茨:《法学方法论》,陈爱娥译,商务印书馆2004年版,第132~137页。

[2] 关于不完全法条的详细论述参见[德]卡尔·拉伦茨:《法学方法论》,陈爱娥译,商务印书馆2004年版,第137~144页。

[3] Bierling, Juristische Prinzipienlehre. Bd. 4, 1911, S. 222.

> 秩序并非法条的总合，毋宁是由许多规整所构成。在规整待定事项，例如，买卖法、租赁法以及侵权行为法时，立法者不只是把不同的法条单纯并列串联起来，反之，他形成许多构成要件，基于特定指导观点赋予其法效果。透过这些指导观点，才能理解各法条的意义及其相互作用。由法学的眼光来看，个别的法条，即使是完全法条，都是一个更广泛的规整之组成部分。[1]

由上，我们便可更加清晰地认识到，法律规则——裁判规则的形成有赖于完全法条与不完全法条，甚至有赖于一个部门法法典之内的其他各分支的法条的有机整合。拉伦茨的此番论述实际上就是我们通常而言的体系性思考方法，这是一套裁判规则发现的方法，是一种实践性的法律解释技术。由此，我们亦可明了，为什么在判决作成时，往往需要引用众多的法条，来组成一个"法群"方能判决了。正是因为这样的一个法条群体的组合才构成了一项完整的裁判规则或者说是法律规则。

那么，回归本书语境，我们便要追问：宪法条文能否成为这些"法群"中的一部分呢？即宪法能否充当完全法条或者不完全法条吗？如果回答"是"，那么，宪法条文显然就可以构成裁判规则的一部分，就是可以在裁判中直接援引的。因为，构成裁判规则的所有法律都应该在裁判中直接援引。

（二）宪法条文是不完全法条

欲回答上述问题，还必须从宪法的结构及其条文的分析入手。我国《宪法》的结构如下：

序言

第一章　总纲

第二章　公民的基本权利和义务

第三章　国家机构

　第一节　全国人民代表大会

　第二节　中华人民共和国主席

　第三节　国务院

〔1〕［德］卡尔·拉伦茨：《法学方法论》，陈爱娥译，商务印书馆2004年版，第144页。

第四节　中央军事委员会
第五节　地方各级人民代表大会和地方各级人民政府
第六节　民族自治地方的自治机关
第七节　监察委员会
第八节　人民法院和人民检察院
第四章　国旗、国歌、国徽、首都

宪法序言写入的是共和国的历史及宪法的地位等,《宪法》第一章总纲是关于国家的一般政治原则和制度,第三章规定的是国家机构的组成和职权,第四章规定的是国家象征性标志。这些部分的内容跟民事裁判根本就没有丝毫关系,可谓风马牛不相及也,因此,从裁判规则的角度本书首先排除这几部分内容。

从上面这个结构我们不难看出,真正有可能在民事案件中被援引的宪法条文,只可能是第二章中的基本权利和义务中的条文,而且主要是该章中的基本权利条款,因为基本义务都是公民对国家、社会或者其他公民的宪法义务,一般不会发生民法上的效果。这些条文如第 13 条的财产权、第 33 条的平等的公民权,第 34 条中的政治参与权,第 35 条中的政治自由权,第 36 条中的宗教自由权,第 33 条、第 37 ~ 41 条中的人格权,第 42 条中的劳动权,第43 ~ 45 条中的社会保障权,第 46 条、第 47 条中的受教育权与第 48 ~ 50 条中的少数者群体保护权。而根据本书第一章的分析,[1] 有些基本权利根本就不会和民事权利沾上任何关系,如第 34 条的参政权,第 41 条的批评、建议、申诉、控告、检举及获得赔偿权,第 44 条的退休及社会保障权,第 45 条的获得物质帮助权,第 49 条的婚姻、家庭、妇女、儿童保护权及第 50 条的华侨、归侨和侨眷的合法利益保护等。因此,在剔除这些条文之后,剩下的与民事权利有关的,可能成为民事裁判规范的只有第 13 条、第 33 条、第 35 ~ 40 条、第 42 ~ 43 条、第 46 ~ 48 条,共计 13 条。那么,接下来我们将分析这 13 个条文的结构特点。对于这 13 个条文,可以归为两类:一类是直接涉及私人关系的条文;另一类是不直接涉及私人关系的条文。

---

[1] 须注意的是,本书第二章是从基本权利的价值与内容来分析这些条文与民事权利的关系,而此处则纯粹是从规范的角度来分析这些基本权利条文的特性,两者区别迥异。

1. 直接涉及私人关系的条文。本书前已述及这样的条文共有三处，即《宪法》第36条、第40条、第41条。这三条共同的特点就是都直接规范私人关系，划定私人行为的界限，也就是私人也直接成为基本权利的对象，这与基本权利的义务对象——国家大相径庭。根据《宪法》第36条第2款，如果某企业招工时，明确规定信仰基督教的人免谈，那么这显然就是对基督教信徒的歧视，从而侵犯了基督教信徒的宗教自由基本权利；如果甲是某宗教的传教士，恐吓或者长期游说某乙信仰其宗教，而某乙根本就无意信教，那么某甲的这种恐吓或者长期游说某乙的行为实际上就构成了强制他人信教的行为，同样是侵害他人宗教信仰自由的行为。而根据《宪法》第40条的规定，如果某邮局拒绝为某甲投递信件，则是侵害某甲通信自由的行为；如某乙擅自拆开他人信件、擅自复制他人手机或电话通话记录等，则是侵害他人通信秘密的行为。

那么，即便如上分析，这两条（款）又是不是完全法条呢？申言之，仅仅这两条能否成为民事裁判的裁判规范呢？答案是否定的。因为，仅仅凭借这两条，法官不知道侵犯这两种基本权利的法律后果，法官如果要裁判此两种侵犯基本权利的行为，还必须结合民法中的具体条文，如《合同法》第52条违反法律的法律行为无效，《民法通则》第106条第2款等。因此，这两条是不完全法条，是不能单独作为民事裁判依据的。

2. 我们接下来分析《宪法》第33条、第35～39条、第42～43条、第46～48条等。其实，这些条文都是不完全法条。因为，这些条文都没有直接涉及私人，都是以国家为义务对象的，从语义上来看，根本谈不上他人侵害的问题。如《宪法》第33条第2款、第3款分别规定："中华人民共和国公民在法律面前一律平等。国家尊重和保障人权。"这两项规定是平等权和概括性基本权利保障的依据，从法条结构来看，既没有构成要件，也没有法律效果，因此是典型的不完全法条。以此观其他法条，皆大同小异。

其实，《宪法》的这些法条与《民法通则》中的基本原则条款具有某种意义上的同质性。概因其皆是价值宣示性的条款，都可谓"原则"，而非"规则"。其欲适用，须将"原则"通过"规则"而为之。比如，在我国，甲男勾引乙男之妻为通奸行为，此事传遍乡里，乙男认为其被戴"绿帽子"，且甲男之行为有伤风化，故乙男将甲男诉至法院要求损害赔偿。在这一案件中，法院能否直接依据《民法通则》第5条规定的“公序良俗”原则来判断甲男因损害公序良俗而给予乙男损害赔偿呢?显然,答案是否定的。因为,《民法通则》第5条只是民法原则性的宣示,不是具体的权利义务条款,依据其不能直接认定两造之间的权利义务关系,因而不能仅仅适用该条来作为裁判依据。

由此可见,宪法中有可能成为民事裁判规范的法条皆为不完全法条,皆无法单独构成裁判规则。因此,宪法条文不可能单独直接援引作为民事裁判的依据,即使是多个宪法条文的联合也还是不能构成裁判规范。这与“男人+男人=男人,女人+女人=女人”的道理是一样的。也正因如此,宪法条文如果想进入民事判决,就必须与民事基本法律“结盟”,共同组成“法群”,才能成为“同盟军”。并且,这种“同盟军”还必须“万众一心、协调分工”才能形成裁判规范,比如我们一般不可能将《宪法》第38条的人格尊严与《民法通则》第106条第2款的“侵犯他人财产”联系起来。对此,前面的章节已有论述。

(三)部分宪法条文可以构成裁判规范

由此可见,上述12个宪法条文如果要“跻身”民事裁判的行列,就必须借助民事基本法律,绝对不可能“单独行动”。对此,前面三章皆有类型化解说。比如,基于平等权一般是与合同有关,因此可将《宪法》第12条的平等权纳入《民法通则》第58条、《合同法》第52条,作为判断民事法律行为效力的根据。与之类似的是,《宪法》第37条、第38条的人格权,可将其纳入《民法通则》第106条第2款中的“侵犯他人人身”,作为判断侵权行为是否成立的根据。如此种种,皆从规范层面,即法律适用的“技术理性”角度说明了,宪法条文不能单独成为民事裁判规则,也就当然不能够单独援引之来作成民事判决了。反过来也可以得出结论,宪法条文是可以成为裁判规范的。此即基本权利能够通过民事裁判实现在法条理论上的最基本理论依据。

二、法院不能受理仅依宪法之诉讼

在我国，宪法是“母法”，其他法律是宪法的“子法”，根据宪法制定，[1]是宪法的具体化。但是，宪法之下的法律不可能穷尽宪法的全部内容，因为具体法律是特定时空的具体产物，有其特定对象，而宪法是针对更长历史时期的整体框架性结构立法，具有一定的时空超越性。那么，当具体法律还没有落实宪法基本权利时，亦即基本权利还没有通过具体法律部门得到保护时，法院能否直接以宪法为依据对侵害基本权利的后果予以救济呢？如果根据上面的分析，显然法院是不能受理这种诉讼的，因为在这种情况下法院没有裁判规范，客观上无法裁判。而且在民事诉讼法上，为贯彻处分原则这一基本原则，[2]法官不能在当事人起诉时就去告知其应该依据何种法律起诉，提出何种诉讼请求以及诉讼请求的范围由当事人自己决定。因此，如果面对的是仅仅以宪法条文为依据的诉讼，只能将之拒之门外。那么，这种做法是不是过于坚持法律实证主义的立场，而有违实质正义呢？因为，明摆着侵犯基本权利的事实发生了，而法院却不予救济，这不是使宪法上的基本权利条款成为具文了吗？而且，这不也使宪法的权威和人民对法治的信仰丧失殆尽了吗？针对这种想法，本书欲做更深一层次的论证，从另一个角度来证成本书的上面的结论，即从司法有限性的角度以观之，法院不能受理仅依宪法之诉。

---

[1] 《民法总则》第1条：为了保护民事主体的合法权益，调整民事关系维护社会和经济秩序，适应中国特色社会主义发展要求，弘扬社会主义核心价值观，根据宪法，制定本法。1986年《民法通则》第1条：为了保障公民、法人的合法的民事权益，正确调整民事关系，适应社会主义现代化建设事业发展的需要，根据宪法和我国实际情况，总结民事活动的实践经验，制定本法。1997年《刑法》第1条：为了惩罚犯罪，保护人民，根据宪法，结合我国同犯罪作斗争的具体经验及实际情况，制定本法。1990年《行政诉讼法》第1条：为保证人民法院正确、及时审理行政案件，保护公民、法人和其他组织的合法权益，维护和监督行政机关依法行使行政职权，根据宪法制定本法。

[2] 处分原则在诉讼中具体体现为以下方面：(1)民事诉讼只能因当事人行使诉权而开始，因当事人自主的撤诉行为而结束。“不告不理”原则就是处分原则的体现。(2)诉讼程序开始后，原告可以放弃诉讼请求或者变更诉讼请求，被告可以承认、反驳诉讼请求；有权提起反诉；双方可以自行和解，也可以提请调解，并在人民法院的主持下达成调解协议。(3)提出何种诉讼请求以及诉讼请求的范围由当事人自己决定。参见张卫平：《民事诉讼处分原则重述》，载《现代法学》2001年第6期。

(一)"诉讼闸门"与司法的有限性

当某个具体争议的权利义务关系无法通过特定部门法予以确认时,法院不能仅仅依据宪法上有抽象规定就对这一抽象规定加以解释而受理该纠纷并进而以其对宪法的解释来判决。申言之,没有部门法依据的"纠纷"是不能成为司法救济的对象的,是"非司法救济纠纷"。这是因为,司法并非万能。

现代民主法治国家,无一不对国家权力进行立法、行政和司法的划分,分权与制衡,既各自为政,也互相牵制。立法由民意代表机关行使,是最大多数民意的体现;行政由民选机构来执行立法,也是民意的体现;司法是职业化的权力,专业倾向胜过民意,可以防止"多数暴政"。司法是法律的执行者,所谓"司"即"掌管""执行"之义。在"宪法司法化"的呼声下,似乎由于法院不能直接依据宪法来审判案件导致法院将很多本应该得到宪法救济的案件排除在法院的大门之外了。其实,这是对法院的误解。

因为在司法理论和司法制度设计上,法院应该受理哪些案件,应当拒绝哪些案件应当依据法律的规定而定。如果法院能够仅仅依据宪法来解决纠纷的话,那么就意味着法院面对任何起诉都必须受理,因为从理论上讲,整个国家、社会和个人的方方面面的事情都是可以在宪法上找到依据的。那么,"诉讼闸门"大开,法院将面临"不能承受之重"。而且,更严重的是,司法将侵蚀立法和行政权力,导致"法官国家"的出现。比如,如果当事人仅仅能够依据《宪法》第 33 条规定的"公民在法律面前一律平等"来起诉的话,那么在当下中国社会,就会有无法计数的"案件"涌向法院,如地域歧视、男女不平等、城乡差别、就业限制等。甚至会有人到法院说:"为什么别人不劳而获,而我劳碌终身却穷困潦倒? 不是说法律面前人人平等吗?"显然,这种问题是滑稽的,因为这歪曲了平等的含义,其本质在于主张实质平等,而实质平等无异于"大锅饭",那是"共产主义的事业"。所谓"公民在法律面前一律平等"指的是机会上的平等,如非特定行业就业限制身高,非党群机关招考公务员要求必须是中共党员等。

(二)宪法的高度抽象性与吸纳性

当然,有人或许会问,如果是基于上述机会不平等而诉至法院的案件,法院应当受理吗? 对此,本书还认为,如果这种基于机会平等的案件没有现行基本法律的支撑的话，还是不能受理，因为法院不能仅仅依据宪法受理案件。如此，对于这类案件的救济只能通过修法或立法程序来实现，当然如果可能也可以通过司法解释的形式来实现。

实际上，司法只是最大限度严格依据制定法来解决法律纠纷的适用法律机关而已，其法律专业秉性和"不告不理"的被动姿态，证明其不是所有政治、经济、社会和道德伦理问题的全部战场和解决机制。而宪法恰恰又是整个国家、社会和道德的综合体，其涵盖的是政治生活、经济生活、社会生活及道德伦理判断等方方面面，因此试图将整个宪法的问题都诉诸法院，那只是"道德理想国"，必将会"覆灭"。现代国家的治理或者存在是一系列制度和价值的综合体存在，绝非任一单一体系或机制就能解决一切问题，比如政治的问题是通过民意机关的辩论和投票，社会问题是通过广泛的民调或协商，法律问题是通过法院的专业判断等。因此，我们必须承认司法的限度、节制的司法。而且，中国不是德国，也不是美国，中国司法的威望和作用还远远不能支撑司法扩张的梦想。因此，在司法的有限性与宪法的高度抽象性和吸纳性这一对矛盾的张力中，司法必须保持克制，仅以宪法为依据的案件应拒于法院门外。

三、与基本法律"合成"之直接宪法援引

通过对法条原理的分析和司法性质的解析可证立，法院客观上无法裁判仅依宪法条文之诉。那么，对于侵害宪法基本权利的案件民事诉讼上又如何保护呢？其实，在这种所谓的"疑难案件"中，关键的问题不是是否要直接引用宪法条文，而是如何解释宪法，通过解释宪法来进一步明确部门法的规则的含义和可适用性。宪法不是作为法律权威或者渊源来援引的，而在于法律解释中必须被考虑的，并作为法律推理和法律解释的最终依据。法官援引宪法是出于解释部门法的需要，而不是为了援引而援引。

诚如本书第三章第一节的分析，在"齐玉苓案"中，齐玉苓的受教育权被侵害是一个不争的事实，因为本案绝非单纯的姓名权侵害。但由于受教育权是宪法基本权利，不能在民事裁判中直接援引，侵权法无法对其加以保护，且民法之外的法律也不能完全解决本案纠纷。职是之故，欲使得受教育权能够在侵权法上得到保护，就必须将受教育权解释为一种民法上的权利，在民法上

为其找到一件权利的“外衣”,而这件为受教育权量身定做的民事权利“外衣”就是民法上的一般人格权,其依据为《民法通则》第106条第2款。

通过上述案件的分析,本书重申,仅依宪法条文之诉不得受理、无法裁判;宪法条文为不得已而适用之,其方法应当是通过民法的概括条款而适用之,因此宪法条文必须结合民法方能适用。那么,接下来的问题就是,此种适用在裁判中如何表现,因为毕竟依现制,民事裁判是不能援引宪法条文的。于是,本书接下来的问题便要寻找民事裁判直接援引宪法的依据。而此须从法院适用法律就必须解释法律的属性入手,因此这是一个法院解释宪法的问题。

第三节 法院能否解释宪法

以基本权利为基础的宪法解释的前提是法院能够解释宪法,那么,在我国现行法制架构下,我国法院能否有权力解释宪法呢?要回答这一问题,我们不能只从各种各样的抽象法理去探寻,而应该诉诸现有的法制。依现制,我国全国人大常委会和最高人民法院都有权力解释法律,且宪法只明确赋予全国人大常委会宪法解释权,而在司法实践中,我们往往发现最高人民法院及其下级法院也在经常解释宪法,如上述列举案件中,各审理法院也在适用宪法和解释宪法,那么已经发生的这些法院解释宪法的情形是否有宪法和法律依据呢?如果其有依据,那么现存的全国人大常委会的宪法解释和人民法院的宪法解释两者又有何区别呢?

一、全国人大常委会的宪法解释权

(一)专属性

我国《宪法》第67条第1款规定,全国人民代表大会常务委员会解释宪法,监督宪法的实施。这就表明,解释宪法、监督宪法实施是全国人大常委会的一项权力,也是一种责任和义务,不得放弃、不得转让。为什么会有如此判断呢?有关此点,须从宪法所设计的国家权力架构及全国人大常委会的性质两方面回答。

现代国家权力配置无不实行分权原则，我国从古到今皆是如此，传统的“三公九卿”“兵、刑、礼、户、吏、工”（六部）也皆是国家权力分配给不同机关的体现。在当代中国宪法架构下，立法权、国家领导人的选举权和对其他国家机关的监督权属于全国人大及其常委会，行政权属于国务院，体现国家主权代表的权力属于国家主席，军事权属于中央军事委员会，司法审判权属于法院及检察权属于检察院等。这些权力的配置是由于各个国家机关不同的性质而决定的。

全国人大常委会是全国人大的常设机关，而全国人大又是最高民意代表机关，宪法又是人民意志的集中体现，故当然应该由全国人大来行使宪法解释权，始能使宪法时时刻刻代表民意。但由于全国人大并非常设机构，每年开会时间很短，散会后大部分代表“各回各家”，而宪法解释却可能时常存在，因此，宪法将宪法解释权赋予全国人大的常设机关——全国人大常委会。由此可见，宪法赋予全国人大常委会的这项职权，是由其自身性质决定的，而其他的任何国家机关又不具有这一性质，所以全国人大常委会的这项职权是不能转让的。宪法解释权属于全国人大常委会还意味着，当宪法需要解释的时候，全国人大常委会就应当“义不容辞”“铁肩担道义”来行使其职权，而不能推诿。

（二）排他性

对《宪法》第 67 条须认真理解，该条是全面规定全国人大常委会职权的条文，采取的是列举式的方式，其意蕴有三点：

1. 由于全国人大常委会是国家最高权力机关的常设机构、办事机构，承担着复杂的权力控制和社会监管职责，而且此种权力庞杂、繁多，如果不将其类型化，在实践中权力的拥有者往往难以操作。从科学史上来看，类型化的思想方法一直广受青睐，在数学上类型化思想方法与函数、几何及排列组合等诸种思想方法具有同等重要的地位。类型化有益于建立规则，有益于操作。这与普遍的法律规则体系建立是一样的道理，现在的“六法”不正是从古老的“民法”解体出来的吗？近代部门法运动如此，近代部门法的法典化运动同样如此，比如民法通过法典化构建的“总则—物权—债权—亲属—继承”，实际上也就是将各种法律关系类型化的结果，从而使民法典具有可接近性。

2. 明确列举权力也就意味着对权力享有者的限制。《宪法》明确规定全国人大常委会行使“这些”职权,也就限制了其行使“那些”职权的可能性。全国人大常委会虽然是国家“最高权力机关”的常设机关,但其并非拥有“除了把男人变成女人和把女人变成男人”之外所有的权力。[1]“绝对权力意味着绝对腐败”的规训警示我们,议会——全国人大及其常委会的权力同样要受到《宪法》的限制。总之,列举式的授权是一种限制性的授权,其与定义式的授权是截然不同的,因为定义式的授权留给解释上的是无限的“遐想”。

3. 列举式的授权也就意味着专有性的授权。《宪法》明确将宪法解释权赋予全国人大常委会,就是否定了任何其他机关具有分享这种权力的可能,这与《宪法》肯定人民法院拥有审判权与否定其他任何机关拥有审判权是一样的道理。由此可见,宪法中肯定性的赋权往往要从否定性的角度才能看得更清楚。从语义学上讲,肯定性的用语与其说要肯定其欲肯定的内容,不如说其欲否定其所欲否定的其他内容。正因如此,如果从否定性的角度来理解肯定性的表述,更加能够周全地理解肯定性语词真正界定的内涵和指向的外延。

因此,宪法以明确肯认的方式赋予全国人大常委会解释宪法的权力,就明确否认了其他机关具有全国人大常委会解释宪法意义上的宪法解释权,包括最高人民法院和最高人民检察院。

(三)宪法解释与法律解释

《宪法》第 67 条在赋予全国人大常委会宪法解释权的时候还赋予全国人大常委会法律解释权(本条第 4 款),《立法法》对这一法律解释权有着更细化的规定。《立法法》第 45 条规定:“法律解释权属于全国人民代表大会常务委员会。法律有以下情况之一的,由全国人民代表大会常务委员会解释:(一)法律的规定需要进一步明确具体含义的;(二)法律制定后出现新的情况,需要明确适用法律依据的。”同法第 50 条规定:全国人民代表大会常务委员会的法律解释同法律具有同等效力。由此可见,《宪法》第 67 条

---

[1] 这句话常用来形容英国议会至上整体性议会绝对权力体制。参见强世功:《立法者的法理学》,三联书店 2007 年版,第 152 页下注释 12。

第4款赋予全国人大常委会的法律解释权是一种“立法解释权”，与正式立法并无二致。此与《宪法》第67条第3款规定的“在全国人民代表大会闭会期间，对全国人民代表大会制定的法律进行部分补充和修改，但是不得同该法律的基本原则相抵触”相符合，因为从举重明轻的法律推理规则来看，既然全国人大常委会可以“补充”和“修改”全国人大制定的法律，其当然就能够解释全国人大制定的法律；并且既然其能解释全国人大制定的法律，其当然也就能解释自己和其他机关制定的法律。所以，全国人大常委会的法律解释权是最广泛的法律解释权，并且是可以“修改法律”的“解释”，与立法地位等同。诚如强世功所言，“这意味着全国人大常委会不仅具有制定‘法律’的权力，而且通过‘解释法律’分享了宪法上赋予全国人民代表大会制定‘基本法律’的权利”。[1] 但是，同为“解释”，此种法律解释的含义能否类推宪法同条规定的宪法解释呢？因为，既然全国人大常委会能够借法律解释之名分享全国人大的法律制定权，那么其是否能借宪法解释权，而来分享全国人大的宪法修改权呢？

答案显然是否定的，因为在此我们不能采取解释学上的“类推适用”，而依现制，我们是无法找到依据的。《立法法》第2条就明确规定：“法律、行政法规、地方性法规、自治条例和单行条例的制定、修改和废止，适用本法。国务院部门规章和地方政府规章的制定、修改和废止，依照本法的有关规定执行。”可见，制宪不同于一般立法。《立法法》不规定制宪的问题，是因为其无权规定。制宪是一项立国的政治活动，立法机关的合法性来自宪法，宪法的修改权限只能根据宪法本身的规定来决定，依宪法所创设的立法机关本身不可能创设宪法，如我国《宪法》第62条规定全国人大的职权中仅有修改宪法，而无制定宪法的权力。立法意义上的法律解释意味着可以修改法律，而宪法解释不是立法意义上的宪法解释，宪法解释不能修改宪法。由此可见，宪法解释只是纯粹的解释。

(四)宪法解释=合宪性审查？

全国人大常委会的宪法解释权具有专有性和排他性，并且其不同于法律解释，那么其具体的内涵又是什么呢？实践中是如何操作这种宪法解释

---

〔1〕 强世功：《立法者的法理学》，三联书店2007年版，第158页。

权的呢?

《宪法》第67条第1款规定:全国人大常委会解释宪法,监督宪法的实施。从这一表述我们不难发现,“解释宪法”并不是一项独立的职权,而是和“监督宪法的实施”紧密联系在一起的。关于这一点,我们可以从同条第2款关于法律解释的规定看出,因为第2款关于法律解释的规定就是单独规定的。从句法来分析,不难理解“解释宪法,监督宪法的实施”,其中,“解释宪法”是为了“监督宪法的实施”,质言之,“解释宪法”是“监督宪法的实施”的一种手段,“解释宪法”从属于“监督宪法的实施”。[1]

而对于“监督宪法的实施”,根据《宪法》第67条的授权,主要有两种方法:第一种为法律监督;第二种为工作监督。[2] 根据同条第7款、第8款的规定,全国人大常委会有权撤销国务院制定的同宪法、法律相抵触的行政法规、决定和命令;撤销省、自治区、直辖市国家权力机关制定的同宪法、法律和行政法规相抵触的地方性法规和决议两项。这两款实际上就是赋予全国人大常委会行使违宪审查权,即如果“下位法”违反了宪法,就是无效的。而如果要判断“下位法”是否违宪,就必须解释宪法,从宪法本身寻求“下位法”违宪的依据。

而对于工作监督,主要是指其他国家机构对宪法理解存在分歧时,需要提请全国人大常委会依据《宪法》作出最终解释,实际上就是最终裁决。典型的如全国人民代表大会常务委员会《关于加强法律解释工作的决议》(1981年)第2项规定:“凡属于法院审判工作中具体应用法律、法令的问题,由最高人民法院进行解释。凡属于检察院检察工作中具体应用法律、法令的问题,由最高人民检察院进行解释。最高人民法院和最高人民检察院的解释如果有原则性的分歧,报请全国人民代表大会常务委员会解释或决定。”另外,全国人大常委会也曾应香港特别行政区政府邀请,就香港特别行政区政府与香港特别行政区终审法院对《香港特别行政区基本法》理解

---

[1] 有关此点的详细论述,参见强世功:《立法者的法理学》,三联书店2007年版,第162~165页。

[2] 参见王力群:《中国宪政体制和人大监督》,载《人大研究》2002年第8期。

分歧而对宪法性的法律——《香港特别行政区基本法》作出解释。[1]

由此可见,全国人大常委会的宪法解释权从属于其监督宪法实施的任务,宪法解释有两重含义:一是否认“下位法”因违宪而无效;二是对其他国家机关理解宪法及宪法性法律发生争议而为最终裁决。

二、最高人民法院的宪法解释权

(一)法院解释法律

法律被解释,方能适用,作为法律适用机关的法院必须要解释法律才能作出判决。因此,《人民法院组织法》第 18 条规定:“最高人民法院可以对属于审判工作中具体应用法律的问题进行解释。”全国人民代表大会常务委员会《关于加强法律解释工作的决议》(1981 年)第 2 项规定:“凡属于法院审判工作中具体应用法律、法令的问题,由最高人民法院进行解释。凡属于检察院检察工作中具体应用法律、法令的问题,由最高人民检察院进行解释。最高人民法院和最高人民检察院的解释如果有原则性的分歧,报请全国人民代表大会常务委员会解释或决定。”2007 年最高人民法院《关于司法解释工作的规定》第 2 条规定:“人民法院在审判工作中具体应用法律的问题,由最高人民法院作出司法解释。”第 3 条规定:“司法解释应当根据法律和有关立法精神,结合审判工作实际需要制定。”第 5 条规定:“最高人民法院发布的司法解释,具有法律效力。”[2] 由上述规定可知,法院拥有对法律的解释权,应无疑义,但此种解释是在具体适用法律过程中,通常也就是在审判活动中就法律的具体运用而为的解释,比如就特定法律概念而言,解释什么是民事权利,什么是法律行为,什么是违法性等。此种法律解释是具体

---

〔1〕 参见全国人民代表大会常务委员会《关于〈中华人民共和国香港特别行政区基本法〉第五十三条第二款的解释》(2005 年 4 月 27 日第十届全国人民代表大会常务委员会第十五次会议通过)。

〔2〕 根据最高人民法院《关于司法解释工作的规定》第 5 条的规定,最高人民法院的法律解释与法律具有同等效力,那么实际上最高人民法院就在此为自己创设了立法权:与法律效力等同的法律解释 = 立法。这显然违背了宪法所设定的在全国人大之下的严格分权架构,是最高人民法院作为司法机关对立法机关立法权的僭越。但在中国实际的司法运作中,最高人民法院的司法解释又确实是作为法律依据在适用。这就是中国法制/法治的悖论。实际上,依《立法法》第 50 条规定,只有全国人民代表大会常务委员会的法律解释才同法律具有同等效力。

解释,而非全国人大常委会那种抽象意义的法律解释。但是,诚如前述,这种法律解释权是否包含对宪法的解释?

对此一问题,从形式上来看,答案是否定的。首先,根据宪法规定,宪法不是法律,因为在宪法中,关于宪法的问题和关于法律的问题从来就是分开规定,如《宪法》第 62 条与《宪法》第 67 条皆是如此。宪法与法律有不同的本质、使命、效力、制定和修改程序等。其次,最高人民法院曾经两次颁布司法解释,认为法院不能以宪法作为裁判的依据。[1] 既然宪法不是法律,那么法院的法律解释权就不能覆盖宪法;既然最高人民法院明确了宪法不能在裁判中引用,那么就说明法院无须依据宪法裁判,也自然就无须在裁判中解释宪法。事实果真如此吗?

从事实层面观之,答案是否定的。因为,在法院的审判实践中,解释宪法的先例已经很多,从最高人民法院到各级法院,从《雇工合同案批复》、《受教育权案批复》到"宪法自由权第一案"判决等,我们都发现法院在解释宪法,在"齐玉苓案"的终审判决中,我们还发现法院直接引用了宪法。那么,对这种司法实践与我们从法律形式推理得出的结论之间的矛盾该如何解释呢?

(二)解释法律必然解释宪法

《宪法》"序言"最后一段规定:

> 本宪法以法律的形式确认了中国各族人民奋斗的成果,规定了国家的根本制度和根本任务,是国家的根本法,具有最高的法律效力。全国各族人民、一切国家机关和武装力量、各政党和各社会团体、各企业事业组织,都必须以宪法为根本的活动准则,并且负有维护宪法尊严、保证宪法实施的职责。

《宪法》第 5 条规定,一切法律、行政法规和地方性法规都不得同宪法相抵触。这是宪法"根本大法"和具有"最高法律效力"的宪法依据。对于如何理解宪法这一根本大法的地位,宪法的奠基者毛泽东从宪法与其他法律的关系角度予以理解,他将宪法比喻为"母法",将其他法律比喻为"子

[1] 参见前文对 1955 年《刑事判决不宜援引宪法复函》和 1986 年《引用法律规范性文件的批复》(已废止)的分析。

法”。母为子之渊源，宪法位于法律位阶的金字塔顶，其下是万千普通法。是以，整个国家的法律体系得以宪法为顶端，形成“金字塔”式结构，这也正是凯尔森意义上法律规范的严格分层理论体系。在这一规范体系中，宪法是所有法律、法规、规章和地方法规、法令等的终极渊源和依据。这些宪法之下的法律依据宪法而制定，如宪法规定了审判权，《人民法院组织法》、“三大诉讼法”及《法官法》、《检察官法》等就将审判权落到实处，变成可操作的规则。宪法规定了受教育权，就有了《教育法》、《高等教育法》和《义务教育法》等将公民受教育权落到实处的操作规则。对于这一母子关系，强世功有更精彩的描述：

> 在这样的“母子关系”中，我们一方面可以看出宪法的血液已经流淌在了这些具体的法律和法规之中，另一方面，这些具体的法律法规反过来又为“母法”的血液赋予了活生生的骨肉。没有宪法，就不可能有法律法规，同样没有这些法律法规，宪法也就成了没有生命延续的僵尸教条。[1]

从此意义角度观之，宪法与法律具有同质性，宪法是抽象的价值和宏观的方针，法律法规等是具体的规则和微观的指南。比如《宪法》第 13 条规定：公民的合法的私有财产不受侵犯。于是，我们制定了《民法通则》《物权法》《担保法》《农村土地承包法》《合同法》等来保护公民的私有财产。《宪法》第 37 条、第 38 条规定了公民的人身自由和人格尊严，《民法通则》、《消费者权益保护法》《精神损害赔偿解释》对其予以了细化等。因此，从此一角度观之，比如当法院在适用《民法通则》第 106 条第 2 款及《精神损害赔偿解释》第 1 款第 3 项的规定来保护公民的人格尊严（权）的时候，就必然会涉及人格尊严的内涵、价值等进行解释，而其解释的最高根据就是宪法所规定的基本权利。而这一宪法上的根据本身就是最好的理由，而这一解释本身就是对《宪法》第 38 条的解释。因此，不得不承认，法院在解释依据宪法而产生的法律时，其实就是在具体适用中解释宪法，即使在很多情况下法院不是如上例中这样解释，也是一种“隐含”的宪法解释，因其所解释的具

---

〔1〕 强世功：《立法者的法理学》，三联书店 2007 年版，第 172 页。

体法律、法条就是宪法中某一规定的具体化。所以,客观来看,法院适用法律不解释宪法是不可能的。[1]

但是这种解释也要区分直接解释和间接解释两种情况。所谓的直接解释,就是指具体法律并没有制定出来,使实践中需要保护的利益没有明确的具体法律依据,那么法院就需要借助已经制定出来的法律中类似条款或者概括条款,进行"类推适用"或"价值填充"。对此一问题,典型的就是1988年《雇工合同案批复》。在案发当时,我国尚未制定《劳动法》,对于此类格式条款的效力没有明确的法律规定其无效,但显然,这种格式条款是有违一般社会正义的,必须从法律上予以否定。于是,法院遇到了找法的困难。最高人民法院于是从《民法通则》第58条第1款第2项的"违反法律或者社会公共利益的法律行为无效"这一规定入手,认为本案中的这一格式条款违反了宪法保护劳动权的规定,并且由于违反了宪法保护劳动权的规定,因此也就违反了公共利益,因而这一格式条款是无效的法律行为。从此一推理过程不难看出,最高人民法院是借用了"概括条款",运用了"价值填充"的办法,直接解释宪法。同样,最高人民法院关于"齐玉苓案"的《受教育权案批复》也属于这种直接解释宪法的情况。

所谓的间接解释就是宪法中规定的基本权利义务在具体法律中已经有了规定,法院在适用具体法律的时候直接适用就行,这是法律适用的常态,无须例证,自可明了。当然,一般的做法是,在这种情况下,法院根本就无须引用宪法来解释,只是依据具体法律就足矣。但是,正如任何的法律都是一定价值的承载,任何的判决也都是代表一定的价值取向,具体案件的裁判不可能不充盈着利益衡量和价值判断,法官在适用法律时必然需要考量其所

---

[1] 在此意义上,即学者所谓的法律解释层面之合宪性解释;我国学者对于"合宪性解释"的理解,主要分为法律解释层面的合宪性解释与违宪审查层面的合宪性解释。法律解释层面的合宪性解释是指"我国各级人民法院在对个案裁判所适用的法律进行解释时,当将宪法原则和精神纳入考量范围",违宪审查层面的合宪性解释指"违宪审查机构在作立法审查时须尽量寻找系审立法的合宪性解释空间,以在最大限度上避免作出损害立法权威的违宪判断"。参见黄卉:《合宪性解释及其理论检讨》,载《中国法学》2014年第1期;柳建龙:《合宪性解释的本相与争论》,载《清华法学》2011年第5期;王书成:《论合宪性解释方法》,载《法学研究》2012年第5期。梁慧星教授早在1993年对此有所论述,认为"合宪性解释,即依宪法及阶位较高的法律规范解释阶位较低的法律规范的一种法律解释方法"。参见梁慧星:《论法律解释方法》,载《比较法研究》1993年第1期。

适用的具体法律的价值，而法官在裁判时所考量的这种价值在法治秩序下就应是宪法所确立的价值，或者应当以宪法所确立的价值为价值冲突的判断标准。因此，此种意义上的裁判亦是间接适用了宪法，间接解释了宪法，“自由心证”亦难逃宪法价值圭臬。

比如，在“世纪星源案”中，判决中认定：新闻媒体“有权报道、评论，维护国家的经济秩序和社会稳定”，并且认为：

> 新闻侵权作为一般的侵权案件，但又具有特殊性。它涉及个人利益、社会公共利益两种不同利益的冲突与对抗，不可避免地产生保护公民、法人的名誉权、隐私权和新闻媒体的社会使命的矛盾。人民法院必须兼顾公民、法人的合法权利的保障与新闻媒体所承担的宪法责任顺利实现的平衡。

由此可见，在本案中，判决这一说理部分虽然没有引用言论自由的宪法原文，但实际上已经解释了这一规定的具体内涵和外延了。在这一价值判断过程，宪法上言论自由承载的价值已经主导了法官的“自由心证”了。

因此，上面的论证表明，法院在判决中是否需要引用宪法条文不是一个具有实质意义的问题，充其量只是一个判决书制作格式的问题，是一个技术上的“表面文章”问题。实际上，在中国的司法实务操作上，法官的详细推理依据和推理过程往往不是写在判决书上，而通常是以“审理报告”的形式作为判决的“副卷”不予公开。

（三）判决应如何引用宪法

2016 年 6 月 28 日，《民事裁判文书制作规范》在第 7 项“裁判依据”第 4 款中明确规定：“裁判文书不得引用宪法和各级人民法院关于审判工作的指导性文件、会议纪要、各审判业务庭的答复意见以及人民法院与有关部门联合下发的文件作为判决依据，但其体现的原则和精神可以在说理部分予以阐述。”这是最高人民法院自 1955 年《刑事判决不宜援引宪法复函》（已废止）及 1986 年《引用法律规范性文件的批复》（已废止）后，首次对判决能否引用宪法的问题，作出正面、明确的规定。尽管 2009 年《裁判文书引用规范的规定》第 1 条对于裁判依据有所表述，即“应当依法引用相关法律、法规等规范性法律文件作为裁判依据”，但表述似乎依然暧昧。最高人民法院法官在《裁判文书引用规范的规定》的理解与适用中对“关于引用宪法规定的问题”进行了特别说明,认为《裁判文书引用规范的规定》第1条的含义有两点:“一是人民法院裁判文书应当引用规范性法律文件作为裁判依据;二是引用规范性法律文件范围限于法律、法规等范围,不包括宪法在内,这与立法规定是一致的。”[1]

既然法院必须解释法律才能裁判,既然解释法律就必然解释宪法,那么又如何理解在裁判中不能引用宪法条文呢?即现实的问题是,我们应如何正确理解《民事裁判文书制作规范》关于“不得引用宪法”的规定?

《民事裁判文书制作规范》为最高人民法院发布的通知,依据2007年最高人民法院发布《关于司法解释工作的规定》第6条规定:“司法解释的形式分为‘解释’、‘规定’、‘批复’和‘决定’四种。”此通知及通知下的文件并不属于司法解释,其性质应属于其他“司法文件”,[2]并不具有法律效力,仅是对于法院民事裁判文书制作工作的技术性规范,而非对于法院是否能够引用宪法这一问题的价值判断。依法理而视,这一最高人民法院制定的技术性规范文件,无权规定宪法的适用性问题。退而言之,法院在判决中援引宪法与适用宪法之间并无必然联系,[3]即使其后有法院在判决书中引用宪法作为裁判依据,依据文件的性质宜定性为制作不当,而非适用错误。

即便如此,本书仍然认为,法院不能直接援引宪法条文并不意味着法院不能解释宪法,在法律解释方法论层面,解释宪法是必然的。而且对于法院不能直接援引宪法这一问题我们应该做更具体的探究。依前述法理,法院判决不解释宪法诚属客观不能,而是否援引宪法条文又仅仅只是一个判决书制作格式问题,因此不能援引就无须援引,并且,不援引也无伤大雅。格式焉能伤及内容?但是,有人马上会反驳“不援引宪法,又如何解释宪法?”对此一问题的回答,取决于我们如何理解我国司法实践中的裁判文书中的

---

[1] 参见吴兆祥:《〈关于裁判文书引用法律、法规等规范性法律文件的规定〉的理解与适用》,载《人民司法·应用》2009年第23期。

[2] 类比有学者对2012年《地方法院不得制定司法解释通知》的分析,认为此通知并不属于司法解释,而属于其他“司法文件”,因此并不具有法律效力。参见黄金龙:《“规范性文件”的法律界定及其效力》,载《中国法学》2014年第7期。

[3] 参见童之伟:《宪法适用应依循宪法本身规定的路径》,载《中国法学》2008年第6期。

“援引”,即怎样的“援引”才是真正的“援引”。为此,我们需要探寻我国判决书等的行文格式,从此种文书的整体结构中理解何为“援引”。

我国裁判文书的格式一般由标题、正文、落款三部分组成。其中正文包含了当事人的基本情况、委托诉讼代理人基本情况、当事人诉讼地位、案件由来和审理经过、事实、理由、裁判依据及判决主文八个部分,是典型的“八股文”写法。在这几部分之中,所谓的规范援引一般是指在裁判依据这一部分所表现的规范,即具体是哪些条文。[1] 例如,“齐玉苓案”判决中这部分就是:“根据《宪法》第 46 条,《教育法》第 9 条、第 81 条,《民法通则》第 120 条、第 134 条和《受教育权案批复》,终审判决此案……”如果法院在判决书中的“本院认为”,即理由部分引用宪法,是否有不妥呢?本书上面的论证已经指出,作为判决理由,法院引用宪法论证,无可否非,因为宪法本身就是最高的价值判断,宪法本身就是最好的说理证据,我们的法院在“引经据典”时有什么理由放弃这种最好的证据呢?质言之,法院在“本院认为”——判决理由这一关键环节中,没有必要“雪藏”《宪法》这部“圣经”。并且,这与最高人民法院规范裁判文书制作中,虽否定宪法作为裁判依据,“但其体现的原则和精神可以在说理部分予以阐述”不谋而合,从这个意义上来讲,回溯到“工伤概不负责案”的判决书的处理就较为妥当。该调解在理由部分写道:[2]

> 我国《宪法》明文规定,对劳动者实行劳动保护。这是劳动者所享有的权利,受国家法律保护,任何个人和组织都不得任意侵犯。被告张学珍身为雇主,对雇员理应依法给予劳动保护。但她却在招工登记表中注明:“工伤概不负责。”这是违反宪法和有关劳动法规的,也严重违反了社会主义公德,属无效民事行为。

---

〔1〕 有学者将我国司法判决书中引用宪法规范的形式进行了小结,认为主要有三种情形,第一种情形为宪法规范出现在当事人的主张中,此与法院裁判观点无直接联系;第二种情形为法院在说理过程中引用宪法规范;第三种情形为以宪法规范作为裁判依据的适用。通常所谓的“援引宪法”即为援引宪法作为裁判依据。参见冯健鹏:《我国司法判决中的宪法援引及其功能——基于已公开判决文书的实证研究》,载《法学研究》2017 年第 3 期。

〔2〕 参见“张连起、张国莉诉张学珍损害赔偿纠纷案”调解书。

该判决在“调解依据”部分写道：

> 依照《民法通则》第 106 条第 2 款的规定，被告由于过错侵害了张国胜的人身安全，应当承担民事责任。依照《民法通则》第 119 条的规定，被告应承担赔偿张国胜死亡前的医疗费、家属误工减少的收入和死者生前抚养的人的生活费等费用。

虽然，该调解在理由部分没有指出宪法中的具体条文，即第×条，但这已经是无须指明的问题了，因为翻翻宪法就知道劳动权是《宪法》第 42 条规定的公民的基本权利的一种。当然，从裁判文书的严肃性和精确性来讲，在理由中的“本院认为”部分直接写出宪法条文更为妥当。质言之，如此操作使得宪法不是作为单独的规范来援引，而是作为解释民法——部门法的一种手段而出现在判决中的。从这个意义上来讲，“齐玉苓案”的判决书中的裁判依据部分直接援引宪法就是违反《刑事判决不宜援引宪法复函》和《引用法律规范性文件的批复》的做法，是该终审法院知法违法的表现。

上述论证表明，法院裁判实际上已经直接或间接地解释了宪法并运用了宪法，并且这种运用并不与最高人民法院前述两项否定在裁判中直接援引宪法条文相冲突，因为判决理由部分的援引不等于判决依据部分的援引，而最高人民法院否定的恰恰是在裁判依据部分的援引。

(四)最高人民法院统一宪法解释权

通过上面的论证可以发现，法院不得不解释法律，否则“徒法不足以自行”，法律将无法适用；而因法律是宪法的具体化，解释法律就在解释宪法，所以法院在适用中解释宪法是必然的，也是宪法赋予其审判权的题中应有之义。并且，根本如上分析，法律在判决书的裁判依据部分不引用宪法，并不等于在“理由”部分不能引用和解释宪法。所以，法院在民事裁判中解释宪法和引用宪法都是没有任何法制障碍的。但又由于我国幅员辽阔，纵向看存在基层法院—中级法院—高级法院—最高人民法院四级法院，且横向看存在军事法院、铁路法院等专门法院。无疑，不管法院级别如何，不管属性如何，都是法院，那是不是所有的法院都可以享有宪法解释权呢？更进一步探究，是不是所有的法院都应该享有宪法解释权呢？

依现制，照前述分析应予肯认，在解释规则的范畴内，所有的法院都享有宪法解释权,实践中各个级别的法院都有解释宪法的先例。[1] 因为,法院解释宪法是从属于法院在具体审判案件中解释法律,解释法律就会解释宪法,因此,不解释宪法其无法裁判。但是,这只是从应然的角度得出的分析结论。依我国的现制和实际国情,对这一问题应予以否定回答,即宪法解释应该由最高人民法院统一行使。

《人民法院组织法》第18条规定:"最高人民法院可以对属于审判工作中具体应用法律的问题进行解释。"全国人民代表大会常务委员会《关于加强法律解释工作的决议》第2条规定:"凡属于法院审判工作中具体应用法律、法令的问题,由最高人民法院进行解释。"最高人民法院《关于司法解释工作的规定》第2条规定:"人民法院在审判工作中具体应用法律的问题,由最高人民法院作出司法解释。"由此可见,凡具体引用法律、法规等有异议的,都应由最高人民法院统一作出司法解释,而且根据最高人民法院《关于司法解释工作的规定》第5条的规定:"最高人民法院发布的司法解释,具有法律效力。"如此,便能够保证法制的统一适用。

之所以做如此制度安排,是由最高人民法院的地位、性质及其能力决定的。《人民法院组织法》第10条规定:"最高人民法院是最高审判机关。最高人民法院监督地方各级人民法院和专门人民法院的审判工作……"作为国家最高审判机关,在其不能直接干涉下级法院裁判,不能领导下级法院的情况下,其行使监督下级法院的办法主要是三种途径:(1)作为高级法院的二审法院;(2)可以通过审判监督程序;(3)通过制定司法解释指导全国审判工作。其中,司法解释是最高人民法院指导下级法院审判最重要的方式,是最能够体现最高人民法院最高司法审判权的砝码。因为,最高人民法院在对法律的理解上比下级法院可能有更大的权威性,因其对法律的理解不仅是基于一种法条的学理理解,而且由于其居于高位总览全局,因而可能更多地从公共政策和政治原则的高度来解释法律。并且,最高人民法院解释法律有一套严格的程序和方法,[2] 如此能够从制度上保证司法解释的正确

---

〔1〕 参见邢斌文:《法院如何援用宪法——以齐案批复废止后的司法实践为中心》,载《中国法律评论》2015年第5期。

〔2〕 参见最高人民法院《关于司法解释工作的规定》。

性和权威性。最高人民法院拥有的这些优势是其他任何下级法院和专门法院所不具有的。

既然最高人民法院司法解释拥有如此权威性,那么作为填补法律漏洞、进行某种意义上“法官造法”的宪法解释来说,就必然要赋予最高人民法院来行使,而不能交给各个具体受案法院来行使。因为,这毕竟是在法律、法规等规定不清楚的情况下,运用宪法解释来补充其不足的创造性司法活动,其对审理法官的要求相对就要高一点。虽然我们不能否认我国相当一些基层法院的法官素质已经得到较大提升,但考虑到如此幅员辽阔的国土上还有众多的法院几乎还没有科班出身的法官这一现状,对于这类创造性司法活动还是不宜全面放开给所有法院行使。

而且,我们必不能忘记,宪法解释不同于一般的法律解释,由于宪法的模糊性和高度盖然性,因此要求比一般法律解释更高超的解释技术。宪法是不完全法条,不是权利义务关系的确定规则,因此如果不将其善加导入具体法律,将可能导致泛宪法诉讼,那后果将不堪设想。并且由于宪法的根本法属性,对其解释更要注意其在全国范围内的普遍适用性。如果对宪法的解释不统一行使,那么就可以“橘生淮南则为橘,橘生淮北则为枳”的尴尬局面,破坏宪法的权威性。基于此,本书认为,法院在遇到要求解释宪法以裁判案件的时候,应根据最高人民法院《关于司法解释工作的规定》第 10 条的规定,基层人民法院和中级人民法院认为需要制定司法解释的,应当层报高级人民法院,由高级人民法院审查决定是否向最高人民法院提出制定司法解释的建议或者对法律应用问题进行请示。在最高人民法院没有下达正式的司法解释之前,不能擅自解释宪法作成判决。

三、二元宪法解释体制的形成及其意义

通过上面的论证,我们发现,在我国现有政治和法制架构下,全国人大常委会和人民法院都拥有宪法解释权。全国人大常委会拥有的宪法解释权是立法性质的解释权和违宪审查性的解释权,全国人大常委会借此可以修改基本法律和撤销基本法律以下的法规、规章等。其实,不管是修改基本法律,还是撤销法规、规章等,都是全国人大常委会行使违宪审查权的体现。但不管是何种违宪审查权的行使,都需要运用宪法来衡量是否应该“修改”

以及是否应该“撤销”？全国人大常委会在这一衡量过程中，就必须解释宪法以达成这一目标。

人民法院在适用法律审结具体案件过程中，在遇到具体法律不能有效判决权利义务关系时，也须用到宪法来填充具体法律，弥补立法之不足，以实现对基本权利的周全保护。在这一过程中，也必须解释宪法。但是，由于宪法解释的严肃性、复杂性，这一任务就应该赋予最高人民法院，因为最高人民法院有能力胜任这一任务。通过如此的制度安排，就在我国现行法制下构筑了两套宪法解释机制：属于违宪审查意义上的宪法解释，由全国人大常委会行使；属于具体引用宪法裁决案件意义上的宪法解释，由最高人民法院以司法解释的方式统一行使。此两套体制各司其职，并行不悖，共同构成我国宪法解释的完整体系。

通过民事裁判实现基本权利，需要宪法解释的机制整合。宪法解释需要从我国现制出发，不能仅仅依据法理的阐述。本章通过运用法条解析的方法，严格以我国现行法为依据，从宪法的非裁判规范属性出发，以法院的宪法解释秉性为终点，论证出在我国存在全国人大常委会违宪审查意义上的宪法解释和最高人民法院具体案件审理意义上的宪法解释两种并行不悖的宪法解释体系。这一体系的构建使基本权利通过民事裁判得以实现，使宪法得以自我实践，使宪法得以丰富发展。通过这种制度构成上的努力，使公、私法得以融通，现在法制/法治更合理，公法吸收私法而更圆融、私法吸收公法而更完善。

第六章　结　论

第一节　观点总结

《宪法》第五次修改以后,宪法的实施将被提高到前所未有的高度。宪法实施有赖于部门法的协力与支撑。我国法治实践中目前的宪法诉讼案件,从宪法内容上看都是宪法上的基本权利诉讼——第二章中的“公民基本权利”;从诉讼方式看,绝大多数是运用民法的民事诉讼——法律行为和侵权之诉。因此,关注宪法运用、关注宪法实施,宜从分析这些涉宪法上基本权利的民事诉讼案件入手,而不必一意诉诸建制及实操上尚属遥期的违宪审查,而使研究陷入法政策呼吁之流弊。这是具体宪法实施的要求,这是整个法学的任务,民法尤其责无旁贷。本书关注的是宪法的民事裁判运用,基本上不涉及对实在法的合宪性审查问题。

中国法律借鉴西洋已久,但至今日更应植根于广阔的中国实践,纯粹的外国法介绍已经显得不与实际合拍。法学研究宜在实证研究本国实务的基础上查明我国法制上的问题所在,然后再作立法、学说与判例的比较借鉴,归纳总结,指导实践。法学的发展有赖于实务与学说的协力,对实务经验的不断总结是学说成长的不竭源泉。只有依托我国法制实务建立起来的学说,以发现中国问题、解决中国问题为导向,才能真正服务于中国法律实践和实现中国法学的主体性或自主性。可喜的是,近年来学界秉持规范解释之宗旨,大兴案例研究之风,尤重对本土判例的研究,使得学术研究更加面向实践,理论与实务共襄法律之发展日盛。

就司法层面的宪法实施而言,宪法基本权利的实现主要通过民事裁判。依靠行政诉讼、刑事诉讼实现宪法基本权利的情形在我国实践中尚不多见。民事诉讼中的基本权利保护有方法和实体两大问题:方法是基本权利第三人效力间接适用理论；实体即可以通过民事裁判实现的主要是平等权、自由权等尚未被基本法具体化的防卫性权利。只有选取可以诉讼的基本权利，并运用民法中的概括条款将其导入，才能建立私法上的妥当规范机制来实现这些基本权利，才能使宪法基本权利之保障在民事诉讼上找到依据。

依据我国现行法律，将涉及基本权利诉讼的案件类型分为基于合法行为侵害基本权利的诉讼和基于不法行为侵害基本权利的诉讼，前者发生在合同领域中，后者发生在侵权领域中，分别涉及法律行为效力的判定和侵权责任构成的判定，如此宪法基本权利诉讼就可转化为民法规范的解释适用问题。基本权利在法律行为领域的实现，主要是通过否定侵害基本权利的法律行为而消极实现，其规范机制应采背俗法律行为无效的方式，而不宜直接将基本权利条文作为一般强制性或禁止性法律规范来否定法律行为效力。此类基本权利一般为劳动权、平等权、婚姻自由、人格尊严及人格自由或人身自由等。基本权利通过侵权机制实现的途径，主要是积极通过一般侵权行为中的后果损害要件——一般人格权损害，即将合适的基本权利解释为一般人格权而得到侵权法保护，如受教育权、性自主权及各种自由权等。人格权具有私法与宪法的双重属性，既是私权，也是基本权利。一般人格权具有开放性和吸纳性，通过一般人格权可以实现私权与基本权利的相互转介。

通过民事裁判实现基本权利需要民事法官解释宪法并引用宪法，为此必须突破现制上《宪法》不能被引用的窠臼。依现制，我国存在两套宪法解释机制：全国人大常委会行使违宪审查意义上的宪法解释，最高人民法院以司法解释的方式统一行使具体案件意义上的宪法解释。全国人大常委会拥有的宪法解释权是立法性质的解释权和违宪审查性的解释权，全国人大常委会借此可以修改基本法律和撤销基本法律以下的法规、规章等。其实，不管是修改基本法律，还是撤销法规、规章等，都是全国人大常委会行使违宪审查权的体现。最高人民法院对宪法的解释是基本权利否定法律行为和通过侵权救济的法制依据。民事判决制作上，宪法条文只作为说理部分之论据而引证解释，不作为裁判部分之裁判依据而引据，如此不仅可恪守宪法不直接作为裁判依据的基本原则，并可防止泛宪法化和宪法庸俗化。

第二节 自我鉴定

学术研究关键在于追求一个“新”字,即原创性(originality),“什么是我的贡献”即是我辈创作时须缠绕于耳并不断反省的问题。研究成果无所创新,意即相较传统无知识增量。然何言创新,从形式言之:观点(auffassung)、资料(literatur)和方法(methode)。从实质言之,大概有如下表现:要么提出了新观点,要么使用了新材料和新方法论证了老观点,要么在新时代激活了老问题。当然,所谓创新皆应囿于特定时空而言,因为法学甚或社会科学皆难谓有普世真理,坚持法学的地方性和历史性似乎相对更安全。而且,所谓创新亦应相对而言,概因对于法学传统知识是难以数理精确计量的,说不定某一位前辈早已在幽暗的远处展示他/她的研究成果,而如今我们却毫无知觉地依然在摆弄着已经被创新过的“创新”。由此亦可言,作者自我陈述创新皆难逃“王婆卖瓜”之嫌,最终的定论将只能由实践和学说作出。

从观点言之,“博士论文首先、必须要有一个命题(thesis),并解决一个问题”。[1] 以此度之,“民事诉讼中的基本权利保护”即是本书基本问题(grunde problem, general issue)或基本观点(grunde meinung, general position)。这是从私法出发研究宪法的进路,而目前的研究倾向于从宪法出发,谓“宪法控制私人行为”“私法的合宪性控制”“基本权利私人效力”等。本题将民事裁判作为基本权利实现的手段,是现实中国法制下的必要选择,凸显私法之中国宪政意义,并由此设计出中国宪法基本权利在现制下的现实操作方法。从具体规范设计来看,尚有以下几点特色:

---

〔1〕 本句原文为:“Your PHD must have a thesis in this sense. It must argue a position.” See Estelle M. Phillips & D. S. Pugh, How to Get A PhD: A Handbook for Students and Their SuPervisors, Open University Press,1994 ed. (Second Edition),p. 42。该书系统了论述了西方对博士论文及如何获得博士学位其他方面的要求。本书已有中译本,参见[英] E. M. 菲利普斯、D. S. 普夫:《如何获得博士学位》,黄静、姚一建译,中国农业出版社1996年版。

1. 最高人民法院1988年《雇工合同案批复》将宪法基本权利规范作为《民法通则》第58条第1款第5项前段意义上的“强制性法律”，存在法学方法上的重大瑕疵，更合适的方法是将基本权利作为《民法通则》第58条第1款第5项意义上的“社会主义公德”（公序良俗）来否定法律行为效力。因此，该批复应与《刑事判决不宜援引宪法复函》《受教育权案批复》一起被废弃。

2. “齐玉苓案”裁决思路存有错误，欲通过此案建立“违反保护他人法律”这一侵权类型是不适当的，因《宪法》第46条和《教育法》第81条皆非保护他人之法律。受教育权宜走民法上一般人格权而非姓名权的“通道”得到侵权法的保护，其请求权规范宜采《民法通则》第106条第2款而非《精神损害赔偿解释》第1条。

3. 依现制，《宪法》不能为民事判决直接援引，系指判决主文部分不能援引，而非针对整个判决全文不能援引。因此，于判决说理部分引证宪法并解释之，是基本权利通过民事裁判实现的实际选择。对于是否适用宪法及如何解释宪法，应由最高人民法院统一以司法解释的形式确定。

从资料选择角度观之，本文特色之处在于选取了较多的中国案例，用于证明本书讨论的是中国问题和解决的方法来源中国的实务，力促学说与实务协力。并且，材料的选择决定了研究方法上对中国法制法条的具体阐释，贯彻了“从实践中来到实践中去”的法释义学（Dogmatik）法学方法论。但是，诚如德国伟大的悲观主义哲学家叔本华（Schopenhauer）所言：“每一个法学家都必须顺其自然，他/她的工作必将面临每一种认识、每一种真理所面临的命运：开始之际被讥为异端学说，最后则被贬为陈腔滥调，他/她所享有的，只是在此两极之间短暂的胜利喝彩”。[1] 本书系作者青葱之作，自难谓有何真理发现，唯于此有畅言之后的愉悦和似攀岩、激流之后的余情。然行文至此，反躬自省，亦发现本文仍有诸多犹待检讨之处。

---

〔1〕 Schopenhauer, Die Welt als Wille und Vorstellung: Vorrede zurersten Auflage, a. E., Dresden 1818; Insel-Ausgabe, Sch. Stl. Werke S. 15. 转引自 Dölle, Juristische Entdeckungen。本文系作者参加1958年柏林法学家大会的演讲稿，中文译本参见［德］Hans Doelle：《法学上之发现》，王泽鉴译，载王泽鉴：《民法学说与判例研究》（重排合订本），北京大学出版社2015年版，第1页。

1. 基本权利通过私法实现是人类法制上共同热题,超越法系、意识形态、宗教、民族,仅就德国而言,近六十年来即已聚讼纷纭,成果汗牛充栋。[1] 日本等法域对其既借鉴,又反思且反复,[2]我国法制上新近研究成果亦蔚为可观。[3] 面对如此论题,实难穷尽资料,并达洞若观火之程度,故本文就资料选取和论证思路实乃一家敝言,难免挂一漏万。

2. 在比较法域上,本文选取与我国法制最具亲缘的德国和我国台湾地区,虽易贯彻理论建构的一致性和自洽性,但囿于语言、篇幅和时间,未能吃透日本法上关于此一论题的实务与学说,未能将同样重要的美国资料纳入其中,难免使本文"有营养不良"或偏食的"陋弊"。比如对于基本权利适用私法方法,日本诸多判例论证翔实,很有借鉴价值。[4] 而对于我国法制上言论自由与名誉权的调适机制,美国法上的"真实恶意"及后来发展的规则无疑具有重大参考价值。

3. 本书虽力求实证,贯彻规范法学意旨,注重法律操作,但是对于抽象的理论形成确实有所不足。其实,本题在法哲学上有相当之形成空间,本文原计划辟专章梳理德国自耶林内克"身份理论"到阿列克西"地位理论"诸基本权利理论,并参酌当代法哲学巨匠德沃金及其对手哈特、拉兹等之理论,再结合现有实证研究,以阿列克西学派的"原则——规则"模型,构建一个中国的基本权利理论体系。但现在看来,这也是一个本书无法实现的学术理想。

4. 民法规范庞杂,基本权利涵盖范围广阔,因此有可能存在民事法官借民法中的其他机制通过解释变通宪法亦可实现保护基本权利的目的之可能。比如,在德国的实践中,于《劳工法》与《家庭法》中,基本权利对私法制

---

[1] 参见张巍:《德国基本权第三人效力问题》,载《浙江社会科学》2007年第1期。

[2] 参见萧淑芬:《基本权基础理论之继受与展望——台日比较》,元照出版有限公司2005年版。

[3] 参见张翔:《基本权利的规范建构》,高等教育出版社2008年版。该书引证即可说明这一问题。

[4] 典型的如最高法院昭和48年(1973年)12月12日大法庭判决,昭和43年(才)932号,"三菱树脂事件";最大判昭和49年7月19日民集28卷5号第709页,"昭和女子大学事件";昭和50年5月13日东京地方裁判所,"住友水泥事件";最大判昭和56年3月24日民集第35卷第2号第300页,"日产汽车事件"。

度之形塑也很多见。

缺漏实多,一言难尽。这可能也是每一项研究所难以避免的问题。因为,我们必须虔诚地认识道:对于现在,我们无法完全事无巨细;对于将来,我们几乎无法先知先觉。行文至此,不禁遥想王泽鉴先生教诲:“伟大法学上的发现尚且如此(叔本华言),吾人所从事之法解释学上的零碎研究,终必掩盖尘埃,成为废纸,企望片刻的拍手,亦不可得,其可自我慰藉者,乃是尽其些微心力,共同参与追求真理的漫长行列而已!”[1]

聊以此结束本书。

---

〔1〕［德］Hans Doelle:《法学上之发现》,王泽鉴译,载王泽鉴:《民法学说与判例研究》(重排合订本),北京大学出版社 2015 年版,第 1 页。

参考文献

一、中文著作

1. 龙卫球:《民法总论》(第二版),中国法制出版社 2002 年版。

2. 陈小君主编:《合同法学》,中国政法大学出版社 1999 年版。

3. 吴汉东:《著作权合理使用制度研究》,中国政法大学出版社 1996 年版。

4. 张新宝:《中国侵权行为法》(第二版),中国社会科学出版社 1998 年版。

5. 张新宝:《名誉权的法律保护》(第二版),群众出版社 2004 年版。

6. 王利明:《人格权法研究》,中国人民大学出版社 2005 年版。

7. 王利明主编:《民法》,中国人民大学出版社 2000 年版。

8. 杨立新主编:《中国人格权法:立法报告》,知识产权出版社 2005 年版。

9. 李永军:《民法总论》,法律出版社 2007 年版。

10. 徐涤宇:《无因理论研究》,中国政法大学出版社 2005 年版。

11. 麻昌华:《侵权行为法地位研究》,中国政法大学出版社 2004 年版。

12. 江平主编:《民法学》,中国政法大学出版社 2007 年版。

13. 江平主编:《中华人民共和国合同法精解》,中国政法大学出版社 1999 年版。

14. 佟柔主编:《中国民法学・民法总则》,中国人民公安大学出版社 1990 年版。

15. 佟柔:《中华人民共和国民法通则疑难问题解答》(第一辑),中国政法大学出版社 1986 年版。

16. 张俊浩主编:《民法学原理》(第三版),中国政法大学出版社 2000 年版。

17. 王家福主编:《中国民法学・民法债权》,法律出版社 1991 年版。

18. 梁慧星:《民法总论》(第二版),法律出版社 2001 年版。

19. 崔建远主编:《合同法》(第四版),法律出版社 2007 年版。

20. 程啸:《侵权行为法总论》,中国人民大学出版社 2008 年版。

21. 韩大元(主)编著:《中国宪法事例研究》(一、二、三),法律出版社 2005 年版、2008 年版、2009 年版。

22. 林来梵:《宪法学讲义》,法律出版社 2011 年版。
23. 林来梵:《从宪法规范到规范宪法:规范宪法学的一种前言》,法律出版社 2001 年版。
24. 强世功:《立法者的法理学》,三联书店 2007 年版。
25. 王禹编著:《中国宪法司法化:案例评析》,北京大学出版社 2005 年版。
26. 李国光主编:《中国合同法条文释解》,新华出版社 1999 年版。
27. 余延满:《合同法原理》,武汉大学出版社 1999 年版。
28. 龙翼飞主编:《新编合同法》,中国人民大学出版社 1999 年版。
29. 郭明瑞、房绍坤:《新合同法原理》,中国人民大学出版社 2000 年版。
30. 于飞:《公序良俗原则研究——以基本原则的具体化为中心》,北京大学出版社 2006 年版。
31. 张翔:《基本权利的规范建构》,高等教育出版社 2008 年版。
32. 王泽鉴:《民法学说与判例研究》(重排合订本),中国政法大学出版社 2015 年版。
33. 王泽鉴:《法律思维与民法实例——请求权基础理论体系》,中国政法大学出版社 2001 年版。
34. 王泽鉴:《侵权行为法》,中国政法大学出版社 2001 年版。
35. 王泽鉴:《民法总则》(增订版),中国政法大学出版社 2000 年版。
36. 苏永钦:《民事立法与公私法的接轨》,北京大学出版社 2005 年版。
37. 苏永钦:《私法自治中的经济理性》,中国政法大学出版社 2004 年版。
38. 苏永钦:《寻找新民法》(增订版),北京大学出版社 2012 年版。
39. 黄茂荣:《债法通则之 2:债务不履行与损害赔偿》,厦门大学出版社 2014 年版。
40. 陈新民:《宪法基本权利之基本理论》,元照出版有限公司 1999 年版。
41. 林纪东:《中华民国宪法释论》,三民书局 1994 年版。
42. 法治斌、董保城:《中华民国宪法》(修订三版),空中大学出版社 2001 年版。
43. 许庆雄:《宪法入门 Ⅰ　人权保障篇》,月旦出版股份有限公司 1999 年版。
44. 陈慈阳:《宪法学》,元照出版有限公司 2005 年版。
45. 郑玉波:《民法总则》,中国政法大学出版社 2004 年版。
46. 洪逊欣:《中国民法总则》,三民书局 1992 年版。
47. 萧淑芬:《基本权基础理论之继受与展望——台日比较》,元照出版有限公司 2005 年版。
48. 谢瑞智:《宪法新论》,文笙书局 1999 年版。

49. 张翔:《基本权利的规范建构》,法律出版社 2017 年版。
50. 周云涛:《论宪法人格权与民法人格权:以德国法为中心的考察》,中国人民大学出版社 2010 年版。
51. 陈新民:《德国公法学基础理论》(上册),山东人民出版社 2001 年版。
52. 陈聪富:《侵权归责原则与损害赔偿》,北京大学出版社 2005 年版。
53. 曹险峰:《人格、人格权与中国民法典》,科学出版社 2009 年版。
54. 邓正来:《研究与反思:关于中国社会科学自主性的思考》,中国政法大学出版社 2004 年版。
55. 盖志芳、黄继红:《以孝管官:孝与古代丁忧制度》,中国国际广播出版社 2014 年版。
56. 高鸿钧、赵晓力主编:《新编西方法律思想史(现代、当代部分)》,清华大学出版社 2015 年版。
57. 国务院法制办公室编:《中华人民共和国民法通则(含民通意见)注解与配套》,中国法制出版社 2014 年版。
58. 韩伟:《自然法思想史纲》,山东人民出版社 2015 年版。
59. 刘作翔:《权利冲突:案例、理论与解决机制》,社会科学文献出版社 2014 年版。
60. 刘淑波:《民法各论》,中国政法大学出版社 2014 年版。
61. 罗玉中主编:《科技法学》,华中科技大学出版社 2005 年版。
62. 李丽峰、李岩:《人格权:从传统走向现代——理论与实务的双重视角》,中国法制出版社 2007 年版。
63. 梁上上:《利益衡量论》,法律出版社 2016 年版。
64. 许中缘:《民法强行性规范研究》,法律出版社 2010 年版。
65. 苏永钦:《合宪性控制的理论与实际》,月旦出版股份有限公司 1994 年版。
66. 韦志明:《习惯权利论》,中国政法大学出版社 2011 年版。
67. 余其营、吴云才:《法律伦理学研究》,西南交通大学出版社 2009 年版。
68. 江平:《江平讲演文选》,中国法制出版社 2003 年版。
69. 谢晖:《法理学》,北京师范大学出版社 2010 年版。
70. 殷啸虎:《秦镜高悬:中国古代的法律与社会》,北京大学出版社 2015 年版。
71. 张茂华、亓宏昌主编:《中华传统文化粹典》,山东人民出版社 1996 年版。
72. 张锡恭:《丧服郑氏学》,南林求恕斋刊本 1923 年版。
73. 于飞:《权利与利益区分保护的侵权法体系之研究》,法律出版社 2012 年版。
74. 杨立新:《人格权法》,中国法制出版社 2006 年版。

75. 杨立新:《人身法论》,人民法院出版社 2002 年版。
76. 曾隆兴:《详解损害赔偿法》,中国政法大学出版社 2004 年版。
77. 张金海:《侵权行为违法性研究》,法律出版社 2012 年版。
78. 张俊浩:《民法学原理》(修订版),中国政法大学出版社 1997 年版。

二、中文论文

1. 谢立斌:《论法院对基本权利的保护》,载《法学家》2012 年第 2 期。
2. 韩大元:《基本权利概念在中国的起源与演变》,载《中国法学》2009 年第 6 期。
3. 杨立新、刘召成:《论作为抽象人格权的一般人格权》,载《广东社会科学》2010 年第 6 期。
4. 佟柔:《新中国民法四十年》,载中国民商法网(www.civillaw.com)。
5. 梁慧星:《最高人民法院关于侵犯受教育权案的法释[2001]25 号批复评析》,载中国民商法网(www.civillaw.com)。
6. 梁慧星:《中国外国民法的继受》,载中国民商法网(www.civillaw.com)。
7. 梁慧星:《中国民法:从何处来、向何处去?》,载中国民商法网(www.civillaw.com)。
8. 方流芳:《关于上市公司名誉权诉讼的法律思考》,载中国政法大学"民法学"精品课程之教师文集——方流芳文集。
9. 王利明:《试论人格权的新发展》,载《法商研究》2006 年第 5 期。
10. 王利明:《公众人物人格权的限制与保护》,载中国人民大学书报资料中心编:《民商法学》2005 年第 7 期。
11. 王利明:《人格权制度在中国民法典中的地位》,载《法学研究》2003 年第 3 期。
12. 龙卫球:《自然人人格权及其当代进路考察——兼论民法实证主义与宪法秩序》,载《清华法学》2002 年第 2 期。
13. 龙卫球:《公法和私法的关系——"现代立法理论"研究材料之五》,载全国人大常委会办公厅研究室编:《研究资料》2004 年第 17 期。
14. 张新宝:《民事法官能够直接引用宪法条文判案吗?——最高人民法院法释[2001]25 号司法解释另解》,载《民商法前沿》(2002 年 1、2 合辑本),吉林人民出版社 2002 年版。
15. 张新宝:《侵害生命权赔偿研究》,载《法学研究》2008 年第 5 期。
16. 徐国栋:《人格权制度历史沿革考》,载《法制与社会发展》2008 年第 1 期。
17. 徐国栋:《人身关系流变考》(上、下),载《法学》2002 年第 6 期、第 7 期。
18. 徐国栋:《寻找丢失的人格》,载《法律科学》2004 年第 6 期。

19. 姚辉:《关于民事权利的宪法学思维——以一般人格权为对象的观察》,载《浙江社会科学》2007 年第 1 期。

20. 徐涤宇:《宪法上的所有权与民法上的所有权》,载《中外法学》2006 年第 1 期。

21. 谢鸿飞:《论法律行为生效的“适法规范”——公法对法律行为效力的影响及其限度》,载《中国社会科学》2007 年第 6 期。

22. 朱庆育:《法律行为概念疏证》,载《中外法学》2008 年第 3 期。

23. 季卫东:《合宪性审查与司法权的强化》,载《中国社会科学》2002 年第 2 期。

24. 夏勇:《中国宪法改革的几个基本理论问题》,载《中国社会科学》2003 年第 2 期。

25. 强世功:《宪法司法化的悖论》,载《中国社会科学》2003 年第 2 期。

26. 强世功:《文本、结构与立法原意:“人大释法”的法律技艺》,载《中国社会科学》2007 年第 5 期。

27. 王磊:《宪法司法化的几个问题——齐玉苓案中的几个宪法问题》,载《中国社会科学》2003 年第 2 期。

28. 蔡定剑:《中国宪法实施的私法化之路》,载《中国社会科学》2004 年第 2 期。

29. 王涌:《宪法与私法的关系的两个基本问题》,载吴汉东主编:《私法研究》(创刊号),中国政法大学出版社 2002 年版。

30. 童之伟:《宪法司法研究适用中的几个问题》,载《法学》2001 年第 11 期。

31. 童之伟:《宪法适用应依循宪法本身规定的路径》,载《中国法学》2008 年第 6 期。

32. 宋春雨:《齐玉苓案宪法适用的法理思考——受教育权的性质与公民基本权利保护的法律研究》,载《人民法院报》2001 年 8 月 13 日,第 1 版。

33. 张巍:《德国基本权第三人效力问题》,载《浙江社会科学》2007 年第 4 期。

34. 于飞:《基本权利与民事权利的区分及宪法对民法的影响》,载《法学研究》2008 年第 5 期。

35. 于飞:《违背善良风俗故意致人损害与纯粹经济损失保护》,载《法学研究》2012 年第 4 期。

36. 喻敏:《论男女平等的宪法原则在“民事领域”内的直接效力》,载《中国法学》1995 年第 6 期。

37. 马俊驹、刘卉:《论法律人格内涵的变迁和人格权的发展——从民法中的人出发》,载《法学评论》2002 年第 1 期。

38. 孙鹏:《私法自治与公法强制——日本强制性法规违反行为效力论之展开》,载《环球法律评论》2007 年第 2 期。

39. 孙鹏:《论违反强制性规定行为之效力——兼析〈中华人民共和国合同法〉第 52

条第 5 项的理解与适用》,载《法商研究》2006 年第 5 期。
40. 解亘:《论违反强制性规定契约之效力——来自日本法的启示》,载《中外法学》2003 年第 1 期。
41. 赵兴军、时小云:《违反公序良俗的民事行为无效》,载《法律适用》2002 年第 3 期。
42. 黄江东:《公序良俗原则的规范功能》,载《法律适用》2002 年第 3 期。
43. 范愉:《泸州遗赠案评析——一个法社会学的分析》,载《判解研究》2002 年第 2 期。
44. 许明月、曹明睿:《泸州遗赠案的另一种解读》,载《判解研究》2002 年第 2 期。
45. 陈现杰:《人格权司法保护的重大进步和发展——〈最高人民法院关于确定民事侵权精神损害赔偿责任若干问题的解释〉的理解与适用》,载《人民法院报》2001 年 3 月 28 日。
46. 薛军:《人格权的两种基本理论模式与中国的人格权立法》,载《法商研究》2004 年第 4 期。
47. 薛军:《非典型人格利益的民法保护模式研究》,载《暨南学报》(哲学社会科学版)2012 年第 3 期。
48. 苏力:《语境论——一种法律制度研究的进路和方法》,载《中外法学》2001 年第 1 期。
49. 张翔:《基本权利的双重性质》,载《法学研究》2005 年第 3 期。
50. 张翔:《两种宪法案件:从合宪性解释看宪法对司法的可能影响》,载《中国法学》2008 年第 3 期。
51. 王锴:《宪法释义学的问题与前景》,载《江苏行政学院学报》2008 年第 4 期。
52. 郑永流:《道德立场与法律技术——中德情妇遗嘱案的比较与评析》,载《中国法学》2008 年第 4 期。
53. 王泽鉴:《人格权保护的课题与展望(一)——人格权、人格尊严与私法上的保护》,载《台湾本土法学》2006 年第 80 期。
54. 王泽鉴:《人格权保护的课题与展望(三)——人格权的具体化及其保护范围(1)》,载《台湾本土法学》2006 年第 83 期。
55. 王泽鉴:《劳动契约上之单身条款、基本人权与公序良俗》,载《万国法律》1990 年第 50 期。
56. 王泽鉴:《宪法上人格权与民法上人格权》,载台湾大学法律学院第二届:《马汉宝讲座论文汇编》(2007 年版)。

57. 王泽鉴:《言论自由、名誉权保护与真实恶意(actual malice)原则》,载台湾大学法律学院第二届:《马汉宝讲座论文汇编》(2007 年版)。

58. 苏永钦:《民法第 1 条的规范意义——从比较法、立法史与方法论角度解析》,载《跨越自治与管制》,五南图书出版股份有限公司 1999 年版。

59. 苏永钦:《宪法权利民法效力》,载苏永钦:《合宪性控制的理论与实际》,月旦出版股份有限公司 1994 年版。

60. 苏永钦:《从动态规范体系的角度看公私法的调和——以民法的转介条款和宪法的整合机制为中心》,载苏永钦:《寻找新民法》(增订版),北京大学出版社 2012 年版。

61. 苏永钦:《民事裁判中的人权保障》,载苏永钦:《寻找新民法》(增订版),北京大学出版社 2012 年版。

62. 陈新民:《宪法基本权利及对第三人效力之理论》,载陈新民:《宪法基本权利之基本理论》(下册),台北,三民书局 1990 年版。

63. 萧淑芬:《宪法上权利之概念——人权、基本与基本人权之意义与用法》,载《月旦法学杂志》2004 年第 1 期。

64. 蔡维音:《德国基本法第一条"人性尊严"规定之探讨》,载《宪政时代》1992 年(第 18 卷)第 1 期。

65. 李建良:《基本权利理论体系之构成及其思考层次》,载李建良:《宪法理论与实践》,学林实业文化有限公司 1997 年版。

66. 周治平:《宪法中保障人权规定对于私人之效力》,载《宪政论坛》1964 年(第 10 卷)第 7 期。

67. 李震山:《人性尊严》,载《法学讲座》2003 年第 17 期。

68. 李建良:《基本权利理论体系之构成及其思考层次》,载李建良:《宪法理论与实践(一)》(第 2 版),台北,学林文化事业有限公司 2003 年版。

69. 陈爱娥:《基本权作为客观法规范——以"织与程序保障功能组"为例,检讨其衍生的问题》,载李建良、简资修主编:《宪法解释之理论与实务》2000 年第 2 辑。

70. 林纪东:《论人权之保障与私人之间相互关系》,载《法令月刊》1967 年(第 18 卷)第 1 期。

71. 法治斌:《保障言论自由的迟来正义——评司法院大法官释字第 509 号释》,载《月旦法学》2000 年第 65 期。

72. 林辉雄:《人性尊严与自由民主宪法秩序关系之研究》,台湾中正大学 2002 年硕士学位论文。

73. 许瑞超:《德国基本权利第三人效力的整全性解读》,载《苏州大学学报》(法学版)2017 年第 1 期。
74. 税兵:《宪法规范何以进入民事裁判:1995—2015》,载《华东政法大学学报》2018 年第 1 期。
75. 冯健鹏:《我国司法判决中的宪法援引及其功能——基于已公开判决文书的实证研究》,载《法学研究》2017 年第 3 期。
76. 梁洪霞:《我国法院援引宪法说理的实施问题研究》,载《政治与法律》2017 年第 7 期。
77. 杜强强:《合宪性解释在我国法院的实践》,载《法学研究》2016 年第 6 期。
78. 谢立斌:《自由权的保护义务》,载《比较法研究》2011 年第 1 期。
79. 谢立斌:《论宪法财产权的保护范围》,载《中国法学》2014 年第 4 期。
80. 王锴:《论宪法上的一般人格权及其对民法的影响》,载《中国法学》2017 年第 3 期。
81. 赵宏:《作为客观价值的基本权利及其问题》,载《政法论坛》2011 年第 2 期。
82. 余军:《德国基本法上的概括性人权保障条款——〈基本法〉第 2 条第 1 项之功能地位、规范构造与规范领域》,载《公法研究》2018 年第 1 期。
83. 张翔:《公共利益限制基本权利的逻辑》,载《法学论坛》2005 年第 1 期。
84. 冯雷:《基本权利的紧张关系与权衡裁判》,载《交大法学》2017 年第 4 期。
85. 柳建龙:《论基本权利竞合》,载《法学家》2018 年第 1 期。
86. 陈景辉:《比例原则的普遍化与基本权利的性质》,载《中国法学》2017 年第 5 期。
87. 郑晓剑:《比例原则在民法上的适用及展开》,载《中国法学》2016 年第 2 期。
88. 纪海龙:《比例原则在私法中的普适性及其例证》,载《政法论坛》2016 年第 3 期。
89. 刘志刚:《基本权利对民事法律行为效力的影响及其限度》,载《中国法学》2017 年第 2 期。
90. 白利寅:《论科技进步与治理转型中的新兴(新型)权利——以相关研究的述评为视角》,载《东方法学》2017 年第 4 期。
91. 白睿:《空间、身体与被忽略的女性——1000 名女性的公交车性骚扰调查》,中央民族大学 2009 年硕士学位论文。
92. 陈聪富:《违反保护他人法律之侵权行为》,载《台湾本土法学》2002 年第 30 期。
93. 陈兴良:《婚内强奸犯罪化:能与不能——一种法解释学的分析》,载《法学》2006 年第 2 期。

94. 陈忠五:《校园学生事故中应负赔偿责任之人——台湾板桥地方法院八十七年度诉字第六九〇号民事判决评释》,载《台湾本土法学》1999 年第 1 期。
95. 韩大元:《论基本权利效力》,载《判解研究》2003 年第 1 期。
96. 郭卫华:《论性自主权的界定及其私法保护》,载《法商研究》2005 年第 1 期。
97. 何建国:《生活安宁权及其保护探析》,载《西安石油大学学报》(社会科学版)2016 年第 4 期。
98. 胡岩:《祭奠权的法学方法论反思》,载《法律适用》2012 年第 6 期。
99. 刘小楠:《性骚扰的现状及法律规制——以港台地区性骚扰立法为鉴》,载《妇女研究论丛》2014 年第 4 期。
100. 刘保玉、周玉辉:《论安宁生活权》,载《当代法学》2013 年第 2 期。
101. 刘昭辰:《侵权行为法体系上的"保护他人之法律"——最高法院九十二年度台上字第二四〇六号判决的震撼性》,载《月旦法学杂志》2007 年第 146 期。
102. 冀祥德:《域外婚内强奸法之发展及其启示》,载《环球法律评论》2005 年第 4 期。
103. 邱本、王岗:《再论相邻关系》,载《当代法学》2015 年第 6 期。
104. 梅术文:《网络传播权利的产生机理研究》,载《科技与法律》2006 年第 4 期。
105. 孟亚生:《祭奠权:期待法律"给个说法"》,载《工人日报》2013 年 3 月 30 日,第 5 版。
106. 宋亚辉:《新权利的生成:以"户外广告发布权"为例》,载《法制与社会发展》2010 年第 3 期。
107. 苏永钦:《再论一般侵权行为的类型——从体系功能的角度看修正后的违法侵权规定》,载《政大法学评论》2002 年第 69 期。
108. 王涌:《宪法与私法的关系》,载吴汉东主编:《私法研究》,中国政法大学出版社 2002 年版。
109. 王利明:《论习惯作为民法渊源》,载《法学杂志》2016 年第 11 期。
110. 王利明:《民法的人文关怀》,载《中国社会科学》2011 年第 4 期。
111. 许中缘:《论法律的概念——从民法典的角度》,载易继明主编:《私法》(总第十一卷第六辑),华中科技大学出版社 2007 年版。
112. 徐升阳:《论贞操观》,载《中国性科学》1998 年第 4 期。
113. 谢晖:《论新型权利生成的习惯基础》,载《法学研究》2015 年第 1 期。
114. 饶冠俊、金碧华:《生活安宁权保护的现实困境及解决思路》,载《行政与法》2010 年第 1 期。

115. 饶冠俊:《创新社会管理视角下的生活安宁权界定及法律保护》,载《学术交流》2012 年 S1 期。
116. 杨佳元:《道路交通安全规则与侵权行为法》,载《台北大学法学论丛》2004 年第 55 期。
117. 于飞:《民法典的开放性及其妥当实现》,载《中国法律评论》2015 年第 4 期。
118. 叶英萍、李永:《民法典视域下亲属身份权之重塑》,载《西南政法大学学报》2016 年第 1 期。
119. 杨立新:《完善我国亲属法律制度涉及的六个基本问题》,载《重庆社会科学》2008 年第 6 期。
120. 杨立新:《诠释祭奠权——兼说民事习惯作为判决依据》,载《检察日报》2002 年 7 月 19 日。
121. 殷积松:《女性性自主权保护的私法考察——以社会性别为视角》,载《学术交流》2010 年第 9 期。
122. 张千帆:《论宪法效力的界定及其对私法的影响》,载《比较法研究》2004 年第 2 期。
123. 朱柏松:《现代侵权行为救济制度之研究——以多氯联苯事件为中心之商品制作人责任之探讨》(上),载《台大法学论丛》1981 年第 1 期。
124. 朱柏松:《论不法侵害他人债权之效力》(上),载《法学丛刊》1992 年第 145 期。
125. 张民安:《“侵权行为的构成要件”抑或“侵权责任的构成要件”之辨——行为人对他人承担侵权责任条件的称谓》,载《政治与法律》2012 年第 12 期。
126. 张先贵:《中国法语境下土地开发权是如何生成的——基于“新权利”生成一般原理之展开》,载《求是学刊》2015 年第 6 期。
127. 张平华:《人格权的利益结构与人格权法定》,载《中国法学》2013 年第 2 期。
128. 张淑华、李海莹、刘芳:《身份认同研究综述》,载《心理研究》2012 年第 1 期。

三、中文译著

1. [德]迪特·格林:《基本权利在德国的地位——宪法裁判 65 年后的考察》,林彦译,载《华东政法大学学报》2017 年第 1 期。
2. [德]克里斯蒂安·史塔克:《基本权利之保护义务》,李建良译,载《政大法学评论》1997 年第 58 期。
3. [德]克劳斯·威尔海姆·卡纳里斯:《基本权利与私法》,曾韬、曹昱晨译,载《比较法研究》2015 年第 1 期。
4. [德]克雷斯蒂安·冯·巴尔:《欧洲比较侵权行为法》,张新宝、焦美华译,法律出版社 2003 年版。
5. [德]马克西米利安・福克斯:《侵权行为法》,齐晓琨译,法律出版社 2004 年版。
6. [德]迪特尔・梅迪库斯:《德国债法总论》,杜景林、卢谌译,法律出版社 2004 年版。
7. [德]迪特尔・梅迪库斯:《德国债法分论》,杜景林、卢谌译,法律出版社 2007 年版。
8. [德]迪特尔・梅迪库斯:《德国民法总论》,邵建东译,法律出版社 2000 年版。
9. [德]卡尔・拉伦茨:《德国民法通论》,王晓晔等译,法律出版社 2003 年版。
10. [德]卡尔・拉伦茨:《法学方法论》,陈爱娥译,商务印书馆 2004 年版。
11. [美]罗纳德・德沃金:《认真对待权利》,信春鹰、吴玉章译,中国大百科全书出版社 1998 年版。
12. [德]霍尔斯特・埃曼:《德国民法中的一般人格权制度——论从非道德行为到侵权行为的转变》,邵建东译,载《民商法论丛》(第 23 卷),金桥文化出版(香港)有限公司 2002 年版。
13. [德]G. 拉德布鲁赫:《法哲学》,法律出版社 2005 年版。
14. [德]菲利普・黑克:《利益法学》,商务印书馆 2016 年版。
15. [法]布封:《自然史》,沈玉友译,新世界出版社 2015 年版。
16. [日]星野英一:《民法中的人》,王闯译,载《民商法论丛》第八卷。
17. [日]阿部照哉等编著:《宪法的基本人权》,许志雄翻订,周宗宪译,元照出版有限公司 2001 年版。
18.《纽约时报诉沙利文案》,方流芳编译。载正来学堂:http://dzl. ias. fudan. edu. cn/info. asp? id=2976。

四、外文著作

1. Larenz/Wolf, Allgemeiner Teil des Bürgerlichen Rechts, 9 Aufl. ,2004.
2. Larenz/Canaris, Lehrbuch des Schuldrechts Band II/2, Besonderer Teil,13 Aufl. ,1994.
3. Medicus, Allgemeiner Teil des BGB, 9 Aufl. ,2006.
4. Medicus, Schuldrecht, Besonderer Teil, 13 Aufl. ,2004.
5. Deutsch/Ahrens, Deliktsrecht, Unerlaubte, Handlungen, Schadensersatz und Schmerzensgeld,4 Aufl. ,2002.
6. Canaris, Gesetzliches Verbot und Rechtsgeschäfte, 1983.
7. Flume, Allgemein Teil des BGB, Bd, Ⅱ, 3 Aufl. ,1979.

8. Kötz, Deliktsrecht, 1967.

9. Fikentscher, Schuldrecht, 9 Aufl. ,1997.

10. Brüggemeier, Deliktsrecht,1986.

11. Götting/Schertz/Seitz(hrsg.), Handbuch des Persönlichkeitsrechts, 2008.

12. Westphal, Zivilrechtliche Vertragsnichtigkeit wegen Verstoßes gegen gewerbrechtliche Verbotsgesetze, 1985.

13. Leisner, Grundrechte und Privatrecht, 1960.

14. Ehmke, Wirtschaft und Verfassung, 1961.

15. Alexy,Theorie der Grundrechte, 1985.

16. Hesse, Grundzüge des Verfassungsrechts der Bundesrepublik Deutschland , 20 Aufl. ,1995.

17. Albert Bleckmann, Staatsrecht II-Die Grundrechte, 3 Aufl. , 1989.

18. Langner, Die Problematik der Geltung der Grundrechte zwischen Privaten, 1998.

19. Ruffert, Vorrang der Verfassung und Eigenständigkeit des Privatrecht, 2001.

20. Geddert-Steinacher, Menschenwürde als Verfassungsbegriff, 1990.

21. Baston-Vogt, Der sachliche Schutzbereich des zivilrechtlichen allgemeinen Persönlichkeitsrechts, 1997.

22. Kötz/Wagner, Deliktsrecht, Luchterland, 13 Aufl. ,2001.

23. Rheinstein, Einführung in die Rechtsvergleichung, 1974.

24. Cremer, Freiheitsgrundrechte: Funktionen und Strukturen, 2003.

25. Anschütz, Die Verfassung des Deutschen Reiches, 3 Aufl. , 1929.

26. Jellinek, System der subjektiven öffentlichen Rechte, 2 Aufl. , 1905.

27. Pieroth/Schlink, Grundrechte, Staatsrecht Ⅱ ,13 Aufl. , 1997.

28. Schmitt, Verfassungslehre, 1928.

29. Häbele, Die Wesensgehaltgarantie des Artikel 19 Abs. 2 Grundgesetz, 3 Aufl. , 1983.

30. Lübbe-Wolff, Die Grundrechte als Eingriffsabwehrrechte, 1988.

31. Nipperdey,Grundrechte und Privatrecht, 1961.

32. Floren,Grundrechtsdogmatik im Vertragsrecht, 1999.

33. Martin, Das allgemeine Persönlichkeitsrecht in seiner historischen Entwicklung, 2007.

34. Ernst Rudolf Bierling,Juristische Prinzipienlehre. Bd. 4, 1911.

35. Volker Epping,Grundrechte,Berlin u. a:Springer, 2005.

五、外文论文

1. Canaris, Grundrechte und Privatrecht, AcP, 1984.

2. Canaris,Übermaßverbot im Recht der Geschäftsfähigkeit und im Schadensersatzrecht, JZ,1987.

3. Canaris,Zur Problematik von Privatrecht und verfassungsrechtlichem Übermaßverbot, JZ,1988.

4. Canaris, Grundrechtswirkungen und Verhätnismäßigkeitsprinzip in der richterlichen Anwendung und Fortbildung des Privatrechts, JuS,1989.

5. Canaris,Grundrechte und Privatrecht: eine Zwischenbilanz. 1998.

6. Canaris, Übermaßverbot im Recht der Geschäftsfähigkeit und im Schadensersatzrecht, JZ,1987.

7. Canaris,Übermaßverbot im Recht der Geschäftsfähigkeit und im Schadensersatzrecht, JZ 1987(993).

8. Canaris, Gewinnabschöpfung bei Verletzung des allgemeinen Persönlichkeit, FS Deutsch, 1999.

9. Medicus, Der Grundsatz der Verhältnismäßigkeit im Privatrecht, AcP 1992(1992) .

10. Zöllner, Regelungsspielräume im Schuldvertragsrecht: Bemerkungen zur Grundrechtsanwendung im Privatrecht und zu den sogenannten Ungleichewichtslagen, AcP 1996(1996).

11. Diederichsen, Das Bundesverfassungsgericht als oberstes Zivilgericht: ein Lehrstück der juristischen Methodenlehre, AcP 198(1998).

12. Ramm, Drittwirkung undÜbermaßverbot ,JZ 1988(489).

13. Wieser, Verstößt § 105 BGB gegen das verfassungsrechtliche Übermaßverbot? ,JZ 1988(193) .

14. Bleckmann, Drittwirkung der Grundrechte, DVBl1988.

15. Jarass, Das allgemeine Persönlichkeitsrecht im Grundgesetz, NJW 1989(857).

16. Degenhart, Das allgemeine Persönlichkeitsrecht, Art. 2 1. V mit Art. 21 GG, JuS 1992(361).

17. Schricher, Öffentliche Kritik an gewerblichen Erzeugnissen und beruflichen Leistungen, AcP 172(1972).

18. Ossenbühl, Die Interpretation der Grundrechte in der Rechtsprechung des Bundesverfassungsgerichts, NJW, 1976.

19. Nipperdey, Gleicher Lohn der Frau für gleiche Leistung, RdA ,1950.

20. Cöster – Waltjen , Die Haftung nach § 823 Abs. 2 BGB, Jura 2002.

21. Günter Durig, Der Grundrechtssatz von der Menshenwürde, AöR1956.

22. Alexy, A Theory of Constitutional Rights, 44 et seq. 2010.

23. Blaek. 5LawDietionary, WestPublishingCo; LawDietionary, WestPublishingCo. 1979FifthEdition. p. 215.

案例索引

1. 张连起、张国莉诉张学珍损害赔偿纠纷案。天津市塘沽区人民法院(1987)津塘法民调字第517号民事调解书,《最高人民法院公报》1989年第1期。
2. 齐玉苓诉陈晓琪等以侵犯姓名权的手段侵犯宪法保护的公民受教育的基本权利纠纷案。山东省枣庄市中级人民法院(1999)枣民初字第8号民事判决书,山东省高级人民法院(1999)鲁民终字第258号民事判决书,《最高人民法院公报》2001年第5期。
3. 钱缘诉上海屈臣氏案。上海市第二中级人民法院(1998)沪二中民终字第2300号民事判决书。
4. 巫凤娣诉慈溪市庵东镇环境卫生管理站退休待遇案。浙江省慈溪市人民法院(2001)慈民初字第1862号民事判决书。
5. 男女平等分地案。四川省新津县人民法院(1995)新民初字第118号民事判决。
6. 刘明诉铁道部第二十工程局二处第八工程公司罗友敏工伤赔偿案。四川省眉山县人民法院(1999)眉民初字第9－10号民事判决书,《最高人民法院公报》1999年第5期。
7. 龙建康诉中洲建筑工程公司、姜建国、永胜县交通局损害赔偿纠纷案。云南省永胜县人民法院(2000)永法民初字第03号民事判决书,《最高人民法院公报》2000年第1期。
8. 罗代西、芩志芬诉刘敏水上人身伤亡损害赔偿纠纷案。广西壮族自治区北海海事法院(2000)海事初字第003号民事判决书。
9. 泸州"二奶"继承案。四川省泸州市纳溪区人民法院(2001)纳溪民初字第561号判决书,四川省泸州市中级人民 (2001)泸民一终字第621号判决书。

10. 徐悦超诉樊秀群抚养纠纷案。河南省新野县人民法院(1999)新上民初字第079号民事判决书。
11. 宁乡县煤炭坝镇水泥厂诉黄春香购销合同纠纷案。湖南省宁乡县人民法院(2000)宁经再初字第1号民事判决书。
12. 邮递失误案。张艳丽主编:《法例法理》,北京理工大学出版社2003年版,第128页。
13. 徐高诉北京燕莎中心有限公司人格尊严侵权案。北京市朝阳区人民法院(2000)朝民初字第120号民事判决书。
14. 陈伟诉金映儿一般人格权案。浙江省绍兴市中级人民法院(2005)绍中民一初字第76号一审判决书,浙江省高级人民法院(2005)浙民一终字第309号民事裁定书。
15. 三菱树脂案。日本最高法院昭和48年(1973年)12月12日大法庭判决,昭和43年(才)932号。
16. 昭和女子大学事件。最大判昭和49年7月19日民集第28卷第5号第709页。
17. 日产汽车事件。最大判昭和56年3月24日民集第35卷第2号第300页。
18. Lüth – Urteil, BVerfGE 7,198 ,204.
19. Numerus – clausus – Urteil, BVerfGE 33, 303,333.
20. Hochschule – Urteil, BVerfGE 35, 79,113.
21. Zölitatsklausel – Urteil BAGE 1,185,193.
22. Bismarc – Urteil, RGZ 45, 170.
23. Lerserbrief – Urteil, BGHZ 13, 334.
24. Herrenreiter – Urteil, BGHZ 26,349.
25. Ginsengwurzel – Urteil, BGHZ 35, 363.
26. Soraya – Urteil, BGH NJW 1965, 683.
27. Mephisto – Urteil, BGHZ 20, 153.
28. Blinkfüerfall – Urteil, BVerfGE 25, 256 ,269.
29. Lebach – Urteil, BverfGE 35,202.

30. Deutschlandstiftung, 1 BvR 163/72.

31. Caroline - Urteil,2004 年6 月24 日欧洲人权法院判决。案号:59320/00。出处:Reports of Judgments and Decisions 2004 - VI。

32. Paul Dahlke - Urteil,BGHZ 20, 345.

33. Graf Zeppelin - Urteil,RG vom 28. 10. 1910, RGZ 74,308 - Graf Zeppelin.

34. Marlene Dietrich - Urteil,I ZR 149/97.

35. Wallraff,BVerfGE 66, 116 = NJW 1984, 1741.

36. Lebach,BVerfG NJW 1973,1266.

图书在版编目(CIP)数据

基本权利与私法 / 张红著. --2版. --北京：法律出版社，2020
ISBN 978-7-5197-3156-4

Ⅰ.①基… Ⅱ.①张… Ⅲ.①宪法-权利-研究-中国②私法-研究-中国 Ⅳ.①D921.04②D923.04

中国版本图书馆CIP数据核字(2019)第030105号

基本权利与私法(第二版)
JIBEN QUANLI YU SIFA (DI-ER BAN)

张 红 著

责任编辑 郑怡萍
装帧设计 李 瞻

出版 法律出版社
总发行 中国法律图书有限公司
经销 新华书店
印刷 中煤(北京)印务有限公司
责任校对 王沁陶
责任印制 胡晓雅

编辑统筹 法律教育出版分社
开本 720毫米×960毫米 1/16
印张 21.5
字数 306千
版本 2020年6月第2版
印次 2020年6月第1次印刷

法律出版社/北京市丰台区莲花池西里7号(100073)
网址/www.lawpress.com.cn
投稿邮箱/info@lawpress.com.cn
举报维权邮箱/jbwq@lawpress.com.cn
销售热线/400-660-8393
咨询电话/010-63939796

中国法律图书有限公司/北京市丰台区莲花池西里7号(100073)
全国各地中法图分、子公司销售电话：
统一销售客服/400-660-8393/6393
第一法律书店/010-83938432/8433
西安分公司/029-85330678
重庆分公司/023-67453036
上海分公司/021-62071639/1636
深圳分公司/0755-83072995

书号:ISBN 978-7-5197-3156-4
定价:65.00元
(如有缺页或倒装,中国法律图书有限公司负责退换)